KB092569

개발하는남자의
핸즈온
플러터

개발하는남자의 핸즈온 플러터

클론 코딩으로 배우는 플러터 앱 개발의 모든 것

초판 1쇄 발행 2024년 7월 29일

지은이 김성덕 / **펴낸이** 전태호
펴낸곳 한빛미디어(주) / **주소** 서울시 서대문구 연희로2길 62 한빛미디어(주) IT출판2부
전화 02-325-5544 / **팩스** 02-336-7124
등록 1999년 6월 24일 제25100-2017-000058호 / **ISBN** 979-11-6921-269-4 93000

총괄 송경석 / **책임편집** 홍성신 / **기획 · 편집** 김대현
디자인 표지 김재석, 최연희 내지 최연희 / **전산편집** 다인
영업 김형진, 장경환, 조유미 / **마케팅** 박상용, 한종진, 이행은, 김선아, 고광일, 성화정, 김한솔 / **제작** 박성우, 김정우

이 책에 대한 의견이나 오탈자 및 잘못된 내용은 출판사 홈페이지나 아래 이메일로 알려주십시오.
파본은 구매처에서 교환하실 수 있습니다. 책값은 뒤표지에 표시되어 있습니다.

한빛미디어 홈페이지 www.hanbit.co.kr / **이메일** ask@hanbit.co.kr

Published by Hanbit Media, Inc. Printed in Korea
Copyright © 2024 김성덕 & Hanbit Media, Inc.

이 책의 저작권은 김성덕과 한빛미디어(주)에 있습니다.
저작권법에 의해 보호를 받는 저작물이므로 무단 전재와 무단 복제를 금합니다.

지금 하지 않으면 할 수 없는 일이 있습니다.
책으로 펴내고 싶은 아이디어나 원고를 메일(writer@hanbit.co.kr)로 보내주세요.
한빛미디어(주)는 여러분의 소중한 경험과 지식을 기다리고 있습니다.

클론 코딩으로 배우는 플러터 앱 개발의 모든 것

김성덕 지음

개발하는남자의
핸즈온
플러터

핸즈온 시리즈는 실전 기술을 습득하도록 돕는 실용적인 학습서입니다. 단계별 예제와 프로젝트를 통해 직접 코드를 작성하고 결과를 확인하면서 실무 능력을 키울 수 있습니다.

█B 한빛미디어
Hanbit Media, Inc.

저자의 말

좋은 개발자가 되려면 무엇이 가장 중요할까요? 노력? 재능? 성실함? 이 요소들도 중요하지만 저는 무엇보다 개발 자체에 흥미와 재미를 느낄 줄 알아야 한다고 생각합니다. 아무리 재능이 뛰어나거나 아무리 노력해도 개발이 재미없다면 지속하기 어렵습니다. 저 역시 10년 넘게 개발자로 일할 수 있었던 이유는 개발 자체가 너무 재미있었기 때문입니다.

그럼, 개발에 재미를 붙이려면 어떻게 해야 할까요? 간단합니다. 바로 눈에 보이는 결과물을 만들어 보면 됩니다. 많은 사람이 새로운 기술을 배우기 위해 강의를 듣거나 책을 읽곤 하지만 단순한 개념 학습으로는 흥미를 느끼기 어렵습니다. 학습하고 나서 눈으로 확인할 수 있는 결과물이 없기 때문입니다. 물론 기본적인 개념 학습은 필요합니다. 그래야 익힌 내용을 실전에 적용해볼 수 있습니다.

이 책은 플러터 기초부터 제대로 익히고 흥미를 느낄만한 실습을 진행하여 여러분이 플러터 개발에 재미를 느끼기를 바라는 마음에서 시작되었습니다. 보통 무언가를 배울 때 첫 실습으로 아주 간단한 기능을 가진 앱을 만들곤 합니다. 하지만 좀 더 실용적이고 복잡한 앱을 만들어보는 것도 많은 도움이 됩니다. 처음부터 복잡한 구조의 애플리케이션을 만드는 것은 어렵습니다. 따라서 이 책에서는 당근마켓 클론 코딩 프로젝트를 진행하며 플러터를 학습합니다.

클론 코딩은 기존에 존재하는 애플리케이션이나 웹사이트를 모방하여 개발하는 것을 말합니다. 누군가는 클론 코딩으로는 개발 능력을 향상할 수 없다고 말하지만 제 생각은 다릅니다. 탄탄한 기본 개념을 다진 상태에서 클론 코딩을 진행하면 실무에서 사용하는 기술과 패턴을 익힐 수 있습니다. 또한 실무에서 맞닥뜨릴 수 있는 다양한 문제를 해결하는 능력도 기를 수 있습니다. 무엇보다 프로젝트를 처음부터 끝까지 완성해보는 경험을 해보면서 프로젝트 관리 능력도 키울 수 있습니다. 그리고 앞서 말한 눈에 보이는 결과물을 통해 성취감도 얻을 수 있죠. 성취감은 자연스레 재미를 느끼게 해줍니다.

제가 운영하는 유튜브 채널 '개발하는남자'에도 당근마켓 클론 코딩 영상이 업로드되어 있는데, 지금까지 많은 관심을 받고 있습니다. 반드시 알아야 하는 플러터 기초 개념과 많은 사랑을 받았던 클론 코딩 강의 기반의 실습을 최대한 쉽게 이 책에 풀어내고자 했습니다. 이미 플러터에 대해 어느 정도 이해하고 있는 독자라면 1부는 건너뛰고 2부로 바로 넘어가도 무방합니다. 플러터에 처음 입문하는 초심자라면 처음부터 차근차근 따라가며 학습하길 바랍니다.

또한 플러터는 업데이트 주기가 빠른 편이라 집필을 완료한 시점과 출판 후의 플러터 버전이 다를 수 있습니다. 새로운 버전이 릴리스된다면 최신 기준으로 영상을 만들어 제 채널에 공유할 예정입니다. 앞으로 '개발하는남자' 유튜브 채널의 영상을 책과 함께 보면서 더 큰 개발의 즐거움을 찾길 바랍니다. 구독과 '좋아요'도 부탁합니다!

2024년 7월
개발하는남자 김성덕

감사의 말

플러터를 접할 기회를 주신 임동현 대표님, 유튜브와 기술 블로그를 운영해보도록 권해주신 이성길 이사님께 감사 말씀드립니다. 그리고 이 책이 나올 수 있게 기회를 주고 여러 지원을 해주신 한빛미디어 김대현 책임님께 감사 말씀드립니다.

특히 옆에서 한결같이 응원해주고 집필에 집중할 수 있도록 많은 도움을 준 평생의 동반자인 아내 김숙희에게 고맙다는 말을 전하고 싶습니다. 아내의 배려가 없었다면 이 책은 완성되지 못했을 것입니다.

마지막으로 제 유튜브 영상을 아껴주신 모든 구독자와 시청자에게도 감사 말씀드립니다. 여러분의 응원이 정말 큰 힘이 되었습니다. 이 책이 작게나마 독자에게 도움이 되길 바랍니다.

다시 한번 도움 주신 모든 분께 감사의 마음을 전합니다.

저자 소개

김성덕(개발하는남자)

개발 관련 유튜브 채널인 '개발하는남자'를 운영하며 8천 명이 넘는 구독자에게 유익한 콘텐츠를 제공하고 있습니다. 또한, 인프런에서 플러터 강의를 진행하고 있습니다. 교육에 대한 열정이 가득해 다양한 채널을 통해 많은 사람과 지식을 나누고 싶습니다. 특히, 이 책으로 독자와 활발하게 소통하기를 기대합니다.

- ✉ mousai86@gmail.com
- ▶ https://www.youtube.com/@dev_man
- 🗂 https://sudarlife.tistory.com/
- 🐙 https://github.com/sudar-life

이 책에 대하여

📱 대상 독자

플러터를 배우고자 하는 목적은 각자 다를 것입니다. 기본적으로 아래와 같은 독자를 대상으로 합니다.

- 새로운 프로그래밍 언어와 프레임워크를 배우고 싶은 개발자
- 크로스 플랫폼 프레임워크로 개발 리소스를 줄이고자 하는 1인 개발자
- 빠르게 서비스를 출시하고 싶은 개발자

크로스 플랫폼 프레임워크인 플러터의 가장 큰 장점은 무엇보다 하나의 코드베이스로 여러 플랫폼에서 실행되는 애플리케이션을 개발할 수 있다는 것입니다. 자연스레 개발 시간을 단축할 수 있고 유지보수도 용이해집니다. 하지만 여전히 단점도 존재하기 때문에 자신의 개발 목표와 상황에 맞게 학습하길 바랍니다.

📱 이 책을 읽는 방법

플러터를 처음 접한 초심자라면

초심자는 플러터와 다트 언어에 대한 기본적인 이해를 먼저 다지는 것이 중요합니다. 따라서 1부부터 차례대로 학습하는 것이 좋습니다.

플러터를 어느 정도 알고 있다면

이미 플러터에 대한 기본 지식이 있다면 실전 프로젝트를 통해 경험을 쌓는 것이 더 유익할 수 있습니다. 따라서 2부 당근마켓 클론 코딩 프로젝트부터 읽어도 무방합니다.

📱 이 책의 구성

이 책은 2부로 나누어져 있습니다. 1부에서는 플러터를 개발하기 위해 반드시 알아야 하는 기본 개념과 다트 언어를 학습합니다. 2부에서는 실전 프로젝트를 진행하며 플러터의 다양한 기능을 학습합니다. 각 장의 핵심 내용을 다음과 같이 정리했습니다.

1부 플러터 기초 다지기

1장 플러터 소개
- 플러터의 등장 배경과 장단점
- 플러터 도입 사례

2장 개발 환경 설정하기
- 플러터 개발 환경 설정
- 필요한 도구 설치

3장 다트 이해하기
- 다트 언어 기본 문법
- 함수 및 클래스 사용법
- 다트 3.X 이후 추가된 기능

4장 플러터 필수 개념 이해하기
- 플러터 아키텍처 구조와 위젯의 개념
- 위젯의 라이프사이클
- 주요 위젯으로 레이아웃 구성
- 플러터에서 애니메이션을 적용하는 방법
- 플러터의 라우팅 개념

5장 상태 관리 라이브러리
- 플러터의 상태 개념
- 다양한 상태 관리 라이브러리 소개
- BLoC 사용법 및 스트림의 개념 이해
- GetX 사용법

6장 API 통신
- 플러터에서 API를 호출하는 방법
- http 패키지 사용법
- Dio 라이브러리 사용법
- 플러터 프로젝트에 Firebase 통합
- Firestore 사용법

7장 배포
- 버전 관리 방법과 앱 아이콘 생성
- 개인정보취급방침 설정
- 안드로이드 및 iOS에서의 배포 방법

2부 당근마켓 클론 코딩 프로젝트

8장 프로젝트 설정
- 프로젝트 생성 및 설정
- 기능별 그루핑 방식으로 폴더 구조 구성
- Assets 구성
- 필요한 라이브러리 설치 및 라우트 구성

9장 Firebase 프로젝트 연동
- Firebase 프로젝트 생성 및 라이브러리 설정

10장 첫 페이지 진입 처리
- shared_preferences 라이브러리를 사용하여 상태 관리
- 앱 초기 화면 구성 및 첫 소개 페이지 설정
- '시작하기' 버튼 구현 및 작동 설정

11장 스플래시 페이지
- 스플래시 페이지의 목적과 필요성
- SplashController 생성 및 단계 관리
- 데이터 로드 및 인증 체크 단계 처리
- GetxListener를 사용한 상태 변화 처리 및 UI 업데이트

12장 인증 프로세스
- Firebase SNS 로그인 인증 흐름 설명
- AuthenticationRepository 생성 및 UserModel 생성
- 구글 및 애플 로그인 구현 · 로그인 상태 관리

13장 앱 Root 레이아웃 구성
- BottomNavigation 메뉴를 사용하여 페이지 전환 구현
- root.dart 파일을 생성하여 Root 페이지 구성
- BottomNavigationBar 설정 및 메뉴 아이템 구성
- BottomNavigationBar 상태 관리를 위한 controller 생성 및 상태 변경 처리

14장 홈 화면 구성
- 헤더(AppBar) 구성 및 leading, actions 설정
- 보디(ListView) 구성 및 상품 리스트 구현
- 상품 리스트의 각 항목을 _ProductOne 위젯으로 구성
- 레이어 버튼(FloatingActionButton)으로 상품 등록 페이지로 이동 버튼 추가

15장 상품 등록 페이지 개발 1

- Appbar 구성 및 '완료' 버튼 설정
- 보디 영역에 SingleChildScrollView를 사용하여 입력 필드 구성
- 이미지 선택 영역, 글 제목 입력, 카테고리 선택, 가격 입력, 상세 설명 입력 필드 구성
- 희망하는 거래 장소 설정 및 하단 키보드 제어 기능 추가

16장 상품 등록 페이지 개발 2

- 필수 항목(이미지, 제목, 가격) 유효성 검사 및 완료 버튼 활성화 처리
- Firebase 스토리지에 이미지 업로드 및 URL 반환
- 업로드된 이미지 URL을 포함한 상품 정보 저장
- 로딩 상태를 관리하여 사용자에게 데이터 저장 중임을 시각적으로 표시
- 부족한 데이터 검증 및 개선

17장 홈 화면 상품 리스트

- HomeController 생성 및 의존성 설정
- Firestore에서 상품 데이터 가져오기 및 화면 표시
- RxList와 Obx를 사용하여 상품 리스트 상태 관리 및 화면 업데이트
- 스크롤 이벤트를 사용하여 추가 데이터 로드 및 화면 갱신

18장 상품 상세 페이지

- 상세 페이지 라우트 연결 및 이동 구현
- GetX controller를 사용하여 상품 상세 정보 상태 관리
- CarouselSlider와 CachedNetworkImage를 사용하여 상품 이미지 슬라이드 구현
- 판매자 정보, 상품 설명, 거래 희망 장소 등의 상세 정보 표시
- 상품 상태 변경 기능 구현 및 UI 구성
- 상품 삭제 및 수정 기능 구현, Firestore와 연동하여 데이터 업데이트 처리

19장 채팅 페이지

- 채팅 페이지 라우트 설정 및 이동 구현
- GetX controller를 사용하여 채팅 상태 관리 및 초기 데이터 설정
- Firebase 실시간 데이터베이스를 사용한 채팅 기능 구현
- 채팅 메시지 스트림 처리 및 실시간 업데이트 기능 추가
- 채팅 메시지 입력 폼과 전송 기능 구현, UI 구성 및 날짜 표시 기능 추가

20장 하단 채팅 메뉴 페이지

- 채팅 메뉴 구현 및 리팩터링
- 채팅 페이지 데이터 로드 및 오류 수정
- UI 개선 및 뒤로가기 버튼 처리

📱 예제 소스 및 첨부 파일

이 책에서 사용하는 예제 소스 및 첨부 파일은 아래 링크에서 참고하길 바랍니다.

🔗 https://github.com/sudar-life/bamtol_market_clone_coding

📱 실습 환경

이 책은 다음과 같은 환경을 기반으로 설명합니다.

- CPU: 13세대 인텔(R) Core(TM) i7-1360P 2.20 GHz
- RAM: 32GB
- SSD: 1TB

📱 유튜브 강의

이 책은 다음 강의를 기반으로 집필한 책입니다. 개발하는남자 유튜브 채널의 재생 목록에서 '당근마켓 클론 코딩' 강의를 볼 수 있습니다. 다만 강의에서 사용한 플러터와 이 책에서 사용한 플러터 버전이 다를 수 있으므로 이 점을 유의해주세요. 나중에 새로운 플러터 버전이 릴리스되면 최신 기준에 맞춰 영상도 업데이트할 예정입니다.

당근마켓 클론 코딩:
https://www.youtube.com/watch?v=aYeBFDnPbkY&list=PLgRxBCVPaZ_3R0h7mCkLJ1RKh7XRvoZdF

📱 오탈자 제보 및 질문

편집 과정에서 오탈자를 확인하는 절차를 거쳤음에도 미처 발견하지 못한 오탈자나 내용에 대한 오류는 출판사의 도서 정보 페이지에 등록해주세요. 책과 관련한 궁금한 점은 저자의 이메일로 문의하기 바랍니다.

- 저자 이메일: mousai86@gmail.com

CONTENTS

PART 1

플러터 기초 다지기

CHAPTER 1

플러터 소개

CHAPTER 4

플러터 필수 개념 이해하기

CHAPTER 5

상태 관리 라이브러리

CHAPTER 6
API 통신

PART 2

당근마켓 클론 코딩 프로젝트

CHAPTER 9

Firebase 프로젝트 연동

CHAPTER 10

첫 페이지 진입 처리

CHAPTER 13

앱 Root 레이아웃 구성

CHAPTER 14

홈 화면 구성

CHAPTER 15

상품 등록 페이지 개발 1

CHAPTER 16

상품 등록 페이지 개발 2

CHAPTER 17

홈 화면 상품 리스트

CHAPTER 18

상품 상세 페이지

CHAPTER 19

채팅 페이지

플러터 기초 다지기

—

1부에서는 먼저 플러터의 기본 개념과 개발 환경 설정 방법을 배우고 다트 언어 기초를 익힙니다. 이후에는 플러터 아키텍처와 위젯 사용법, 다양한 상태 관리 라이브러리, API 통신 방법 그리고 애플리케이션 배포 과정까지 학습하게 됩니다. 이러한 내용을 통해 플러터 애플리케이션을 개발하는 데 필요한 기본적인 틀을 다지고 실전에서 활용할 수 있는 여러 기술을 익히게 될 것입니다. 1부의 내용을 잘 이해하고 연습한다면 2부에서 진행할 클론 코딩 프로젝트를 따라가는 데 큰 어려움이 없을 것입니다. 이제 본격적으로 플러터의 세계로 들어가봅시다.

플러터 소개

제가 플러터를 사용하면서 느꼈던 바를 한 문장으로 표현하면 다음과 같습니다.

서비스를 만들 수 있는 레고(위젯) 상자

우리는 레고의 다양한 블록을 사용하여 상상도 못 한 멋진 결과물을 만들어낼 수 있습니다. 플러터도 다양한 위젯을 조합하여 하나의 결과물을 만들 수 있도록 도와줍니다. 이미 알고 있는 독자도 있겠지만 플러터는 구글이 만든 크로스 플랫폼 프레임워크입니다. 지금부터 개발하는남자와 함께 플러터의 세상으로 들어가봅시다.

CHAPTER

01

1.1 플러터가 등장하게 된 배경

1.1.1 우리가 애플리케이션을 사용하는 이유

우리가 애플리케이션을 사용하는 목적은 분명합니다. 바로 필요한 정보를 얻기 위해서입니다. 필요한 정보를 찾거나 이용하기 위해 우리는 애플리케이션을 사용합니다. 만약 어떤 애플리케이션이 깔끔한 디자인으로 꾸며져 있고 부드러운 조작감과 최적화된 성능으로 우리가 원하는 정보를 제공한다면, 이 애플리케이션은 인정받는 서비스가 될 것입니다. 개발자라면 한 번쯤은 사용자가 최고의 경험을 할 수 있는 서비스를 만들어보고 싶다는 생각을 해봤을 것입니다.

1.1.2 일반적으로 애플리케이션을 개발하는 방법

앱을 개발할 때 어떻게 만들 것인지 보통 아래와 같이 3가지 선택지를 고려하게 됩니다.

1 각 운영 환경에 맞춰 네이티브 앱으로 개발

2 크로스 플랫폼 프레임워크를 활용하여 한번에 개발

3 하이브리드 웹 앱으로 개발

> 💡 하이브리드 웹 앱은 HTML, CSS, 자바스크립트와 같은 웹 기술로 만든 웹 앱을 웹 뷰를 통해 모바일 환경에서 사용할 수 있도록 만든 애플리케이션입니다.

각각의 선택지에는 고유의 문제점이 존재합니다. 가장 간단한 방법은 하이브리드 웹앱을 만드는 것이지만, 개발 제약이 많고 네이티브 앱처럼 만들기 어렵습니다. 네이티브 앱으로 개발하면 특정 플랫폼의 기능과 하드웨어를 최대한 활용할 수 있기 때문에 각각의 환경에 최적화된 앱을 만드는 데 적합합니다. 하지만 iOS나 안드로이드 또는 웹 환경에 적합한 네이티브 앱을 만들기 위해서는 최소한 2가지 이상의 프로그래밍 언어와 관련 기술을 익혀야 합니다. 크로스 플랫폼 프레임워크를 활용하여 앱을 개발하면 하나의 코드베이스를 여러 플랫폼에서 사용할 수 있어 개발 시간과 비용을 절약할 수 있습니다. 하지만 각 플랫폼에 특화된 기능을 구현하는 데 제한이 있을 수 있고, 네이티브 앱에 비해 성능이 떨어진다는 평도 많습니다.

플러터의 라이벌로 불리는 리액트 네이티브[React Native]도 많은 개발자가 선택하는 크로스 플랫폼 도구입니다. 리액트 기반으로 만들어졌기에 자바스크립트 같은 웹 기술에 익숙한 개발자라면 손쉽게 접

근할 수 있다는 장점이 있습니다. 하지만 리액트 네이티브에는 구조적인 문제가 있습니다. 리액트 네이티브에서는 자바스크립트 브릿지JavaScript Bridge를 사용하여 자바스크립트 모듈과 네이티브 플랫폼 간에 통신할 때 CPU와 메모리 사용량이 높아져 성능 저하가 나타나기도 합니다.

1.1.3 플러터의 등장

위와 같은 문제를 해결한 새로운 크로스 플랫폼 프레임워크인 플러터Flutter가 2018년 말에 출시되었습니다. 현재에도 크로스 플랫폼이 언급될 때는 주로 플러터와 리액트 네이티브가 거론되는데 최근의 구글 트렌드를 살펴보면 플러터가 좀 더 많은 관심을 받고 있다는 것을 알 수 있습니다.

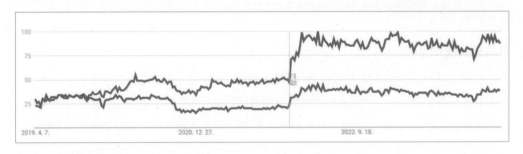

● flutter ● react native

플러터와 리액트 네이티브의 최근 5년간의 구글 트렌드 수치

플러터가 리액트 네이티브보다 성능적으로 우위를 차지하는 이유는 Skia 그래픽 라이브러리와 C/C++ 엔진을 사용하기 때문입니다. 리액트 네이티브처럼 자바스크립트 모듈과 네이티브 플랫폼 간의 통신을 생성할 필요 없이, 플러터는 다트Dart 코드를 C/C++ 엔진으로 컴파일합니다. 이는 코드를 기계어로 직접 변환하는 것과 유사하여 리액트 네이티브보다 성능이 뛰어납니다. 물론 네이티브 앱만큼의 성능을 기대하기는 어렵지만 최고의 크로스 플랫폼 중 하나인 것은 명백합니다.

1.2 플러터의 장단점

1.2.1 플러터의 장점

크로스 플랫폼 개발 도구

앞서 언급했듯이 플러터를 사용하면 하나의 코드베이스로 iOS, 안드로이드는 물론 윈도우, macOS, 리눅스와 웹 환경에서 실행할 수 있는 애플리케이션을 만들 수 있습니다. 물론 각 플랫폼의 특성에 최적화하는 데는 한계가 있지만 플랫폼별로 개별적으로 개발하는 것에 비하면 비용을 엄청나게 줄일 수 있습니다.

또한 다트만 알면 모든 것을 처리할 수 있습니다. 리액트 네이티브를 사용하려면 자바스크립트뿐 아니라 리액트에서 활용하는 JSX 문법과 HTML, CSS에 대한 사전 지식이 필요합니다.

핫 리로드와 컴파일 시간

개발자라면 모두 공감하겠지만 수정된 소스코드를 컴파일하여 결과를 확인하는 과정이 매우 지루하고 힘겹게 느껴질 것입니다. 소스코드 양에 따라 달라지겠지만 보통 컴파일하는 데 많은 시간이 소요되기 때문입니다. 컴파일되는 동안 커피를 마시거나, 웹 서핑을 한다던가 각자의 방식대로 지루한 시간을 보낼 것입니다. 하지만 플러터의 컴파일은 평균적으로 1분 내외밖에 걸리지 않습니다. 그리고 플러터의 핫 리로드^{Hot Reload} 기능을 활용하면 1초도 안 되는 빠른 속도로 결과를 확인할 수 있어 화면 작업을 할 때 엄청난 개발 퍼포먼스를 낼 수 있습니다.

구글의 적극적인 지원

세계적인 IT 기업인 구글이 만든 도구이기에 플러터는 구글의 적극적인 지원을 받고 있습니다. 구글은 플러터 개발자를 위한 다양한 라이브러리를 제공하고 개발자가 플러터 최신 기술과 동향을 배울 수 있도록 매년 관련 컨퍼런스를 개최하고 있습니다. 또한 커뮤니티 포럼이나 블로그 등을 운영하며 개발자끼리 서로 소통하고 정보를 공유할 수 있도록 지원하고 있습니다.

네이티브 앱에 필적하는 퍼포먼스

플러터는 크롬에서 사용하는 Skia 엔진을 활용해 렌더링합니다. 따라서 소스 변환이나 브릿지를 통한 시간 지연 없이 바로 네이티브 수준으로 컴파일되어 애니메이션이나 복잡한 화면에서도 부드러운 처리가 가능합니다.

일관된 디자인 / 각 플랫폼에 알맞은 UI 처리

애플리케이션을 개발할 때 다양한 디바이스에 일관된 디자인을 구현하는 것은 매우 어려운 일입니다. 원하는 디자인으로 표현될지 알 수 없기 때문에 실제로 컴파일하여 눈으로 직접 확인할 수밖에 없습니다. 하지만 플러터는 이러한 문제를 해결해줍니다.

플러터는 Skia를 사용하여 모든 UI 요소를 직접 캔버스에 그리기 때문에 디바이스마다 렌더링 방식이 다르더라도 동일한 디자인을 보장할 수 있습니다. 또한 안드로이드와 iOS의 특성에 맞는 머티리얼 디자인을 제공하여 각 플랫폼에 어울리는 디자인을 만들어낼 수 있습니다.

완성도 높은 위젯

플러터는 처음부터 마지막까지 위젯으로 구성하여 표현합니다. 플러터는 UI 구성을 위한 다양한 위젯을 기본적으로 제공합니다. 기본 제공되는 위젯만 사용하더라도 좋은 퀄리티의 앱을 만들 수 있습니다. 사용 방법도 직관적이라 한번 익혀두면 원하는 디자인을 손쉽게 구현할 수 있습니다.

뛰어난 디버깅

개발 과정에서 디버깅은 필수적인 작업입니다. 버그를 빠르고 정확하게 찾아 해결하는 것이 개발 속도와 앱 품질에 큰 영향을 주기 때문입니다. 플러터는 별다른 설정 없이도 개발자가 쉽고 효율적으로 디버깅할 수 있게 다양한 기능을 제공합니다.

1.2.2 플러터의 단점

구글이 만든 도구

아이러니하게도 구글이 제공하는 도구라는 것이 장점이기도 하지만 단점이 되기도 합니다. 구글은 지금까지 많은 서비스를 제공했다가 없앤 히스토리가 있습니다. 구글에서 출시한 후 서비스가 종료된 제품과 서비스를 모아놓은 웹사이트인 Google Cemetery가 존재할 정도입니다. 이런 전적 때문에 언제 플러터가 종료될지 모른다는 걱정도 생길 것입니다. 불행 중 다행으로 구글 자체 서비스인 구글 애즈와 구글 페이가 플러터로 만들어지면서 플러터에 대한 구글의 강력한 지지를 엿볼 수 있었기에 플러터가 종료될 가능성은 점점 낮아지고 있습니다.

잦은 버전 업데이트

플러터가 출시된 이후 빠르게 업데이트되며 현재는 3.x 버전[1]에 이르고 있습니다. 빠른 업데이트 주기는 활발한 개선 활동을 나타내는 지표이기도 하지만 동시에 개발자에게 부담을 주는 요소이기도 합니다. 새로운 기능과 변경 내용을 끊임없이 학습해야 하고 기존 코드와 호환되지 않아 새로운 버전에 맞게 코드를 작성해야 할 수도 있습니다. 물론 지속적인 업데이트를 통해 안정성이 점점 향상되는 긍정적인 측면도 가지고 있습니다.

코드 푸시 기능 부재

코드 푸시는 앱을 스토어에 등록하지 않고도 앱을 업데이트할 수 있는 기능입니다. 코드 푸시를 활용하면 앱 출시 후 발생한 치명적인 버그를 빠르게 수정하고 심사 없이 업데이트할 수 있습니다. 그러나 아쉽게도 플러터는 아직 코드 푸시 기능을 제공하고 있지 않습니다.

> 💡 2024년 7월 현재, Shorebird라는 이름의 코드 푸시를 지원하는 새로운 서비스가 출시되었습니다. Shorebird는 안드로이드와 iOS에서 코드 푸시를 지원합니다.

다트 언어 학습과 들여쓰기 지옥

플러터는 뛰어난 성능, 풍부한 기능, 빠른 개발 속도 등 다양한 장점을 가진 모바일 앱 개발 플랫폼이지만 플러터를 시작하기 위해서는 반드시 넘어야 하는 과제가 있습니다. 먼저 새로운 언어인 다트를 학습해야 한다는 것입니다. 다트는 구글이 야심 차게 자바스크립트를 대체하고자 만든 프로그래밍 언어입니다. 아쉽게도 다트가 처음 소개되고 나서 개발자가 배우지 말아야 할 언어 1위를 차지할 정도로 인기가 없었습니다.

또한 플러터는 위젯 트리로 화면을 구성하는 방식을 사용합니다. 이러한 방식은 UI 구조를 명확히 표현할 수 있다는 장점을 가지고 있지만 제대로 신경 쓰지 않으면 끝없이 들여쓰기가 발생하여 가독성이 저하될 수 있습니다. 따라서 들여쓰기 깊이를 최소화할 수 있는 위젯을 구성하고 의미 있는 변수명 사용, 주석 작성 등을 통해 가독성을 높이는 습관을 지녀야 합니다.

---

1 이 책을 집필할 시점의 버전은 플러터 3.7.0, 다트 2.19.0입니다.

플러터 개발자로 취업의 어려움

점점 많은 곳에서 플러터를 채택하여 서비스를 만들고 있지만 여전히 채용 규모 면에서 부족한 것은 사실입니다. 아직은 개인 프로젝트나 팀 단위에서 사용한다는 인식이 강해서인지 아직은 플러터 개발자를 뽑는 규모가 큰 회사는 많지 않습니다. 하지만 플러터 개발자 커뮤니티도 점점 커지고 있으며 채용 규모도 예전보다 늘어나고 있어 플러터의 미래를 긍정적으로 지켜볼 수 있을 것 같습니다.

1.2.3 누가 배우면 좋을까?

각자 개발하고자 하는 가치관도 다르고 목표가 무엇인지에 따라 플러터가 다르게 다가올 것입니다.

지금까지 플러터를 사용해 온 경험을 바탕으로 아래와 같은 대상에게 플러터를 추천하고 싶습니다.

- 다양한 언어나 프레임워크를 배워보고 싶은 개발자
- 빠르게 서비스의 반응을 살펴보고 싶은 개발자
- 1인 개발자
- 개발 속도를 중요시하는 개발자

플러터는 다양한 장점을 가진 아주 매력적인 크로스 플랫폼 프레임워크이지만, 앞서 언급한 대로 아직 여러 단점도 존재합니다. 플러터를 배우기 전에 플러터의 장단점을 신중하게 살펴보고 자신의 개발 목표와 상황에 플러터가 적절한지 잘 생각해보길 바랍니다.

1.3 플러터를 도입한 기업들

플러터 3.7이 출시된 현시점에 크고 작은 회사들이 플러터로 만든 앱이 70만 개 이상이라고 합니다. 70여만 개의 앱에 제가 참여한 프로젝트도 있다는 것이 뿌듯하게 느껴지네요. 지금부터는 이름만 들어도 알만한 곳에서 플러터를 도입하여 출시한 앱과 서비스에 대해 살펴봅시다.

◀ 플러터를 도입한 여러 기업

1.3.1 구글

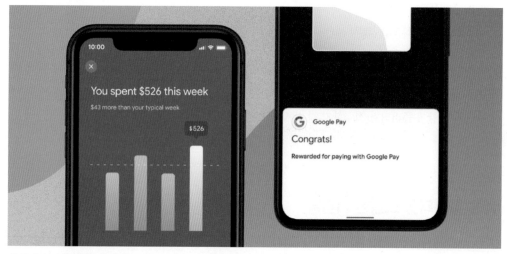

◀ 플러터로 만들어진 구글 페이

가장 유명한 IT 기업 중 하나이자 플러터를 출시한 구글은 구글 페이, 구글 애즈, 구글 클래스룸 등 자사 핵심 서비스를 개발할 때 플러터를 도입했습니다. 이것은 플러터의 성능과 안정성, 확장성을 인 정하고 미래 성장 가능성을 높이 평가하는 구글의 입장을 반영한다고 볼 수 있을 것입니다. 특히 구 글 페이와 같이 사용자의 개인정보 및 금융정보를 보호해야 하는 서비스에서 플러터가 사용된 것은 플러터의 강력한 보안 기능이 증명된 것이라고 여길 수 있습니다.

1.3.2 BMW

BMW의 My BMW 앱

My BMW 앱은 BMW 차량 소유자들을 위한 공식 모바일 앱으로 차량 상태 확인, 원격 제어, 서비스 예약 등 다양한 기능을 제공하며 뛰어난 사용자 경험을 선사합니다. 이전에도 BMW MINI Connected라는 앱이 존재했으나 iOS에 초점을 맞춰 만들어졌다고 합니다. 하지만 점점 iOS와 안드로이드 간의 기능과 디자인이 다르게 나타나는 문제가 발생했고 BMW는 iOS와 안드로이드 두 플랫폼에서 일관된 사용자 경험을 제공하기를 원했습니다. 여러 가지 도구 중 테스트한 후에 가장 적합하다고 여겨진 플러터를 도입하여 각 플랫폼에 일관된 디자인과 기능을 가진 My BMW 앱을 제공할 수 있게 되었습니다.

1.3.3 Rive

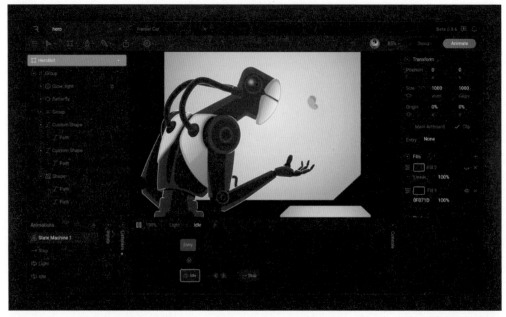

Rive

Rive라는 이름이 낯설게 들릴지도 모르겠습니다. 간단히 설명하자면 Rive는 여러 플랫폼에서 멋진 애니메이션 효과를 적용할 수 있도록 리소스를 만들어주는 에디터 툴 서비스입니다. 처음에는 자바 스크립트 ES5로 개발되었지만, 웹 이외의 플랫폼에서 성능 문제가 발생하여 ES6와 리액트 기반으로 변경하게 됩니다. 그럼에도 다양한 플랫폼에서 웹 팩과 CanvasKit 버전을 조율하는 데 상당한 노력이 필요했습니다. 이후 플러터로 전환하여 테스트를 해봤는데 앱의 품질과 안정성이 개선되었고 작업도 훨씬 수월해졌다고 합니다. 현재는 플러터로 macOS용 애플리케이션을 개발하고 있습니다.

1.3.4 Nu

 Nubank

다양한 핀테크 사업을 펼치고 있는 Nu의 Nubank는 아시아권을 제외한 지역에서 가장 큰 독립 디지털 은행으로 1억 명이 넘는 사용자를 보유하고 있습니다. 처음에는 iOS와 안드로이드 네이티브 앱으로 개발 및 운영했지만, 모든 작업을 두 번씩 해야 하는 문제가 비효율적이고 시간 낭비처럼 느껴졌다고 합니다. 이 문제를 해결하기 위해 Nubank는 리액트 네이티브를 포함한 다양한 크로스 플랫폼 기술을 조사했습니다. 11가지 주요 평가 기준을 바탕으로 종합적으로 검토한 결과, 플러터가 가장 적합한 기술임을 확인했습니다. 플러터 도입은 Nubank에게 획기적인 변화를 불러왔습니다. 플러터로 인해 개발 속도가 크게 향상되었고, 앱 성능과 안정성이 개선되었습니다. 플러터를 Nubank의 게임 체인저라고 표현할 만큼 효과가 좋았다고 합니다.

1.3.5 밀리의 서재

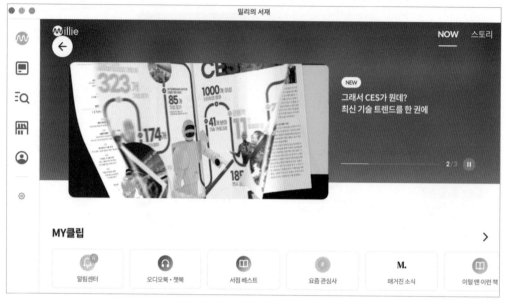

밀리의 서재 데스크톱 앱

국내 최대 규모의 전자책 플랫폼 중 하나인 밀리의 서재가 플러터를 사용하여 데스크톱 앱을 개발했다는 것은 플러터 기술의 성숙도와 활용 가능성을 보여주는 대표적인 사례입니다. 예전에 저는 밀리의 서재 측에서 데스크톱 앱 개발 관련 제안을 받았던 경험이 있습니다. 당시에는 아쉽게도 시간적 여유가 없어 하지 못했지만, 이후에 밀리의 서재 데스크톱 앱이 출시되었다는 소식을 듣게 되었습니다. 플러터 개발자로서 규모 있는 국내 기업에서 플러터를 도입하여 서비스를 출시했다는 것에 고무적이었습니다.

1.3.6 SGMA

◀ SGMA의 당신의 낚시 파트너 어신 앱

어신 앱은 제가 개발자로 일하고 있는 SGMA에서 개발한 애플리케이션으로 낚시인들에게 환경 정보, 커뮤니티, 선박, 낚시터, 피싱샵 등 다양한 낚시 관련 정보를 제공합니다. 안드로이드와 iOS를 합쳐 50만 명 이상의 사용자를 보유하고 있으며, 플러터 초기 버전(1.x)부터 최신 버전(3.x)까지 지속해서 업데이트되어 왔습니다.

1.4 마치며

그외에도 이베이, 토요타, 알리바바, 틱톡 제작사 바이트댄스 등이 플러터를 도입하여 서비스를 출시하고 있습니다. 이러한 세계적인 기업들은 플러터의 발전 가능성과 뛰어난 성능, 편리한 기능, 보안 이슈 등을 다각적으로 검토하고 플러터를 선택했을 것입니다. 그만큼 플러터는 시장에서 이미 검증된 강력한 도구입니다.

자 이제부터 플러터를 하나하나 배워봅시다. 이 책으로 플러터를 단계별로 익혀보고 마지막 목표인 당근마켓 클론 코딩까지 해보면서 매력적인 플러터의 기능을 경험해봅시다.

개발 환경 설정하기

본격적인 플러터 개발을 시작하기 전에 개발 환경을 구성해봅시다. 개발 환경 설정은 전체 개발 프로세스의 첫 단계이자 중요한 과정입니다. 개발 환경을 제대로 구성하지 않은 채 개발을 진행하면 제대로 된 퍼포먼스를 끌어낼 수 없습니다. 이 장에서는 플러터 개발을 위한 환경 설정 과정을 순서대로 살펴봅니다.

2.1 깃 설치

플러터 개발 환경을 설정하는 데 왜 깃[Git]이 필요할까요? 사실, 개발자라면 깃은 필수적으로 알아야 하는 버전 관리 툴이지만 플러터 개발만을 위해 설치하는 것이 아닙니다. 플러터에는 채널이라는 개념이 존재합니다.

> 💡 **플러터 채널**
>
> 플러터 채널은 플러터 프레임워크의 다양한 버전을 제공하는 시스템입니다. 상황에 따라 적절한 채널을 선택하여 플러터 앱을 개발할 수 있습니다.
>
> - Stable 채널: 가장 안정적이고 검증된 버전을 제공합니다. 일반적인 프로덕션 환경에 적합합니다.
> - Beta 채널: 최신 기능과 개선 사항을 포함하는 버전을 제공합니다. 완전히 검증되지 않은 기능이 포함될 수 있으므로 사용할 때 주의해야 합니다.
> - Master 채널: 개발 중인 최신 버전을 제공합니다. 매우 불안정하므로 개발 목적으로만 사용해야 합니다.

플러터 채널은 크게 Stable, Beta, Master로 나눌 수 있습니다. 각 채널에는 하위 버전이 존재하는데 이러한 플러터의 여러 버전을 관리하기 위해 깃이 필요합니다. 물론 대부분의 개발자라면 이미 깃을 설치했을 것입니다. 하지만 아직 깃을 접해보지 않은 독자를 위해서 간단하게 깃 설치 과정을 살펴보겠습니다.

2.1.1 다운로드 페이지

🔹 깃 공식 사이트의 다운로드 페이지

각자의 PC 운영체제에 맞는 깃 설치 프로그램을 다운로드하세요.

🔗 https://git-scm.com/downloads

2.1.2 macOS

Xcode를 설치했다면 Xcode에 이미 깃 패키지가 포함되어 있어 별도로 설치할 필요가 없습니다. macOS에서는 다양한 방법으로 깃을 설치할 수 있는데 보통 Homebrew를 이용합니다.

① 아래의 페이지에서 brew install git 명령어를 복사합니다.

② 터미널을 열어 복사한 명령어를 붙여 넣고 실행합니다.

◀ macOS에서의 깃 설치

③ 설치를 완료한 다음 터미널에 git version을 입력하고 엔터키를 누르세요.

깃 버전이 확인된다면 제대로 설치가 된 것입니다.

2.1.3 윈도우

자신의 PC에 설치된 윈도우가 32비트인지 64비트인지 확인하고, 그에 맞는 Setup.exe 파일을 다운로드합니다.

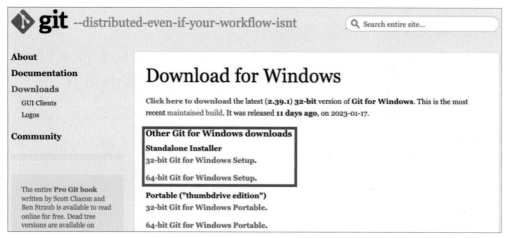

◀ 윈도우에서의 깃 설치

깃을 설치하다보면 많은 선택 화면이 나타나게 됩니다.

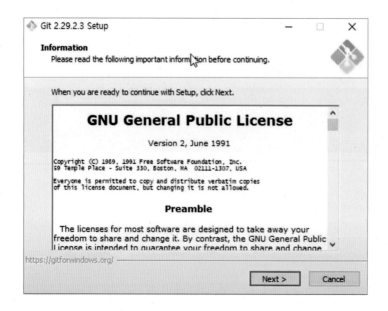

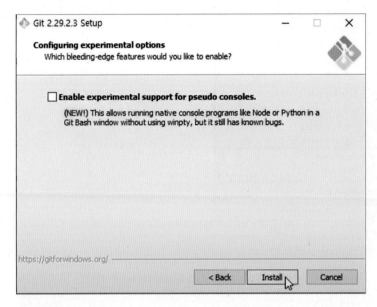

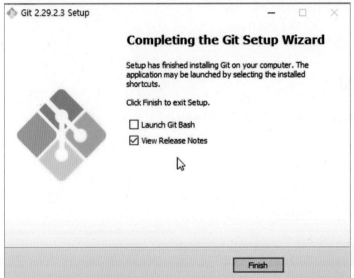

◀ 윈도우에서의 깃 설치 설정 화면

여기에서는 기본으로 설정된 값을 그대로 사용합니다. [Next] 버튼을 누르고 설치해봅시다.

설치를 마쳤다면 아무 폴더나 바탕화면 위에 커서를 위치시키고 마우스로 우클릭해보세요.

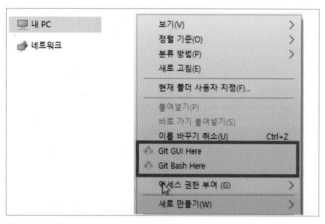

🦋 윈도우에서의 깃 설치 확인

정상적으로 설치되었다면 위 그림과 같이 'Git GUI Here'나 'Git Bash Here'를 선택할 수 있는 메
뉴가 추가된 것을 확인할 수 있습니다.

2.2 플러터 SDK 설치

아래 링크에 접속하면 플러터 SDK 설치를 위한 페이지로 이동합니다.

🔗 https://docs.flutter.dev/get-started/install

여기서 자신이 사용하는 운영체제를 선택합니다.

🦋 플러터 SDK 설치 페이지 – 운영체제 선택

2.2.1 macOS에서의 플러터 설치

Mac PC는 인텔^{Intel}이나 애플 실리콘^{Apple Silicon} 칩을 사용합니다. Mac의 CPU가 M1 또는 M2 프로세서라면 아래 그림과 같은 명령어로 소프트웨어를 업데이트해줘야 합니다.

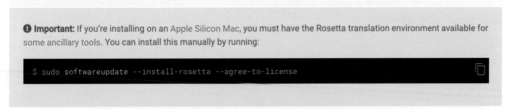

◀ Mac의 CPU가 M1 또는 M2(애플 실리콘 칩)일 때의 소프트웨어 업데이트 명령어

사용하는 칩이 인텔 또는 애플 실리콘인지 확인하고 알맞은 플러터 SDK 파일을 다운로드합니다.

◀ 플러터 SDK 다운로드

다운로드를 완료했다면 플러터 SDK 압축 파일을 원하는 위치에 옮기고 풀어줍니다. 이때 개발 환경 관련 폴더를 별도로 지정해주는 게 좋습니다. 예를 들어 사용자 홈 디렉터리 하위에 development 폴더를 만들고, 그 안에 sdk 폴더를 만들어서 SDK 파일을 관리할 수 있습니다.

다음 그림에서는 홈 디렉터리인 /Users/sungduckkim 하위의 /Users/sungduckkim/development/sdk/ 경로에 압축을 푼 플러터 SDK 파일이 자리 잡고 있는 것을 볼 수 있습니다. 이렇게 플러터 SDK를 개발 환경 관련 폴더에 설치하고 경로를 설정하면 개발 효율성을 높이고, 프로젝트 관리를 용이하게 할 수 있습니다.

🔹 플러터 SDK 설치 경로 확인

① 플러터 SDK 파일의 압축을 풀면 flutter란 이름의 폴더가 생성됩니다.
② pwd 명령어를 실행하면 flutter 폴더의 경로를 확인할 수 있습니다.

플러터 SDK 파일의 압축을 풀었다면 환경 변수를 설정하여 플러터 명령어를 사용할 수 있게 만들어 줍니다. 여기서 어떤 셸 파일을 사용해야 하는지 확인하는 것이 중요합니다.

🔹 셸 확인 방법

macOS 애플 실리콘 CPU 사용자의 경우 대부분 .zshrc를 사용합니다. 위 그림처럼 터미널 창을 열고 상단 끝부분에 표시된 셸 이름을 보면 확인할 수 있습니다. 셸 이름이 zsh라면 .zshrc로 환경을 설정해줘야 합니다. 사용자 홈 디렉터리에서 vi나 vim을 사용하여 .zshrc 파일을 편집 모드로 열어 줍니다.

🔹 홈 디렉터리에서 .zshrc 편집 모드로 열기

① cd ~ 명령어를 사용하면 홈 디렉터리로 이동할 수 있습니다.
② vi 명령어를 사용하여 .zshrc 파일을 편집 모드로 열어줍니다.

```
# Set personal aliases, overriding those provided by oh-my-zsh libs,
# plugins, and themes. Aliases can be placed here, though oh-my-zsh
# users are encouraged to define aliases within the ZSH_CUSTOM folder.
# For a full list of active aliases, run `alias`.
#
# Example aliases
# alias zshconfig="mate ~/.zshrc"
# alias ohmyzsh="mate ~/.oh-my-zsh"
export PATH="$PATH:/Users/sungduckkim/development/sdk/flutter/bin"
export GEM_HOME=$HOME/.gem
```

❮ 플러터 SDK 경로 설정

앞의 그림처럼 압축을 푼 플러터 SDK 파일 경로에 flutter/bin 디렉터리를 포함하여 PATH 환경 변수에 추가합니다.

```
sungduckkim@sungduckui-Macmini   flutter --version
Flutter 3.7.0 • channel stable • https://github.com/flutter/flutter.git
Framework • revision b06b8b2710 (5일 전) • 2023-01-23 16:55:55 -0800
Engine • revision b24591ed32
Tools • Dart 2.19.0 • DevTools 2.20.1
sungduckkim@sungduckui-Macmini
```

❮ flutter —version 명령어로 플러터 버전 확인

환경 변수가 올바르게 설정되었다면 flutter --version 명령어를 통해 설치된 플러터의 버전을 확인할 수 있습니다.

2.2.2 윈도우에서의 플러터 설치

윈도우 환경에서는 macOS 환경보다 좀 더 쉽게 플러터를 설치할 수 있습니다. 마찬가지로 플러터 SDK 파일을 다운로드합니다.

Get the Flutter SDK

1. Download the following installation bundle to get the latest stable release of the Flutter SDK:

    flutter_windows_3.7.0-stable.zip

    For other release channels, and older builds, see the SDK releases page.

2. Extract the zip file and place the contained flutter in the desired installation location for the Flutter SDK (for example, C:\src\flutter).

❮ 플러터 SDK 다운로드

다운로드한 SDK 파일을 원하는 경로에 옮기고 압축을 풀어줍니다. 윈도우 환경에서도 사용자 폴더 하위에 별도의 개발 환경 폴더를 설정하여 관리하는 것을 추천합니다.

￼ 플러터 SDK 파일 경로 설정

위 그림에서는 사용자가 GIGABYTE로 설정되어 있고 하위에 sdk란 이름의 폴더를 만들어 플러터 SDK 파일을 여기에 옮겼습니다. C:\Users\GIGABYTE\sdk\ 경로에 위치한 SDK 파일의 압축을 풀어보세요.

￼ 플러터 SDK 파일 압축을 푼 뒤 생성된 flutter 폴더

압축을 풀면 flutter라는 이름의 폴더가 생성됩니다. 기존 압축 파일은 필요 없으니 삭제합니다.

￼ bin 폴더 경로 복사

환경 변수를 설정하기 위해서 flutter 폴더 안에 있는 bin 폴더의 경로를 복사합니다. 그다음 시스템 속성 창을 열어 환경 변수를 설정합니다.

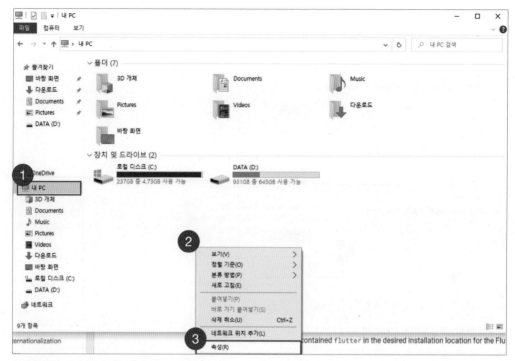

◀ 윈도우에서의 환경 변수 설정 과정 1

① 폴더 좌측 메뉴에서 '내 PC'를 클릭합니다.

② '장치 및 드라이브' 아래 공간에 마우스 우클릭하면 메뉴 리스트가 생성됩니다.

③ 생성된 메뉴에서 '속성'을 클릭하면 시스템 창이 열립니다.

◀ 윈도우에서의 환경 변수 설정 과정 2

④ 시스템 창의 좌측 메뉴에서 '고급 시스템 설정'을 클릭합니다.

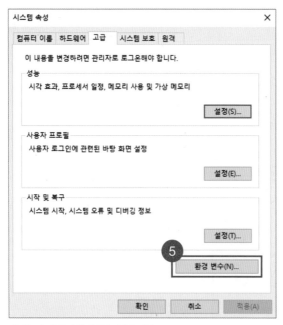

◀ 윈도우에서의 환경 변수 설정 과정 3

⑤ 활성화된 시스템 속성 창에서 [환경 변수]를 클릭합니다.

◀ 윈도우에서의 환경 변수 설정 과정 4

환경 변수에서는 사용자 변수와 시스템 변수를 설정할 수 있습니다. 경로를 설정할 때 사용자 변수의 경로로 설정하면 권한 거부 현상이 발생할 수 있습니다. 시스템 변수 항목에서 'Path'를 선택하고 더블 클릭하여 경로 편집 창을 열어줍니다.

◀ 윈도우에서의 환경 변수 설정 과정 5

활성화된 환경 변수 편집 창의 우측 메뉴에서 [새로 만들기]를 클릭하고 하단에 나타난 빈 공간에 아까 복사했던 경로를 붙여 넣어줍니다. 그러고 나서 [확인]을 누릅니다.

◀ 윈도우에서의 플러터 설치 확인

이제 아무 위치에서 마우스 우클릭하여 Git bash 창을 열고 flutte —version 명령어를 실행합니다. 설치된 플러터 버전이 표시된다면 정상적으로 설치된 것입니다.

2.2.3 안드로이드 스튜디오 설치

플러터는 안드로이드 앱 개발에 필수적인 플랫폼 종속성을 제공하기 위해 안드로이드 스튜디오를 필수적으로 설치해야 합니다. 여기에서는 macOS 환경 기준의 설치 과정을 살펴봅니다. 윈도우 환경은 파일 다운로드 과정만 다를 뿐 대부분의 과정은 유사합니다.

안드로이드 스튜디오 다운로드 페이지(https://developer.android.com/studio)에 접속합니다.

◂ 안드로이드 스튜디오 다운로드 페이지

그다음 안드로이드 스튜디오 다운로드 버튼을 누릅니다.

◂ 자신의 Mac에 알맞은 설치 파일 선택

약관에 동의 후 자신의 Mac이 인텔 칩인지 애플 칩인지 확인 후 알맞은 칩을 선택하여 설치 파일을 다운로드합니다.

🐾 안드로이드 스튜디오 파일 설치

다운로드한 dmg 파일을 더블 클릭하여 설치를 진행합니다.

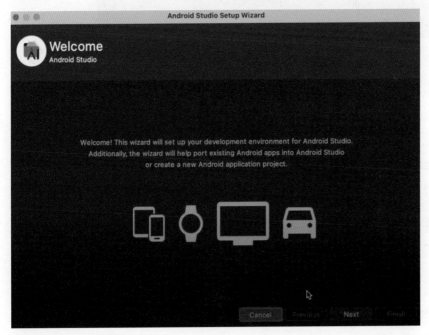

🐾 안드로이드 스튜디오 실행

설치가 완료되면 안드로이드 스튜디오를 실행합니다. 별다른 선택 없이 계속 [Next]를 눌러줍니다. 안드로이드 SDK 설치를 진행하기 위해서 다음과 같은 라이선스 동의 단계를 거쳐야 합니다.

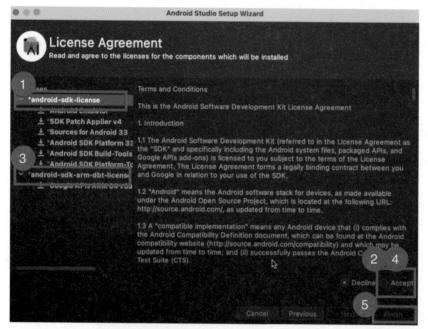

◀ 안드로이드 라이선스 약관 동의 과정

① 안드로이드 SDK 라이선스를 클릭합니다.

② 'Accept'를 클릭하여 동의를 확인합니다.

③ 안드로이드 SDK arm dbt 라이선스를 클릭합니다.

④ 'Accept'를 클릭하여 동의를 확인합니다.

⑤ [Finish]를 클릭합니다.

설치가 완료되면 프로그램을 닫아줍니다.

2.3 IDE 설치

2.3.1 VSCode 설치하기

플러터 개발은 다양한 IDE(통합 개발 환경)에서 진행할 수 있습니다. IntelliJ나 WebStorm 또는 안드로이드 스튜디오를 사용해도 무방하지만 이 책에서는 VSCode^{Visual Studio Code}를 기준으로 설명합니다. 다른 도구를 사용한다면 이 절은 넘어가도 괜찮습니다.

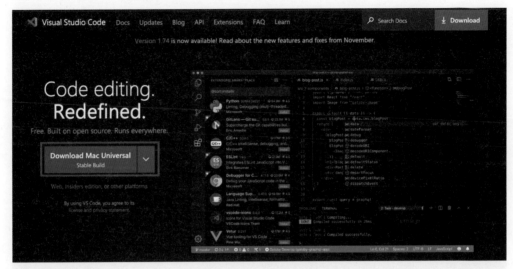

◀ VSCode 다운로드

VSCode 페이지(https://code.visualstudio.com/)에 접속하여 VSCode를 다운로드합니다. macOS 환경에서 접속했다면 앞의 그림과 같은 화면을 볼 수 있습니다. 다운로드 버튼을 누릅니다.

◀ 다운로드한 VSCode 설치 압축 파일

다운로드한 파일의 압축을 풀어줍니다.

◀ 압축을 푼 VSCode 실행 파일

VSCode 실행 파일을 열면 앱이 실행될 것입니다. 여기서 플러터 개발을 하기 위해서는 플러터 확장 패키지를 반드시 설치해야 합니다.

2.3.2 플러터 필수 확장 패키지 설치

플러터 개발을 위한 필수 확장 패키지를 설치해봅시다. 앞에서 설치한 VSCode를 실행합니다.

◀ VSCode에서 확장 프로그램 아이콘 클릭

VSCode의 왼쪽 퀵 메뉴에서 확장 프로그램 아이콘을 클릭합니다.

◀ 확장 프로그램 검색 창

검색 창에 'Flutter'라는 키워드를 입력합니다.

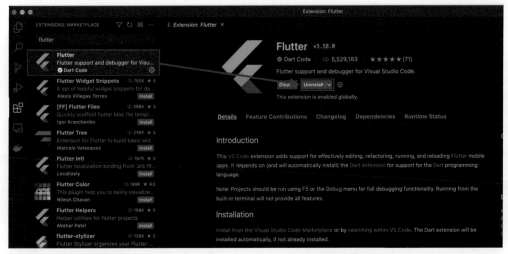

◀ 플러터 확장 프로그램 설치

검색 결과에서 퍼블리셔가 Dart Code인 플러터 확장 프로그램을 설치합니다.[1]

2.3.3 그 밖의 문제 해결

이제 플러터 설치가 거의 완료되었습니다.

◀ flutter doctor 명령어 입력

마지막으로 터미널을 열고 flutter doctor 명령어를 입력합니다.

---

1 그림에서는 이미 플러터 확장 프로그램이 설치되어 있는 상태라 'Uninstall' 표시되지만, 아직 설치하지 않았다면 'Install'이 표시되는 것을 확인할 수 있습니다.

```
Doctor summary (to see all details, run flutter doctor -v):
[✓] Flutter (Channel stable, 3.7.0, on macOS 13.0.1 22A400 darwin-arm64, locale ko-KR)
[!] Android toolchain - develop for Android devices (Android SDK version 33.0.0)
    ✗ cmdline-tools component is missing
      Run `path/to/sdkmanager --install "cmdline-tools;latest"`
      See https://developer.android.com/studio/command-line for more details.
    ✗ Android license status unknown.
      Run `flutter doctor --android-licenses` to accept the SDK licenses.
      See https://flutter.dev/docs/get-started/install/macos#android-setup for more details.
[✓] Xcode - develop for iOS and macOS (Xcode 14.0.1)
[!] Chrome - develop for the web (Cannot find Chrome executable at /Applications/Google
    Chrome.app/Contents/MacOS/Google Chrome)
    ! Cannot find Chrome. Try setting CHROME_EXECUTABLE to a Chrome executable.
[✓] Android Studio (version 2021.3)
[✓] VS Code (version 1.72.1)
```

flutter doctor 명령어 입력 결과

위 그림과 같이 flutter doctor 명령어를 실행하면 안드로이드 툴체인 관련 문제가 있다고 안내할 것
입니다. 여기에는 두 가지 문제가 있습니다.

1 cmdline-tools component is missing 문제

2 Android license status unknown 문제

1번 문제를 해결하기 위해서는 안드로이드 스튜디오를 다시 실행해야 합니다.

안드로이드 스튜디오에서 SDK Manager 메뉴 선택

안드로이드 스튜디오 실행 후 위 그림과 같이 오른쪽 상단에 있는 더보기 아이콘을 클릭하여 'SDK
Manager' 메뉴를 엽니다.

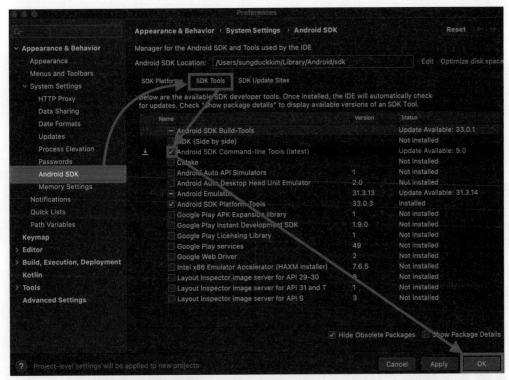

❮ Android SDK Command-line Tools 설치

‘SDK Manager’ 메뉴를 선택하면 바로 Preferences 〉 Appearance & Behavior 〉 System Settings 〉 Android SDK 메뉴가 활성화됩니다. 여기서 ‘SDK Tools’ 탭을 클릭한 후 ‘Android SDK Command-line Tools’ 체크박스를 선택하고 [OK]를 누릅니다.

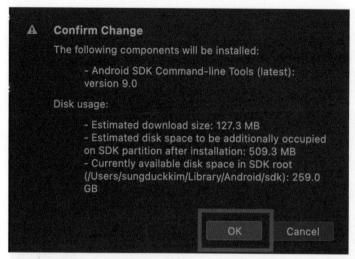

◀ 설치 파일 안내

설치 파일에 대한 안내창이 한 번 더 뜨며 의사를 묻는데, 이때도 [OK]를 누르면 됩니다.

설치가 완료되면 [Finish]를 클릭합니다.

```
sungduckkim@sungduckui-Macmini  ~  flutter doctor --android-licenses
```

flutter doctor —android–licenses 명령어 입력

두 번째 문제를 해결하기 위해 터미널에 fflutter doctor ――android–licenses 명령어를 입력합니다.

```
14.7 This License Agreement, and your relationship with Google under this License Agreement, sh
all be governed by the laws of the State of California without regard to its conflict of laws p
rovisions. You and Google agree to submit to the exclusive jurisdiction of the courts located w
ithin the county of Santa Clara, California to resolve any legal matter arising from this Licen
se Agreement. Notwithstanding this, you agree that Google shall still be allowed to apply for i
njunctive remedies (or an equivalent type of urgent legal relief) in any jurisdiction.

August 15, 2011
-------------------------------------------
Accept? (y/N):
```

안드로이드 라이선스 관련 동의 요청 메시지

이 명령어를 실행하면 안드로이드 라이선스 관련 동의를 요청하는 메시지가 나옵니다. 모든 메시지
에 대해 'y'를 입력합니다.

```
sungduckkim@sungduckui-Macmini  ~  flutter doctor
Doctor summary (to see all details, run flutter doctor -v):
[✓] Flutter (Channel stable, 3.7.0, on macOS 13.0.1 22A400 darwin-arm64, locale ko-KR)
[✓] Android toolchain - develop for Android devices (Android SDK version 33.0.0)
[✓] Xcode - develop for iOS and macOS (Xcode 14.1)
[✓] Chrome - develop for the web
[✓] Android Studio (version 2021.3)
[✓] VS Code (version 1.74.3)
[✓] Connected device (3 available)
[✓] HTTP Host Availability
```

문제 해결 후 결과 확인

모든 문제를 해결한 후, 다시 flutter doctor를 입력하면 위 그림과 같이 깔끔하게 결과가 표시됩
니다.

하지만 여전히 오류가 발생할 수 있습니다. 예를 들어 Xcode를 설치하지 않아서 오류가 생길 수도
있고, Chrome – Develop for the web에서 문제가 발생할 수도 있습니다. 여기서는 Xcode가 사
전에 설치되었다고 가정하고 진행하므로 Xcode가 설치되지 않은 분은 별도로 설치해주면 됩니다.
또한, Chrome – Develop for the web 오류는 크롬 브라우저가 설치되지 않았을 때 발생하므로
크롬 브라우저를 설치하면 문제가 해결될 것입니다.

2.4 유용한 VSCode 확장 패키지 및 단축키 설정

지금까지 플러터 개발 환경 설치 및 기본 설정을 완료했습니다. 바로 플러터 개발을 시작해도 되지만, 개발 효율성을 높이기 위해 추가로 설치할 수 있는 유용한 확장 패키지와 단축키 설정에 대해 알아보겠습니다. 여기서는 어떤 패키지를 설치해야 하는지와 간단한 기능 정도만 설명합니다.

2.4.1 유용한 VSCode 확장 패키지

Awesome Flutter Snippets

Awesome Flutter Snippets

플러터에서 자주 사용하는 클래스, 위젯 등을 간단한 단축어로 자동 완성해주는 기능을 제공합니다. 대표적으로 StatelessWidget이나 StatefulWidget을 간단하게 자동으로 생성합니다. 예를 들어 statelessW 또는 statefulW 입력 후 엔터 키를 누르면 기본 구조의 StatelessWidget 또는 StatefulWidget을 자동으로 생성합니다. 따라서 이 패키지를 사용하면 개발 속도를 향상할 수 있습니다.

Flutter Tree

Flutter Tree

플러터에서 위젯 트리를 빠르게 작성하면 개발 속도를 높일 수 있습니다. Flutter Tree는 이러한 작업을 간편하게 도와주는 강력한 도구입니다.

```
Base syntax

OneChild>MultipleChild[OneChild,MultipleChild[OneChild,OneChild],OneChild>OneChild]


Code generated

OneChild(
    child: MultipleChild(
        children: <Widget>[
            OneChild(),
            MultipleChild(
                children: <Widget>[
                    OneChild(),
                    OneChild(),
                ]
            ),
            OneChild(
                child: OneChild(),
            ),
        ]
    ),
),
```

Flutter Tree 활용 예시

위 예시에서 Base syntax 부분은 간단한 구문으로 작성된 위젯 트리이고, Code generated 부분은 이 구문을 바탕으로 자동으로 생성된 플러터 위젯 코드입니다. 이를 통해 복잡한 위젯 트리를 쉽게 작성하고 상세한 코드를 자동으로 얻을 수 있습니다.

Error Lens

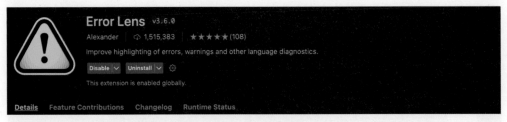

Error Lens

개발하다보면 코드 옆에 오류나 개선할 부분이 표시됩니다.

```
product_bloc.dart ×

lib > src > bloc > product_bloc.dart > ProductBloc > ProductBloc
  1    import 'package:bloc/bloc.dart';
  2    import 'package:bloc_to_communication/src/repository/lisense_repository.dart';
  3    import 'package:bloc_to_communication/src/repository/product_repository.dart';
  4    import 'package:equatable/equatable.dart';
  5
  6    class ProductBloc extends Bloc<LoadProductEvent, ProductState> {
  7      ProductRepository _productRepository;
  8      LisenseRepository _lisenseRepository;
  9      ProductBloc(this._productRepository, this._lisenseRepository)
 10        : super(ProductState()) {
 11      on<LoadProductEvent>((event, emit) async {
```

◀ 기존 소스코드에 나타난 개선 사항

특히 기존 소스코드에 파란색 라인이 표시되면, 오류는 아니지만 개선할 수 있는 부분이라는 의미입니다. 이때 어느 부분이 문제인지 확인하려면 별도의 Problems 탭을 확인해야 합니다.

```
product_bloc.dart ×

lib > src > bloc > product_bloc.dart > ProductBloc > ProductBloc
  1    import 'package:bloc/bloc.dart';
  2    import 'package:bloc_to_communication/src/repository/lisense_repository.dart';
  3    import 'package:bloc_to_communication/src/repository/product_repository.dart';
  4    import 'package:equatable/equatable.dart';
  5
  6    class ProductBloc extends Bloc<LoadProductEvent, ProductState> {
  7      ProductRepository _productRepository;      The private field _productRepository could be 'final'. Try making the field 'final'.
  8      LisenseRepository _lisenseRepository;      The private field _lisenseRepository could be 'final'. Try making the field 'final'.
  9      ProductBloc(this._productRepository, this._lisenseRepository)
 10        : super(ProductState()) {
 11      on<LoadProductEvent>((event, emit) async {
```

하지만 Error Lens를 설치하면 _productRepository와 _lisenseRepository 변수를 final 변수로 지정해야 한다는 내용을 확인할 수 있습니다. 이를 통해 빠르게 문제를 파악할 수 있습니다.

Material Icon Theme

Material Icon Theme v4.23.1
🧩 Philipp Kief   ⬇ 16,004,444   ★ ★ ★ ★ ★ (280)   ♥ Sponsor
Material Design Icons for Visual Studio Code
[Set File Icon Theme] [Disable ⌄] [Uninstall ⌄] ⚙
This extension is enabled globally.

◀ Material Icon Theme

기존 VSCode의 아이콘을 머티리얼 디자인^{Material Design} 기반의 아이콘으로 변경해줍니다.

◀ Material Icon Theme이 지원하는 다양한 아이콘

Material Icon Theme은 개발 속도에 영향을 주지는 않지만, 다양한 디자인의 아이콘을 제공하여 다양한 기능을 시각적으로 표현할 수 있게 도와줍니다.

2.4.2 VSCode 단축키 설정

개발 속도를 높이는 데 단축키 사용만큼 효과적인 방법은 없습니다. 마치 게임에서 스킬을 사용하는 것처럼 단축키를 활용하면 마우스와 키보드를 오가는 번거로움 없이 코드 작성 속도를 획기적으로 높일 수 있습니다. 여기서는 유용한 단축키에 대해 간단히 알아봅니다.

General 단축키

기능	윈도우	macOS
명령 팔레트 표시	Ctrl + Shift + P	Cmd + Shift + P
빠른 열기, 파일로 이동	Ctrl + P	Cmd + P
새 창/인스턴스	Ctrl + Shift + N	Cmd + Shift + N
창/인스턴스 닫기	Ctrl + Shift + W	Cmd + Shift + W
사용자 설정	Ctrl + ,	Cmd + ,

편집 단축키

기능	윈도우	macOS
선 자르기(빈 선택)	Ctrl + X	Cmd + X
줄 복사(빈 선택)	Ctrl + C	Cmd + C
줄 위/아래 이동	Alt + ↑ / ↓	Option + ↑ / ↓
줄 위/아래 복사	Shift + Alt + ↓ / ↑	Shift + Option + ↓ / ↑
아래 줄 삽입	Ctrl + Enter	Cmd + Enter
위에 줄 삽입	Ctrl + Shift + Enter	Cmd + Shift + Enter

Navigator

기능	윈도우	macOS
모든 기호 표시	Ctrl + T	Cmd + T
파일로 이동	Ctrl + P	Cmd + P
기호로 이동	Ctrl + Shift + O	Cmd + Shift + O
뒤로/앞으로 가기	Alt + ← / →	Option + ← / →
뒤로/앞으로 탐색	Ctrl + - / +	Cmd + - /

다중 커서 및 선택

기능	윈도우	macOS
커서 삽입	Alt + 클릭	Option + 클릭
위/아래 커서 삽입	Ctrl + Alt + ↑ /	Cmd + Option + ↑ / ↓
마지막 커서 작업 취소	Ctrl + U	Cmd + U
선택한 각 라인 끝에 커서 삽입	Shift + Alt + I	Shift + Option + I
현재 라인 선택	Ctrl + L	Cmd + L

다트 이해하기

구글은 자바스크립트를 대체하기 위해 다트를 개발했으나 초기에는 성공하지 못했습니다. 그러나 플러터가 출시되면서 다트의 인기가 급상승했으며 빠르게 성장하고 있습니다. 구글이 플러터를 적극적으로 지원하고 있는 만큼 다트를 배우면 미래에 큰 기회를 얻을 수도 있을 것입니다. 이 장에서는 다트 언어에 대해 학습해봅시다.

CHAPTER

03

3.1 다트의 탄생 배경과 향후 발전 가능성

플러터는 다트^{Dart}로 개발되었습니다. 그렇다면 구글은 왜 다트라는 새로운 언어를 만들었을까요? 구글은 웹 개발의 주류 언어인 자바스크립트의 단점을 보완하고 대체하기 위해 다트를 개발하고 출시했습니다. 하지만 초기의 다트는 자바스크립트만큼의 라이브러리와 개발 도구가 존재하지 않았고, 새로운 언어를 배워야 한다는 피로감까지 겹쳐 많은 개발자가 배우지 말아야 할 언어로 뽑힐 정도로 큰 관심을 얻지 못했습니다.

하지만 2017년 상황이 바뀝니다. 웹, 모바일, 데스크톱 앱을 하나의 코드베이스로 개발할 수 있는 크로스 플랫폼 프레임워크이자 이 책의 주제인 플러터가 등장한 것입니다. 플러터가 다트 기반으로 출시되면서 개발자는 다트에 호응하기 시작했습니다. 물론 여전히 다른 프로그래밍 언어에 비해 점유율은 낮지만 가파르게 성장하고 있습니다. 꾸준한 업데이트를 통해 새로운 기능이 추가되고 여러 부분이 개선되면서 앞으로 더 성장하며 다양한 분야에서 주요 프로그래밍 언어로 자리매김할 것으로 보입니다.

◀ 챔피언과 도전자(사진 출처: UFC 아시아)

저는 유튜브에서 이런 말을 한 적이 있습니다. MMA 챔피언 벨트를 갖고 있는 격투기 선수와 그 자리를 뺏고자 하는 도전자가 있다고 가정해봅시다. 격투기 챔피언은 자신의 자리를 지키기 위해 부단히 노력하겠지만 언젠가는 그 자리를 내줘야 할 지도 모릅니다. 도전자도 챔피언에 오르기 위해 엄청난 노력을 할 것입니다. 프로그래밍 언어에 대입해보겠습니다. 현재 웹 프로그래밍 분야에서 지배적인 위치를 차지하고 있는 자바스크립트가 챔피언이라고 할 수 있을 것입니다. 다트(또는 플러터)는 도전자의 위치에 있다고 볼 수 있습니다.

구글은 플러터를 확실하게 밀어주고 있습니다. 도전자는 언제든 챔피언에 오를 수 있습니다. 앞으로 플러터 커뮤니티가 더욱 활성화되고 많은 기업이 플러터를 도입한다면 1등이라는 꿈에 더 가까워지겠죠.

이번에는 주식 투자에 비유해보겠습니다. 주식 투자와 플러터 학습은 모두 미래의 성장 가능성을 보고 투자한다는 측면에서 유사합니다. 어쩌면 플러터를 배우고자 하는 여러분은 현재 규모는 작지만 성장 가능성이 높을 것으로 기대되는 기업에 투자하는 것입니다. 함부로 플러터의 향후 전망을 예상할 수는 없습니다. 돈을 잃을 수도 있는 주식 투자와는 달리 새로운 언어와 기술을 배우는 것은 크게 잃을 것이 없습니다. 물론 플러터를 배우기 위해 투자한 시간과 노력도 엄청난 기회비용처럼 느껴질 수 있겠지만 개발자로서 경쟁력을 강화하는 데 도움이 될 것이라 확신합니다. 지금부터 다트에 대해 본격적으로 학습해봅시다.

💡 **테스트 환경**

다트 프로그래밍을 학습하는 데, 아직은 전문적인 IDE가 필요하지는 않습니다. 웹 브라우저만 있으면 손쉽게 다트 코드를 작성하고 실행해 볼 수 있는 Dartpad란 서비스가 존재하기 때문입니다.

🔗 https://dartpad.dev/

위의 링크에 접속하면 Dartpad를 사용할 수 있습니다. 왼쪽 편집 창에 코드를 작성하고 오른쪽 상단의 [Run]을 누르면 작성한 코드가 실행되고 아래쪽에 결과가 표시됩니다.

🐦 Dartpad

이 장에서는 Dartpad의 main 함수 안에 코드를 작성하고 결과를 확인해볼 것입니다.

3.2 변수

어떤 프로그래밍 언어를 배우든 변수는 가장 먼저 배우는 개념 중 하나입니다. 변수는 값을 담아두는 공간을 말합니다. 프로그램에서 다루는 모든 데이터는 변수에 저장됩니다. 숫자, 문자열, 불리언 값 등 다양한 자료형의 데이터를 변수에 담아 관리할 수 있습니다. 개발 과정에서 다양한 값이 담긴 변수의 연산으로 여러 결과가 만들어집니다. 결과로 도출된 값도 새로운 공간(변수)에 저장됩니다. 즉, 변수는 개발의 시작과 끝을 의미합니다. 아래는 변수를 만들고 데이터를 담는 과정을 보여주고 있습니다.

```
var author = '개발하는남자';
```

◀ 다트에서의 변수 선언 예시

변수 선언 과정을 시스템적으로 접근하면 복잡하고 헷갈릴 수 있으니 쉽게 설명해보겠습니다. 앞의 그림처럼 빈 박스에 'author'라고 적힌 포스트잇을 붙여 놓고, 그 안에 '개발하는남자'라는 문자를 넣는다고 생각해봅시다. 이 박스가 author라는 이름이 붙은 변수입니다.

1 빈 박스: 변수 자체를 의미합니다. 변수는 값을 저장하는 공간입니다.

2 'author'라고 적힌 포스트잇: 변수 이름을 의미합니다. 변수 이름은 변수를 식별하고 참조하는 데 사용됩니다.

3 '개발하는남자'라는 문자: 변수에 저장된 값을 의미합니다. 변수는 다양한 데이터 타입의 값을 저장할 수 있습니다.

author 앞에 붙는 var는 variable의 약자로 변수를 정의하겠다는 의미를 지니고 있습니다.

여기서 다트의 장점을 살펴볼 수 있습니다. 다른 언어에서는 문자를 담은 변수를 선언할 때 명확하게 타입을 지정해줘야 합니다.

```
String author = '개발하는남자';
```

개발자가 변수를 선언할 때는 해당 변수에 무엇을 담을지 고려해야 하며, 어떤 타입을 명시적으로 정의할지 결정해야 합니다. 다트는 타입 추론을 제공하기 때문에 명시적으로 타입을 선언하지 않아도 됩니다. 물론 명시적으로 타입을 지정하면 코드를 해석할 때 가독성을 높일 수 있습니다. 다트는 2가지 방식을 모두 지원하므로 개발자의 취향에 따라 변수를 선언하면 됩니다.

💡 플러터에서 제공하는 스타일 가이드는 타입 추론을 사용하여 변수를 선언하는 것을 권장합니다.

3.3 변수 초기화

앞서 '개발하는남자'라는 값을 가진 author 변수를 생성했습니다. 그렇다면 모든 변수 생성 시 값을 반드시 지정해야 할까요? 아닙니다. 개발 상황에 따라 변수를 생성할 때 초깃값을 지정해야 할 경우도 있고 그렇지 않은 경우도 있습니다. 그렇다면 다트에서는 어떻게 값을 지정하지 않고 변수를 생성할 수 있을까요?

```
String? bookName;
```

어떤 책 이름이 책이 완성될 때 결정될 것이라고 가정하면, 처음에는 bookName 변수에 값을 지정할 수 없습니다. 물음표(?)가 타입 뒤에 붙은 변수는 박스에 라벨만 붙이고 내용물은 비워두는 것과 같습니다. 이렇게 만드는 것이 왜 가능한지 의문이 들 수 있습니다. 다음과 같이 만들면 안되는걸까요?

```
String bookName;
```

아쉽게도 위와 같은 방식으로 변수를 정의하고 생성할 수 없습니다. 다트에서 이러한 방식을 적용하면 오류가 발생합니다.

```
Non-nullable instance field 'bookName' must be initialized
```

다트 2.12부터 Null Safety(널 안정성)이 도입되었기 때문에 변수를 선언할 때 초깃값을 지정하거나 물음표(?)를 사용하여 변수가 null 값을 가질 수 있음을 컴파일러에게 알려줘야 합니다.

 null

프로그래밍에서 null은 값이 없음을 의미합니다. 오래 전부터 null은 예상치 못한 오류와 문제의 온상이었습니다. 특히 NullPointerException은 개발자에게 골치 아픈 악몽으로 여겨져왔죠.

다트도 초기 버전에서는 null로 인한 문제에서 자유롭지 못했습니다. 하지만 2.12 버전 출시와 함께 Null Safety라는 강력한 기능이 도입되었습니다. 이 업데이트로 인해 기본적으로 변수를 선언할 때 null 값을 가질 수 없게 되었습니다. null을 가질 수 있도록 하려면 타입 뒤에 물음표(?)를 붙여 변수를 선언해야 합니다.

그럼 String? bookName처럼 선언된 변수를 사용하려면 어떻게 해야 할까요? 이 변수는 바로 사용할 수 있을까요? 다음 예시 코드같이 사용해보겠습니다.

```
String? bookName;
print(bookName.length); //책 이름의 길이를 출력해보자.
```

하지만 이 소스코드를 실행하면 오류가 발생합니다. 오류 메시지는 다음과 같습니다.

```
the property 'length' can't be unconditionally accessed because the receiver can be
'null'.
```

간단히 설명하자면 bookName은 null 값을 가질 수 있는 변수이므로 바로 사용할 수 없다는 말입니다. 이런 경우, 변수를 어떻게 사용해야 할까요? 다음처럼 2가지 방법이 있습니다.

```
//1번 방법
if(bookName!=null){
  print(bookName.length);
```

```
}

or

//2번 방법
print(bookName?.length);
```

먼저 1번처럼 if문을 사용하여 bookName이 null이 아닐 때만 print 함수를 실행하도록 하는 방법이 있습니다. 2번 방법도 살펴봅시다. bookName 변수 뒤에 물음표(?)가 붙어있죠? 이것은 bookName이 null이면 뒤따르는 .length 메서드를 실행하지 말라는 의미입니다. 이처럼 조건문 또는 물음표(?)를 사용하는 방법을 상황에 따라 적용하면 됩니다.

3.4 Late 변수

다트 2.12 버전에서 도입된 새로운 변수 수식어입니다. late 변수는 언제 사용할까요? 변수를 선언할 때 바로 값을 할당하지 않아도 되는 상황에서 유용하게 사용할 수 있습니다. 이전에는 변수가 null일 수 있다면 타입 뒤에 물음표(?)를 붙여서 선언하고, 실제로 사용하기 전에는 반드시 if문으로 null인지 확인해야 했습니다. 이 과정은 번거롭고 코드를 읽기 어렵게 만들 수 있습니다. 다음 예시를 살펴봅시다.

```
String? bookName;

void main() {
  bookName = makeBookName();
  print(bookName.length);// ------ 출력 : 7
}

String makeBookName(){
  return '핸즈온 플러터';
}
```

위 예시는 bookName을 함수에서 받아와 변수에 할당한 후 책 이름의 길이를 출력하는 간단한 코드입니다. 얼핏 보면 문제 없어 보이지만 실제로는 사용할 수 없습니다. 개발자는 bookName이 절대로 null이 되지 않을 것임을 알고 있지만, bookName을 선언할 때 물음표(?)를 붙여 생성했기 때문에 컴파일러는 이 변수가 null일 수도 있다고 판단합니다. 따라서 null 체크를 해줘야 한다고 알려주며 오류가 발생하게 됩니다.

```
lib/main.dart:5:18:
Error: Property 'length' cannot be accessed on 'String?' because it is potentially null.
  print(bookName.length);
                 ^^^^^^
Error: Compilation failed.
```

이 문제를 해결하기 위해서는 다음과 같이 수정해줘야 합니다.

```
print(bookName!.length);  // ------- 1

//or

print(bookName?.length);  // ------- 2

//or

if(bookName!=null){ // ------- 3
  print(bookName!.length);
}
```

1번에서는 변수 뒤에 느낌표(!)를 붙였습니다. 느낌표는 강제 추출을 의미합니다. null이 될 수 있는 변수를 사용할 때 느낌표를 붙이면, 이 변수는 null 값을 가질 수 없다고 컴파일러에게 알려주는 것입니다. 따라서 강제로 값을 뽑아내게 됩니다.

느낌표(!)는 주의해서 사용해야 합니다. 개발자가 명확하게 bookName이 null일 수 없다는 상황을 인지하고 있을 때만 사용해야 합니다. 그렇지 않다면 서비스 운영 중에 NullPointerException을 마주할 수도 있습니다.

2번과 3번은 이미 앞에서 설명한 바 있으니 생략하겠습니다.

개발 과정에서 이러한 상황이 자주 발생합니다. 변수를 선언할 때 바로 초기화할 수 없더라도, 나중에 변수를 사용하기 전에 값을 초기화해야 하는 상황이 생길 수 있습니다. 이때 late 키워드를 사용하면 불필요하게 느낌표(!)나 물음표(?)를 추가하지 않아도 됩니다. 따라서 다음처럼 소스코드를 수 정할 수 있습니다.

```
late String bookName;

void main() {
  bookName = makeBookName();
  print(bookName.length);  // ------ 출력 : 7
}

String makeBookName(){
  return '핸즈온 플러터';
}
```

late는 null이 될 수 없는 변수를 나중에 초기화하겠다는 의미의 수식어입니다. 하지만 late로 선언 한 변수를 초기화하기 전에 사용하면, 런타임 시 다음과 같은 오류에 직면하게 됩니다.

```
Uncaught Error: LateInitializationError: Field 'bookName' has not been initialized.
```

컴파일 에러가 아닌 런타임 에러는 심각할 수 있습니다. 따라서 late 변수를 사용할 때는 반드시 초기 화된 이후에 써야 하며, null이 올 수 없는 명확한 시점에 사용하는 것이 좋습니다.

3.5 Final과 Const

final과 const는 변수를 선언할 때 초기화가 완료된 후에는 더 이상 값을 할당할 수 없는 변수를 의 미합니다. 다음 소스코드를 살펴봅시다.

```
final String youtuber = '개발하는남자';
const String nickname = '개남';
```

위의 경우에는 문제없이 초기화가 이루어집니다. 하지만 두 변수 모두 값을 변경하려고 시도하면 다 음과 같은 오류가 발생합니다.

```
final String youtuber = '개발하는남자';
const String nickname = '개남';

youtuber = '개남'; // <- 오류 the final variable 'youtuber' can only be set once
nickname = '개발하는남자'; // <- 오류 Constant variables can't be assigned a value
```

여기서 의문이 들 수 있을 것 같습니다. 변수는 일반적으로 값을 변경할 수 있도록 설계되어 있습니다. 그런데 왜 값을 변경할 수 없는 변수가 필요할까요? 이를 이해하기 위해서는 mutable과 immutable의 차이를 알아야 합니다. 이 내용은 객체 지향 프로그래밍을 다루는 장에서 자세히 살펴보겠습니다.

지금은 간단하게 final과 const에 대해서만 알아봅시다. 다트에서는 final과 const 키워드를 사용하여 불변 변수를 선언할 수 있습니다.

1 final: 변수 선언 후 한 번만 값을 할당할 수 있습니다.

2 const: 컴파일 시점에 값이 결정되며, 이후 값을 변경할 수 없습니다.

3.6 내장 변수 타입

플러터는 다양한 변수 타입을 제공합니다. 변수를 선언할 때 사용하는 타입은 다음과 같습니다.

- int, double(숫자)
- String(문자열)
- bool(참/거짓)
- List(리스트)
- Set(중복 불가 리스트)
- Map(키/값)
- enum(열거형)

이 외에도 Runes와 Symbol이 있지만, 여기서는 주로 사용하는 타입만 다루겠습니다.

```
print(d); // 1
```

double에서 int로 변환

```
double a = 1.5;
int b = a.toInt();

print(b); // 1
```

int나 double은 모두 클래스입니다. 클래스에는 여러 함수가 포함되어 있는데 그중에 형변환을 수행하는 함수도 있습니다. 이 함수를 호출하여 형변환을 할 수 있습니다. 또한 1.5의 경우 올림이나 반올림 버림 처리를 할 수 있는데, toInt() 함수를 사용하면 소수점 이하는 버린다는 것을 알 수 있습니다.

3.6.2 String 타입

String 타입은 문자열(UTF-16 단위)을 담는 변수 타입입니다. 문자열을 변수에 담는 방법은 다음과 같습니다.

```
var a = 'a 변수에 문자를 넣습니다. 문자열에는 작은따옴표를 사용해도 됩니다.';
var b = "b 변수에 문자를 넣습니다. 문자열에는 큰따옴표를 사용해도 됩니다.";
var nextLine = '다음 줄 표현은 \\n으로 표현하여 사용합니다.';

print(a); // a 변수에 문자를 넣습니다. 문자열에는 작은따옴표를 사용해도 됩니다.
print(b); // b 변수에 문자를 넣습니다. 문자열에는 큰따옴표를 사용해도 됩니다.

print(nextLine);
// 다음 줄 표현은
// \\n으로 표현하여 사용합니다.
```

위와 같은 방식이 일반적으로 많이 사용됩니다. 그러나 특수한 경우에는 다양한 형식으로 문자열을 변수에 담을 수도 있습니다.

```
var c = '개발' +
        '하는남자' +
        '핸즈온 플러터';
var d = '개발' + '하는남자' + '유튜브';
var multiLine1 = '''
  여러 줄
  표현은
  3중 작은따옴표
  를 사용하면 됩니다.
''';
var multiLine2 = """
  3중 큰따옴표도
  가능합니다.
""";

print(c); // 개발하는남자핸즈온 플러터
print(d); // 개발하는남자유튜브
print(multiLine1);
//  여러 줄
//  표현은
//  3중 작은따옴표
//  를 사용하면 됩니다.
print(multiLine2);
//  3중 큰따옴표도
//  가능합니다.
```

3.6.3 bool 타입

bool 타입은 참과 거짓을 담을 수 있는 데이터 타입입니다. 이 타입의 값은 true와 false 2가지뿐입니다.

```
var trueValue = true;
var falseValue = false;

print(trueValue); // true
print(falseValue); //false
```

직접 변수를 true나 false로 지정할 수도 있지만, 보통은 특정 값을 확인하고 비교한 결과를 변수에 담을 때 주로 사용합니다.

```
const maxLength = 6;
var author = '개발하는남자유튜브';

var isLengthOver = author.length > maxLength;
if (isLengthOver) {
  print('작가 이름이 깁니다.');
} else {
  print('적당한 이름입니다.');
}

//출력 : 작가 이름이 깁니다.
```

isLengthOver 변수에는 author 변수의 길이가 maxLength보다 크면 true, 작으면 false가 담깁니다. 이렇게 특정 변수의 값을 비교한 결과를 반환받아 변수에 담는 경우가 많습니다.

3.6.4 리스트

데이터를 어떤 규칙에 따라 순서대로 정렬하여 변수에 담아 관리할 수 있는데, 이를 리스트[List] 타입이라고 합니다. 리스트는 크게 정적 리스트와 가변 리스트로 나눌 수 있습니다.

정적 리스트

정적 리스트는 말 그대로 고정된 리스트를 의미합니다. 즉, 초기화할 때 리스트 크기를 정의하면 그 크기가 고정되어 이후에는 변경되지 않는 것을 말합니다.

```
var fixedList = List<int>.filled(3,0);

print(fixedList); // [0,0,0];
```

List⟨int⟩.filled(3,0)를 해석하면 'int 타입을 갖는 리스트를 만들 거야. 3개의 공간을 만들고 그 안에 0이라는 값을 넣어서 초기화할 거야'라는 의미입니다. 이 코드로 크기가 3인 리스트 타입의 그릇

이 만들어집니다. 물론 리스트의 특성상 내부 값을 변경할 수는 있지만, 정적 리스트이기 때문에 값을 추가하거나 삭제할 수는 없습니다.

```
fixedList[0] = 20;

print(fixedList); // [20,0,0];

fixedList.add(50); // Uncaught Error: Unsupported operation: add 오류 발생
fixedList.remove(20); // Uncaught Error: Unsupported operation: remove 오류 발생
```

가변 리스트

가변 리스트는 정적 리스트와 반대로 크기가 고정되지 않고 자유롭게 요소를 추가 · 수정 · 삭제할 수 있는 리스트입니다.

```
var variableList1 = <int>[1,2,3];
var variableList2 = [1,2,3];
var variableList3 = List.empty(growable:true);
var variableList4 = List<int>.filled(3,0,growable:true);
```

가변 리스트는 이와 같이 4가지 방식으로 정의할 수 있습니다. variableList4의 경우 정적 리스트를 만들 때 사용한 방식과 동일하지만, filled 옵션을 growable: true로 설정했기에 가변 리스트로 생성됩니다. 또한, variableList3의 경우 타입이 지정되지 않았기 때문에, 다양한 타입의 요소를 추가할 수 있습니다. 이는 리스트가 동적dynamic인 타입임을 의미합니다.

```
var variableList3 = List.empty(growable:true);

variableList3.add(10);
variableList3.add('문자 추가');
variableList3.add(true);
print(variableList3); // [10, 문자 추가, true]
```

그렇다면 variableList2는 어떨까요? variableList2 역시 타입을 명시하지 않고 선언했지만, 다트는 타입을 추론할 수 있습니다. 리스트를 초기화할 때 내부에 담긴 값을 보고 다트는 이 리스트가 int 타

입의 요소로 이루어졌다고 판단합니다. 따라서 variableList2는 int 타입 요소만 관리하는 리스트가 됩니다.

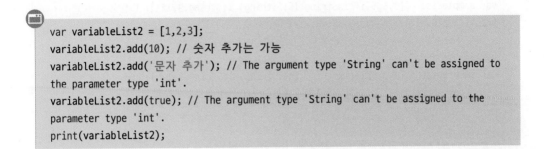

```
var variableList2 = [1,2,3];
variableList2.add(10); // 숫자 추가는 가능
variableList2.add('문자 추가'); // The argument type 'String' can't be assigned to
the parameter type 'int'.
variableList2.add(true); // The argument type 'String' can't be assigned to the
parameter type 'int'.
print(variableList2);
```

앞에서 말한 대로 variableList2도 타입을 지정하지 않았지만, 다트는 초깃값을 보고 int 타입의 리스트로 추론합니다. 따라서 숫자는 추가할 수 있지만, 문자열이나 불리언을 추가하면 오류가 발생합니다.

만약 variableList2를 타입 지정은 하지 않고 동적 타입으로 정의하고 싶다면, 다음과 같이 2가지 이상의 서로 다른 유형의 데이터를 담아주면 됩니다.

```
var variableList2 = [1,2,true];
variableList2.add(10);
variableList2.add('문자 추가');
variableList2.add(true);
print(variableList2); // [1, 2, true, 10, 문자 추가, true]
```

가변 리스트 생성 방식 중 동적으로 리스트를 생성하는 방식을 알아보겠습니다.

원하는 만큼의 리스트를 생성하는 방식

```
var valueList = List.generate(100,(index)=>'sample$index');
print(valueList); // [sample0,sample1 ... sample99];
```

List.generate를 사용하여 원하는 만큼의 리스트를 생성할 수 있습니다.

리스트 생성 시 조건에 따라 동적으로 만들어지는 방식

```
var isString = '문자';
var sampleList = [1,3,5,if(isString is! String) isString,9,12 ];
print(sampleList); // [1, 3, 5, 9, 12]

var isString = 7;
var sampleList = [1,3,5,if(isString is! String) isString,9,12 ];
print(sampleList); // [1, 3, 5, 7, 9, 12]
```

1가지 혹은 2가지 이상의 리스트를 병합하여 하나의 리스트로 만드는 방식

```
var listOne = [1,2,3];
var listTwo = ['one','two','three'];
var mergeList = [...listOne,...listTwo];

print(mergeList); // [1, 2, 3, one, two, three]
```

이와 같이 여러 방식으로 가변 리스트를 동적으로 생성하고 병합할 수 있습니다. 이제부터는 리스트 타입을 제어하는 몇 가지 방법을 알아보도록 하겠습니다.

내부 원소 접근 방법

```
var odd = [1,3,5,7,9];
print(odd[3]); // 7
print(odd.first); // 1
print(odd.last); // 9
```

리스트 원소 추가 방법

```
//원소 추가
var odd = [1,3,5,7,9];
odd.add(11);
print( odd ); // [1, 3, 5, 7, 9, 11]
odd.addAll([13,15,17]);
```

```dart
print( odd ); // [1, 3, 5, 7, 9, 11, 13, 15, 17]

//원소 삽입
var even = [2,6,12];
even.insert(1,4); // 1번째 자리에 4 데이터 삽입
print(even); // [2, 4, 6, 12]
even.insertAll(3,[8,10]) // 3번째 자리에 8과 10 데이터 삽입
print(even); // [2, 4, 6, 8, 10,
```

리스트 원소 삭제 방법

```dart
var numbers = List.generate(20,(index)=>index);

//원하는 데이터 삭제
numbers.remove(11);
print(numbers); // [0, 1, 2, 3, 4, 5, 6, 7, 8, 9, 10, 12, 13, 14, 15, 16, 17, 18,
19]

//조건부 데이터 삭제
numbers.removeWhere((index)=>index%2==0);
print(numbers); // [1, 3, 5, 7, 9, 13, 15, 17, 19]

//마지막 원소 삭제
numbers.removeLast();
print(numbers); // [1, 3, 5, 7, 9, 13, 15, 17]

//인덱스로 삭제
numbers.removeAt(4);
print(numbers); // [1, 3, 5, 7, 13, 15, 17]

//구간 삭제
numbers.removeRange(3,6);
print(numbers); // [1, 3, 5, 17]

//전체 삭제
numbers.clear();
print(numbers); // []
```

리스트 원소 검색

```
var numbers = List.generate(20,(index)=>index);
print(numbers); // [0,1,2,3 ... 18,19]
var odds = numbers.where((index) => index%2==1).toList();
print(odds); // [1, 3, 5, 7, 9, 11, 13, 15, 17, 19]
```

리스트 가공 처리

```
var mixList = [1,'2',3,'4','5',6,7,8,'9'];
var number = mixList.map<int>((index)=>int.parse(index.toString())).toList();

print(number); // [1, 2, 3, 4, 5, 6, 7, 8, 9]
```

이와 같이 리스트의 원소를 추가, 삭제, 검색, 가공 처리하는 방법을 활용할 수 있습니다.

3.6.5 Set(중복 불가 리스트)

이 절의 제목에 '중복 불가 리스트'라는 표현을 사용했지만, 정확하게 말하자면 Set은 리스트가 아니라 데이터 중복을 허용하지 않는 자료구조입니다. 예를 들어, 초등학교 앞에서 학생들에게 가장 좋아하는 과자를 설문 조사했다고 가정해봅시다. 이 경우 당연히 같은 과자가 여러 번 나올 수 있습니다. 이를 통해 가장 인기 있는 과자가 무엇인지도 알 수 있습니다. 여기서 화면에 한 번이라도 언급된 과자를 나열하고 몇 번 중복되었는지를 보여줘야 할 때는 중복된 과자 이름을 제거하는 작업이 필요합니다.

```
var snackNames= ['새우깡','새우깡','포카칩','포스틱','감자깡','포카칩','새우깡'];
```

예를 들어, 위와 같은 데이터가 있을 때 중복을 허용하지 않는 자료구조인 Set을 활용하면 쉽게 중복된 과자 이름을 제거할 수 있습니다.

```
Set<String> snackNames ={'새우깡','새우깡','포카칩','포스틱','감자깡','포카칩','새우깡'};
print(snackNames); // {새우깡, 포카칩, 포스틱, 감자깡}
```

리스트와 달리 Set은 중괄호({})를 사용하여 초기화합니다. 이때 주의할 점이 몇 가지 있습니다.

먼저 다음과 같이 Set 자료구조를 초기화할 수 있습니다.

```
Set<String> setInitWay01 = {};
var setInitWay02 = <String>{};
```

위 방법은 Set으로 초기화한 것입니다. 하지만 다음과 같이 초기화하면 문제가 발생할 수 있습니다.

```
var setInitWrongWay = {};

print(setInitWrongWay is Set); // false
print(setInitWrongWay is Map); // true
```

위의 경우 setInitWrongWay는 Set이 아닌 Map 타입으로 초기화됩니다. 이는 Map 타입 역시 중
괄호({})를 사용하여 데이터를 관리하기 때문입니다. 따라서 Set을 사용할 때는 어떤 타입으로 Set
을 초기화할지를 명확하게 지정해줘야 합니다.

다음은 초기화된 Set 자료구조에 데이터를 추가하고 삭제하는 방법을 알아보겠습니다.

데이터 추가

```
var snackNames = <String>{};

snackNames.add('새우깡');
snackNames.addAll({'새우깡','포카칩','포스틱','감자깡','포카칩'});

print(snackNames); // {새우깡, 포카칩, 포스틱, 감자깡}
```

데이터 삭제

```
var snackNames = <String>{'새우깡','포카칩','포스틱','감자깡','콘칩'};

//원하는 데이터 삭제
snackNames.remove('새우깡');
print(snackNames);

//조건부 데이터 삭제
snackNames.removeWhere((snackName)=>snackName.length<3);
print(snackNames);

//다중 삭제
snackNames.removeAll({'포카칩','포스틱'});
print(snackNames);

//전체 삭제
snackNames.clear();
print(snackNames);
```

원소 검색

```
var snackNames = <String>{'짱구','새우깡','포카칩','포스틱','감자깡','콘칩'};

var find= snackNames.where((name)=>name.length<3).toSet();
print(find); // {짱구, 콘칩}
```

원소 가공

```
var snackNames = <String>{'짱구','새우깡','포카칩','포스틱','감자깡','콘칩'};

var snackNameLength= snackNames.map<int>((name)=>name.length).toSet();
print(snackNameLength); // {2, 3}
```

3.6.6 Map(키/값)

Map은 키와 값으로 이루어진 자료구조입니다. 일상에서 쉽게 볼 수 있는 데이터 구조라고 생각하면 됩니다. 예를 들어, 어떤 사람의 간단한 정보를 나타낼 때 사용할 수 있습니다. 우리는 이름, 나이, 연락처를 가지고 있습니다. 이러한 정보를 데이터로 표현하면 다음과 같이 정의할 수 있습니다.

```
{
    "name": "개발하는남자",
    "age": "37",
    "phone": "010-xxxx-xxxx",
}
```

여기서 "name", "age", "phone"이 키에 해당하며, 그 뒤의 정보들이 값이 됩니다. 리스트와 Set은 공통된 특성을 가진 데이터를 순차적으로 혹은 중복 없이 저장할 때 사용합니다. 이와 달리 Map은 서로 다른 종류의 데이터를 한 번에 묶어서 관리할 수 있는 자료구조입니다. 즉, Map을 사용하면 공통된 특성이 없더라도 필요한 데이터를 키와 값으로 함께 저장할 수 있습니다.

💡 이름, 나이, 연락처는 모두 신상정보라는 공통된 범주에 속한다고 볼 수도 있지만 각각의 데이터는 서로 다른 특성이 있기 때문에 각기 다른 데이터라고 할 수 있습니다.

이제 Map 타입을 초기화하는 방법부터 살펴보겠습니다.

```
// 타입 추론을 통한 초기화
var simpleUserInformation = {
    "name": "개발하는남자",
    "age": "37",
    "phone": "010-xxxx-xxxx",
};

// 타입 명시하여 초기화
Map<String, String> simpleUserInformation1 = {
    "name": "개발하는남자",
    "age": "37",
    "phone": "010-xxxx-xxxx",
```

```
};

// 빈 상태로 초기화
Map<String, String> blankUserInfo = {};

// 타입 추론을 통해 빈 상태 초기화
var blankUserInfo = <String, String>{};
```

여기서 주의해야 할 점은, 타입 추론을 통해 빈 상태로 초기화할 때 키와 값의 타입을 정의해줘야 한다는 것입니다. 만약 다음과 같이 초기화하면 Map 타입이 아닌 Set 타입으로 선언됩니다.

```
var blankUserInfo = {};

print(blankUserInfo.runtimeType); // _Map<dynamic, dynamic>
```

💡 웹에서 blankUserInfo.runtimeType을 실행하면 JsLinkedHashMap<dynamic, dynamic>로 출력됩니다. 이는 Map 자료형과 동일합니다.

데이터 추가

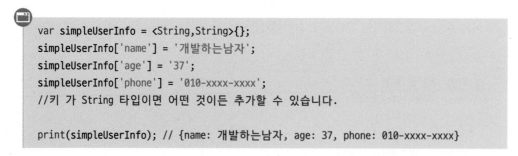

```
var simpleUserInfo = <String,String>{};
simpleUserInfo['name'] = '개발하는남자';
simpleUserInfo['age'] = '37';
simpleUserInfo['phone'] = '010-xxxx-xxxx';
//키 가 String 타입이면 어떤 것이든 추가할 수 있습니다.

print(simpleUserInfo); // {name: 개발하는남자, age: 37, phone: 010-xxxx-xxxx}
```

데이터 사용

```
print(simpleUserInfo['name']); // 개발하는남자
print(simpleUserInfo['address']); // null
```

💡 관리되지 않는 키 값을 사용하여 데이터를 추출하려고 해도 오류는 발생하지 않습니다. 하지만 추출한 데이터를 사용할 때는 null 값을 체크한 후에 사용해야 합니다.

데이터 업데이트

```
simpleUserInfo['name'] = '개남';

print(simpleUserInfo); // {name: 개남, age: 37, phone: 010-xxxx-xxxx}
```

데이터 삭제

```
simpleUserInfo.remove('name');

print(simpleUserInfo); // {age: 37, phone: 010-xxxx-xxxx}
```

3.6.7 enum(열거형)

enum은 보통 연관된 상숫값을 그룹으로 묶어 코드의 가독성을 높이는 데 사용됩니다. 기존에는 단순히 타입을 나누는 용도로 사용되었지만, 최근에는 더 확장된 기능을 제공하고 있습니다. 예를 들어, 색상 값을 enum으로 정의하면 다음과 같습니다.

```
enum ColorType{
  RED,
  YELLOW,
  BLUE,
}
```

이제 이 색상 enum 타입을 사용하여 텍스트 색상을 자동으로 처리해보겠습니다.

```dart
Widget textWidget(ColorType colorType){
  var color = Colors.black;
  switch (colorType) {
    case ColorType.RED:
      color = Colors.red;
      break;
    case ColorType.YELLOW:
      color = Colors.yellow;
      break;
    case ColorType.BLUE:
      color = Colors.blue;
      break;
  }

  return Text(
    '색상 enum 예제',
    style: TextStyle(color: color),
  );
}
```

colorType에 따라 색상을 정해서 color 변수에 저장하고, 이를 Text 위젯의 style에 넣어 원하는 색상을 적용할 수 있습니다. 하지만 enum이 확장되면서 더 이상 불필요한 switch문을 사용하지 않아도 됩니다.

```dart
enum ColorType {
  RED(Colors.red),
  YELLOW(Colors.yellow),
  BLUE(Colors.blue);

  const ColorType(this.colorValue);
  final Color colorValue;
}
```

enum이 업데이트되어 필요한 값을 각 enum에 직접 담을 수 있게 되었습니다. 위의 예시처럼 colorType에 따라 각 위젯에서 사용되는 Color 값을 매칭할 수 있습니다. 이제 이 enum을 사용하는 함수를 리팩터링해보겠습니다.

```
Widget textWidget(ColorType colorType){
  return Text(
    '색상 enum 예제',
    style: TextStyle(color: colorType.colorValue),
  );
}
```

3.7 연산자

연산자는 두 수나 값을 연산하거나 변환하는 기호를 말합니다. 연산자는 종류에 따라 다양한 특성이 있습니다. 우선 연산자의 종류에 대해 살펴보겠습니다.

- 산술 연산자 (+ , − , * , / , %)
- 비교 연산자 (⟨ , ≤ , == , ≥ , ⟩ , ≠)
- 증감 연산자 (++ , −−)
- 대입 연산자 (= , += , −= , *= , /= , %=)
- 논리 연산자 (|| , &&)
- 조건 연산자 (?? , ?:)

이제 연산자가 무엇이고 어떻게 활용되는지 알아보겠습니다.

3.7.1 산술 연산자

산술 연산자는 두 수의 값을 계산할 때 사용합니다.

더하기 연산(+)

```
print(5 + 5); // 10

var a = 2;
var b = 8;
print(a+b); // 10
```

빼기 연산(-)

```
print(2-5); // -3

var a = 10;
var b = 5;
print(a-b); // 5
```

곱셈 연산(*)

```
print(4*20); // 80

var a = 2;
var b = 20;
print(a*b); // 40
```

나눗셈 연산(/)

```
print(10/2); // 5

var a = 256;
var b = 3;
print(a/b); // 85.33333333333333
```

나머지 연산(%)

```
print(5%2); // 1

var a = 1024;
var b = 3;
print(a%b); // 1
```

3.7.2 비교 연산자

비교 연산자는 두 수의 크기를 비교하여 참(True) 또는 거짓(False)으로 결과를 반환하는 연산자입니다.

- 〈 작다: 왼쪽 값이 오른쪽 값보다 작을 때 참
- 〉크다: 왼쪽 값이 오른쪽 값보다 클 때 참
- ≤ 작거나 같다: 왼쪽 값이 오른쪽 값보다 작거나 같을 때 참
- ≥ 크거나 같다: 왼쪽 값이 오른쪽 값보다 크거나 같을 때 참
- == 같다: 두 값이 같을 때 참

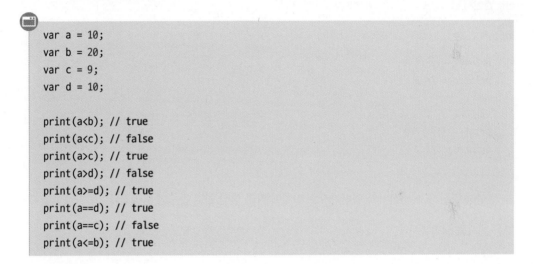

```
var a = 10;
var b = 20;
var c = 9;
var d = 10;

print(a<b); // true
print(a<c); // false
print(a>c); // true
print(a>d); // false
print(a>=d); // true
print(a==d); // true
print(a==c); // false
print(a<=b); // true
```

3.7.3 증감 연산자

증감 연산자는 값이 1씩 증가하거나 감소할 때 사용됩니다. 증감 연산자의 위치에 따라 값이 다르게 나타날 수 있습니다.

++ 연산자

```
var a = 3;
print(a++); // 3 ---------1번
print(a); // 4
```

```
var b = 3;
print(++b); // 4 ---------2번
print(b); // 4
```

1번의 경우처럼 증감 연산자가 변수 뒤에 오면 현재 값을 먼저 출력하고, 그다음에 값을 증가시킵니다. 따라서 첫 번째 출력은 3이고 그다음 줄에서 a는 4가됩니다. 반면 2번의 경우처럼 증감 연산자가 변수 앞에 오면 값을 먼저 증가시키고 그 증가한 값을 출력합니다.

-- 연산자

```
var c = 3;
print(c--); // 3
print(c); // 2

var d = 3;
print(--d); // 2
print(d); // 2
```

--연산자 역시 ++ 연산자와 마찬가지로 위치에 따라 연산 처리 순서가 달라집니다.

다음 예시를 살펴봅시다.

```
var a = 10;
var b = 10;

var calc01 = (++a) - 3;
var calc02 = (b++) - 3;

print(calc01); // 8
print(calc02); // 7
print(a); // 11
print(b); // 11
```

calc01과 calc02의 결과가 다른 이유는 증가 연산자의 위치 때문입니다. 연산자가 변수 앞에 있으면 값을 먼저 증가시키고 나서 계산합니다. 반면, 연산자가 변수 뒤에 있으면 현재 값을 먼저 사용하고 나서 값을 증가시킵니다. 그래서 calc01은 8이 되고, calc02는 7이 됩니다. 최종적으로 a와 b의 값은 모두 11이 됩니다. 이처럼 증감 연산자의 위치에 따라 결과가 달라질 수 있으므로 주의해서 사용해야 합니다.

3.7.4 대입 연산자

대입 연산자는 변수를 값에 할당하는 연산자입니다. 보통 = 연산자를 사용합니다.

```
var a = 5; // 1번
var b = a+2; // 2번
b = b + 3; // 3번
```

1번은 변수 a에 5 값을 할당한다는 의미입니다. 2번은 변수 a의 값에 2를 더한 값을 b에 할당한 경우입니다. 3번은 a +2의 결괏값에 3을 추가로 더한 값을 다시 b에 덮어씌우는 예시입니다.

3번은 다음처럼 더 짧게 표현할 수 있습니다.

```
b+=3;
```

위의 연산자는 b = b + 3;과 동일합니다. 이를 검증해보겠습니다.

```
var a=5;
var b=5;
a+=5;
b=b+5;
print(a); // 10
print(b); // 10
```

이와 같은 방식으로 덧셈뿐만 아니고 −, *, /, % 모두 사용할 수 있습니다.

```
var a =5.0;
a-=3;
print(a); // 2
a*=4;
print(a); // 8
a/=2;
print(a); // 4
a%=4;
print(a); // 0
```

이처럼 대입 연산자를 사용하면 간단하게 값을 계산하고 할당할 수 있습니다.

3.7.5 논리 연산자

논리 연산자는 2개의 참/거짓 값을 비교하여 논리적으로 판단하고, and와 or 연산을 통해 참(true) 또는 거짓(false)을 반환합니다.

|| (or)

```
print(true || false); // true
```

&& (and)

```
print(true && false); // false
```

이처럼 논리 연산자를 사용하여 두 값의 참/거짓을 비교하고, 조건에 따라 결과를 얻을 수 있습니다. or 연산자는 둘 중 하나라도 참이면 참을 반환하고, and 연산자는 두 값이 모두 참이어야 참을 반환합니다.

3.7.6 조건 연산자

조건 연산자는 null 병합 연산자(??)와 삼항 연산자(?:) 유형으로 나눌 수 있습니다.

null 병합 연산자(??)

이 연산자는 앞의 값이 null이면 뒤의 값을 사용합니다.

```
int? age = null;

print('나의 나이는 ${age??37}살입니다.'); // 나의 나이는 37살입니다.
```

삼항 연산자(?:)

이 연산자는 물음표(?) 앞의 값이 true이면 콜론(:) 앞의 값을, false이면 콜론(:) 뒤의 값을 사용합니다.

```
nt? age = null;

print('나의 나이는 ${age??37}살입니다.'); // 나의 나이는 37살입니다.
```

3.8 분기와 반복문

'if문과 for문만 잘 쓰면 서비스를 만들 수 있다'는 말을 들어본 적이 있나요? 그만큼 분기와 반복문은 개발에서 많이 사용되며 중요한 역할을 합니다. 이제 분기와 반복문에 대해 알아보겠습니다.

3.8.1 분기

if / else

if문에서 조건식이 참일 경우 if문의 코드를, 그렇지 않으면 else문에 있는 코드를 실행합니다.

```
var age = 37;

if(age > 20){
```

```
  print('성인');
}else{
  print('미성년자');
}


//출력 : 성인
```

💡 위의 조건이 2가지로 나뉜다면 삼항 연산자를 사용하는 것이 좋습니다.

switch문

여러 조건을 처리해야 할 경우, switch문을 사용하면 편리합니다. 특히 enum 타입과는 찰떡궁합입니다.

```
var a = '사과';

switch(a){
  case '레몬':
    print('레몬 선택');
  break;
  case '포도':
    print('포도 선택');
  break;
  case '귤':
    print('귤 선택');
  break;
  case '사과':
    print('사과 선택');
  break;
}

//출력 : 사과 선택
```

문자로 처리하던 부분을 enum 타입으로 바꾸면, enum에 등록된 모든 경우를 자동으로 체크할 수 있어 실수로 조건을 빠뜨리는 일이 없도록 도와줍니다.

```
enum Fruit{ Apple,Lemon,Grape,Mandarin }

var a = Fruit.Apple;

switch(a){
  case Fruit.Apple:
    print('사과 선택');
    break;
  case Fruit.Lemon:
    print('레몬 선택');
    break;
  case Fruit.Grape:
    print('포토 선택');
    break;
  case Fruit.Mandarin:
    print('귤 선택');
    break;
}

//출력 : 사과 선택
```

이렇게 enum 타입을 사용하여 코드를 더 안전하고 명확하게 작성할 수 있습니다.

3.8.2 반복문

for문

반복문에서 가장 기본이 되는 for문을 먼저 살펴보겠습니다. for문은 일정 횟수만큼 반복해서 실행해야 할 때 주로 사용합니다.

```
enum Fruit{ Apple,Lemon,Grape,Mandarin }

for(var i =0; i< Fruit.values.length ; i++){
  print(Fruit.values[i]);
}
```

```
// 출력
//Fruit.Apple
//Fruit.Lemon
//Fruit.Grape
//Fruit.Mandarin
```

forEach문

다음처럼 forEach문을 사용하면 for문보다 더 간단하게 반복 작업을 처리할 수 있습니다.

```
Fruit.values.forEach((fuite){
  print(fuite);
});

//출력
//Fruit.Apple
//Fruit.Lemon
//Fruit.Grape
//Fruit.Mandarin
```

for-in문

for-in문은 리스트 안의 값을 하나씩 꺼내서 var 변수에 순차적으로 담아 처리합니다.

```
for (var fruit in Fruit.values) {
  print(fruit);
}

// 출력
// Fruit.Apple
// Fruit.Lemon
// Fruit.Grape
// Fruit.Mandarin
```

while문

for문, forEach문, for-in문은 반복 횟수가 정해져 있을 때 사용하지만, while문은 제한 없이 무한히 돌릴 수 있는 반복문(조건이 참인 동안 계속 반복)입니다. 조건식을 통해 조건을 설정하면 for문처럼 반복 횟수를 제어할 수 있습니다.

```
var i = 0;
while(i < Fruit.values.length){
  print(Fruit.values[i]);
  i++;
}

//출력
//Fruit.Apple
//Fruit.Lemon
//Fruit.Grape
//Fruit.Mandarin
```

do while문

do while문은 while문과 달리 조건을 체크하기 전에 처음 한 번은 무조건 실행된다는 점이 다릅니다.

```
var i = 0;
do{
  print(Fruit.values[i]);
  i++;
}while(i<Fruit.values.length);

//출력
//Fruit.Apple
//Fruit.Lemon
//Fruit.Grape
//Fruit.Mandarin
```

이해를 돕기 위해 다음 예시를 보겠습니다.

```
var i = 0;
while(i>1){
  print('i : $i 번 실행 중');
  i++;
}

var j =0;
do{
  print('j : $j 번 실행 중');
  j++;
}while(j>1)

//출력
//j : 0 번 실행 중
```

두 예시의 조건식은 동일하지만, while문에서는 조건이 처음부터 false이기 때문에 아무것도 출력되지 않습니다. 반면에, do-while문은 조건을 체크하기 전에 처음 한 번은 무조건 실행되기 때문에 'j : 0 번 실행 중'이 출력됩니다. 즉, do-while문은 조건을 확인하기 전에 코드를 한 번 실행하고, 이후 조건이 참이면 계속 반복합니다.

3.9 함수

함수란 특정 기능을 수행하는 작은 단위의 묶음이라고 생각하면 됩니다. 서비스를 만들 때 그 서비스에는 회원 가입, 로그인, 포스팅 등 여러 기능이 포함됩니다. 이러한 기능을 함수로 볼 수 있습니다. 함수는 작은 단위의 묶음이라고 설명했듯이 회원 가입 기능도 여러 작은 기능으로 나눌 수 있습니다. 예를 들어 아이디 유효성 검사, 비밀번호 유효성 검사, 실제 회원 가입 처리 등이 있습니다. 하나의 함수 안에 모든 것을 처리할 수도 있지만 유지보수와 재사용성을 위해 기능을 작은 단위로 나누는 것이 중요합니다.

3.9.1 함수를 만드는 방법

함수를 만드는 기본 구조는 다음과 같습니다.

```
[리턴 값의 타입] [함수 이름]( [파라미터 ...] ){
  // 함수 로직 수행
  return [리턴 값];
}
```

두 수의 합을 구하는 함수를 만들어보겠습니다.

```
int add(int a,int b){
  return a+b;
}


print(add(1,5)); // 6
```

이 함수는 두 수를 입력받아 합을 계산한 후 결과를 int 타입으로 반환합니다.

함수를 만들 때는 함수 이름만 보고도 어떤 기능을 하는 함수인지 유추할 수 있도록 만드는 것이 좋습니다. 좋은 예와 나쁜 예를 살펴봅니다.

```
// 좋은 예
int makeRandomNumber(){
  //로직 생략
}

// 잘못된 예
int fun01(){
  //로직 생략
}
```

좋은 예의 경우, 함수 이름만 보고도 대략 어떤 기능을 하는지 알 수 있습니다. 반면, 나쁜 예의 경우는 함수 이름만으로는 어떤 기능을 하는지 알 수 없어 로직을 분석해야 합니다. 물론 주석을 통해 함수의 내용을 설명할 수 있지만, 주석을 사용하기 전에 함수 이름을 잘 짓는 것이 더 중요합니다.

3.9.2 리턴 타입

void 함수

void 함수는 어떤 값을 반환하지 않고, 이벤트나 비즈니스 로직만 수행할 때 사용합니다.

```
void debugPrint(dynamic printValue){
  print(printValue);
}

debugPrint('void 함수 실행'); // void 함수 실행
```

리턴 함수

리턴 함수는 이벤트나 비즈니스 로직을 수행한 후 결괏값을 반환합니다.

```
bool isValidForSignup(String nickname){
  //nickname 유효성 검사
  return false; // 유효성 검사 결과 리턴
}

var isValid = isValidForSignup('개발하는남자');
print(isValid); // false
```

리턴 타입으로는 모든 타입을 사용할 수 있습니다. 개발자가 직접 만든 모델 클래스도 리턴할 수 있습니다.

패턴 매칭

원래 함수는 단 하나의 값만 반환할 수 있었습니다. 하지만 다트 3.0부터는 클래스를 따로 만들지 않고도 여러 값을 패턴 매칭을 통해 반환하고 사용할 수 있게 되었습니다. 예를 들어, 앞서 리턴 함수 예시에서 살펴본 isValidForSignup 함수는 상태만 반환했기 때문에, 오류의 원인이 무엇인지 사용자에게 안내할 수 없었습니다. 오류의 원인도 함께 반환한다면 사용자에게 더 친절한 서비스를 제공할 수 있을 것입니다. 이렇게 하기 위해 기존에는 클래스를 생성해서 감싸거나, Map 타입으로 만들어 해결해야 했습니다.

```
class NicknameValidResultClass {
  final bool status;
  final String message;

  NicknameValidResultClass({required this.status, required this.message});
}

NicknameValidResultClass isValidForSignup(String nickname) {
  //nickname 유효성 검사
  return NicknameValidResultClass(status: false, message: '한글 닉네임은 사용할 수
없습니다.'); // 유효성 검사 결과 리턴
}

var result = isValidForSignup('개발하는남자');

if (!result.status) {
  print(result.message);
}
```

하지만 다트 3.0의 패턴 매칭을 통해 더 간단하게 구현할 수 있습니다. 패턴 매칭으로 구현해봅시다.

```
(bool,String) isValidForSignup(String nickname){
  //nickname 유효성 검사
  return (false,'한글 닉네임은 사용할 수 없습니다.'); // 유효성 검사 결과 리턴
}

var (result,message) = isValidForSignup('개발하는남자');

if(!result){
  print(message);
}
```

이제 불필요한 클래스 생성 없이도 더욱 깔끔하고 명확하게 코드를 작성할 수 있습니다.

3.9.3 파라미터

함수에 파라미터를 정의하는 방식은 위치 중심의 파라미터와 이름 중심의 파라미터 방식으로 나눌

수 있습니다. 위치 중심의 파라미터를 포지셔닝 파라미터, 이름 중심의 파라미터를 네이밍 파라미터라고 부릅니다.

포지셔닝 파라미터

포지셔닝 파라미터는 기존 함수 사용 방식대로 선언합니다.

```
String fullName(String firstName, String lastName){
  return '$firstName $lastName';
}


print(fullName('개발하는','남자')); // 개발하는 남자
print(fullName('남자','개발하는')); // 남자 개발하는
```

네이밍 파라미터

파라미터 정의 부분을 중괄호({})로 감싸주면 네이밍 파라미터로 정의됩니다. 네이밍 파라미터는 선택적으로 사용할 수 있는 파라미터(옵셔널 파라미터)를 정의할 때 유용합니다.

💡 옵셔널 파라미터는 파라미터를 선택적으로 사용할 수 있음을 의미합니다. 포지셔닝 파라미터의 경우, 정의된 모든 파라미터를 반드시 채워서 보내야 합니다. 그러나 함수 재사용 시 때때로 특정 파라미터가 필요하지 않을 때도 있습니다. 이럴 때 네이밍 파라미터를 사용하여 옵셔널로 정의하면, 필요한 경우에만 파라미터를 전달하고 그렇지 않은 경우에는 생략할 수 있습니다. 이를 통해 코드 가독성을 높이고, 소스를 더 명확하게 만들 수 있습니다.

```
// firstName의 경우 옵셔널로 정의되었습니다.
String fullName({String? firstName,required String lastName}){
  if(firstName==null) return lastName;
  return '$firstName $lastName';
}


print(fullName(firstName : '개발하는',lastName : '남자')); // 개발하는남자
print(fullName(lastName : '남자',firstName : '개발하는')); // 개발하는남자
print(fullName(lastName : '개남')); // 개남
```

print 결과에서 볼 수 있듯이, 네이밍 파라미터는 순서와 상관없이 파라미터 이름으로 매칭되기 때문에 원하는 결과를 얻을 수 있습니다. 반면, 포지셔닝 파라미터는 순서를 바꾸면 전혀 다른 값을 반환할 수 있습니다. 또한, 포지셔닝 파라미터의 경우 함수에서 인자들이 어떻게 사용되는지 확인하기 전에는 예측이 어려울 수 있습니다. 그러나 네이밍 파라미터는 이름만으로도 어떤 값을 전달해야 하는지 명확하게 알 수 있다는 장점이 있습니다. 단점으로는 포지셔닝 파라미터보다 작성해야 하는 코드양이 많다는 것입니다.

포지셔닝 + 네이밍 파라미터

포지셔닝 파라미터와 네이밍 파라미터는 필요에 따라 함께 사용할 수 있습니다. 포지셔닝 파라미터로는 필요한 값을 받고, 옵셔널 데이터는 네이밍 파라미터로 정의하면 됩니다. 이렇게 하면 각 파라미터의 역할을 명확히 분담하는 함수를 만들 수 있습니다.

```dart
Widget _textWidget(String text,{ double? fontSize, FontWeight? fontWeight }){
  return Text(text,style:TextStyle(fontSize: fontSize , fontWeight : fontWeight));
}

_textWidget('기본 글씨');
_textWidget('폰트 사이즈 25',fontSize : 25);
_textWidget('폰트 두께 굵게',fontWeight : FontWeight.bold);
_textWidget('모든 옵션 사용',fontSize: 19,fontWeight : FontWeight.bold );
```

앞의 예시는 플러터의 Text 위젯을 생성하는 간단한 함수입니다. Text 위젯은 반드시 표시할 텍스트가 필요하므로 text를 포지셔닝 파라미터로 정의했습니다. fontSize와 fontWeight는 기본값이 정의되어 있어, 필요할 때만 네이밍 파라미터로 전달하면 됩니다.

💡 플러터 위젯은 기본적으로 네이밍 파라미터로 정의되어 있으며, 꼭 필요한 파라미터는 포지셔닝 파라미터로 정의되어 있습니다.

3.10 객체 지향 프로그래밍(Object Oriented Programming)

객체 지향 프로그래밍은 현재 개발 시장에서 중요한 위치를 차지하고 있습니다. 객체 지향 프로그래밍이 무엇인지 간단히 살펴보겠습니다.

우리는 일상에서 많은 물건을 사용합니다. 이러한 물건을 객체라고 부를 수 있습니다. 객체는 각각 고유한 속성과 기능을 가지고 있습니다. 예를 들어, 책을 떠올려봅시다. 책은 제목, 저자, 내용 등의 여러 가지 속성을 가지고 있습니다. 또한 책은 여러 장의 종이로 구성되어 손으로 넘길 수 있는 기능도 가지고 있습니다. 물론 페이지를 넘기는 주체는 사람이지만, 만약 책이 페이지를 넘길 수 없는 형태라면 책으로서의 역할을 할 수 없을 것입니다. 이처럼 우리는 일상에서 어떤 속성이 정의되고 특정 기능을 가지고 있는 사물을 사용하며 살아갑니다.

객체 지향 프로그래밍도 이와 비슷합니다. 객체 지향 프로그래밍은 현실 세계의 사물을 객체로 표현하고, 객체 간의 상호작용을 통해 프로그램을 구성하는 방식입니다. 마치 레고 블록처럼 다양한 기능을 가진 객체를 조합하여 복잡한 시스템을 만들 수 있는 것입니다.

왜 이런 방법론이 필요할까요? 과거에는 객체 지향 프로그래밍 없이도 개발할 수 있었습니다. 그러나 개발이 점점 복잡해지면서 기존 방식으로는 한계가 생겼습니다. 보다 손쉽고 유지보수가 용이한 개발 방법이 필요하게 되었고, 그 결과 객체 지향 프로그래밍이 탄생했습니다.

3.10.1 클래스

객체 지향 프로그래밍의 가장 기본이 되는 것은 바로 클래스입니다. 동일한 기능들을 그룹화하여 하나의 클래스로 정의함으로써 객체 지향 프로그래밍이 시작됩니다. 객체 지향 프로그래밍은 상속, 캡슐화, 추상화, 다형성이란 4가지 특징을 가지고 있는데, 이 모든 특성이 클래스 기반으로 이루어집니다. 이제 클래스를 하나하나 살펴보겠습니다.

3.10.2 생성자(Constructor)

매장이나 인터넷에서 휴대폰을 구매했다고 가정해봅시다. 우리는 들뜬 마음으로 휴대폰을 켭니다. 하지만 바로 사용할 수는 없습니다. 몇 가지 초기 설정을 해야 하기 때문입니다. 초기 설정을 완료하면 전화도 걸 수 있고, 문자도 보낼 수 있으며 인터넷도 사용할 수 있습니다. 이처럼 다트에서도 객체를 사용하기 전에 먼저 객체를 생성해야 합니다. 마치 휴대폰을 구매한 후 초기 설정 과정을 거쳐야 사용할 수 있듯이, 다트 객체도 생성자를 통해 초기화 과정을 거쳐야 원하는 기능을 제공할 수 있습니다.

```
class Phone{
  final String name;
  final String language;

  Phone({
    required this.name,
    this.language = 'kr',
  });
}
```

위에 소개된 방식이 가장 기본적인 객체 생성 방식입니다. 생성자로 name과 language 데이터를 받아 객체를 초기화하는데, name은 required 파라미터로 정의되어 있습니다. required 옵션은 객체를 생성할 때 반드시 초기화를 받아야 한다는 의미입니다. 또한 language는 기본값이 설정되어 있습니다. 따라서 language 값을 초기화하지 않는다면 기본값인 'kr'로 설정됩니다.

그런데 생성자에서 넘겨받는 인자값을 멤버 변수에 할당하는 로직이 없는데 어떻게 된 걸까요? 원래 코드는 다음과 같습니다.

```
class Phone{
  String? name;
  String? language;

  Phone({
    required String name,
    String language = 'kr',
  }){
    this.name = name;
    this.language = language;
  };
}
```

위 예시를 보면 생성자로 받은 인자값을 멤버 변수에 할당하고 있습니다. 다트에서는 this 키워드를 사용해 인자값을 바로 주입하여 초기화할 수 있습니다. 따라서 소스코드의 양을 줄일 수 있을 뿐만 아니라 final 키워드를 사용하여 클래스를 불변^{immutable}하게 만들 수 있습니다.

💡 여기서 불변(immutable)하다는 것은 클래스의 상태를 변경할 수 없게 만든다는 뜻입니다.

다시 휴대폰 예시로 돌아가 생각해봅시다. 휴대폰 초기 설정 과정이 번거로워 설정 과정을 생략하고 바로 사용하려는 경우도 있겠죠? 앞서 말했듯이 다트의 기본 객체 생성 방식은 생성자를 통해 이루어집니다. 하지만 초기 설정을 나중으로 미루고 바로 휴대폰을 사용하고 싶을 때가 있을 수 있는 것처럼, 사용자가 객체를 어떻게 생성할지 모르기 때문에 기본 생성 방식 외에도 다른 방식으로 객체를 만들 수 있어야 합니다. 이제부터 그 방법에 대해 알아봅시다.

명명된 생성자(Named Constructor)

```dart
class Phone{
  final String name;
  final String language;

  Phone({
    required this.name,
    this.language = 'kr',
  });

  Phone.skip():this(name : 'DEFAULT NAME'); // this가 가리키는 것은 Phone 기본 생성자입니다.
}
```

앞의 예시를 보면 기본 생성자 외에도 skip이라는 이름으로 Phone 객체를 만들고 있습니다. 이것을 명명된 생성자Named Constructor라고 합니다. 명명된 생성자를 사용하려면 기본 생성자가 있어야 하며, 기본 생성자에서 주입받는 모든 파라미터 값은 명명된 생성자에서도 생성해줘야 합니다.

기본 생성자에서 name 멤버 변수는 required로 정의되어 있습니다. 이는 객체를 생성할 때 반드시 초깃값을 설정해야 한다는 뜻입니다. 따라서 사용자가 Phone 설정을 생략하면 기본 이름으로 DEFAULT NAME이 설정됩니다.

팩토리 생성자(Factory Constructor)

```dart
class Phone{
  final String name;
  final String language;

  Phone({
    required this.name,
    this.language = 'kr',
  });

  Phone.skip():this(name : 'DEFAULT NAME');

  factory Phone.fromJson(Map<String,dynamic> json){
    return Phone(
      name : json['name'] as String,
      language : json['language'] as String,
    )
  }
}
```

팩토리 생성자는 팩토리 패턴 그 자체로 볼 수 있습니다. 팩토리 패턴에 대해 이해해봅시다.

팩토리 패턴은 객체를 생성하는 과정을 추상화하여, 새로운 객체를 생성하는 데 필요한 인터페이스를 제공합니다. 이를 통해 클라이언트 코드는 어떤 객체를 생성해야 하는지 신경 쓸 필요가 없어지고, 객체에 새로운 값이 필요해지더라도 클라이언트 코드에는 영향을 주지 않게 됩니다. 이로 인해 코드의 확장성이 향상됩니다.

쉽게 말해 객체 생성을 화면이나 비즈니스 로직 내에서 처리하는 게 아니라 해당 모델에서 처리하게 하는 방식입니다. 좀 더 자세한 설명이 필요하다면, 제가 관련 내용을 2편의 영상으로 제작한 것이 있으니 참고하세요.

- 팩토리 패턴의 개념 : https://www.youtube.com/watch?v=ZikfiBnFMk8
- 팩토리 패턴의 예시 : https://www.youtube.com/watch?v=ICaYCojSPko

3.10.3 멤버 변수

클래스에는 객체의 속성을 나타내기 위한 여러 가지 멤버 변수가 있을 수 있습니다. 앞서 살펴본 Phone 객체에는 이름과 언어 설정에 대한 정보가 필요합니다. 이때 이름(name)과 언어(language)는 Phone 클래스의 멤버 변수가 됩니다. 멤버 변수는 객체가 인스턴스화된 후에 접근할 수 있으며, 인스턴스마다 다른 값을 가질 수 있습니다.

```
class Phone{
  final String name; // 멤버 변수 name
  final String language; // 멤버 변수 language

  Phone({
    required this.name,
    this.language = 'kr',
  });

  Phone.skip():this(name : 'DEFAULT NAME');
}

void main(){
  var iphone = Phone(name : '내 iPhone');
  var android = Phone(name : '내 android');
  print(iphone.name); // '내 iPhone';
  print(android.name); // '내 android';
}
```

3.10.4 클래스 변수

클래스 변수는 멤버 변수와 비슷하게 클래스 내부에 정의되지만 사용 방식이 다릅니다. 멤버 변수는 각 인스턴스마다 다른 값을 가질 수 있습니다. 반면에 클래스 변수는 모든 인스턴스가 공유하는 변수입니다. 즉, 모든 인스턴스가 같은 값을 공유합니다. 클래스 변수는 인스턴스에서 접근할 수 없고, 클래스 이름을 사용해서 접근해야 합니다.

```dart
class Phone{
  static double memory = 16;

  final String name; // 멤버 변수 name
  final String language; // 멤버 변수 language

  Phone({
    required this.name,
    this.language = 'kr',
  });

  Phone.skip():this(name : 'DEFAULT NAME');
}

void main(){
  var iphone = Phone(name : '내 iPhone');
  var android = Phone(name : '내 android');
  print(iphone.memory); // 접근 불가
  print(android.memory); // 접근 불가
  print(Phone.memory); // 16
  Phone.memory=36;
  print(Phone.memory); // 36
}
```

3.10.5 멤버 함수

클래스 내에서 정의된 함수를 멤버 함수 또는 메서드라고 합니다. 멤버 함수는 클래스가 생성된 후, 인스턴스에서 호출되어 사용됩니다. 멤버 함수 내에서는 멤버 변수를 사용할 수 있습니다.

```dart
class Phone{
  static double memory = 16;

  final String name; // 멤버 변수 name
  final String language; // 멤버 변수 language

  Phone({
```

```
      required this.name,
      this.language = 'kr',
  });

  Phone.skip():this(name : 'DEFAULT NAME');

  String printDeviceInfo(){ // 휴대폰의 정보를 조합하여 값을 반환하는 멤버 함수
    return '기기 이름 : $name \n언어 설정 : $language\n';
  }
}

void main(){
  var iphone = Phone(name : '내 iPhone');
  var android = Phone(name : '내 android');
  print(iphone.printDeviceInfo());
  // 기기 이름 : 내 iPhone
  // 언어 설정 : kr
  print(android.printDeviceInfo());
  // 기기 이름 : 내 android
  // 언어 설정 : kr
}
```

앞의 예시는 Phone 객체에 등록된 정보(휴대폰 이름, 언어 설정)를 얻을 수 있는 기능을 구현한 것입니다. 이렇게 멤버 함수는 객체를 사용하는 사람에게 유용한 기능을 제공합니다.

지금까지 객체 지향 프로그래밍의 근간이 되는 클래스(생성자, 멤버 변수, 클래스 변수, 멤버 함수)에 대해 알아봤습니다. 이어서 객체 지향 프로그래밍의 특성 4가지를 하나씩 살펴보겠습니다.

3.10.6 상속

상속은 기존 클래스를 기반으로 새로운 클래스를 만드는 개념입니다. 상속을 설명할 때 항상 나오는 예시가 있습니다. 바로 자식과 부모님의 관계입니다. 우리는 부모님이 있어야만 태어날 수 있습니다. 또한, 대한민국에서는 아버지의 성을 따라 이름을 짓고, 혈액형도 부모님의 영향을 받습니다. 이처럼 부모로부터 많은 것을 이어받게 됩니다. 이 내용을 객체 지향 프로그래밍 방식으로 설계해보겠습니다.

```dart
class Father {
  int age;
  String firstName;
  String lastName;
  String bloodType;
  Father({
    required this.firstName,
    required this.lastName,
    required this.age,
    required this.bloodType,
  });

  void walk() {
    print('걷습니다.');
  }

  void eat() {
    print('음식을 먹습니다.');
  }

  void takeResponsibility() {
    print('책임을 지다');
  }
}


class Mother {
  int age;
  String firstName;
  String lastName;
  String bloodType;
  Mother({
    required this.firstName,
    required this.lastName,
    required this.age,
    required this.bloodType,
  });

  void walk() {
    print('걷습니다.');
  }
```

```
  void eat() {
    print('음식을 먹습니다.');
  }

  Child delivered(String name) {
    return Child();
  }
}
```

위와 같이 아버지와 어머니 객체를 만들었습니다. 아버지에게는 가장의 책임을 지는 기능이 있고, 어머니에게는 아이를 낳는 기능이 있습니다. 나머지 멤버 변수와 함수는 동일합니다. 이렇게 코드를 작성해도 큰 문제는 없습니다. 하지만 만약 lastName 데이터를 변경해야 한다는 요구사항이 생겼을 때 담당자가 어머니 쪽의 lastName만 변경하고 아버지 쪽의 lastName을 변경하지 않는 실수를 범할 수도 있습니다. 물론 단순 개발자의 실수로 여길 수도 있지만 애초에 실수를 방지할 수 있도록 설계하는 것이 더 좋을 것입니다. 이럴 때는 상속을 통해 중복된 소스코드를 제거하면 유지 보수하는 데 더 효과적입니다.

아버지와 어머니 둘 다 인간이기 때문에, Human 클래스를 만들어 상속받을 수 있도록 코드를 수정해보겠습니다.

```
class Human {
  int age;
  String firstName;
  String lastName;
  String bloodType;

  Human({
    required this.firstName,
    required this.lastName,
    required this.age,
    required this.bloodType,
  });

  void walk() {
    print('$firstName $lastName이(가) 걷습니다.');
  }
```

```dart
    void eat() {
      print('$firstName $lastName이(가) 음식을 먹습니다.');
    }
  }

  class Father extends Human {
    Father({
      required super.firstName,
      required super.lastName,
      required super.age,
      required super.bloodType,
    });

    void takeResponsibility() {
      print('책임을 지다');
    }
  }

  class Mother extends Human {
    Mother({
      required super.firstName,
      required super.lastName,
      required super.age,
      required super.bloodType,
    });

    Child delivered(String name) {
      return Child();
    }
  }
```

이렇게 리팩터링하여 Human을 상속받아 Father와 Mother 클래스를 만들 수 있습니다. 한번 사용해보겠습니다.

```
var father = Father(age: 38, firstName: '김', lastName: '성덕', bloodType: 'A');
var mother = Father(age: 37, firstName: '김', lastName: '숙희', bloodType: 'O');

father.walk(); // 김 성덕이(가) 걷습니다.
mother.walk(); // 김 숙희이(가) 걷습니다.
```

Father와 Mother의 멤버 변수에 성과 이름 그리고 함수에 walk가 없어도 부모 클래스인 Human 객체에 존재하는 멤버 변수와 함수를 상속받기 때문에 자녀 클래스에서 모두 사용할 수 있습니다. 이렇게 하면 공통 코드를 한 곳에서 관리할 수 있어서, lastName의 이름을 바꿔야 하는 경우에도 Human 클래스만 수정하면 됩니다. 그러면 모든 관련 소스코드에 컴파일 오류가 발생하므로 놓치는 곳 없이 수정할 수 있습니다.

3.10.7 캡슐화

객체 지향 프로그래밍에서 캡슐화란 객체의 내부 상태와 작동을 외부로부터 숨기는 것을 의미합니다. 캡슐화를 통해 객체의 내부 구현에 직접 접근할 수 없게 하면, 내부 구현이 변경되더라도 이를 사용하는 코드에 영향을 미치지 않게 보호할 수 있습니다. 다음 예시를 통해 캡슐화의 역할에 대해 알아보겠습니다.

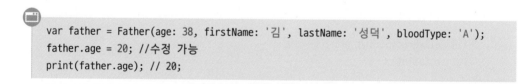

```
var father = Father(age: 38, firstName: '김', lastName: '성덕', bloodType: 'A');
father.age = 20; //수정 가능
print(father.age); // 20;
```

Human 객체에는 age라는 멤버 변수가 있습니다. 나이(age)는 외부에서 직접 수정되지 않아야 합니다. 그리고 반드시 1년마다 변경되어야 합니다. 하지만 앞의 코드처럼 정의되어 있는 상태로 개발하면 외부에서도 age에 접근하여 수정할 수 있습니다. 이렇게 하면 처음에는 큰 문제가 없을 수 있지만, 다른 개발자가 배경지식 없이 유지 보수를 하다가 개발 편의를 위해 외부에서 age를 직접 변경하게 되면 그때부터는 헬게이트가 열릴 가능성이 높습니다. 이를 방지하기 위해 age를 외부에서 접근하지 못하도록 리팩터링해보겠습니다.

```dart
class Human {
  int _age;
  String firstName;
  String lastName;
  String bloodType;

  Human({
    required this.firstName,
    required this.lastName,
    required int age,
    required this.bloodType,
  }) : _age = age;

  void walk() {
    print('$firstName $lastName이(가) 걷습니다.');
  }

  void eat() {
    print('$firstName $lastName이(가) 음식을 먹습니다.');
  }

  void addAge() {
    print('한 살 먹습니다.');
    _age += 1;
  }

  String howOldAreYou() {
    return '$_age살 입니다.';
  }
}

var father = Father(age: 38, firstName: '김', lastName: '성덕', bloodType: 'A');
// father._age = 20; //접근 불가능
// print(father._age); // 접근 불가능;

print(father.howOldAreYou()); // '38살 입니다.'
father.addAge(); // '한 살 먹습니다.';
print(father.howOldAreYou()); // '39살 입니다.'
```

이렇게 리팩터링하면 age 값을 외부에서 직접 수정할 수 없고, 반드시 함수를 통해서만 변경할 수 있습니다. 이를 통해 내부 상태를 보호할 수 있습니다.

> 💡 다트에서는 private, public과 같은 접근 제한자를 지원하지 않습니다. 따라서 변수를 private으로 지정하려면 특수문자 `_`를 붙여서 변수를 만듭니다. 단, 같은 다트 파일 내에서는 `_`를 붙여 변수를 선언해도 접근이 가능합니다. 보통 클래스는 별도 파일로 정의하기 때문에 `_`로 내부 변수를 만들면 외부 접근을 막을 수 있습니다.

따라서 객체 지향 프로그래밍에서는 캡슐화를 통해 객체의 내부 구현을 보호하고, 객체 간의 의존성을 줄여 유연하고 확장할 수 있는 코드를 작성하는 것이 중요합니다.

3.10.8 추상화

객체 지향 프로그래밍에서 추상화란 객체의 공통적인 특성을 추출하여 모델링하는 과정을 의미합니다. 이미 앞서 Father와 Mother 객체의 공통적인 멤버 변수와 함수를 Human이라는 클래스로 추출하여 리팩터링했는데, 이 과정이 바로 객체 지향 프로그래밍의 추상화를 한 것입니다.

추가로 수정해야 할 부분은 Human 객체를 별도로 만들지 못하도록 하는 것입니다. 여기서는 Father, Mother, Child처럼 Human을 상속받아 재정의하여 사용할 수는 있어도, 별도의 Human 객체 자체는 생성할 수 없게 설계해보겠습니다.

```
abstract class Human {
  // 이하 동일 ...
}
```

이와 같이 기존에 클래스로 정의되어 있던 Human 앞에 abstract를 넣어 추상화가 되었습니다. 이전에는 다음과 같이 선언했습니다.

```
var human = Human();
```

하지만 더 이상 추상화가 된 Human 객체는 위처럼 선언할 수 없습니다.

```
var human = Human(); // Abstract classes can't be instantiated.-Try creating an
instance of a concrete subtype. 오류 발생
```

3.10.9 다형성

다형성은 객체 지향 프로그래밍의 기본 기능으로 서로 다른 클래스의 객체를 같은 클래스의 객체인 것처럼 취급할 수 있게 합니다. 앞 예시의 클래스를 바탕으로 아버지(Father), 어머니(Mother), 아들(Child)이 한 해가 지나 나이를 먹는다고 가정하고 코드를 작성해보겠습니다. 다형성을 사용하지 못한다면 다음과 같이 작성할 수 있을 것입니다.

```
var father = Father(age: 38, firstName: '김', lastName: '성덕', bloodType: 'A');
var mother = Mother(age: 37, firstName: '김', lastName: '숙희', bloodType: '0');
var child = Child(age: 1, firstName: father.firstName, lastName: '하성', bloodType:
'A');

father.addAge();
mother.addAge();
child.addAge();
```

하지만 한 해가 지나면 한 가족의 구성원만 나이를 먹는 것이 아니라, 이 세상 모든 사람이 나이를 먹습니다. 사람마다 addAge() 함수를 작성한다고 가정해봅시다. 모든 세상 사람이 10만 명이라면 10만 줄의 코드를 작성해야 합니다. 그러나 객체 지향 프로그래밍의 다형성을 활용하면 다음과 같이 간단하게 처리할 수 있습니다.

```
var inTheWorldPeople = <Human>[];
inTheWorldPeople.addAll([father, mother, child]);
inTheWorldPeople.forEach((human) => human.addAge());
```

이렇게 하면 10만 명이 있든 100만 명이 있든 코드를 수정할 필요 없이 inTheWorldPeople 리스트의 모든 사람에게 forEach를 통해 addAge() 함수를 호출할 수 있습니다. 이것이 다형성의 특징입니다.

3.11 다트 3.0 이후 업데이트된 기능

플러터가 지속적으로 업데이트되면서 다트도 함께 발전하고 있습니다. 이 책을 처음 집필할 당시는 다트가 2.x 버전이었지만, 집필 마무리 단계에서는 3.x 버전으로 업데이트되었습니다. 따라서 최신 기능에 대해 간단히 정리하고 넘어가겠습니다.

💡 프로그램을 개발하거나 이 책을 학습할 때 다트 3.x에 도입된 기능을 사용하지 않아도 문제는 없습니다. 하지만 다트 3.x의 새로운 기능을 알고 넘어가는 게 많은 도움이 될 것입니다. 다른 사람이 3.x의 새로운 기능으로 코드를 작성했더라도 빠르게 이해하고 대응할 수 있기 때문입니다. 반면 이를 모르면 대응 속도가 느려지고 예상치 못한 문제가 발생할 가능성도 있습니다.

3.11.1 간략한 다트 3.x 업데이트 내용

1 레코드(Records): 레코드는 다양한 유형의 여러 값을 하나의 변경 불가능한 데이터 구조로 집계할 수 있는 새로운 유형입니다.

2 패턴(Patterns): 패턴은 간결하고 읽기 쉬운 방식으로 값을 일치시키고 구조를 해제할 수 있는 기능입니다. 특히 이 기능은 다양한 데이터 구조를 처리하고 그로부터 정보를 추출하는 데 유용합니다.

3 스위치 표현식(Switch Expressions): 스위치 표현식은 여러 조건을 더 간단하고 직관적으로 처리할 수 있게 하여 기존의 switch문을 개선합니다.

이제부터 업데이트된 기능에 대해 살펴봅시다.

💡 다트 3.x 업데이트 항목 중 Class Modifiers도 업데이트되었습니다만 분량이 길기 때문에 유튜브에서 확인할 수 있도록 관련 영상을 제작할 예정입니다.

3.11.2 레코드

레코드Records는 다트 3.0 이후에 추가된 기능으로 다른 클래스나 컬렉션처럼 여러 개체를 하나로 묶을 수 있게 해줍니다. 개발하다 보면 함수를 사용하기 위해 여러 값을 파라미터로 전달하거나 함수에서 여러 값을 반환받아야 할 때가 있습니다. 기존에는 이러한 값을 전달하거나 받을 때 클래스를 설계하거나 Map 타입을 사용하여 값을 그룹화했습니다. 그러나 일시적으로 사용되는 값들에 대해 클래스를 만드는 것은 번거로울 수 있습니다. 이럴 때 유용한 것이 바로 레코드입니다. 레코드를 사용하면 간단하게 여러 값을 그룹화할 수 있습니다. 아래 예시를 통해 알아보겠습니다.

💡 닉네임과 이메일을 전달받아 유효성을 검사(vaildation)하는 함수가 있다고 가정하겠습니다.

기존 방식

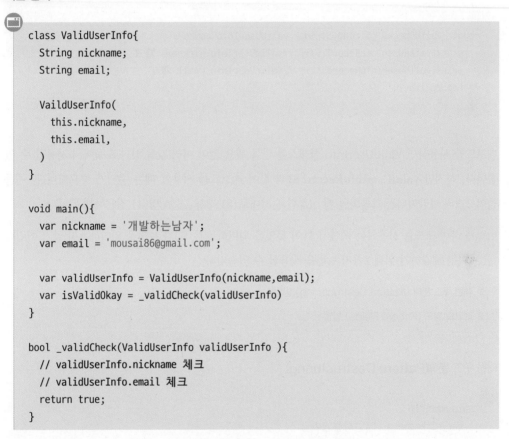

```
class ValidUserInfo{
  String nickname;
  String email;

  VaildUserInfo(
    this.nickname,
    this.email,
  )
}

void main(){
  var nickname = '개발하는남자';
  var email = 'mousai86@gmail.com';

  var validUserInfo = ValidUserInfo(nickname,email);
  var isValidOkay = _validCheck(validUserInfo)
}

bool _validCheck(ValidUserInfo validUserInfo ){
  // validUserInfo.nickname 체크
  // validUserInfo.email 체크
  return true;
}
```

💡 닉네임과 이메일을 그냥 _validCheck 함수에 2개의 파라미터로 전달하면 간단히 해결할 수 있습니다. 하지만 여기서는 레코드를 설명하기 위해 일부러 클래스로 구조화했습니다.

레코드 방식

```
void main(){
  var nickname = '개발하는남자';
  var email = 'mousai86@gmail.com';

  var record = (nickname , email);
  var isValidOkay = _validCheck(record);
}

bool _validCheck( (String,String) validUserInfoRecord ){
  print(validUserInfoRecord.$1); //validUserInfo.nickname 체크
  print(validUserInfoRecord.$2); //validUserInfo.email 체크
  return true;
}
```

레코드를 사용하면 ValidUserInfo 클래스를 만들 필요 없이 여러 값을 하나로 묶어서 사용할 수 있습니다. 하지만 validUserInfoRecord.$1과 같이 레코드를 사용할 때는 순서가 중요합니다. 예를 들어 2개의 파라미터를 그룹화할 때 설정한 순서대로($1, $2, ... $n 방식) 접근하게 됩니다.

이렇게 하면 코드를 사용하는 쪽에서 $1이 무엇을 의미하는지, $2가 무엇을 의미하는지 알기 어렵습니다. 이를 해결하기 위해 2가지 방법을 사용할 수 있습니다.

1 패턴 구조 분해 (Pattern Destructuring) 방법
2 레코드 필드 (Record Fields) 방법

패턴 구조 분해(Pattern Destructuring)

```
void main(){
  var nickname = '개발하는남자';
  var email = 'mousai86@gmail.com';

  var record = (nickname , email);
  var isValidOkay = _validCheck(record);
}

bool _validCheck( (String,String) validUserInfoRecord ){
  var (vNickname,vEmail) = validUserInfoRecord;
```

```
    print(vNickname);
    print(vEmail);
    return true;
  }
```

전달받는 validUserInfoRecord를 (vNickname, vEmail)과 같은 순서대로 변수를 정의하면 각
각 매칭이 됩니다. 이는 매우 손쉽게 사용할 수 있는 방법이지만 개발할 때 변수명을 자유롭게 작성
할 수 있기 때문에 변수명을 명확하게 정의하는 습관이 필요합니다.

```
bool _validCheck( (String,String) validUserInfoRecord ){
  var (a,b) = validUserInfoRecord;
  print(a);
  print(b);
  return true;
}
```

만약 빠르게 개발할 목적으로 앞 예시처럼 작성했다면 a와 b가 무엇을 의미하는지 알 수 없어 처음
에 $1, $2를 사용해서 생긴 문제를 해결할 수 없게 됩니다. 따라서 패턴 구조 분해를 사용할 때는 변
수명을 언제 봐도 알 수 있도록 명확하게 정의하는 것이 중요합니다.

레코드 필드를 사용하는 방법

```
void main(){
  var nickname = '개발하는남자';
  var email = 'mousai86@gmail.com';

  var record = (vNickname : nickname , vEmail : email); // record field사용
  var isValidOkay = _validCheck(record);
}

bool _validCheck( ({String vNickname, String vEmail}) validUserInfoRecord ){ //
record field사용
  print(validUserInfoRecord.vNickname);
  print(validUserInfoRecord.vEmail);
  return true;
}
```

사용할 필드명을 레코드에 담을 때 필드명을 정의하고 값을 할당해주면 됩니다. 기존 값을 담은 변수 (nickname, email)와 구분하기 위해 vNickname, vEmail이라는 변수를 사용하여 넘겨주었습니다. 이렇게 하면 변수의 의미를 명확하게 이해할 수 있습니다.

💡 레코드를 필드명으로 구성했다면, 받는 쪽에서도 타입을 필드명까지 맞춰줘야만 사용할 수 있습니다.

3.11.3 패턴

패턴 매칭(Pattern Matching)

특정 조건이나 구조에 맞는 값을 찾는 방법입니다. 이 방법은 switch문이나 if-case절에서 사용되어, 조건에 맞는 값을 찾고 그에 따라 코드를 실행할 수 있습니다.

2.x 버전에서는 패턴 매칭을 다음과 같이 사용했습니다.

```
var currentWeather = WeatherType.rainy;
switch (currentWeather) {
  case WeatherType.sunny:
    print('맑음');
    break;
  case WeatherType.cloudy:
    print('흐림');
    break;
  case WeatherType.rainy:
    print('비');
    break;
}
```

이 코드는 현재 날씨를 받아와서 화면에 표시합니다. 예를 들어 현재 날씨가 WeatherType.rainy 일 경우, '비'가 출력됩니다. 하지만 더 복잡한 상황에서도 패턴 매칭을 사용할 수 있습니다.

여기서 '개발하는남자'라는 문구를 입력받고 마지막 문구가 완료되었는지 확인해야 하는 상황이라고 가정해봅시다. 3.x 버전 이전에는 다음과 같이 작성했습니다.

```
const filter = '개남입니다';
const dot = '!';

var value = ['안녕하세요','개발하는남자','개남입니다','!'];
if(value.last == dot && value[value.length-2] == filter){
  print('마지막 멘트 완료');
}
```

이 코드는 마지막 두 항목이 '개남입니다'와 '!'인지 확인하여, 맞으면 '마지막 멘트 완료'를 출력합니다. 하지만 연산자가 복잡해 가독성이 좋지 않습니다.

3.x 버전에서는 패턴 매칭을 사용하여 더 간단하게 작성할 수 있습니다.

```
const filter = '개남입니다';
const dot = '!';

switch (value) {
  case [...,dot,filter]:
    print('순서가 맞지 않아 실행 되지 않아요.');
    break;
  case [...,filter,dot]:
    print('마지막 멘트 완료');
    break;
}
```

배열의 열거형인 [...]을 사용하여 filter와 dot을 마지막에 순서대로 넣으면 매칭되어 다음 단계로 진행할 수 있습니다. 이처럼 패턴 매칭은 다양한 타입을 조합하여 처리할 수 있어 매우 유용하게 사용할 수 있습니다.

구조 분해(Destructuring)

구조 분해는 이전에 레코드를 사용할 때 잠깐 언급했는데 이 절에서 좀 더 자세히 알아보겠습니다. 패턴을 사용하면 레코드 같은 복잡한 데이터 구조에서 값을 더 쉽게 추출하거나 분해할 수 있습니다.

예시로 친구 목록을 특정 변수에 담는 방법을 살펴보겠습니다.

```dart
void main(){
  var friends = ['다트 개발자','개발하는남자','플러터 개발자'];
  var one = friends[0];
  var two = friends[1];
  var three = friends[2];
  print(two);
}
```

이 코드는 friends 배열의 요소를 인덱스로 one, two, three 변수에 할당하는 모습을 보여주고 있습니다. 패턴을 활용한 구조 분해를 사용하면 다음과 같이 더 간단하게 작성할 수 있습니다.

```dart
void main(){
  var friends = ['다트 개발자','개발하는남자','플러터 개발자'];
  var [one,two,three] = friends;
  print(two);
}
```

이처럼 구조 분해를 통해 배열의 요소를 각각의 변수로 할당할 수 있습니다. 그뿐만 아니라 와일드카드(_)를 사용하면 불필요한 메모리 할당을 방지할 수 있습니다. 예를 들어, 앞의 코드에서는 two 변수만 필요한데 one과 three에도 불필요한 메모리가 할당됩니다. 이 문제는 와일드카드(_)를 사용하여 해결할 수 있습니다.

```dart
void main(){
  var friends = ['다트 개발자','개발하는남자','플러터 개발자'];
  var [_,two,_] = friends;
  print(two);
}
```

3.11.4 스위치 표현식(Switch Expressions)

다트 3.0에서 소개된 스위치 표현식은 기존의 스위치 케이스switch case 구조에 비해 많이 개선된 기능을 제공합니다. 새로운 버전의 스위치는 표현식으로 사용되며, 변수에 할당하거나 표현식이 필요한 곳에서 값을 생성할 수 있습니다. 전통적인 다트 switch문은 명령형 프로그래밍에 속하며, 직접적으로 값을 반환하지 못했습니다. 새로운 스위치 표현식은 값을 평가하고 반환할 수 있어 더 유연하고 강력한 기능을 제공합니다.

다트 공식 문서에서 제공하는 예시를 통해 어떤 것을 할 수 있는지 살펴보겠습니다.

```
switch (obj) {
  // Matches if 1 == obj.
  case 1:
    print('one');

  // Matches if the value of obj is between the
  // constant values of 'first' and 'last'.
  case >= first && <= last:
    print('in range');

  // Matches if obj is a record with two fields,
  // then assigns the fields to 'a' and 'b'.
  case (var a, var b):
    print('a = $a, b = $b');

  default:
}
```

여기서 switch문은 obj라는 변수에 대해 다양한 패턴을 매칭하여 조건에 따라 다른 작동을 수행합니다.

1 정수 매칭(case 1): obj가 1과 같으면 "one"이 출력됩니다.

2 범위 매칭(case >= first && <= last): obj의 값이 first와 last 사이에 있으면 "in range"가 출력됩니다.

3 레코드 매칭(case (var a, var b)): obj가 2개의 필드를 가진 레코드(튜플이나 구조체 같은 데이터 구조)일 경우, 첫 번째 필드는 a로 두 번째 필드는 b로 할당되고 이 값들이 출력됩니다. 예를 들어, obj가 (3, 4)인 경우, "a = 3, b = 4"가 출력됩니다.

4 기본 케이스(default): 위의 어떤 경우에도 해당하지 않을 때 실행됩니다.

이러한 패턴 매칭은 코드의 가독성을 높이고, 복잡한 조건 로직을 더 간결하게 표현할 수 있게 해줍니다. 또한 switch문을 통해 값을 할당하는 것도 더 쉬워졌습니다. 아래는 2.x 버전과 3.x 버전의 방법을 비교한 예시입니다.

2.x 버전에서는 다음과 같이 작성했습니다.

```
var color = Color.red;
var isPrimary;

switch (color) {
  case Color.red:
  case Color.yellow:
  case Color.blue:
    isPrimary = true;
    break;
  default:
    isPrimary = false;
    break;
}
```

2.x 버전에서는 case문을 통해 isPrimary라는 변수를 미리 만들어 주입하는 방식으로 처리했습니다. 3.x 버전에서는 다음과 같이 더 간단하게 작성할 수 있습니다.

```
var color = Color.red;
var isPrimary = switch (color) {
  Color.red || Color.yellow || Color.blue => true,
  _ => false
};
```

이처럼 3.x 버전에서는 코드의 양도 줄어들고 switch문을 통해 결괏값을 직접 전달받을 수 있게 되었습니다. 이렇게 다트 3.x 업데이트로 추가된 기능을 몇 가지 정리해보았습니다. 이 외에도 추가된 기능은 다트 공식 문서에 자세히 설명되어 있습니다. 필요한 경우 직접 공식 문서를 검토해보길 바랍니다. 하지만 이 책에서 정리한 내용만 알고 있어도 개발하는 데 큰 문제는 없을 것입니다.

플러터 필수 개념 이해하기

플러터를 제대로 활용하려면 기본 개념을 이해하는 것이 중요합니다. 이 장에서는 플러터의 아키텍처와 위젯의 개념을 학습합니다. 먼저 StatelessWidget과 StatefulWidget의 차이를 이해하고 다양한 상황에 맞게 적절한 위젯을 선택하는 방법에 대해 배웁니다. 또한 Row, Column, Stack 등의 레이아웃 위젯을 사용하여 화면을 구성하는 방법도 다룹니다.

CHAPTER

04

4.1 플러터 아키텍처

플러터는 확장할 수 있는 계층화된 시스템으로 설계되어 있습니다. 또한 플러터 애플리케이션은 다른 네이티브 애플리케이션과 동일한 방식으로 패키징됩니다.

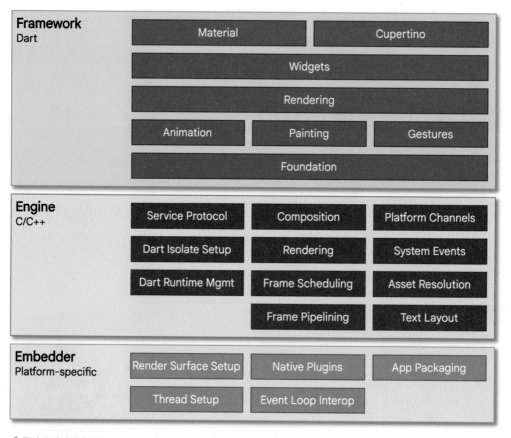

🔷 플러터 아키텍처 구조

플러터 아키텍처는 크게 임베더, 엔진, 프레임워크 3가지로 나뉘며 각각의 특징만 알고 있어도 개발하는 데 큰 문제가 없을 것입니다.

4.1.1 임베더(Embedder)

임베더는 적합한 언어로 각 플랫폼에 맞게 작성된 코드를 말합니다. 예를 들어 안드로이드는 자바 및 C++로 iOS와 macOS는 Objective-C와 Objective-C++, 윈도우와 리눅스는 C++로 작성됩니다. 임베더를 사용하면 플러터 코드를 기존 애플리케이션에 모듈로 통합하거나 애플리케이션의 전체 내용으로 사용할 수 있습니다. 임베더는 화면 렌더링, 접근성, 입력 등의 기능을 제공하며 이벤트 루프의 메시지를 관리합니다.

4.1.2 엔진(Engine)

플러터의 중심에는 대부분 C++로 작성된 플러터 엔진이 있습니다. 이 엔진은 모든 플러터 애플리케이션을 지원하는 기본 기능을 제공합니다. 엔진은 화면을 새로 그릴 때마다 이미지를 처리하고 보여주는 역할을 합니다. 플러터 엔진은 다음과 같은 기능을 제공합니다.

1 그래픽: Skia라는 도구를 사용하여 화면에 그림을 그립니다.

2 텍스트 레이아웃: 글자를 배치하고 보여줍니다.

3 파일 및 네트워크 I/O: 파일을 읽고 쓰거나, 인터넷에서 데이터를 가져옵니다.

4 접근성 지원: 시각장애인 등이 앱을 사용할 수 있도록 돕습니다.

5 플러그인 아키텍처: 다른 기능을 쉽게 추가할 수 있게 합니다.

6 다트 런타임 및 컴파일 도구: 플러터 앱이 실행될 수 있도록 돕습니다.

간단히 말해 플러터 엔진은 앱이 화면에 그림을 그리고, 글자를 보여주고, 파일을 읽고 쓰는 등의 모든 기본적인 일을 하도록 도와줍니다.

4.1.3 프레임워크(Framework)

플러터 프레임워크는 다트 언어로 작성된 최신 반응형 프레임워크입니다. 이 프레임워크를 통해 플러터와 상호작용을 할 수 있습니다. 플러터 프레임워크는 여러 계층으로 구성된 다양한 플랫폼, 레이아웃, 기본 라이브러리를 제공합니다. 이를 통해 앱 개발을 보다 체계적으로 관리할 수 있습니다. 플러터는 앱을 프레젠테이션 계층, 비즈니스 로직 계층, 데이터 계층으로 나누어 관리합니다.

프레젠테이션 계층(Presentation Layer)

이 계층은 앱의 사용자 인터페이스를 담당합니다. 즉, 사용자가 앱을 볼 때 보이는 부분입니다. 플러터에서 프레젠테이션 계층은 위젯을 사용하여 만듭니다. 위젯은 앱의 기본 빌딩 블록으로 고정된 모습으로 유지되는 상태 비저장 위젯과, 동적으로 변경될 수 있는 상태 저장 위젯이 있습니다.

비즈니스 논리 계층(Business Logic Layer)

이 계층은 앱의 로직(논리)과 데이터 처리를 담당합니다. 사용자가 앱과 상호작용할 때 어떤 일이 일어날지를 결정합니다. 플러터에서는 다트 클래스를 사용하여 비즈니스 논리 계층을 구현합니다. 이 계층은 앱의 상태를 관리하고 사용자 입력을 처리하며 외부 API나 서비스와 상호작용을 합니다.

데이터 계층(Data Layer)

이 계층은 앱의 데이터를 관리하고 비즈니스 논리 계층에 데이터를 제공합니다. 플러터에서 데이터 계층은 JSON 처리를 통해 데이터를 직렬화하거나 SQLite 데이터베이스, REST API 등을 사용하여 구현할 수 있습니다.

플러터는 반응형 프로그래밍 모델을 사용합니다. 이 말은 앱의 상태가 변경되면 위젯 트리를 통해 자동으로 전파되어 UI가 업데이트된다는 것을 의미합니다. 이를 통해 코드가 더 선언적이고 이해하기 쉬우며, 앱 개발 속도가 빨라지고 유지 관리가 쉬워집니다.

전반적으로 플러터 아키텍처는 확장성과 유연성이 뛰어나도록 설계되어 있기 때문에 개발자는 복잡한 앱을 쉽게 분리하고 관리할 수 있습니다.

4.2 위젯이란?

플러터에서 위젯은 앱을 구성하는 가장 기본적인 단위입니다. 버튼, 텍스트 같은 사용자와 상호작용을 하는 요소뿐만 아니라 패딩padding이나 마진margin처럼 눈에 보이지 않는 요소도 모두 위젯입니다. 즉, 플러터에서 위젯을 잘 설계하면 공장에서 물건을 찍어내듯 앱을 만들 수 있으며 복잡한 앱부터 간단한 앱까지 모두 자유롭게 커스텀할 수 있습니다.

◀ 다양한 레고 블록들

쉽게 설명하면 플러터는 레고 상자와 같습니다. 레고 상자 속의 개별 레고 블록을 위젯이라고 생각하면 됩니다. 레고 블록 하나만으로는 큰 의미가 없지만 여러 블록을 조합하면 멋진 결과물을 만들 수 있듯이, 위젯도 여러 개를 조합하여 훌륭한 앱을 만들 수 있습니다. 이제부터 플러터에서 사용하는 다양한 작은 단위의 위젯을 하나씩 살펴보겠습니다.

플러터에는 다양한 위젯이 있지만 가장 기본이 되는 3가지 위젯은 다음과 같습니다.

1 StatelessWidget

2 StatefulWidget

3 InheriedWidget

4.2.1 StatelessWidget

StatelessWidget은 변하지 않는(immutable) 속성을 가진 위젯입니다. 쉽게 말해, 한 번 클래스를 만들면 내부 값이 변하지 않는다는 뜻입니다. 일반 클래스는 값이 변할 수 있지만(mutable), StatelessWidget 클래스는 한 번 만든 후에는 변경할 수 없습니다. 이 위젯은 build 함수가 호출될 때까지 상태를 유지합니다. 따라서 불변한 클래스의 장점이 StatelessWidget의 장점이라고 볼 수 있습니다.

StatelessWidget의 장점

1 스레드 안전성: 한 번 만들어지면 상태를 변경할 수 없어서, 여러 작업이 동시에 일어나도 안전합니다. 따라서 코드 이해가 쉬워지고 동시성 문제가 적습니다.

2 보안: 상태를 변경할 수 없기 때문에 해킹에 덜 취약합니다. 비밀번호나 개인정보 같은 민감한 데이터를 다루기 좋습니다.

3 단순성: 상태 변화가 없기 때문에 코드가 간단하고 유지 보수가 쉽습니다. 버그 발생 가능성도 줄어듭니다.

4 예측 가능성: 외부 상태 변화에 영향을 받지 않아 예측 가능한 작동을 합니다. 그래서 테스트와 디버깅이 쉬워집니다.

5 캐싱: 상태가 고정되어 있어 안전하게 캐시할 수 있습니다. 새 인스턴스를 계속 만들 필요가 없어서 성능이 좋아집니다.

또한 플러터에서 StatelessWidget은 한 번만 빌드하면 되므로 성능을 최적화할 수 있습니다.

사용 방법

StatelessWidget을 만들려면 원하는 클래스를 정의하고 StatelessWidget을 상속받아 build 함수를 재정의하면 됩니다.

```
class FirstMyWidget extends StatelessWidget{
  const FirstMyWidget({super.key});

  @override
  Widget build(BuildContext context) {
    return Text('나의 첫 번째 위젯입니다.');
  }
}
```

StatelessWidget은 라이프사이클이 없습니다. 클래스가 생성되면 build 함수가 호출되어 위젯을 화면에 표시하고, 그 역할을 다하게 됩니다. 이 위젯은 상태를 가지지 않으며, 만약 위젯을 변경하려면 상위 위젯에서 FirstMyWidget을 다시 생성하는 방법밖에 없습니다.

4.2.2 StatefulWidget

StatefulWidget은 런타임 중에 모양과 작동을 변경할 수 있는 위젯입니다. 사용자 상호작용이나 데이터 변경과 같이 외부 요인에 따라 위젯의 UI를 변경해야 할 때 사용됩니다. 위젯이 처음 생성되면

createState() 메서드가 호출되어 State 객체의 인스턴스를 생성합니다. 이 State 객체는 위젯과 연결되어 있으며 위젯의 상태를 관리합니다. State 객체의 build() 메서드를 호출하여 위젯의 초기 UI를 만듭니다. 위젯의 상태가 변경되면 setState() 메서드를 호출하여 위젯의 상태를 업데이트합니다. 그러면 State 객체의 build() 메서드가 다시 호출되어, 업데이트된 상태에 맞게 위젯의 UI가 다시 빌드됩니다.

StatefulWidget의 장점

1 **동적 대화형 UI**: StatefulWidget을 사용하면 동적 대화형 UI를 만들 수 있습니다. 위젯의 상태를 관리함으로써 사용자 상호작용이나 데이터 변경에 따라 실시간으로 UI를 업데이트할 수 있습니다.

2 **성능**: StatefulWidget은 자체적으로 변경되지 않습니다. 대신 State 객체만 변경되기 때문에 플러터는 위젯 트리의 렌더링을 최적화할 수 있습니다. 이로 인해 앱의 성능이 향상되고 다시 렌더링되는 횟수가 줄어듭니다.

3 **재사용성**: StatefulWidget 내에서 상태를 캡슐화하면 여러 곳에서 재사용할 수 있는 구성 요소를 만들 수 있습니다. 이는 화면이나 다른 앱 간에도 가능합니다.

4 **유연성**: StatefulWidget은 애니메이션 처리, 네트워크 요청 또는 복잡한 데이터 처리에도 유용합니다.

사용 방법

```
class MyWidget extends StatefulWidget {
  @override
  _MyWidgetState createState() => _MyWidgetState();
}

class _MyWidgetState extends State<MyWidget> {
  int _counter = 0;

  void _incrementCounter() {
    setState(() {
      _counter++;
    });
  }

  @override
  Widget build(BuildContext context) {
    return Scaffold(
      appBar: AppBar(
        title: Text('StatefulWidget 예제'),
```

```
      ),
      body: Center(
        child: Column(
          mainAxisAlignment: MainAxisAlignment.center,
          children: <Widget>[
            Text('Counting : $_counter'),
            ElevatedButton(
              onPressed: _incrementCounter,
              child: Text('더하기'),
            ),
          ],
        ),
      ),
    );
  }
}
```

이 예시에서 MyWidget은 카운터와 버튼을 표시하는 StatefulWidget입니다. State 객체는 카운터의 상태를 관리합니다. 사용자가 버튼을 누르면 _incrementCounter() 메서드가 호출되어 _counter 값을 증가시킵니다. 이때 setState 메서드가 호출되어 위젯의 상태가 업데이트되고, build 메서드가 다시 실행되어 UI가 새로 그려집니다. 결과적으로 증가된 _counter 값이 화면에 표시됩니다. 쉽게 말해, 버튼을 누를 때마다 숫자가 올라가고, 그 숫자가 화면에 보이는 것입니다.

4.2.3 InheritedWidget

InheritedWidget은 플러터의 위젯 트리 내에서 데이터를 쉽게 공유할 수 있도록 해주는 클래스입니다. 종종 상위 위젯에서 하위 위젯으로 데이터를 전달해야 하는 상황이 발생합니다. InheritedWidget을 사용하지 않으면 데이터를 전달할 때 중간의 모든 위젯을 거쳐 데이터를 넘겨줘야 할 수 있습니다. 이렇게 하면 불필요한 위젯들까지 다시 빌드되는 문제가 발생할 수 있습니다. InheritedWidget은 이러한 문제를 해결하고 성능을 개선해줍니다.

다음은 InheritedWidget을 사용하여 위젯 간에 데이터를 공유하는 방법을 나타낸 예시입니다.

```
class MyInheritedWidget extends InheritedWidget {
  final int data;

  MyInheritedWidget({
    Key? key,
    required Widget child,
    required this.data,
  }) : super(key: key, child: child);

  @override
  bool updateShouldNotify(MyInheritedWidget oldWidget) {
    return oldWidget.data != data;
  }

  static MyInheritedWidget? of(BuildContext context) {
    return context.dependOnInheritedWidgetOfExactType<MyInheritedWidget>();
  }
}
```

이 예시에서는 정숫값을 보유한 MyInheritedWidget이라는 새로운 InheritedWidget을 만들었습니다. updateShouldNotify 메서드는 데이터가 변경될 때 위젯을 다시 빌드해야 하는지 확인합니다. of() 메서드는 데이터를 보유한 위젯의 인스턴스를 가져오는 데 사용됩니다.

이제 MyInheritedWidget을 사용하여 데이터에 접근하는 위젯을 만들어보겠습니다.

```
class MyWidget extends StatelessWidget {
  @override
  Widget build(BuildContext context) {
    final myData = MyInheritedWidget.of(context)?.data ?? 0;

    return Text('data : $myData');
  }
}
```

of() 메서드를 호출하여 MyInheritedWidget에 저장된 데이터에 접근하는 MyWidget이라는 새로운 위젯을 만들었습니다. 데이터가 null인 경우 기본값은 0입니다. 이 위젯은 위젯 트리의 어느 곳에나 배치할 수 있으며 항상 MyInheritedWidget에 저장된 데이터에 접근할 수 있습니다.

4.2.4 번외: Provider가 탄생한 이유

InheritedWidget은 플러터에서 상태를 관리하기 위한 강력한 도구이지만, 몇 가지 제한 사항이 있습니다. 특히 위젯 트리가 크고 복잡할 때 데이터를 수동으로 위젯 트리 아래로 전달하는 것이 번거로울 수 있습니다. 개발자들은 더 효율적이고 쉬우며 유지 보수가 용이한 방법을 선호합니다. 이런 이유로 플러터는 InheritedWidget을 기반으로 몇 가지 개선 사항을 추가하여 Provider라는 상태 관리 라이브러리를 출시했습니다. Provider는 사용하기 편리하고 오류 발생 가능성을 줄여주기 때문에 상태 관리를 하는 데 유용하게 활용할 수 있습니다.

4.3 라이프사이클

이제 위젯의 라이프사이클lifecycle에 대해 알아보겠습니다. 먼저 플러터에서 위젯은 대부분 Stateless Widget이나 StatefulWidget으로 만들어집니다. StatelessWidget이나 StatefulWidget의 라이프사이클을 몰라도 앱을 만들 수 있습니다. 하지만 앱을 만들다 보면 여러 문제에 직면하게 되는데, 그때 라이프사이클을 알고 있으면 문제 원인을 빠르게 파악하고 해결하는 데 도움이 됩니다. 이제 라이프사이클을 알아야 하는 이유를 간단히 살펴봤으니 StatelessWidget과 StatefulWidget의 라이프사이클을 살펴보겠습니다.

> 💡 위젯의 라이프사이클이란 위젯이 생성되고 삭제 및 종료되는 과정에서 발생하는 여러 가지 이벤트들의 호출 순서를 의미합니다.

4.3.1 StatelessWidget 라이프사이클

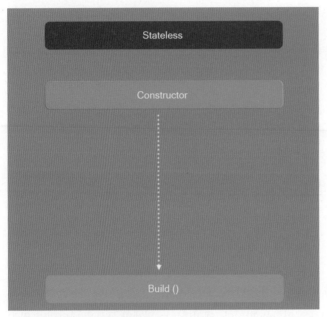

◀ StatelessWidget 라이프사이클

플러터에서 StatelessWidget은 상태를 갖지 않는 위젯입니다. 따라서 라이프사이클이 간단합니다. StatelessWidget이 사용되면 다음 메서드가 순차적으로 호출됩니다.

Constructor (생성자)

위젯이 생성될 때 부모 위젯으로부터 데이터를 전달받아 멤버 변수에 저장할 수 있습니다. StatelessWidget은 상태를 가질 수 없기 때문에 한 번 전달받은 데이터를 바꿀 수 없습니다. 그래서 보통 멤버 변수를 final로 선언하여 앱의 성능을 최적화합니다.

```
class Divider extends StatelessWidget {
  final double? height;
  final double? thickness;
  final double? indent;
  final double? endIndent;
  final Color? color;

  const Divider({
```

```
    super.key,
    this.height,
    this.thickness,
    this.indent,
    this.endIndent,
    this.color,
  })

  // 이하 생략
}
```

앞 예시의 Divider 위젯을 살펴보면 생성자에서 부모로부터 height, thickness, indent, end Indent, color 값을 넘겨 받으며, 이 멤버 변수들이 final로 선언되어 있는 것을 알 수 있습니다.

createElement 함수

createElement 함수는 생성자 이후에 호출되며 일반적으로는 사용하지 않습니다. 이 함수는 위젯 트리에 새로운 엘리먼트Element를 생성하는 역할을 합니다. 엘리먼트는 위젯의 구성을 나타내며 위젯이 화면에 어떻게 렌더링되는지에 대한 정보를 포함합니다. 저 역시 개발하면서 createElement 함수를 오버라이드해서 사용한 적은 없습니다. 이 함수의 의미만 알고 넘어가면 됩니다.

build 함수

build 함수는 위젯을 화면에 시각적으로 보여주기 위한 역할을 합니다. 이 함수는 부모로부터 받은 멤버 변수를 사용하여 화면에 위젯 트리를 만듭니다. 만약 변경된 값을 적용하려면 부모 위젯이 다시 빌드되어 새로 만들어져야 합니다. 이렇게 하면 변화된 값이 화면에 반영됩니다.

```
@override
Widget build(BuildContext context) {
  final ThemeData theme = Theme.of(context);
  final DividerThemeData dividerTheme = DividerTheme.of(context);
  final DividerThemeData defaults = theme.useMaterial3 ? _DividerDefaultsM3(context)
  : _DividerDefaultsM2(context);
  final double height = this.height ?? dividerTheme.space ?? defaults.space!;
  final double thickness = this.thickness ?? dividerTheme.thickness ?? defaults.
  thickness!;
```

```
    final double indent = this.indent ?? dividerTheme.indent ?? defaults.indent!;
    final double endIndent = this.endIndent ?? dividerTheme.endIndent ?? defaults.
  endIndent!;

    return SizedBox(
      height: height,
      child: Center(
        child: Container(
          height: thickness,
          margin: EdgeInsetsDirectional.only(start: indent, end: endIndent),
          decoration: BoxDecoration(
            border: Border(
              bottom: createBorderSide(context, color: color, width: thickness),
            ),
          ),
        ),
      ),
    );
  }
```

앞 예시의 build 함수는 Divider 위젯의 build 영역에서 발췌한 것입니다. 이 함수는 부모로부터 전달받은 요소를 사용하여 Container border로 화면에 라인을 그립니다.

build 함수는 BuildContext 값을 전달받는데, context에는 위젯 트리의 정보와 위젯의 위치 및 상태에 대한 정보가 포함되어 있습니다. 이 context는 build 함수 내에서만 사용할 수 있으며 내부의 다른 함수에서는 사용할 수 없습니다.

💡 단, BuildContext를 다른 함수에 파라미터로 전달하여 사용할 수는 있습니다.

4.3.2 StatefulWidget 라이프사이클

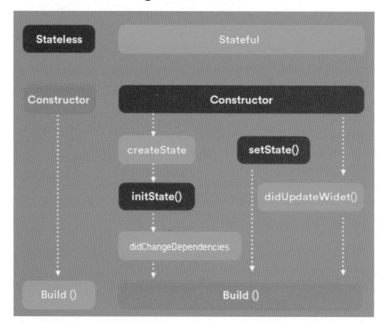

◀ StatefulWidget 라이프사이클

StatefulWidget은 StatelessWidget보다 더 많은 단계가 있어 복잡하게 느껴질 수 있습니다. 하지만 각 단계의 역할과 순서를 알면 StatefulWidget의 라이프사이클을 쉽게 이해할 수 있습니다. StatefulWidget은 위젯의 상태가 변경될 수 있는 경우에 사용됩니다.

StatefulWidget에는 2가지 중요한 클래스가 있습니다.

> 1 StatefulWidget 클래스: 상태가 변경될 수 있는 위젯을 정의합니다.
> 2 State 클래스: 위젯의 상태를 유지합니다.

StatefulWidget의 작동 과정은 다음과 같습니다.

> ① StatefulWidget 클래스의 createState() 메서드를 호출하여 State 클래스를 생성하고 초기화합니다.
> ② State 객체의 build() 메서드를 호출하여 사용자 인터페이스를 그립니다.

간단히 말해 StatefulWidget은 상태를 가지며, 상태가 변경되면 UI를 다시 그립니다. 간단한 UI 예시를 통해 더 쉽게 이해해보겠습니다.

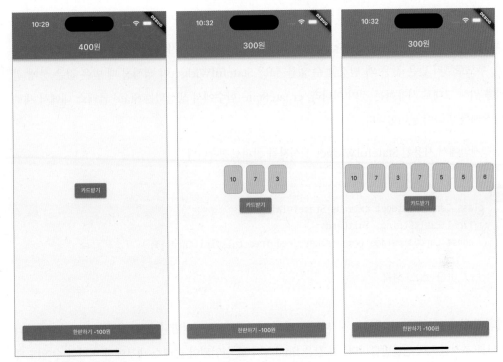

◀ 포커 게임 앱의 간단한 UI

간단 게임 룰 소개

여기 혼자 하는 포커 게임이 있는데 이 게임에는 '게임 시작' 버튼과 '카드 받기' 버튼이 있습니다. 게임 한 판에 100원을 사용하고 3장의 카드를 받습니다. 그리고 '카드 받기' 버튼을 눌러 총 7장의 카드를 받게 됩니다. 이렇게 아주 간단한 앱 게임을 보면서 라이프사이클에 대해 알아보겠습니다.

> 💡 이 예시 게임을 만드는 방법은 설명하지 않습니다. 대신, 라이프사이클을 설명하기 위해 코드를 간단히 살펴봅니다.

예제 소스: https://github.com/sudar-life/stateful_lifecycle_sample

Constructor (생성자)

StatefulWidget의 생성자는 StatelessWidget과 마찬가지로 위젯이 생성될 때 부모 위젯으로부터 데이터를 받아 멤버 변수에 저장할 수 있습니다. 이 변수들은 한 번 전달받으면 변경할 수 없으므로 보통 final로 선언하여 앱의 성능을 최적화할 수 있습니다.

여기서 궁금증이 생길 수 있습니다. StatefulWidget은 상태를 가지며 상태를 바꿀 수 있는 위젯인데, 부모로부터 받은 값은 왜 변경할 수 없을까요? StatefulWidget이 생성될 때 받은 값은 상태 관리를 위해 그대로 사용하는 것이 아니라, createState 함수에서 생성되는 State 클래스 내에서 새로운 상태를 만들어 관리합니다.

카드 게임에서 사용된 StatefulWidget 생성자를 살펴보겠습니다

```
class CardGameWidget extends StatefulWidget {
  final List<String> initCards;
  const CardGameWidget({super.key, required this.initCards});

  // 이하 소스 생략
```

게임 룰에서 설명했듯이 게임을 시작하면 3장의 카드를 받고 시작합니다. 그래서 부모로부터 3장의 카드를 초깃값으로 전달받습니다. 이 값은 final 변수로 선언되어 클래스 내부에서 변경할 수 없도록 합니다.

물론 리스트 타입은 기본적으로 값을 추가하거나 삭제할 수 있는 속성(mutable)을 가지고 있지만 웬만하면 넘겨받은 값에 대한 변경 작업은 피하고 State 클래스 내에서 상태를 관리하는 것이 좋습니다. state 클래스에 대해선 뒤에서 설명할 예정입니다.

createState 함수

createState 함수는 StatefulWidget이 처음 생성된 후 호출되며, StatefulWidget에 대한 새 State 객체를 만드는 역할을 합니다. State 객체는 StatefulWidget의 현재 상태를 나타내며, 시간이 지나면서 변경될 수 있는 모든 데이터를 보유합니다. createState 메서드는 StatefulWidget 객체를 매개변수로 전달하며 해당 State 객체를 생성하는 데 사용됩니다. 이제 앞서 생략한 생성자 부분의 코드를 다시 살펴보겠습니다.

```
class CardGameWidget extends StatefulWidget {
  final List<String> initCards;
  const CardGameWidget({super.key, required this.initCards});
```

```
    @override
    State<CardGameWidget> createState() => _CardGameWidgetState();
}
```

클래스 이름 앞에 언더바(_)를 붙인 이유는 다른 파일에서 _CardGameWidgetState 클래스를 생성하지 못하도록 하기 위해서입니다. 이렇게 하면 오직 CardGameWidget 클래스에서만 _CardGameWidgetState 클래스를 생성할 수 있습니다.

이제 _CardGameWidgetState 클래스 내부에서 부모로부터 넘겨받은 initCards 값을 바탕으로 상태 관리를 해보겠습니다.

initState 함수

initState 함수는 StatefulWidget의 State 클래스에 있는 메서드로 위젯이 트리에 삽입된 직후 가장 먼저 호출됩니다. 이 함수는 위젯의 수명 주기 동안 단 한 번만 호출됩니다. 중요한 점은 위젯의 상태가 변경되어 화면이 다시 그려질 때도 initState 함수는 다시 호출되지 않는다는 것입니다. 따라서 initState 함수에 상태가 변경될 때마다 수행되어야 하는 로직을 넣으면 작동되지 않는 상황이 발생할 수 있습니다.

카드 게임의 initState 함수를 살펴보겠습니다

```
class _CardGameWidgetState extends State<CardGameWidget> {
    bool isGameStart = false;
    List<String> gameCards = [];
    late Size cardSize;

    @override
    void initState() {
        super.initState();
        print('initState');
    }
    //이하 생략
}
```

이 예시에서는 initState 함수에 어떠한 기능도 넣지 않고, 단순히 함수가 호출된다는 것을 확인하기 위해 print문만 넣었습니다. 사실, 이 예시에서는 initState 함수가 필요하지 않습니다. 그렇다면 initState 함수에서 어떤 기능을 구현해야 할까요?

주로 initState 함수는 상태값을 초기화하거나 ScrollController 또는 애니메이션을 초기화하는 등의 작업을 수행하는 데 사용됩니다. 이렇게 initState 함수가 상태를 초기화하는 데 사용된다면 'isGameStart, gameCards, cardSize가 해당 위젯 내에서 상태를 관리하게 될 텐데 initState에서 초기화하면 되지 않을까'라고 생각할 수 있습니다.

하지만 카드 게임 UI는 '한 판 하기' 버튼을 통해 기존 화면에서 카드만 리셋하면 되기 때문에 해당 위젯이 삭제되지 않고 기존 위젯에 데이터만 바뀌는 형태를 띠고 있습니다. 따라서 initState에서 초기화하는 것보다 다음에 알아볼 didChangeDependencies 함수와 didUpdateWidget 함수에서 상태값을 초기화하는 것이 더 적합합니다.

didChangeDependencies 함수

이 함수는 위젯이 처음 생성될 때 initState()다음에 호출됩니다. 그리고 initState와 마찬가지로 위젯의 라이프사이클 중 단 한 번만 호출됩니다. 상태가 변경되더라도 다시 호출되지 않는 함수가 2가지 있는데, 그것이 바로 initState 함수와 didChangeDependencies 함수입니다. 그렇다면 두 함수의 차이는 무엇일까요? 바로 context에 접근할 수 있느냐 없느냐로 나뉩니다.

context에 접근할 일이 뭐가 있을까요? 대표적으로 상태 관리 라이브러리(Provider, BLoC 등)를 context 트리에 등록해서 사용하게 되는데, 그 상태 관리에 접근하기 위해 context를 사용할 수 있어야 합니다. 또 다른 예로 context에 접근하여 사용하는 MediaQuery가 있습니다.

이제 카드 게임의 didChangeDependencies 함수를 살펴보겠습니다.

```
@override
void didChangeDependencies() {
  super.didChangeDependencies();
  cardSize = Size(MediaQuery.of(context).size.width / 7 - 10, 70);
}
```

이 함수에서는 cardSize(화면 가로 사이즈)를 7등분 하고 간격을 10정도 빼준 width 값과 height 70 값을 사용하여 초기화하고 있습니다. 만일 이 코드를 initState 내에 작성하면 어떻게 될까요?

```
@override
void initState() {
  super.initState();
  print('initState');
  cardSize = Size(MediaQuery.of(context).size.width / 7 - 10, 70);
}
```

이 경우 context가 생성되기 전에 initState가 호출되기 때문에 오류가 발생하게 됩니다. 따라서 context에 접근하여 초기화를 해야 할 때는 didChangeDependencies를 사용하면 됩니다.

◀ initState에서 MediaQuery 사용 시 발생하는 오류

build 함수

build 함수는 모든 위젯의 기본 함수로 didChangeDependencies 함수가 호출된 후에 실행됩니다. 이 함수는 플러터 위젯에서 가장 중요한 함수 중 하나입니다. 왜냐하면 UI 요소 트리를 생성하고 이를 프레임워크에 반환하는 역할을 하기 때문입니다. 쉽게 말해, UI를 만들어내는 함수입니다.

프레임워크는 위젯의 시각적 표현을 빌드하거나 다시 빌드해야 할 때마다 이 함수를 호출합니다.

카드 게임에서 build 함수를 살펴보겠습니다.

```
@override
Widget build(BuildContext context) {
  return Column(
    mainAxisAlignment: MainAxisAlignment.center,
    children: [
      Row(
        mainAxisAlignment: MainAxisAlignment.center,
        children: List.generate( // 카드 UI 리스트
          gameCards.length,
          (index) => Padding( // 카드 한 장 UI
            padding: const EdgeInsets.all(5.0),
            child: Container(
              width: cardSize.width, // didChangeDependencies에서 초기화한 cardSize
의 width
              height: cardSize.height,// didChangeDependencies에서 초기화한 cardSize
의 height
              decoration: BoxDecoration(
                borderRadius: BorderRadius.circular(10),
                color: const Color.fromARGB(255, 211, 211, 211),
                border: Border.all(color: Colors.grey),
              ),
              child: Center(
                child: Text(gameCards[index]),
              ),
            ),
          ),
        ),
      ),
      ElevatedButton(
        onPressed: getCard, // 버튼 클릭 시 getCard 함수 호출
        child: const Text('카드 받기'),
      )
    ],
  );
}
```

이 build 함수는 gameCards의 장수만큼 카드를 그려주고, 아래에는 카드를 추가로 받을 수 있는
버튼을 시각적으로 보여줍니다. 사용자가 '카드 받기' 버튼을 클릭하면 getCard 함수가 호출되고, 랜

덤 값에 따라 카드가 추가됩니다. 또한 setState를 통해 build 함수가 다시 호출되면서 화면에 3장이던 카드가 4장으로 업데이트됩니다.

setState 함수

setState 함수는 StatefulWidget의 라이프사이클에 포함되지는 않지만 중요한 역할을 합니다. StatefulWidget에서 상태가 바뀌면 화면을 자동으로 갱신하지 않습니다. 그래서 setState 함수가 프레임워크에 '상태가 변경되었으니 화면을 다시 그려달라'고 요청하는 역할을 합니다. 이로 인해 변경된 상태가 화면에 반영됩니다.

```
void getCard() {
  if (gameCards.length == 7) isGameStart = false; // 카드 장수 7장이면 게임 종료
  if (!isGameStart) return; // 게임 상태 종료이면 더이상 카드 받지 못하도록 return 처리
  var index = Random().nextInt(HomePage.cardList.length); // 카드 리스트중 랜덤으로
받는 기능
  var card = HomePage.cardList[index];
  gameCards.add(card); // 추출된 카드를 초기화된 카드리스트에 추가
  update();
}

void update() => setState(() {}); //setState 함수로 build 함수 재호출
```

build 함수로 그린 UI에서 '카드 받기' 버튼을 클릭하면 getCard 함수가 호출됩니다. 이 함수는 비즈니스 로직을 수행하며, setState 함수를 별도의 update 함수로 분리해서 사용합니다. 이렇게 코드를 작성한 이유는, 상태 변경을 하는 곳마다 setState를 직접 작성하면 코드가 길어지기 때문입니다. update라는 이름의 함수로 분리하면 코드가 더 명확해지고 관리하기 쉬워집니다. 플러터에서는 setState 함수를 다음과 같이 소개합니다.

```
void getCard() {
  if (gameCards.length == 7) isGameStart = false; // 카드 장수 7장이면 게임 종료
  if (!isGameStart) return; // 게임 상태 종료이면 더 이상 카드 받지 못하도록 return
처리
  var index = Random().nextInt(HomePage.cardList.length); // 카드 리스트 중 랜덤으로
받는 기능
```

```
    var card = HomePage.cardList[index];
    setState((){
      gameCards.add(card); // 추출된 카드를 초기화된 카드 리스트에 추가
    }
  }
```

setState 함수는 콜백 함수 내에 상태 변경 로직을 넣어 사용합니다. setState 함수는 상태가 변경되었다고 프레임워크에 알리며 이를 통해 화면을 갱신합니다.

setState 함수를 콜백 함수 내에 상태 변경 로직과 함께 사용해야만 화면을 갱신하는 것은 아닙니다. setState 함수를 호출하면 화면이 갱신됩니다. 그렇다면 플러터에서는 왜 setState 함수를 상태 변경 변수에 감싸서 사용하도록 권장할까요? 제 생각은 상태 변수와 비상태 변수를 구분하기 위함인 것 같습니다. 개발자는 어떤 변수가 상태 변수인지 알 수 있지만 소스코드를 인계받는 다른 개발자는 이를 쉽게 알 수 없습니다. 명확한 구분이 필요하기 때문에 setState 함수로 상태 변수를 감싸는 것이 아닐까요?

저는 setState 함수를 별도의 공통 함수로 만들어 사용합니다. 이 함수를 update라고 이름 짓고, 화면을 바꾸고 싶을 때마다 호출합니다. 이렇게 하면 코드가 더 명확해지고 들여쓰기와 코드의 양도 줄일 수 있습니다.

didUpdateWidget 함수

didUpdateWidget 함수는 StatefulWidget이 처음 생성될 때는 호출되지 않습니다. setState 함수가 호출되어 화면을 갱신해도 이 함수는 호출되지 않습니다. 그렇다면 언제 호출될까요? 이 함수는 부모 위젯의 build 함수가 실행될 때(부모 위젯이 화면을 다시 그릴 때) 하위 위젯의 build 함수가 실행되기 전에 호출됩니다.

카드 게임에서 didUpdateWidget 함수가 어떤 역할을 하는지 예시를 통해 알아봅시다.

```
@override
void didUpdateWidget(CardGameWidget oldWidget) {
  print("didUpdateWidget");
  super.didUpdateWidget(oldWidget);
  if (oldWidget.initCards != widget.initCards) {
    gameCards = [...widget.initCards];
```

```
      isGameStart = true;
    }
  }
}
```

didUpdateWidget 함수의 특징 중 하나는, 값이 변경되기 전의 StatefulWidget을 oldWidget이라는 이름으로 전달받는다는 것입니다. 이를 통해 현재 StatefulWidget의 값과 이전 값을 비교하여 상태를 업데이트할 수 있습니다.

예를 들어 initCards 값은 처음 앱이 실행될 때는 빈 값으로 초기화됩니다. 하지만 부모 위젯의 '한 판 하기' 버튼을 통해 3장의 카드로 채워진 새로운 StatefulWidget이 만들어지면, didUpdateWidget 함수에서 이전 값(빈 값)과 현재 값(3장의 카드)을 비교하여 gameCards에 초깃값을 설정할 수 있습니다.

새로운 값을 화면에 반영하기 위해 update 함수를 didUpdateWidget 함수 내에서 호출하지 않는 이유는, didUpdateWidget 함수가 호출된 후에는 반드시 build 함수가 호출되기 때문입니다. 따라서 두 번 화면을 갱신할 필요가 없기 때문에 update 함수를 사용하지 않습니다.

dispose 함수

dispose 함수는 위젯이 종료될 때 호출됩니다. 카드 게임 예시에서는 사용하지 않지만, 일반적으로 앱을 만들 때 많이 사용됩니다. 이 함수는 부모 위젯에서 더 이상 해당 위젯을 사용하지 않을 때 호출됩니다. dispose 함수 내에서 해야 할 일은 다음과 같습니다.

1 진행 중인 작업 또는 구독 취소: 위젯에 애니메이션, 타이머, 스트림 구독 같은 진행 중인 작업이 있다면 dispose 함수에서 취소해야 합니다. 이렇게 하면 메모리 누수와 잠재적 오류를 방지할 수 있습니다. 예를 들어 애니메이션의 dispose 메서드를 호출하거나, 진행 중인 스트림을 취소할 수 있습니다.

2 리소스 해제: 위젯이 더 이상 사용되지 않을 때 해제해야 하는 리소스가 있다면 dispose 함수에서 해제해야 합니다. 이렇게 하면 시스템 리소스를 낭비하지 않게 됩니다. 예를 들어 파일, 네트워크 연결 또는 플랫폼 채널 같은 리소스를 해제합니다.

3 상태 정리: 위젯이 더 이상 사용되지 않을 때 정리해야 하는 상태가 있다면 dispose 함수에서 정리해야 합니다. 이렇게 하면 사용하지 않는 데이터가 메모리를 차지하지 않게 됩니다. 예를 들어 캐시된 데이터나 임시 변수를 정리합니다.

4.4 레이아웃 구성을 위한 위젯

위젯은 UI를 구성하는 작은 블록이라고 할 수 있습니다. 플러터에서 멋지고 아름다운 UI를 만들기 위해 다양한 위젯을 사용합니다. 이제 레이아웃을 구성할 때 가장 많이 사용되는 위젯에 대해 알아보겠습니다.

4.4.1 Container 위젯

Container 위젯은 플러터에서 많이 사용되는 위젯 중 하나입니다. 이 위젯은 테두리, 배경색, 패딩 등을 설정할 수 있는 사각형 상자입니다. 주로 다른 위젯을 감싸서 모양을 제어하는 데 사용됩니다.

```
Container(
  padding: const EdgeInsets.only(
    left: 20,
    right: 20,
  ),
  width: 200,
  height: 50,
  color: Colors.red,
  child: Center(child: Text('Container')),
),
```

중앙에 위치한 빨간색 Container

Container에는 여러 가지 옵션이 있습니다. 여기서는 간단한 옵션으로 Container를 사용해보겠습니다.

1 padding: Container 내부 여백 조절

2 width: Container의 너비 설정

3 height: Container의 높이 설정

4 color: Container의 배경색 설정

5 child: Container 내부에 들어갈 다른 위젯 설정(모든 위젯에 자식 위젯을 지정할 수 있음)

위에서 설명한 옵션 외에도 자주 사용되는 옵션은 다음과 같습니다.

- decoration: 그라데이션, 그림자 효과, 모서리 둥글게 설정 등을 통해 고급스러운 UI 구성

```
Container(
  padding: const EdgeInsets.only(
    left: 20,
    right: 20,
  ),
  decoration: BoxDecoration(
    gradient: LinearGradient(
      colors: [
        Color.fromARGB(255, 255, 59, 98).withOpacity(0.7),
        Color.fromARGB(255, 255, 59, 98)
      ],
      begin: Alignment.topLeft,
      end: Alignment.bottomRight,
    ),
    borderRadius: BorderRadius.circular(10),
    boxShadow: [
      BoxShadow(
        color: Color.fromARGB(255, 255, 59, 98).withOpacity(0.5),
        spreadRadius: 5,
        blurRadius: 7,
        offset: Offset(0, 3), // changes position of shadow
      ),
    ],
  ),
  width: 200,
  height: 150,
  child: Center(
  child: Text(
    'Container',
    style: TextStyle(color: Colors.white),
  )),
),
```

🔹 다양한 Container 옵션을 설정한 예시

4.4.2 Row & Column 위젯

Row, Column 위젯도 정말 자주 사용하는 위젯입니다. Row는 가로 레이아웃을, Column은 세로 레이아웃을 만드는 데 사용됩니다. 이 위젯들을 사용하면 다른 위젯을 특정 순서·정렬로 배치할 수 있습니다. 가로 정렬은 Row 위젯을 사용하고, 세로 정렬은 Column 위젯을 사용하여 구성할 수 있습니다.

Row 위젯

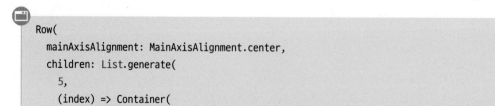

```
Row(
  mainAxisAlignment: MainAxisAlignment.center,
  children: List.generate(
    5,
    (index) => Container(
      width: 40,
```

```
      height: 40,
      color: Colors.red,
      margin: const EdgeInsets.all(5),
    ),
  ),
),
```

Row 위젯 적용

Row 위젯에서 자주 사용하는 옵션

1 mainAxisAlignment: 가로 정렬 시 자식 위젯을 어떤 기준으로 배치할지를 설정합니다.

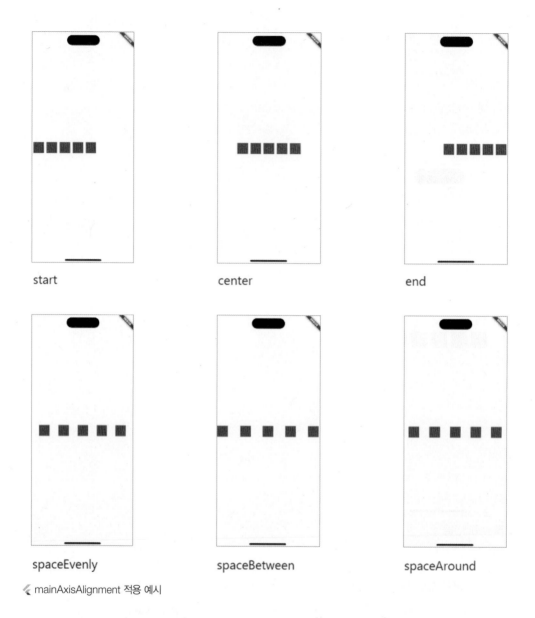

start

center

end

spaceEvenly

spaceBetween

spaceAround

◀ mainAxisAlignment 적용 예시

2 crossAxisAlignment : Row 위젯에서 mainAxisAlignment는 가로 기준으로 정렬합니다. 반면, crossAxis Alignment는 세로 기준으로 정렬합니다.

여기서 중요한 점은 Row에서 crossAxisAlignment를 사용하려면 부모 위젯의 높이가 설정되어 있어야 한다는 것입니다. 부모 위젯의 높이가 기준이 되어 세로 정렬이 결정되기 때문입니다. 이를 잊지 마세요.

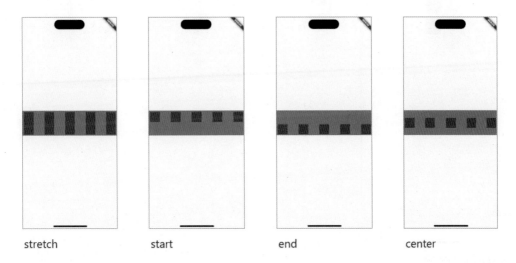

| stretch | start | end | center |

🐦 crossAxisAlignmentt 적용 예시

3 children: 가로로 정렬될 위젯들을 리스트 형태로 담아서 화면에 보여줍니다.

Column 위젯

```
Column(
  children: List.generate(
    5,
    (index) => Container(
      width: 40,
      height: 40,
      color: Colors.red,
      margin: const EdgeInsets.all(5),
    ),
  ),
),
```

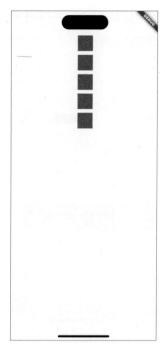

▲ Column 위젯 적용

Column 위젯에서 자주 사용하는 옵션

1 mainAxisAlignment : 세로 정렬 시 자식 위젯을 어떤 기준으로 배치할지를 설정합니다.

start

center

end

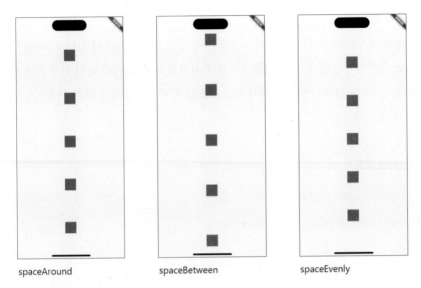

| spaceAround | spaceBetween | spaceEvenly |

◀ mainAxisAlignment 적용 예시

2 crossAxisAlignment: Column 위젯에서 mainAxisAlignment는 세로 기준으로 정렬합니다. 반면, crossAxisAlignment는 가로 기준으로 정렬합니다.

여기서 중요한 점은 Column에서 crossAxisAlignment를 사용하려면 부모 위젯의 가로 크기가 설정되어 있어야 한다는 것입니다. 부모 위젯의 가로 크기가 기준이 되어 가로 정렬이 결정되기 때문입니다. 이를 잊지 마세요.

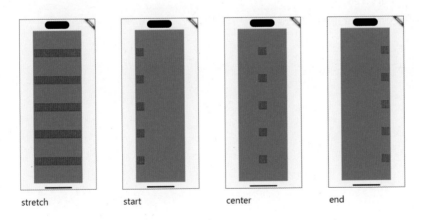

| stretch | start | center | end |

◀ crossAxisAlignmentt 적용 예시

3 children: 세로로 정렬할 위젯들을 리스트 형태로 담아서 화면에 보여줍니다.

4.4.3 Expanded 위젯

Expanded 위젯은 Row나 Column 위젯 안에서 사용되는 공간을 채우는 데 사용됩니다. 하위 위젯이 Row나 Column 안에서 사용할 수 있는 모든 공간을 차지하게 하거나, 여러 하위 위젯 간에 공간을 나누어 사용할 수 있게 해줍니다. 쉽게 말해서 Expanded 위젯을 사용하면 하위 위젯으로 남는 공간을 잘 활용할 수 있습니다.

Row에서의 Expanded 코드

```
Row(
  mainAxisAlignment: MainAxisAlignment.spaceEvenly,
  children: [
    Expanded(
      child: Container(
        height: 40,
        color: Colors.red,
        margin: const EdgeInsets.all(5),
      ),
    ),
    ...List.generate(
      4,
      (index) => Container(
        width: 40,
        height: 40,
        color: Colors.red,
        margin: const EdgeInsets.all(5),
      ),
    ),
  ],
),
```

Expanded 위젯을 사용한 Row 레이아웃

위에서 사용된 Expanded 위젯은 4개의 Container가 차지하지 않은 나머지 공간을 채워줍니다.
Expanded 위젯은 flex 옵션을 사용하여 다양한 방식으로 영역을 나눌 수도 있습니다.

flex : 1 : 1 : 1   flex : 1 : 2 : 1   flex : 1 : 3 : 2

Row에서의 flex 옵션 사용 예시

```
Row(
  mainAxisAlignment: MainAxisAlignment.spaceEvenly,
  children: [
    Expanded(
      flex: 1, // 1
      child: Container(
        height: 40,
        color: Colors.red,
        margin: const EdgeInsets.all(5),
      ),
    ),
    Expanded(
      flex: 3, // 2
      child: Container(
        height: 40,
        color: Colors.red,
        margin: const EdgeInsets.all(5),
      ),
    ),
    Expanded(
      flex: 2, // 1
      child: Container(
        height: 40,
        color: Colors.red,
        margin: const EdgeInsets.all(5),
      ),
    ),
  ],
),
```

Column에서의 Expanded 코드

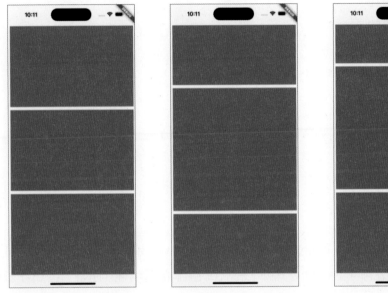

flex : 1 : 1 : 1   flex : 1 : 2 :1   flex : 1 : 3 : 2

Column에서의 flex 옵션 사용 예시

```
Column(
  mainAxisAlignment: MainAxisAlignment.spaceEvenly,
  children: [
    Expanded(
      flex: 1, // 1
      child: Container(
        height: 40,
        color: Colors.red,
        margin: const EdgeInsets.all(5),
      ),
    ),
    Expanded(
      flex: 3, // 2
      child: Container(
        height: 40,
        color: Colors.red,
        margin: const EdgeInsets.all(5),
      ),
    ),
```

```
    Expanded(
      flex: 2, // 1
      child: Container(
        height: 40,
        color: Colors.red,
        margin: const EdgeInsets.all(5),
      ),
    ),
  ],
),
```

4.4.4 Stack 위젯

Stack 위젯은 그래픽 프로그램의 레이어처럼 위젯을 서로의 위에 배치하는 데 사용됩니다. 또한 화면의 특정 위치에 위젯을 배치하여 복잡한 레이아웃을 만드는 데 유용합니다. 다음과 같은 UI가 있다고 가정해보세요.

◁ 프로필 이미지와 카메라 버튼이 겹친 UI 예시

언뜻 보기에는 간단해보이지만 Stack 위젯이 없으면 만들기 어려운 UI입니다. 분홍색 프로필 이미지 Container 위에 카메라 버튼 위젯이 겹쳐 있는 UI를 만들려면 Stack 위젯을 사용해야 합니다. 이는 다음과 같이 구성할 수 있습니다.

```
Stack(
  children: [
    const CircleAvatar(
      radius: 50,
```

```
        child: Icon(
          Icons.person,
          size: 40,
        ),
      ),
    Positioned(
      bottom: 0,
      right: 0,
      child: Container(
        padding: const EdgeInsets.all(7),
        decoration: const BoxDecoration(
            shape: BoxShape.circle, color: Colors.white),
        child: const Icon(
          Icons.camera_enhance,
          size: 24,
        ),
      ),
    )
  ],
),
```

◀ Stack 위젯을 사용한 프로필 이미지와 카메라 버튼 UI

Stack 내부에 사용되는 옵션을 살펴보겠습니다.

fit

Stack 위젯의 fit 옵션은 자식 위젯의 크기를 조절하는 데 사용됩니다. fit 옵션에는 StackFit 열거형 (enum) 타입이 사용되며 3가지 설정값이 있습니다.

1 loose: 자식 위젯을 Stack 위젯의 크기에 맞게 자유롭게 배치합니다. 이 경우 자식 위젯은 Stack 위젯보다 작을 수 있으며, Stack 위젯의 크기에 맞게 확장되지 않습니다.

2 expand: 자식 위젯이 Stack 위젯과 동일한 크기로 확장됩니다. 이 경우 자식 위젯은 Stack 위젯과 같은 크기가 됩니다.

3 passthrough: 자식 위젯이 Stack 위젯을 넘어 배치됩니다. 이 경우 자식 위젯은 Stack 위젯보다 크거나 같을 수 있습니다.

예를 들어 StackFit.loose를 사용하면 자식 위젯이 Stack 위젯보다 작을 수 있으므로 자식 위젯의 크기와 위치를 수동으로 조정할 수 있습니다. 반면 StackFit.expand를 사용하면 자식 위젯이 Stack 위젯과 동일한 크기로 확장됩니다. 따라서 자식 위젯은 Stack 위젯의 크기와 위치에 맞게 확장됩니다. StackFit.passthrough를 사용하면 자식 위젯이 Stack 위젯을 넘어 나타납니다. 이때 자식 위젯은 Stack 위젯의 크기와 위치를 무시합니다. 이렇게 fit 옵션을 사용하여 Stack 위젯 내부에서 자식 위젯의 크기와 배치를 조절할 수 있습니다.

children

Stack에 쌓이게 될 위젯들을 작성합니다. children은 List〈Widget〉 타입이며, 리스트에 먼저 담긴 위젯이 가장 아래 레이어에 위치하게 됩니다. 원하는 위치에 배치하기 위해서 Positioned 위젯을 사용할 수 있습니다. Positioned 위젯은 다음 절에서 다루겠습니다.

4.4.5 Positioned 위젯

Positioned 위젯은 Stack 위젯 내부에서 하위 위젯을 특정 위치에 배치하는 데 사용됩니다. Positioned 위젯을 사용하면 Stack 위젯의 가장자리에 상대적으로 하위 위젯을 배치할 수 있습니다.

Positioned 위젯에서 자주 사용되는 옵션으로는 left, top, right, bottom이 있으며 width와 height 옵션도 사용할 수 있습니다. 보통 left, top, right, bottom 옵션을 사용하여 위치를 설정합니다.

```dart
Stack(
  children: [
    Positioned(
      left: 0,
      top: 0,
      child: Container(
        width: 100,
        height: 100,
        decoration: const BoxDecoration(color: Colors.red),
      ),
    )
  ],
),
```

◀ Positioned 위젯 적용 예시 1

```
Stack(
  children: [
    Positioned(
      right: 0,
      top: 0,
      child: Container(
        width: 100,
        height: 100,
        decoration: const BoxDecoration(color: Colors.red),
      ),
    )
  ],
),
```

Positioned 위젯 적용 예시 2

이와 같이 원하는 위치를 지정하여 레이아웃을 구성할 수 있습니다. 중요한 점은 right: 0, bottom: 0 또는 left: 0, top: 0과 같은 설정은 부모 위젯의 크기에 따라 위치가 결정된다는 것입니다. 동일한 코드를 특정 크기가 정해져 있는 Container 내에서 사용하면 다음과 같은 모양이 만들어집니다.

```
Container(
  width: 300,
  height: 300,
  color: Colors.blue,
  child: Stack(
    children: [
      Positioned(
        right: 0,
        top: 0,
        child: Container(
          width: 100,
          height: 100,
          decoration: const BoxDecoration(color: Colors.red),
        ),
      )
    ],
  ),
),
```

◀ Positioned 위젯 적용 예시 3

이렇게 똑같은 right: 0, top: 0 옵션을 사용해도 부모 위젯의 크기에 따라 위치가 달라집니다. 이 점을 꼭 기억해야 합니다.

4.4.6 SizedBox 위젯

SizedBox 위젯은 고정된 크기의 상자를 만드는 데 사용됩니다. 위젯 사이에 간격(padding)을 추가하거나 레이아웃에 빈 공간을 만드는 데 유용합니다.

◀ SizedBox 위젯 적용 예시

위와 같이 두 개의 Container 사이에 간격을 만들고 싶다면 어떻게 해야 할까요? 하나의 Container에 마진을 지정할 수도 있지만, 보통 이런 경우에는 SizedBox를 사용하여 간격을 조절합니다.

SizedBox를 사용하면 더 간편하게 원하는 크기의 간격을 만들 수 있는데 다음과 같이 사용할 수 있습니다.

```
Column(
  mainAxisAlignment: MainAxisAlignment.center,
  children: [
    Container(
      color: Colors.red,
      width: 100,
      height: 40,
    ),
    const SizedBox(height: 10),
    Container(
      color: Colors.blue,
      width: 100,
      height: 40,
    ),
  ],
),
```

Row에서는 height가 아닌 width를 사용하여 가로 간격을 지정할 수 있습니다.

◀ Row에서의 SizedBox 위젯 적용 예시

```
Row(
  mainAxisAlignment: MainAxisAlignment.center,
  children: [
    Container(
      color: Colors.red,
      width: 100,
      height: 40,
    ),
    const SizedBox(width: 10),
    Container(
      color: Colors.blue,
      width: 100,
      height: 40,
    ),
  ],
),
```

4.4.7 ListView 위젯

ListView 위젯은 스크롤할 수 있는 목록을 표시하는 데 사용됩니다. 가로 또는 세로로 스크롤할 수 있는 긴 항목 목록을 만들 때 유용합니다. ListView 위젯의 다양한 옵션 중 자주 사용되는 옵션에 대해 살펴보겠습니다.

scrollDirection

1 이 옵션은 Axis enum 타입의 값을 지정해야 합니다.

2 가로 스크롤을 원할 때는 Axis.horizontal을, 세로 스크롤을 원할 때는 Axis.vertical을 사용합니다.

3 기본 스크롤 방향은 Axis.vertical이므로, 세로 스크롤을 만들 때는 scrollDirection 설정을 사용하지 않아도 됩니다.

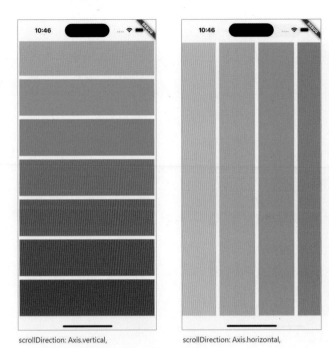

scrollDirection: Axis.vertical,   scrollDirection: Axis.horizontal,

📡 ListView 위젯의 scrollDirection 적용 예시

```
ListView(
  scrollDirection: Axis.horizontal,
  children: List.generate(
    10,
    (index) => Container(
      width: 100,
      height: 100,
      margin: const EdgeInsets.all(5),
      color: Colors.red.withAlpha((index + 1) * 25),
    ),
  ),
),
```

reverse

1 스크롤 방향을 반대로 하여 정렬합니다.

2 기본값은 false이며, true로 설정하면 가장 마지막에 배치된 항목이 가장 위에 표시됩니다.

3 예를 들어, 채팅 앱에서 최신 메시지가 가장 아래에 보이도록 하려면 reverse 옵션을 true로 설정하면 됩니다.

reverse: true,

scrollDirection: Axis.vertical,

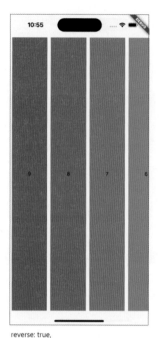

reverse: true,

scrollDirection: Axis.horizontal,

ListView 위젯의 reverse 적용 예시

```
ListView(
  scrollDirection: Axis.horizontal,
  reverse: true,
  children: List.generate(
    10,
    (index) => Container(
      width: 100,
      height: 100,
      margin: const EdgeInsets.all(5),
      color: Colors.red.withAlpha((index + 1) * 25),
      child: Center(child: Text(index.toString())),
    ),
  ),
),
```

controller

1 controller 옵션에 등록할 ScrollController 클래스를 사용하여 스크롤을 제어합니다

2 원하는 스크롤 위치로 이동하거나, 현재 스크롤 위치를 실시간으로 알 수 있습니다.

3 보통 controller 없이 사용하지만, 무한 스크롤처럼 특정 요구사항이 있을 때 사용합니다.

4 예를 들어 마지막 스크롤 위치에서 다음 페이지를 불러오는 이벤트를 처리할 수 있습니다.

```dart
final _controller = ScrollController(); // 1번

@override
Widget build(BuildContext context) {
  return Scaffold(
    body: SafeArea(
      child: Column(
        children: [
          SizedBox(
            height: 50,
            child: ElevatedButton(
              onPressed: () {
                _controller.jumpTo(330); // 3번
              },
              child: const Text('3번 영역으로 이동'),
            ),
          ),
          Expanded(
            child: ListView(
              controller: _controller, // 2번
              children: List.generate(
                10,
                (index) => Container(
                  width: 100,
                  height: 100,
                  margin: const EdgeInsets.all(5),
                  color: Colors.red.withAlpha((index + 1) * 25),
                  child: Center(child: Text(index.toString())),
                ),
              ),
            ),
          ),
        ],
```

```
            ),
          ),
        );
      }
```

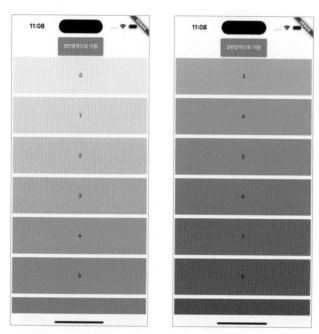

ListView 위젯의 controller 적용 예시 1

앞 예시 코드의 1번에서 ScrollController를 생성합니다. 이후 2번에서 ListView에 이 Scroll Controller를 등록합니다. 이를 통해 _controller를 사용하여 스크롤을 제어할 수 있습니다. 그리고 상단에 있는 버튼을 클릭(3번 영역으로 이동)하면 jumpTo 함수를 통해 3번 UI 위젯에 자동으로 배치할 수 있습니다.

또한 ScrollController를 사용하여 스크롤 이동 이벤트를 받을 수 있습니다. 일반적으로 StatefulWidget의 라이프사이클 중 initState에서 이러한 이벤트를 초기화하는데 다음과 같이 설정할 수 있습니다.

```dart
class SampleWidget extends StatefulWidget {
  const SampleWidget({super.key, required this.title});
  final String title;

  @override
  State<SampleWidget> createState() => _SampleWidgetState();
}

class _SampleWidgetState extends State<SampleWidget> {
  final _controller = ScrollController();

  @override
  void initState() {
    super.initState();
    _controller.addListener(() { // 1번
      if (_controller.position.maxScrollExtent == _controller.offset) {
        showDialog(
          context: context,
          builder: (context) => const CupertinoAlertDialog(
            content: Text('마지막에 도달했습니다.'),
          ),
        );
      }
    });
  }

  @override
  Widget build(BuildContext context) {
    return Scaffold(
      body: SafeArea(
        child: Column(
          children: [
            SizedBox(
              height: 50,
              child: ElevatedButton(
                onPressed: () {
                  _controller.jumpTo(330);
                },
                child: const Text('3번 영역으로 이동'),
              ),
            ),
```

```
        Expanded(
          child: ListView(
            controller: _controller,
            children: List.generate(
              10,
              (index) => Container(
                width: 100,
                height: 100,
                margin: const EdgeInsets.all(5),
                color: Colors.red.withAlpha((index + 1) * 25),
                child: Center(child: Text(index.toString())),
              ),
            ),
          ),
        ],
      ),
    ),
  );
 }
}
```

앞의 예시 코드의 1번에서 _controller에 addListener 함수를 등록해주면, 스크롤이 이동될 때마다 이 함수가 호출되면서 스크롤 컨트롤 데이터에 접근할 수 있게 됩니다. 이 함수는 현재 스크롤 위치(offset)와 스크롤 최댓값(maxScrollExtent)을 비교하여, 스크롤이 끝에 도달하면 알림 메시지를 표시합니다.

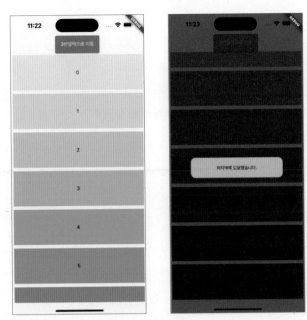

◤ ListView 위젯의 controller 적용 예시 2

이 예시에서는 스크롤이 끝에 도달했을 때 '마지막에 도달했습니다.'라는 알림을 띄웠지만, 무한 스크롤 페이지에서 다음 페이지를 호출하는 이벤트를 설정하면 무한 스크롤 페이지를 만들 수 있습니다.

physics

physics 옵션은 ListView 위젯에서 스크롤 동작을 결정하는 속성입니다. 이 속성을 사용하여 스크롤 동작을 커스터마이즈함으로써 사용자가 앱에서 더 나은 스크롤 경험을 할 수 있도록 할 수 있습니다. physics 옵션에는 다양한 효과가 있습니다. 대표적인 예는 다음과 같습니다.

1 BouncingScrollPhysics: 스크롤 범위가 내부 콘텐츠보다 큰 경우, 스크롤 끝에서 반사 효과를 제공합니다. iOS의 스크롤 동작과 유사합니다.

2 ClampingScrollPhysics: 스크롤 범위가 내부 콘텐츠보다 클 때, 끝에서 반사 효과 대신 스크롤을 멈춥니다. 안드로이드의 스크롤 동작과 유사합니다.

3 FixedExtentScrollPhysics: 모든 아이템이 동일한 크기를 가질 때 사용됩니다. 스크롤이 균일한 단위로 이동합니다.

4 NeverScrollableScrollPhysics: 스크롤이 비활성화된 상태입니다.

각각의 효과를 직접 적용해보면서 동작을 확인해보세요. 사용 방법에 대한 예시로 ClampingScroll

Physics를 사용한 코드를 보여드리겠습니다.

```
ListView(
  controller: _controller,
  physics: const ClampingScrollPhysics(), //다른 설정의 클래스를 넣어주면 됩니다.
  children: List.generate(
    10,
    (index) => Container(
      width: 100,
      height: 100,
      margin: const EdgeInsets.all(5),
      color: Colors.red.withAlpha((index + 1) * 25),
      child: Center(child: Text(index.toString())),
    ),
  ),
),
```

padding

ListView 내부에 padding을 설정하여 아이템 간의 간격을 조정할 수 있습니다.

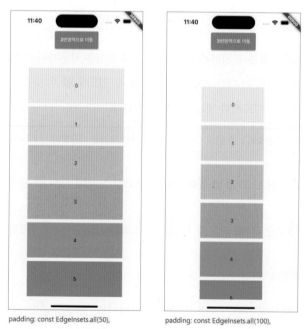

padding: const EdgeInsets.all(50),   padding: const EdgeInsets.all(100),

ListView 위젯의 paddingr 적용 예시

cacheExtent

cacheExtent 옵션은 ListView 위젯에서 양쪽 방향으로 스크롤할 때 추가로 캐시할 수 있는 영역을 정의하는 속성입니다. 이 옵션을 사용하면 스크롤 시 더 빠르게 아이템을 로드할 수 있습니다.

예를 들어 cacheExtent를 1000.0으로 설정하면, 사용자가 ListView의 하단으로 스크롤할 때 1000.0 높이의 영역이 캐시됩니다. 이렇게 하면 사용자가 다시 상단으로 스크롤할 때, 이전에 캐시된 아이템이 즉시 로드되어 보입니다.

cacheExtent 속성은 ListView의 성능을 향상시키는 데 도움이 됩니다. 하지만 이 값을 너무 크게 설정하면 ListView를 초기화하는 데 시간이 오래 걸릴 수 있습니다. 따라서 적절한 cacheExtent 값은 ListView의 크기와 콘텐츠 양에 따라 달라집니다.

쉽게 말해, cacheExtent는 스크롤할 때 미리 준비해 두는 화면의 크기를 설정하는 것입니다. 이렇게 하면 스크롤할 때 더 빠르게 화면이 바뀌지만, 너무 크게 설정하면 초기 로딩 시간이 길어질 수 있습니다.

4.4.8 GridView 위젯

GridView 위젯은 자식 위젯을 행과 열로 구성된 그리드 형식으로 배치할 수 있도록 도와주는 위젯입니다. 이 위젯은 이미지나 텍스트 항목과 같은 동일한 유형의 위젯을 모아서 보여줄 때 유용합니다. GridView 위젯의 다양한 옵션을 살펴보겠습니다.

gridDelegate

이 매개변수는 그리드의 레이아웃을 정의하는 데 사용됩니다. 열 수, 크기, 열 사이의 간격 등을 설정할 수 있습니다. gridDelegate에는 2가지 방식이 있습니다.

1 SliverGridDelegateWithFixedCrossAxisCount

- 타일 크기와 관계없이 열 수를 고정합니다.
- 그리드의 열 수를 지정하는 crossAxisCount 매개변수를 사용합니다.
- 예를 들어 crossAxisCount가 3으로 설정된 경우 그리드에는 항상 3개의 열이 있고, 행 수는 타일 수 기준으로 계산됩니다.

```
GridView(
  gridDelegate: const SliverGridDelegateWithFixedCrossAxisCount(
    crossAxisCount: 3,
    mainAxisSpacing: 2,
    crossAxisSpacing: 2,
  ),
  children: List.generate(
    100,
    (index) => Center(
      child: Container(
        color: Colors.grey,
        child: Center(child: Text(index.toString())),
      ),
    ),
  ),
),
```

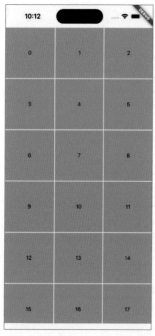

SliverGridDelegateWithFixedCrossAxisCount 적용 예시

2 SliverGridDelegateWithMaxCrossAxisExtent

- 타일의 최대 너비를 고정하여 그리드를 만듭니다.

- 타일의 너비를 기준으로 열 수를 계산합니다.

- maxCrossAxisExtent라는 매개변수를 사용하여 타일의 최대 너비를 지정합니다.

- 예를 들어 maxCrossAxisExtent를 200으로 설정하면 각 타일의 너비는 200을 넘지 않으며, 그리드의 열 수
  는 사용할 수 있는 화면의 너비에 따라 자동으로 계산됩니다.

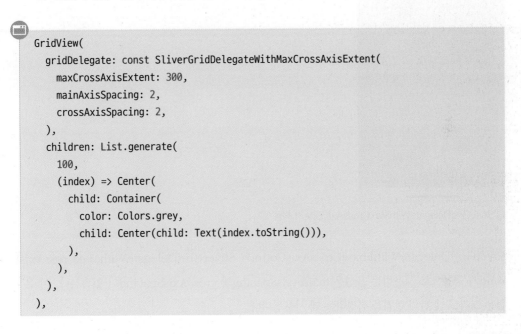

```
GridView(
  gridDelegate: const SliverGridDelegateWithMaxCrossAxisExtent(
    maxCrossAxisExtent: 300,
    mainAxisSpacing: 2,
    crossAxisSpacing: 2,
  ),
  children: List.generate(
    100,
    (index) => Center(
      child: Container(
        color: Colors.grey,
        child: Center(child: Text(index.toString())),
      ),
    ),
  ),
),
```

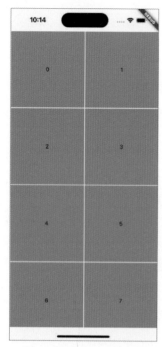

 SliverGridDelegateWithMaxCrossAxisExtent 적용 예시

SliverGridDelegateWithFixedCrossAxisCount와 SliverGridDelegateWithMaxCrossAxisE
xtent가 공통으로 사용하는 옵션은 mainAxisSpacing과 crossAxisSpacing이 있습니다. 이 옵션
들은 그리드 셀 간의 간격을 설정하는 데 사용됩니다.

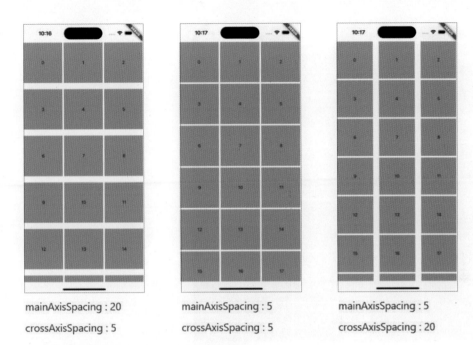

mainAxisSpacing : 20	mainAxisSpacing : 5	mainAxisSpacing : 5
crossAxisSpacing : 5	crossAxisSpacing : 5	crossAxisSpacing : 20

mainAxisSpacing/crossAxisSpacing 사용 예시

scrollDirection

scrollDirection 옵션은 그리드가 스크롤되는 방향을 설정하는 데 사용됩니다. 이 옵션은 Axis enum 타입의 값을 지정해야 하며 horizontal과 vertical 값을 설정할 수 있습니다.

1 horizontal: 가로로 스크롤됩니다.

2 vertical: 세로로 스크롤됩니다.

기본적으로 그리드는 세로로 스크롤되므로 세로 스크롤을 원할 때는 scrollDirection 옵션을 설정하지 않아도 됩니다. 가로 스크롤을 원할 때만 scrollDirection을 horizontal로 설정하면 됩니다.

쉽게 말해 그리드가 위아래로 움직이게 하려면 아무 설정도 하지 않아도 되고, 왼쪽에서 오른쪽으로 움직이게 하려면 scrollDirection: Axis.horizontal로 설정하면 됩니다.

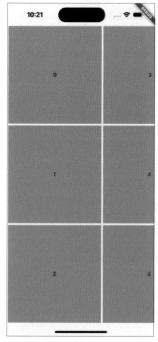
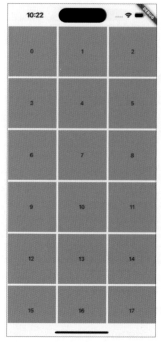

scrollDirection: Axis.horizontal,　　　　　scrollDirection: Axis.vertical,

scrollDirection 적용 예시

```
GridView(
  scrollDirection: Axis.horizontal,
  gridDelegate: const SliverGridDelegateWithFixedCrossAxisCount(
    crossAxisCount: 3,
    mainAxisSpacing: 5,
    crossAxisSpacing: 5,
  ),
  children: List.generate(
    100,
    (index) => Center(
      child: Container(
        color: Colors.grey,
        child: Center(child: Text(index.toString())),
      ),
    ),
  ),
),
```

reverse

reverse 옵션은 스크롤 방향을 반대로 설정하는 데 사용됩니다. 기본값은 false입니다. reverse를 true로 설정하면 가장 마지막에 배치된 아이템이 가장 위에 표시됩니다.

```
GridView(
  scrollDirection: Axis.vertical,
  reverse: true,
  gridDelegate: const SliverGridDelegateWithFixedCrossAxisCount(
    crossAxisCount: 3,
    mainAxisSpacing: 5,
    crossAxisSpacing: 5,
  ),
  children: List.generate(
    100,
    (index) => Center(
      child: Container(
        color: Colors.grey,
        child: Center(child: Text(index.toString())),
      ),
    ),
  ),
),
```

controller

controller 옵션은 ScrollController 클래스를 등록하여 원하는 스크롤 위치로 이동하거나 현재 스크롤 위치를 실시간으로 전달받는 등의 이벤트 처리를 할 수 있게 해줍니다. 보통은 controller 옵션 없이 사용하지만 특정 상황에서는 필요합니다. 예를 들어 무한 스크롤 기능을 구현할 때 스크롤이 끝에 도달하면 다음 페이지를 불러오기 위해 ScrollController를 사용합니다.

```
final _controller = ScrollController(); // 1번

@override
Widget build(BuildContext context) {
  return Scaffold(
    body: SafeArea(
      child: Column(
```

```
      children: [
        ElevatedButton(
            onPressed: () {
              _controller.jumpTo(800); // 3번
            },
            child: const Text('28번째로 이동')),
        Expanded(
          child: GridView(
            controller: _controller, // 2번
            gridDelegate: const SliverGridDelegateWithFixedCrossAxisCount(
              crossAxisCount: 3,
              mainAxisSpacing: 5,
              crossAxisSpacing: 5,
            ),
            children: List.generate(
              100,
              (index) => Center(
                child: Container(
                  color: Colors.grey,
                  child: Center(child: Text(index.toString())),
                ),
              ),
            ),
          ),
        ),
      ],
    ),
  ),
);
}
```

앞 예시 코드의 1번에서는 ScrollController를 생성하고, 2번에서는 GridView에 1번에서 만든
controller를 등록합니다. 이렇게 하면 _controller를 통해 스크롤을 제어할 수 있습니다. 상단의
버튼을 클릭(3번 영역으로 이동)하면 jumpTo 함수를 사용하여 특정 위치로 이동할 수 있습니다.

그뿐만 아니라 controller를 사용하면 스크롤 이동 시 이벤트를 받을 수 있습니다. 보통
StatefulWidget의 라이프사이클 중 initState에서 이벤트를 초기화하는 데 다음과 같이 설정할 수
있습니다.

```dart
class SampleWidget extends StatefulWidget {
  const SampleWidget({super.key, required this.title});
  final String title;

  @override
  State<SampleWidget> createState() => _SampleWidgetState();
}

class _SampleWidgetState extends State<SampleWidget> {
  final _controller = ScrollController();

  @override
  void initState() {
    super.initState();
    _controller.addListener(() { // 1번
      if (_controller.position.maxScrollExtent == _controller.offset) {
        showDialog(
          context: context,
          builder: (context) => const CupertinoAlertDialog(
            content: Text('마지막에 도달했습니다.'),
          ),
        );
      }
    });
  }

  @override
  Widget build(BuildContext context) {
    return Scaffold(
      body: SafeArea(
        child: Column(
          children: [
            ElevatedButton(
                onPressed: () {
                  _controller.jumpTo(800);
                },
                child: const Text('28번째로 이동')),
            Expanded(
              child: GridView(
                controller: _controller,
                gridDelegate: const SliverGridDelegateWithFixedCrossAxisCount(
```

```
                crossAxisCount: 3,
                mainAxisSpacing: 5,
                crossAxisSpacing: 5,
              ),
              children: List.generate(
                100,
                (index) => Center(
                  child: Container(
                    color: Colors.grey,
                    child: Center(child: Text(index.toString())),
                  ),
                ),
              ),
            ),
          ),
        ],
      ),
    ),
  );
}
}
```

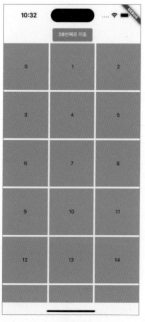 

🛠 controller 옵션 적용 예시

예시 코드 1번의 _controller에 addListener 함수를 등록하면 스크롤이 이동될 때마다 이 함수가 호출되어 스크롤 데이터를 확인할 수 있습니다. _controller는 다음과 같은 데이터를 관리합니다.

1 offset: 현재 스크롤 위치

2 position: 스크롤 정보

3 maxScrollExtent: 스크롤의 최댓값

이 데이터를 사용하여 현재 스크롤 위치(position)가 최대 스크롤 값(maxScrollExtent)과 같아지면 마지막 영역에 도달한 것이므로 알림 메시지를 띄우도록 했습니다.

padding

padding 옵션을 사용하여 GridView 내부의 간격을 설정할 수 있습니다. 이 옵션을 통해 그리드 아이템 주위에 여백을 추가하여 더 보기 좋은 레이아웃을 만들 수 있습니다.

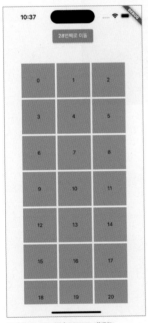
padding: const EdgeInsets.all(50),

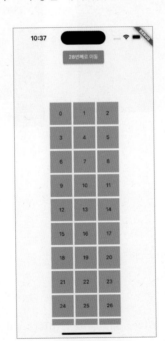
padding: const EdgeInsets.all(100),

⚡ padding 적용 예시

4.4.9 PageView 위젯

PageView는 책이나 프레젠테이션처럼 가로 또는 세로로 스와이프하여 일련의 페이지를 볼 수 있게 해주는 위젯으로 손가락으로 화면을 넘기는 것처럼 스와이프 제스처로 페이징할 수 있는 기능을 제공합니다. 흔히 볼 수 있는 예로는 앱을 처음 설치했을 때 옆으로 스와이프하며 앱 사용법을 보여주는 튜토리얼 페이지를 들 수 있는데 PageView 위젯을 사용하면 이런 UI를 쉽게 만들 수 있습니다.

PageView 적용 예시

```
PageView(
  children: [
    Container(
      color: Colors.red,
      child: const Center(
        child: Text(
          "1",
          style: TextStyle(fontSize: 50, color: Colors.white),
        ),
      ),
    ),
    Container(
      color: Colors.blue,
      child: const Center(
```

```
          child: Text(
            "2",
            style: TextStyle(fontSize: 50, color: Colors.white),
          ),
        ),
      ),
      Container(
        color: Colors.yellow,
        child: const Center(
          child: Text(
            "3",
            style: TextStyle(fontSize: 50, color: Colors.white),
          ),
        ),
      ),
    ],
  )
```

예시 코드처럼 PageView 위젯을 사용하면 슬라이드할 수 있는 3가지 레이아웃을 쉽게 만들 수 있습니다. 이를 활용하여 슬라이드 배너 등을 구현할 수 있습니다. 이제 PageView의 좀 더 자세한 옵션에 대해 살펴보겠습니다.

💡 여기서 말하는 슬라이드는 화면을 옆으로 밀어서 다른 페이지로 넘어가는 기능을 말합니다.

children

children 옵션을 사용하면 슬라이드를 사용할 자식 위젯을 만들 수 있습니다. 이 옵션은 위젯 타입의 리스트를 사용하므로 간단한 이미지부터 복잡한 레이아웃까지 다양한 UI를 넣을 수 있습니다.

scrollDirection

```
PageView(
  scrollDirection: Axis.vertical,
  children: [
    //생략
  ]
)
```

scrollDirection 옵션을 사용하여 슬라이드 방향을 설정할 수 있습니다. 기본값은 가로(horizontal) 방향입니다. Axis.vertical 옵션을 설정하면 세로 방향으로 슬라이드하여 페이지를 전환할 수 있습니다.

🔹 scrollDirection 사용 예시

controller

controller 옵션을 사용하여 PageController 클래스를 등록하면 원하는 스크롤 위치나 페이지로 이동하거나 현재 스크롤 위치를 실시간으로 확인할 수 있습니다. 보통은 controller 없이 사용하지만 특정 요구사항이 있을 때나 마지막 스크롤 위치에서 특정 이벤트를 호출할 때 사용합니다.

다시 말해서 controller를 사용하면 페이지를 제어하고 스크롤 이벤트를 처리할 수 있습니다.

```
class _SampleWidgetState extends State<SampleWidget> {
  final _controller = PageController();

  @override
  void initState() {
    super.initState();
    _controller.addListener(() {
      if (_controller.position.maxScrollExtent == _controller.offset) {
        showDialog(
          context: context,
```

```dart
            builder: (context) => const CupertinoAlertDialog(
              content: Text('마지막에 도달했습니다.'),
            ),
          );
        }
      });
    }

    @override
    Widget build(BuildContext context) {
      return Scaffold(
          body: SafeArea(
        child: Column(
          crossAxisAlignment: CrossAxisAlignment.stretch,
          children: [
            Padding(
              padding: const EdgeInsets.all(15.0),
              child: ElevatedButton(
                onPressed: () {
                  _controller.jumpToPage(1);
                },
                child: Text('2페이지로 가기'),
              ),
            ),
            Expanded(
              child: PageView(
                scrollDirection: Axis.vertical,
                controller: _controller,
                children: [
                  Container(
                    color: Colors.red,
                    child: const Center(
                      child: Text(
                        "1",
                        style: TextStyle(fontSize: 50, color: Colors.white),
                      ),
                    ),
                  ),
                  Container(
                    color: Colors.blue,
                    child: const Center(
```

```
                child: Text(
                  "2",
                  style: TextStyle(fontSize: 50, color: Colors.white),
                ),
              ),
            ),
            Container(
              color: Colors.yellow,
              child: const Center(
                child: Text(
                  "3",
                  style: TextStyle(fontSize: 50, color: Colors.white),
                ),
              ),
            ),
          ],
        ),
      ),
    ],
  ),
  ));
 }
}
```

controller 적용 예시

'2페이지로 가기' 버튼을 클릭하면 _controller.jumpToPage(1); 이벤트를 통해 사용자가 스와이프하지 않아도 1페이지에서 2페이지로 이동할 수 있습니다. 또한 마지막 페이지에 도달했을 때 controller의 위치를 확인하여 마지막에 도달했다는 메시지를 띄울 수 있습니다.

pageSnapping

pageSnapping 옵션은 페이지 전환 시 자동으로 페이지가 전체 화면에 맞춰지도록 하는 자석 효과를 제어합니다. 기본값은 true입니다. 이 옵션을 false로 설정하면 페이지가 자동으로 맞춰지지 않고 사용자가 움직이는 만큼 이동하고 고정됩니다.

```
PageView(
  pageSnapping: false,
  //이하 옵션 생략
),
```

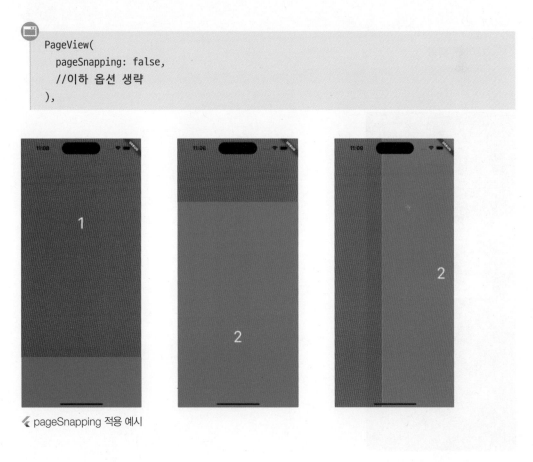

pageSnapping 적용 예시

onPageChanged

onPageChanged 옵션은 콜백 함수를 등록할 수 있습니다. 이 옵션을 사용하면 사용자가 스와이프하거나 버튼을 통해 페이지를 이동할 때 콜백 함수가 호출됩니다. 이 함수는 현재 보고 있는 페이지의 번호(index)를 반환합니다. 이를 통해 페이지마다 특정 이벤트를 수행하거나 페이지 인디케이터를 제어할 수 있습니다.

```
PageView(
  onPageChanged: (int index) {
    showDialog(
      context: context,
      builder: (context) => CupertinoAlertDialog(
        content: Text('$index 페이지 활성화'),
      ),
    );
  },
  //이하 생략
)
```

◀ onPageChanged 적용 예시

4.4.10 TabBar 위젯

TabBar 위젯은 지금까지 살펴본 위젯보다 조금 더 복잡할 수 있습니다. 또한 TabBar 위젯만 사용한다고 바로 작동하는 것이 아니기 때문에 사용이 어려울 수 있습니다. 지금부터 tabBar 위젯의 사용 방법과 다양한 옵션에 대해 알아보겠습니다.

TabBar 위젯을 사용하려면 2가지 위젯이 필요합니다. 바로 메뉴 위젯과 그 메뉴와 매칭되는 뷰 위젯입니다. 즉, TabBar 위젯과 TabBarView 위젯을 함께 사용해야 합니다. 그리고 이 두 위젯이 서로 소통할 수 있게 TabController를 연결해줘야 합니다. TabBar를 사용하기 위해서는 다음과 같은 순서로 작업해야 합니다.

① TabController 정의
② TabBar 위젯 정의
③ TabBarView 위젯 정의

이렇게 순차적으로 작업을 진행하면 화면에 멋진 UI가 나타납니다.

TabController 정의

TabController는 다른 스크롤 controller와 다르게 초깃값을 설정해줘야 합니다. TabController 초깃값을 설정할 수 있는 옵션은 다음과 같은 것들이 있습니다.

1 initialIndex: 처음에 보여줄 탭과 TabView의 페이지를 설정합니다. 기본적으로 첫 번째 탭이 활성화되므로 특별한 경우가 아니면 설정하지 않습니다.

2 animationDuration: 탭 메뉴를 눌렀을 때 하단 인디케이터의 애니메이션 효과 시간을 설정합니다. Duration 객체를 사용하여 조절할 수 있습니다.

3 length: 메뉴의 개수를 설정하는 필수 옵션입니다. 예를 들어 TabBar에 4개의 탭을 등록했으면 length도 4로 설정해야 합니다. 그렇지 않으면 오류가 발생합니다.

4 vsync: TabController의 애니메이션을 장치 디스플레이의 수직 동기화와 맞추는 역할을 합니다. 이를 위해 vsync: this를 설정해야 합니다. 이 설정을 하려면 현재 클래스에 with 키워드로 TickerProviderStateMixin을 추가해야 합니다.

```
class _SampleWidgetState extends State<SampleWidget>
    with TickerProviderStateMixin {
  late TabController _tabController;

  @override
  void initState() {
    super.initState();
    _tabController = TabController(
      length: 3,
      vsync: this,
    );
  }
//이하 생략
```

앞의 예시 코드에서는 탭 메뉴를 3개 사용하도록 설정하여 _tabController를 초기화해주었습니다.

TabBar 위젯 정의

TabBar 위젯을 사용할 때는 반드시 controller를 설정해야 합니다. 예시 코드에서 탭 메뉴를 3개 사용한다고 정의했기 때문에 TabBar에도 3개의 탭 메뉴를 등록해야 합니다.

```
TabBar(
  controller: _tabController,
  tabs: const [
    Text('메뉴1'),
    Text('메뉴2'),
    Text('메뉴3'),
  ],
),
```

이렇게 정의하면 화면에 탭 메뉴가 바로 나타납니다.

◀ TabBar 적용 예시 1

탭 메뉴가 나온다고 했는데 흰색 배경에 파란색 줄 하나가 나타났습니다. 하지만 이것은 정상적인 현상이니 당황하지 않아도 됩니다. 이제 TabBar의 주요 옵션에 대해 알아보겠습니다.

1 labelColor: 선택된 메뉴의 색상을 설정합니다.

2 unselectedLabelColor: 선택되지 않은 메뉴의 색상을 설정합니다.

3 labelPadding: 메뉴 간의 간격을 조정합니다.

```
TabBar(
  controller: _tabController,
  labelColor: Colors.blue,
  unselectedLabelColor: Colors.grey,
  labelPadding: const EdgeInsets.symmetric(vertical: 20),
  tabs: const [
    Text('메뉴1'),
    Text('메뉴2'),
    Text('메뉴3'),
  ],
),
```

 TabBar 적용 예시 2

그 외 자주 사용되는 옵션은 다음과 같습니다.

1 indicatorWeight: 선택된 메뉴의 인디케이터 두께를 조절합니다.

2 labelStyle, unselectedLabelStyle: 선택된 메뉴와 선택되지 않은 메뉴의 텍스트 스타일을 설정합니다.

TabBarView 위젯

이제 메뉴를 구성했으니 각 메뉴에 대응하는 화면 부분을 정의할 차례입니다. 우선 탭 메뉴와 상호작용을 할 수 있게 controller를 연결해줍니다. 또한 메뉴가 3개이므로 3개의 뷰를 등록해줍니다.

```
TabBarView(
  controller: _tabController,
  children: [
    Container(
      color: Colors.blue,
      child: Center(child: Text('메뉴1 페이지 ')),
    ),
    Container(
```

```
      color: Colors.blue,
      child: Center(child: Text('메뉴2 페이지 ')),
    ),
    Container(
      color: Colors.blue,
      child: Center(child: Text('메뉴3 페이지 ')),
    ),
  ],
),
```

TabBarView는 위에 정의한 controller와 각 페이지에 해당하는 children 정도만 등록해주면 됩니다. 이와 같이 설정하면 각 탭을 선택할 때마다 해당 페이지로 이동하는 UI를 사용할 수 있습니다.

◈ TabBarView 적용 예시

4.5 애니메이션

플러터 애니메이션을 사용하여 위젯에 애니메이션을 적용하면 동적인 대화형 사용자 인터페이스를 만들 수 있습니다. 애니메이션을 사용하면 시각적으로 더 흥미로운 피드백을 제공하며 사용자의 주의를 끌 수 있습니다.

플러터에는 다음과 같은 2가지 주요 유형의 애니메이션이 있습니다.

암시적 애니메이션

1 미리 정의된 애니메이션으로 위젯의 불투명도, 위치, 크기 등의 속성에 쉽게 적용할 수 있습니다.

2 AnimatedOpacity, AnimatedPositioned, AnimatedContainer 등이 있습니다.

명시적 애니메이션

1 더 많은 사용자 지정과 제어가 필요한 애니메이션입니다.

2 애니메이션의 기간, 곡선, 값을 제어하는 애니메이션 객체를 정의해야 합니다.

3 이 애니메이션 객체를 사용하여 시간 경과에 따라 위젯 속성을 변경할 수 있습니다.

4 TweenAnimationBuilder, AnimatedBuilder, CustomPainter 등이 있습니다.

플러터는 애니메이션의 속도와 가속을 제어할 수 있는 다양한 내장 애니메이션 곡선을 제공합니다. 예를 들어 선형, ease-in, ease-out, 바운스 등이 있습니다. 또한 Curve 클래스를 사용하여 사용자 지정 곡선을 정의할 수도 있습니다.

그리고 플러터 애니메이션은 버튼을 탭하거나 화면을 스와이프하는 등의 사용자 동작에 의해 시작되거나 앱의 상태 변화에 따라 자동으로 실행될 수 있습니다. 플러터 프레임워크는 애니메이션을 쉽게 만들고 제어할 수 있는 다양한 클래스와 API를 제공합니다.

이 책에서는 명시적 애니메이션은 다루지 않고, 암시적 애니메이션에 대해서만 다루겠습니다.

4.5.1 AnimatedOpacity

AnimatedOpacity 위젯은 하위 위젯에 페이드인(점점 보이게) 또는 페이드아웃(점점 사라지게) 애니메이션을 적용하는 데 사용합니다.

◀ AnimatedOpacity 적용 예시

```
Center(
  child: Column(
    mainAxisAlignment: MainAxisAlignment.center,
    children: [
      AnimatedOpacity(
        duration: const Duration(milliseconds: 1000),
        opacity: opacity ? 0.2 : 1,
        child: Container(
          width: 150,
          height: 150,
          decoration: const BoxDecoration(
            shape: BoxShape.circle,
            color: Colors.blue,
          ),
        ),
      ),
      ElevatedButton(
        onPressed: () {
```

```
        opacity = !opacity;
        setState(() {});
      },
      child: Text('투명하게'),
    )
  ],
),
),
```

opacity

AnimatedOpacity 위젯에 꼭 필요한 옵션입니다. opacity 값이 0에 가까울수록 투명해지고, 1에 가까울수록 선명하게 나타납니다.

애니메이션 위젯에 공통으로 적용되는 옵션들은 마지막에 다루겠습니다.

4.5.2 AnimatedPositioned

AnimatedPositioned는 자식 위젯의 위치와 크기를 애니메이션화할 수 있는 위젯입니다. 이를 통해 동적이고 반응이 빠른 사용자 인터페이스를 만들 수 있습니다.

Positioned 위젯과 비슷하지만 AnimatedPositioned는 시간 경과에 따른 애니메이션을 적용할 수 있는 기능을 제공합니다. 이 위젯은 left, right, bottom, top, width, height 등의 매개변수를 사용하여 하위 위젯의 위치와 크기를 지정합니다.

❮ AnimatedPositioned 적용 예시

```
Stack(
  fit: StackFit.expand,
  children: [
    AnimatedPositioned(
        duration: const Duration(milliseconds: 1000),
        left: opacity ? 0 : 159,
        top: 0,
        child: Container(
          width: 150,
          height: 150,
          decoration: const BoxDecoration(
            shape: BoxShape.circle,
            color: Colors.blue,
          ),
        ),
        onEnd: () {
          print('asdfasdf');
        }),
```

```
    Center(
      child: ElevatedButton(
        onPressed: () {
          opacity = !opacity;
          setState(() {});
        },
        child: Text('이동하기'),
      ),
    )
  ],
),
```

left, right, top, bottom, width, height

이 옵션들은 AnimatedPositioned에서 위치와 크기를 변경하는 데 직접적인 역할을 합니다. 이를 적절히 활용하면 멋진 애니메이션 효과를 만들 수 있습니다

4.5.3 AnimatedContainer

AnimatedContainer는 Container의 크기, 패딩, 색상 등을 시간 경과에 따라 애니메이션으로 적용할 수 있는 위젯입니다. 이를 통해 동적이고 반응이 빠른 사용자 인터페이스를 만들 수 있습니다. 기본 Container와 같이 사용할 수도 있지만, 시간 경과에 따른 변화를 애니메이션으로 보여줄 수 있는 특징이 있습니다.

◀ AnimatedContainer 적용 예시

```
Column(
  mainAxisAlignment: MainAxisAlignment.center,
  children: [
    AnimatedContainer(
      duration: const Duration(milliseconds: 1000),
      width: opacity ? 100 : 150,
      height: opacity ? 100 : 150,
      decoration: BoxDecoration(
        shape: BoxShape.circle,
        color: opacity ? Colors.red : Colors.blue,
      ),
      onEnd: () {
        print('asdfasdf');
      }),
    Center(
      child: ElevatedButton(
        onPressed: () {
          opacity = !opacity;
```

```
            setState(() {});
          },
          child: Text('변경하기'),
        ),
      )
    ],
  ),
),
```

width, height, padding, margin, color

이 옵션들은 AnimatedContainer에서 변경할 수 있는 주요 요소입니다. 이 요소들을 적절하게 활용하면 멋진 애니메이션 효과를 만들 수 있습니다.

4.5.4 공통 옵션

duration

duration은 애니메이션 위젯에서 꼭 필요한 옵션으로 애니메이션이 얼마 동안 실행될지를 설정합니다. 예를 들어 앞의 예시 코드에서는 opacity(투명도)를 1에서 0.2로 변경하는 데 1초가 걸립니다.

curve

curve는 애니메이션이 처음부터 끝까지 어떻게 진행되는지를 결정합니다. 자연스럽고 사실적인 애니메이션 효과를 만드는 데 사용할 수 있습니다. Curves 클래스에서 다음과 같은 여러 가지 곡선을 제공합니다.

1 Curves.linear: 일정한 속도로 진행됩니다.

2 Curves.ease: 천천히 시작하여 끝으로 갈수록 빨라집니다.

3 Curves.easeIn: 천천히 시작하여 빠르게 가속됩니다.

4 Curves.easeOut: 빠르게 시작하여 천천히 감속됩니다.

5 Curves.easeInOut: 천천히 시작하여 중간에 빠르게 가속하고 끝으로 갈수록 감속됩니다.

6 Curves.fastOutSlowIn: 빠르게 시작하여 중간에 느려졌다가 끝으로 갈수록 다시 빨라집니다.

7 Curves.bounceIn: 애니메이션 시작 부분에 튀는 효과를 만듭니다.

8 Curves.bounceOut: 애니메이션 끝날 때 튀는 효과를 만듭니다.

9 Curves.elasticIn: 애니메이션 시작 부분에 탄성 효과를 만듭니다.

10 Curves.elasticOut: 애니메이션 끝날 때 탄성 효과를 만듭니다.

onEnd

onEnd는 애니메이션이 끝날 때 호출되는 콜백 함수입니다. 애니메이션이 끝난 후 특정 이벤트를 처리하도록 설정할 수 있습니다.

4.6 라우팅

라우팅은 앱의 한 페이지 또는 화면에서 다른 페이지로 이동하는 것을 도와주는 기능입니다. 대부분의 앱은 여러 페이지로 구성되어 있기 때문에 라우팅에 대해 제대로 이해해야 합니다. 플러터에서는 기본적으로 제공되는 라우팅 기능 외에도 서드파티 라이브러리를 사용하여 라우팅을 처리할 수 있습니다. 이 절에서는 플러터에서 제공하는 기본 라우팅에 대해 알아보겠습니다.

이 절에서 사용한 예시 프로젝트의 코드는 다음 링크에서 확인할 수 있습니다.

🔗 https://github.com/sudar-life/flutter_route_sample

화면 구성

◀ 예시 프로젝트의 화면

예시 프로젝트는 총 3개의 페이지로 구성되어 있습니다. 이 예시 프로젝트의 목표는 각 페이지를 라우팅으로 정의한 후 페이지 간 이동 방법에 대해 배우는 것입니다. 라우팅 정의는 MaterialApp 위젯에서 설정합니다.

```
@override
Widget build(BuildContext context) {
  return MaterialApp(
    title: 'Flutter Demo',
    theme: ThemeData(
      primarySwatch: Colors.blue,
    ),
    initialRoute: '/',
    routes: {
      '/': (context) => const Home(),
      '/second': (context) => const SecondPage(),
      '/third': (context) => const ThirdPage(),
    },
  );
}
```

initialRoute

앱이 시작될 때 처음으로 보여줄 페이지를 설정합니다. initialRoute를 설정하면 home 옵션을 사용하지 않아도 됩니다.

routes

routes는 앱에서 사용되는 모든 페이지를 미리 정의합니다. routes는 Map 형태로 작성하는데 경로(Path)를 키로 사용하고, WidgetBuilder를 사용하여 각 경로에 해당하는 위젯 페이지를 등록해줍니다.

이것으로 라우트 설정은 완료되었습니다. 하지만 이렇게 routes를 설정하지 않아도 페이지 전환을 할 수 있습니다. 플러터에서는 페이지를 전환하는 2가지 방법이 있습니다.

1 페이지 위젯 자체를 생성하여 연결하는 방식

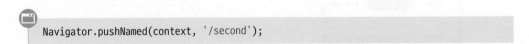

```
Navigator.push(
  context,
  MaterialPageRoute(builder: (context) => SecondPage()),
);
```

2 routes에 등록된 키 값으로 연결하는 방식

```
Navigator.pushNamed(context, '/second');
```

여기서는 routes에 미리 등록하여 개발하는 것이 더 효율적입니다.

그리고 Navigator는 다음과 같은 페이지 전환을 위한 다양한 방식을 제공합니다.

Navigator.pushNamed

기존 페이지 위에 새로운 페이지를 쌓아 페이지를 연결하는 방식입니다.

Navigator.pushNamed를 사용한 페이지 전환 예시

위의 그림과 같은 방식으로 페이지를 이동한다고 가정해보겠습니다.

```
Navigator.pushNamed(context, '/second');
```

이렇게 간단하게 작성하면 두 번째 화면으로 이동하게 됩니다. 하지만 이 방법은 페이지가 스택^{Stack} 구조로 쌓이게 됩니다. 즉, 두 번째 화면 아래에는 홈 화면이 남아 있는 상태가 됩니다.

◀ 두 번째 화면 아래 홈 화면이 깔린 상태

Navigator.pop

현재 페이지를 지우고 이전 페이지를 활성화하는(현재 페이지를 닫고 이전 페이지로 돌아가는) 방식입니다.

```
Navigator.pop(context);
```

현재 페이지에서 Navigator.pop을 사용하면 홈 화면으로 이동하게 됩니다.

Navigator.pop을 사용한 페이지 이동 예시

Navigator.pushReplacementNamed

현재 페이지가 다음 페이지로 바꾸는 방식입니다.

◀ 페이지가 쌓여 있는 상황

앞의 그림처럼 여러 페이지가 쌓여 있는 상황에서 세 번째 페이지로 이동할 때 pushNamed 함수 대신 pushReplacementNamed 함수를 사용하면 다음과 같이 경로가 바뀝니다.

Navigator.pushReplacementNamed를 사용한 페이지 전환 예시

이처럼 두 번째 화면이 세 번째 화면으로 바뀝니다. 따라서 세 번째 화면에서 뒤로가기 버튼을 누르면 홈 화면이 활성화됩니다.

Navigator.popUntil

원하는 위치까지 페이지를 지우는 방식입니다. popUntil 기능은 여러 단계를 거쳐야 하는 회원 가입 과정에서 유용합니다. 예를 들어 회원 가입이 완료되면 가입 이전의 페이지로 돌아가야 할 때 이 방식이 사용됩니다. popUntil을 사용하면 원하는 경로까지 모든 페이지를 닫을 수 있습니다.

```
Navigator.popUntil(context, ModalRoute.withName("/"));
```

◀ Navigator.popUntil을 사용한 여러 페이지 닫기 예시

앞의 그림처럼 경로 스택에 3개의 페이지가 쌓여 있을 때 popUntil을 사용하면 원하는 경로가 나올 때까지 페이지를 닫아줍니다. 예시 코드에 ModalRoute.withName("/")로 지정했기 때문에 홈 화면까지 이동된 것을 확인할 수 있습니다.

상태 관리 라이브러리

플러터 애플리케이션에서 상태 관리는 매우 중요합니다. 이 장에서는 다양한 상태 관리 라이브러리를 사용하여 애플리케이션의 상태를 효율적으로 관리하는 방법을 배웁니다. 먼저 Provider를 사용하여 상태 변화를 간단하게 관리하는 방법을 학습하고, BLoC 패턴으로 비즈니스 로직과 UI를 분리하여 확장성과 테스트 용이성을 높이는 방법을 익힙니다. 그다음 GetX를 활용하여 반응형 프로그래밍 기반의 상태 관리와 라우팅 방법을 익히고, Riverpod으로 Provider의 단점을 보완하여 더 안정적이고 간단하게 상태를 관리하는 방법을 학습합니다.

CHAPTER

05

5.1 플러터의 상태란?

우리는 종종 친구들과 대화할 때 '감기에 걸려서 상태가 별로니까 위로해줘' 또는 '오늘은 몸 상태가 좋으니까 즐겁게 일할 수 있을 것 같아' 등 상태라는 표현을 써서 말하곤 합니다. 우리가 일상에서 사용하는 상태는 일반적으로 현재의 기분이나 현재 몸의 컨디션을 의미합니다. 그리고 기분과 컨디션은 지속되기도 하고 금방 변하기도 합니다.

이제 플러터에서의 상태에 대해 얘기해보고자 합니다. 플러터 앱에는 고정된 데이터와 변경되는 데이터가 있습니다. 다음과 같은 당근마켓의 화면을 살펴봅시다.

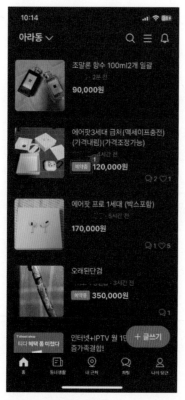

◀ 당근마켓의 화면 페이지

앞의 그림에서 특정 상품에 '예약 중'이라는 라벨이 붙어있는 것을 볼 수 있습니다. 이것을 통해 우리는 이미 해당 상품이 거래 약속이 잡혀있다는 것을 알 수 있습니다. 만약 모든 데이터가 고정되어 있다면 어떤 상품이 판매 완료되었고, 어떤 것이 예약 중이며, 어떤 것이 구매 가능한지 직접 확인해야 할 것입니다. 그러나 판매 상태를 표시하는 라벨 하나로 이러한 불편을 해결할 수 있습니다.

지금까지 간단하게 상품의 구매 상태에 대해 이야기했지만 하나의 서비스 앱을 만들기 위해서는 수많은 데이터를 활용해야 합니다. 이 데이터들의 상태를 잘 관리하고 적절하게 변화를 주어야 사용자에게 편리함을 주는 좋은 서비스를 만들 수 있습니다.

이처럼 앱에서의 상태 관리는 매우 중요합니다. 어떻게 상태를 관리하느냐에 따라 앱의 성능에도 영향을 미칩니다. 앞에서 알아본 StatefulWidget과 InheritedWidget은 구글이 상태 관리를 효율적으로 하기 위해 만든 기본 위젯입니다. 하지만 기본 상태 관리만으로는 불편함이 있었고, 이를 해결하기 위해 다양한 상태 관리 라이브러리가 만들어져 배포되었습니다.

5.2 다양한 상태 관리 라이브러리

5.2.1 Provider

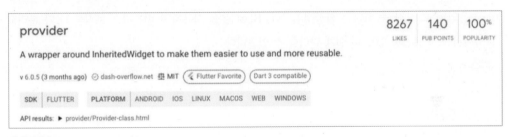

🦋 Provider

Provider는 플러터에서 사용하기 쉬운 상태 관리 라이브러리입니다. 이 라이브러리를 사용하면 상태 변화를 쉽게 관리할 수 있습니다. Provider는 ChangeNotifier를 통해 상태 변화를 알리고, Consumer와 Selector를 사용하여 필요한 상태를 구독합니다. 이는 의존성 주입을 간단하게 만들어 복잡한 상태 관리를 피할 수 있게 해줍니다.

Provider는 상태에 접근하고 변경을 처리하는 간단한 API를 제공하며 성능도 뛰어납니다. 그래서 많은 플러터 개발자가 이 라이브러리를 사용합니다.

5.2.2 BLoC

BLoC

BLoC은 Business Logic Component의 약자로 플러터 앱에서 상태를 관리하기 위한 아키텍처 패턴입니다. 이 패턴은 사용자 인터페이스와 앱의 비즈니스 로직을 분리하여 쉽게 테스트하고 확장할 수 있게 해줍니다. BLoC은 스트림Streams을 사용하여 상태 변경을 관리하고, 사용자 상호작용 및 데이터 흐름을 처리하기 위한 간단한 API를 제공합니다.

BLoC은의 주요 장점 중 하나는 확장성입니다. BLoC은을 사용하면 비즈니스 로직을 UI와 분리할 수 있어서 크고 복잡한 앱도 더 쉽게 관리할 수 있습니다.

5.2.3 GetX

GetX

GetX는 다트의 반응형 프로그래밍 패러다임 위에 구축된 강력한 상태 관리 라이브러리로 플러터의 미니 프레임워크라고 할 정도로 다양한 기능을 제공합니다. 이 라이브러리는 코드양을 줄여주고 빠르게 개발할 수 있게 도와줍니다. GetX는 GetBuilder, GetX, Obx와 같은 반응형 상태 관리 방식으로 상태 관리를 합니다. 또한 Get.put, Get.find 메서드를 사용하여 간단하게 의존성을 주입할 수 있습니다. 이렇게 하면 복잡한 상태 관리를 쉽게 처리할 수 있으며 개발 속도를 높일 수 있습니다.

5.2.4 Riverpod

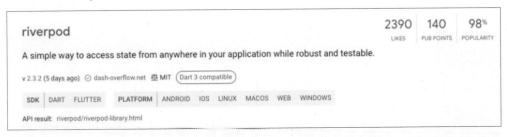

Riverpod

Riverpod는 Provider 라이브러리의 창시자가 만든 상태 관리 라이브러리로, Provider의 단점을 보완하기 위해 설계되었습니다. Riverpod는 의존성 주입, 상태 관리, 비동기 작업 처리 등 다양한 기능을 제공하며 강력한 타입 검사와 컴파일 시 안전성을 제공하여 안정적인 상태 관리를 가능하게 해줍니다.

지금까지 언급한 4가지는 가장 인기 있는 상태 관리 라이브러리입니다. 4가지 모두 상태를 효율적으로 관리하는 데 중점을 두고 있기 때문에 어떤 것이 최고다라고 말할 수는 없습니다. 단지 자신에게 적합한 상태 관리 라이브러리를 선택하거나 회사 또는 팀에서 사용하는 라이브러리를 선택하면 됩니다. 이 책에서는 이중 GetX와 BLoC에 대해 자세히 다루겠습니다.

5.3 BLoC의 사용법

5.3.1 의존성 주입

BLoC을 사용하려면 pubspec.yaml 파일에 필요한 라이브러리를 추가해야 합니다. 플러터 명령어를 사용하면 쉽게 추가할 수 있습니다.

```
$ flutter pub add bloc flutter_bloc
```

위 명령어를 실행하면 pubspec.yaml 파일에 라이브러리가 추가되고, 필요한 파일이 pub.dev에서 다운로드됩니다. 이제 BLoC을 사용하여 상태 관리를 할 수 있는 프로젝트가 세팅되었습니다.

5.3.2 BLoC을 사용하는 이유

뷰 영역과 비즈니스 영역을 쉽게 구분할 수 있다.

◀ BLoC을 사용하는 이유 1

BLoC을 사용하면 뷰 영역과 비즈니스 로직 영역을 쉽게 구분할 수 있습니다.

뷰 영역은 화면 UI 부분을 의미하며, 사용자의 액션(터치, 버튼 클릭, 텍스트 필드 입력 등)을 받아 이벤트를 발생시키는 부분입니다. 비즈니스 로직 영역은 사용자의 입력에 따라 여러 기능(검색, 회원가입, 글 등록, 상품 좋아요 등)을 수행하는 부분입니다. 사용자는 이 과정을 알 필요 없이 빠른 응답과 원하는 데이터를 보기만을 원합니다.

뷰와 비즈니스 로직 영역은 서로 상호작용을 하면서 하나의 서비스를 만듭니다. 그렇다면 뷰와 비즈니스 로직을 함께 개발하는 것이 편하지 않을까요? 사용자의 입력을 받고 바로 로직을 수행하면 관리도 쉽고 좋을 것 같은데 굳이 뷰와 비즈니스 로직을 분리할 필요가 있을까요?

물론 뷰와 비즈니스 로직을 한 번에 개발하면 빠르게 진행할 수 있고 코드의 복잡성도 줄어듭니다. 하지만 이런 코드는 유지 보수가 매우 어렵습니다. 화면을 수정할 때 비즈니스 로직이 함께 섞여 있으면 가독성이 떨어지고 수정하는 데 시간이 오래 걸립니다. 이러한 문제를 해결하기 위해 뷰와 로직을 구분하는 MVC와 MVVM 패턴이 등장했습니다.

BLoC이나 다른 상태 관리 라이브러리도 기본적으로 뷰와 비즈니스 로직을 분리합니다. 이렇게 하면 뷰에 문제가 있을 때는 뷰에만 집중할 수 있고, 로직에 문제가 있을 때는 로직 부분에만 집중할 수 있어 효율적입니다.

테스트하기 쉽고 재사용할 수 있다.

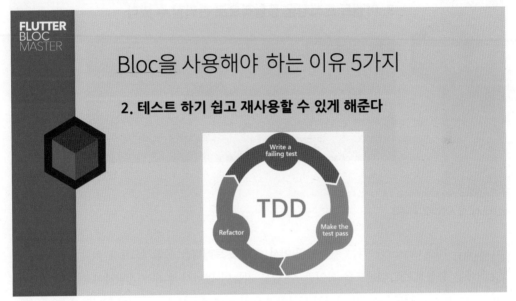

◀ BLoC을 사용하는 이유 2

TDD^Test-Driven Development를 중점적으로 활용하는 개발자에게는 BLoC이 큰 도움이 될 수 있습니다. BLoC은 bloc_test 라이브러리를 제공하기 때문에 비즈니스 로직을 UI로 직접 확인하지 않고도 빠르게 테스트할 수 있습니다. 따라서 다양한 상황을 사전에 테스트해볼 수 있어 개발에 큰 도움이 됩니다.

코드 재사용 측면에서도 BLoC은 유리합니다. 동일 프로젝트 내에서뿐만 아니라 다른 프로젝트에서도 필요한 기능을 가져와 사용할 수 있어 개발 기간을 단축할 수 있습니다. 그러나 코드 재사용을 잘하기 위해서는 기능을 잘 나누고 필요한 부분끼리만 의존성을 가지도록 하는 것이 중요합니다. 개발 편의만을 생각하고 기능을 여기저기에 연결하여 사용하면 나중에 코드 재사용이 어려워질 수 있습니다.

이벤트 트레킹을 통합적으로 관리할 수 있다.

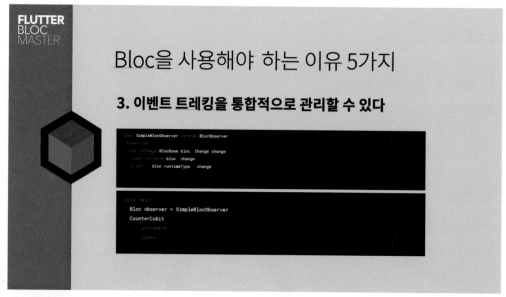

◀ BLoC을 사용하는 이유 3

BLoC에는 BlocObserver라는 기능이 있어서 이벤트 트레킹을 통합적으로 관리할 수 있습니다. GetX에는 통합적으로 이벤트를 확인할 수 있는 기능이 없어서 추가로 개발해야 합니다. 그러나 BLoC에서는 BlocObserver를 간단히 등록하기만 하면 이벤트 트레킹을 쉽게 처리할 수 있습니다.

많은 개발자가 같은 패턴을 따르기에 하나의 코드베이스로 일을 처리 할 수 있다.

BLoC은 정해진 룰이 있기 때문에 개발자가 따로 규칙을 정하지 않아도 동일한 개발 패턴을 따르게 됩니다. 이는 업무 효율을 높이는 데 큰 도움이 됩니다. 하지만 자유롭게 개발하고 싶은 사람들에게 는 이러한 룰이 다소 귀찮게 느껴질 수 있습니다.

깃허브에서 별의 개수가 가장 많다.

깃허브에서 가장 많은 별(Star)을 받은 라이브러리 중 하나입니다. 이는 BLoC을 사용해야 할 결정 적인 이유는 아니지만, 많은 개발자가 BLoC을 신뢰하고 있다는 것을 의미합니다. pub.dev에서의 좋아요(like) 수는 GetX가 가장 높지만 깃허브의 별 개수는 BLoC이 가장 많습니다.

5.4 스트림 이해하기

BLoC 패턴은 스트림Streams과 반응형 프로그래밍Reactive Programming을 기반으로 하기 때문에 BLoC을 사용할 때 스트림을 이해하는 것이 중요합니다. 스트림은 BLoC 내에서 상태 관리와 데이터 흐름을 처리하는 핵심 역할을 합니다.

스트림은 비동기 데이터를 효율적으로 처리하는 방법을 제공합니다. 즉, 데이터를 받을 때마다 처리할 수 있게 해줍니다. 이러한 방식은 사용자 입력, 네트워크 요청, 로컬 저장소 등 다양한 소스에서 데이터를 가져올 수 있는 최신 애플리케이션에 유용하게 적용할 수 있습니다.

먼저 비동기를 이해하기 위해 Future에 대해 살펴보겠습니다.

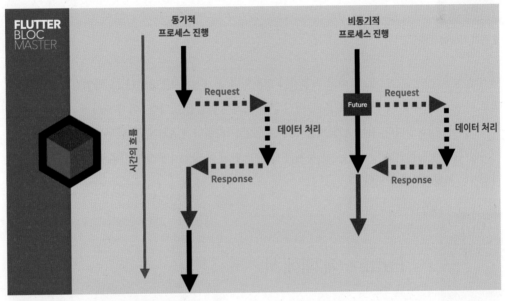

◀ 동기적 프로세스와 비동기적 프로세스의 비교

API 통신을 설명해보겠습니다. 동기 방식에서는 요청(Request)을 보내고 응답(Response)을 받을 때까지 기다린 후 응답을 받은 다음에 해당 작업을 수행하고 남은 일을 처리합니다. 반면, 비동기 방식에서는 요청을 보내고 Future로 감싸서 프로세스를 진행시킵니다. 데이터 처리가 완료되고 응답을 받으면 그때 남은 프로세스를 진행합니다.

이해를 돕기 위해 공장에서 작업하는 상황을 예로 들어 동기와 비동기를 설명해보겠습니다.

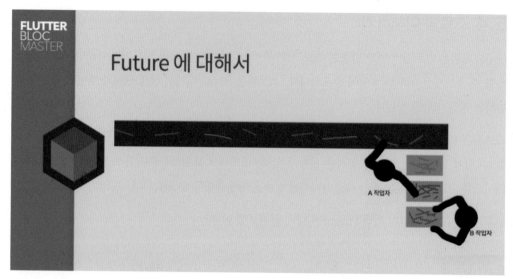

동기 처리 예시 1

여기 공장 라인이 있습니다. 그리고 작업자가 2명 있다고 가정해보겠습니다. A 작업자는 끈을 색상별로 나누고, B 작업자는 색상별로 나누어진 끈을 옮기는 역할을 합니다. 이 구조가 동기적으로 작업을 수행하는 방식입니다. B는 A가 색을 나누는 동안 기다렸다가 A가 끈을 나누어주면 그때 옮기기 시작합니다. 일반적인 상황에서는 큰 문제가 없지만 만일 A 작업자에게 넘어온 끈이 묶여 있다면 B 작업자는 기다려야만 합니다.

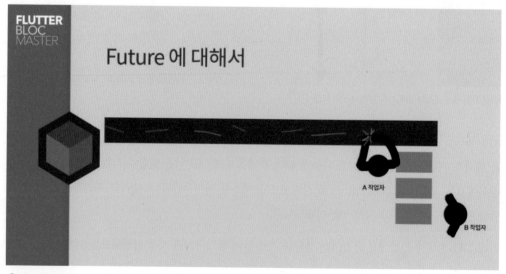

동기 처리 예시 2

A는 묶인 끈을 풀어야 색을 나눌 수 있습니다. 이렇게 되면 B는 A가 끈을 풀기를 기다려야 하므로 대기 시간이 늘어납니다. 그동안 풀어야 할 끈들이 계속 쌓여 일이 지연될 수 있습니다. 이는 매우 비효율적입니다. 이런 문제를 해결하기 위해 비동기 작업을 사용해야 합니다.

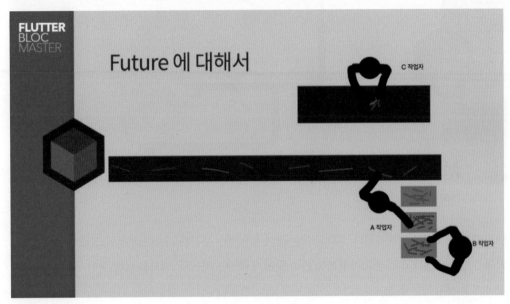

비동기 처리 예시

비동기 작업 처리 방식을 살펴봅시다. 비동기 작업에서는 C라는 작업자를 추가로 불러옵니다. A와 B는 원래 하던 작업을 계속 수행하고, 묶여있는 끈만 C에게 줍니다. A와 B는 계속 작업을 진행하고 C는 끈을 풀어서 다시 A에게 전달합니다. A는 색을 나누는 작업을 계속합니다. C는 끈을 푸는 작업만 처리하고 다시 대기합니다. 이렇게 작업을 나누면 더 효율적으로 일을 처리할 수 있습니다.

스트림은 어떨까요?

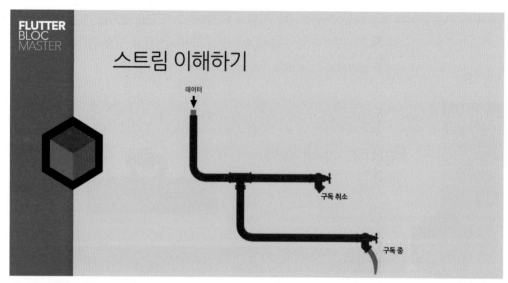

스트림 이해하기 1

여기 파이프가 있다고 해봅시다. 파이프에는 물이 들어가는 부분과 나오는 부분이 있습니다. 각 파이프에는 밸브가 있다고 가정하고 밸브를 여는 것이 구독하는 것이고, 밸브를 닫는 것이 구독을 취소하는 것으로 생각해봅시다.

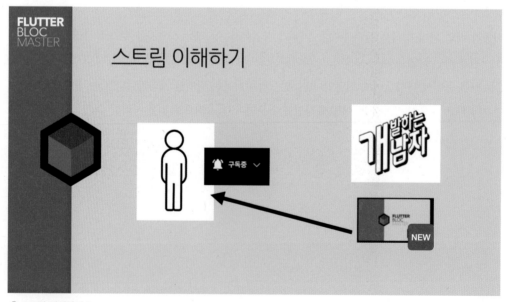

스트림 이해하기 2

만약 여러분이 '개발하는남자' 채널을 구독하고 알림 설정까지 해두었다면, 제가 영상을 올리자마자 푸시 알림을 받게 되겠죠. 여러분이 다른 작업을 하고 있더라도, 따로 새 영상이 있는지 요청하지 않아도 자동으로 영상 데이터에 대한 정보를 받게 됩니다. 이것이 바로 스트림의 개념입니다.

그렇다면 공장 작업에 스트림을 적용하면 어떻게 될까요?

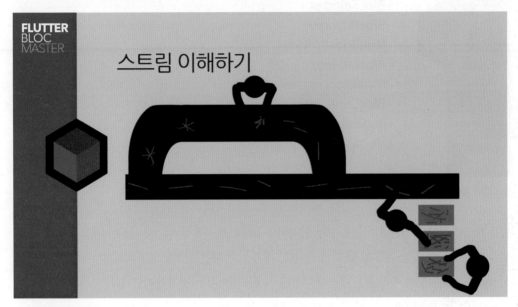

스트림 이해하기 3

스트림을 적용하면 묶여있는 끈이 자동으로 C 작업자에게 보내지게 되고, C 작업자는 끈을 풀어서 바로 A 작업자에게 다시 보냅니다. A 작업자는 C에게 묶여있는 끈을 줄 필요 없이 원래 하던 일처럼 C 작업자가 보내는 끈도 분류할 수 있게 됩니다. 당연히 작업 효율이 크게 향상되겠죠? 이처럼 스트림은 앱 개발에서 상태 관리를 효율적으로 할 수 있게 도와줍니다.

5.5 플러터 BLoC 위젯 알아보기

BLoC의 위젯은 flutter_bloc 패키지에서 받아 사용할 수 있습니다. 이 패키지에는 다음처럼 다양한 위젯들이 포함되어 있습니다.

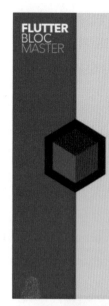

Flutter Bloc 위젯종류

- BlocBuilder
- BlocSelector
- BlocProvider
- MultiBlocProvider
- BlocListener
- MultiBlocListener
- BlocConsumer
- RepositoryProvider
- MultiRepositoryProvider

다양한 플러터 BLoC 위젯

많은 BLoC 위젯이 있지만 이들을 모두 알아야만 BLoC을 사용할 수 있는 것은 아닙니다. 몇 가지 필수 위젯만 알아도 앱 개발을 할 수 있습니다. 하지만 더 나은 퍼포먼스를 위해서는 적절한 위젯을 선택해 사용하는 것이 좋습니다. 따라서 다양한 위젯을 알아두는 것이 유리합니다.

5.5.1 BlocProvider

BLoC이나 Cubit을 사용하기 위해서는 context에 등록해야 합니다. 이를 도와주는 위젯이 Bloc Provider입니다. 사용법은 간단합니다.

```
@override
Widget build(BuildContext context) {
  return BlocProvider(
    create: (context) => SampleBloc(),
    lazy: false,
    child: SamplePage(),
  );
}
```

BlocProvider에서 제공하는 create 함수 옵션에 BLoC이나 Cubit 클래스를 반환하면 생성됩니다. 그리고 이 BLoC에 영향을 받을 자식 위젯을 child로 지정하면 됩니다. SamplePage 위젯 내부에서는 이 BLoC에 접근할 수 있습니다.

추가로 lazy 옵션이 있습니다. lazy: false로 설정하면 create 함수가 빌드되는 시점에 SampleBloc을 생성합니다. lazy: true로 설정하면 SampleBloc을 실제로 사용할 때 생성합니다.

5.5.2 MultiBlocProvider

이 위젯은 이름에서 알 수 있듯이 여러 개의 BLoC을 보기 좋게 정리해주는 역할을 합니다. 가독성을 높이기 위해 사용하는 것이지 다른 기능을 제공하는 것은 아닙니다.

MultiBlocProvider를 사용하지 않고 다중 BLoC을 지정하는 방법

```
@override
Widget build(BuildContext context) {
  return BlocProvider(
    create: (context) => SampleBloc(),
    child: BlocProvider(
      create: (context) => SampleSecondsBloc(),
      child: BlocProvider(
        create: (context) => SampleThirdBloc(),
        child: SamplePage(),
      ),
    ),
  );
}
```

MultiBlocProvider를 사용하여 다중 BLoC을 지정하는 방법

```
@override
Widget build(BuildContext context) {
  return MultiBlocProvider(
    providers: [
      BlocProvider(create: ((context) => SampleBloc())),
```

```
    BlocProvider(create: ((context) => SampleSecondsBloc())),
    BlocProvider(create: ((context) => SampleThirdBloc())),
  ],
  child: SamplePage(),
  );
}
```

5.5.3 BlocBuilder

BlocBuilder는 BlocProvider로 등록된 BLoC의 상태 변화를 감지하여 화면을 다시 그릴 때 사용
됩니다. 상태 변화가 생기면 builder가 다시 호출되며, 변화된 state(상태)를 받아서 화면을 다시
그리게 됩니다. BlocBuilder를 사용하려면 2가지 제네릭 타입을 지정해야 합니다.

```
BlocBuilder<SampleBloc, int>(
  builder: (context, state) {
    return Text('변화된 상태 값 : $state');
  },
),
```

첫 번째 제네릭 타입에는 사용할 BLoC · Cubit 클래스를 지정하고, 두 번째 타입에는 BLoC · Cubit
이 관리하는 상태 타입을 지정합니다. 그리고 builder 함수는 context와 현재 변화된 상태 값을 받
아서 화면에 표현합니다.

```
BlocBuilder<SampleBloc, int>(
  bloc: newBloc,
  builder: (context, state) {
    return Text('변화된 상태 값 : $state');
  },
),
```

bloc 옵션을 사용하여 직접 BLoC을 지정할 수도 있지만, 특별한 경우를 제외하고는 사용하지 않는
것이 좋습니다. 예를 들어 showDialog 안에서 BLoC을 사용해야 할 경우에 유용합니다.

```
BlocBuilder<SampleBloc, int>(
  buildWhen: (previous, current) {
    return current > 10;
  },
  builder: (context, state) {
    return Text('변화된 상태 값 : $state');
  },
),
```

buildWhen 옵션을 통해 상태가 바뀌더라도 특정 조건에서만 화면을 갱신하도록 할 수 있습니다. 이를 통해 성능을 개선할 수 있습니다.

5.5.4 RepositoryProvider, MultiRepositoryProvider

리포지토리(저장소)를 사용하기 위해 context에 등록해주는 위젯입니다. 쉽게 말해 BLoC이 아닌 일반 클래스를 하위 위젯에서 context로 쉽게 접근할 수 있도록 만들어주는 역할을 합니다. 하지만 아무 클래스를 전역적으로 만들어 사용하는 것은 좋지 않습니다.

BLoC 공식 사이트에서도 이러한 우려가 있어서인지 리포지토리를 적절한 목적으로 사용하라고 권장합니다. 여기서 말하는 리포지토리는 로컬 데이터 관리, 데이터베이스 처리, 외부 API 통신 등을 통해 데이터를 관리하는 계층을 의미합니다. 보통은 BLoC · Cubit에 의존성을 주입하여 사용합니다.

```
@override
Widget build(BuildContext context) {
  return RepositoryProvider(
    create: (context) => RepositorySample(),
    child: BlocProvider(
      create: (context) => SampleBlocDI(context.read<RepositorySample>()),
      child: SamplePage(),
    ),
  );
}
```

MultiRepositoryProvider는 MultiBlocProvider와 동일한 목적으로 제공됩니다. 즉, 여러 개의 리포지토리를 한 번에 깔끔하게 관리할 수 있도록 도와줍니다.

MultiRepositoryProvider를 사용하지 않은 경우

```
@override
Widget build(BuildContext context) {
  return RepositoryProvider(
    create: (context) => RepositorySample(),
    child: RepositoryProvider(
      create: (context) => RepositorySecondSample(),
      child: RepositoryProvider(
        create: (context) => RepositoryThirdSample(),
        child: SamplePage(),
      ),
    ),
  );
}
```

MultiRepositoryProvider를 사용하는 경우

```
@override
Widget build(BuildContext context) {
  return MultiRepositoryProvider(
    providers: [
      RepositoryProvider(
        create: (context) => RepositorySample(),
      ),
      RepositoryProvider(
        create: (context) => RepositorySecondSample(),
      ),
      RepositoryProvider(
        create: (context) => RepositoryThirdSample(),
      )
    ],
    child: SamplePage()
  );
}
```

이렇게 MultiRepositoryProvider를 사용하면 여러 개의 리포지토리를 더 깔끔하고 간편하게 관리할 수 있습니다.

5.5.5 BlocSelector

BlocSelector는 BLoC에 등록된 상태 중 특정 요소를 선택하여 그 값이 변경될 때 화면을 갱신해주는 위젯입니다. BlocBuilder와 달리 BlocSelector는 3가지 제네릭 타입을 선언해주어야 합니다.

```
BlocSelector<BlocSelectorBloc, BlocSelectorState, bool>(
  selector: (state) => state.changeState,
  builder: (context, state) {
    return Icon(
      Icons.favorite,
      color: state ? Colors.red : Colors.grey,
      size: 50,
    );
  },
),
```

첫 번째와 두 번째는 BlocBuilder처럼 BLoC · Cubit 클래스와 상태를 등록합니다. 다른 점은 세 번째 타입인데 이 부분에는 두 번째 상태 클래스에서 원하는 멤버 타입을 선언하면 됩니다.

두 번째 상태 클래스의 구조

```
class BlocSelectorState extends Equatable {
  final bool changeState;
  final int value;
  BlocSelectorState({this.changeState = false, this.value = 0});

  @override
  List<Object?> get props => [value, changeState];
}
```

BlocSelectorState 클래스에서는 bool과 int 타입의 상태 값을 관리합니다. 이 중에서 원하는 상태 값을 선택해 세 번째 제네릭 타입으로 선언해줍니다. 그런 다음 selector로 전달된 state 값에서

세 번째 제네릭 타입으로 선언한 멤버를 선택합니다. 그리고 state.changeState를 반환시켜주면 설정이 완료된 것입니다. 그다음 builder는 changeState 값이 바뀔 때 호출되며, 이때의 state 값은 BlocSelectorState 클래스가 아닌 changeState 값만을 받게 됩니다.

5.5.6 BlocListener, MultiBlocListener

Bloc의 상태가 변할 때 화면을 갱신하지 않고 이벤트만 발생시키고 싶을 때 사용합니다. 사용 방법은 BlocBuilder와 비슷합니다. 첫 번째 제네릭 타입에는 BLoC · Cubit 클래스를, 두 번째에는 관리되는 상태의 타입을 넣어줍니다. BlocBuilder와 다른 점은 builder 함수 대신 child 위젯 옵션을 등록한다는 것입니다.

```
BlocListener<SampleBloc, int>(
  listener: (context, state) {
    if(state > 10){
      _showMessage(context);//상태 값이 10이상이 되면 메세지를 띄우는 이벤트 수행
    }
  },
  child: Text(
    '상태가 바뀌어도 다시 그리지 않아요!!',
    style: const TextStyle(fontSize: 70),
  ),
)
```

여기서 꼭 만들어야 하는 함수는 listener입니다. 이 함수는 상태가 바뀔 때 호출되어 이벤트만 처리합니다. 예를 들어 특정한 연산을 수행하거나 팝업 메시지를 띄우는 등의 작업을 할 수 있습니다. 또한 BLoC 간 통신이 필요할 때도 사용할 수 있습니다.

5.5.7 BlocConsumer

BlocConsumer는 BlocBuilder와 BlocListener를 합친 것으로 생각하면 됩니다. 이벤트를 처리하면서 동시에 화면도 업데이트해야 할 때 사용됩니다.

```
BlocConsumer<SampleBloc, int>(
  listenWhen: (previous, current) => current > 5,
  listener: (context, state) {
    _showMessage(context);
  },
  buildWhen: (previous, current) => current % 2 == 0,
  builder: (context, state) => Text(
    state.toString(),
    style: const TextStyle(fontSize: 70),
  ),
)
```

앞의 예시에서는 상태 값이 5 이상일 때 메시지를 띄우고, 상태 값이 짝수일 때 화면을 업데이트합니다. 만약 BlocConsumer를 사용하지 않는다면, BlocListener와 BlocBuilder를 함께 사용하여 동일한 기능을 구현할 수 있습니다.

```
BlocListener<SampleBloc, int>(
  listenWhen: (previous, current) => current > 5,
  listener: (context, state) {
    _showMessage(context);
  },
  child: BlocBuilder<SampleBloc, int>(
    buildWhen: (previous, current) => current % 2 == 0,
    builder: (context, state) => Text(
      state.toString(),
      style: const TextStyle(fontSize: 70),
    ),
  ),
)
```

5.5.8 BLoC · Cubit 사용법

간단한 더하기 예시를 통해 Cubit과 BLoC의 사용 방법을 알아보겠습니다. 먼저 Cubit의 클래스 구조를 살펴보겠습니다.

```
class CountCubit extends Cubit<int>{ // ------- 1
  CountCubit():super(0); // ------- 2

  void addCount(){ // ------ 3
    emit(state+1); // ------ 4
  }

  void subtractCount(){ // ------ 5
    emit(state-1);
  }
}
```

1 : CountCubit을 만들 때 Cubit을 상속받습니다. 이때 어떤 타입을 상태로 관리할지 지정해야 합니다. 여기서는 Cubit<int>로 선언하여 int 타입을 상태로 관리합니다.

2 : Constructor(생성자) 클래스를 생성할 때 Cubit<int>에 초기 상태 값을 넣어줘야 합니다.

파라미터로 값을 넘겨받아 초기화하는 방법

Cubit 클래스를 생성할 때마다 다른 값을 초기화해야 할 때 사용합니다.

```
CountCubit(int initValue):super(initValue);

//or

CountCubit(super.initValue);

//둘다 가능합니다.
```

고정된 초깃값을 설정하는 방법

```
CountCubit():super(0);
```

3과 5는 화면에 표시된 Count 값을 더하고 빼주는 이벤트를 호출하는 부분입니다. 4번의 emit 함수는 부모 클래스에서 정의되어 있어서 이 함수를 통해 상태 값을 바꿀 수 있습니다. 상태 값이 변경되면 구독 중인 화면이 자동으로 갱신됩니다. state 변수는 현재 관리되고 있는 상태 값을 나타내며,

Cubit〈int〉로 선언했기 때문에 int 타입의 값을 갖고 있습니다.

이제 CountCubit 클래스를 화면에서 어떻게 context에 주입하고 사용할 수 있는지를 알아보겠습니다.

context에 CountCubit 주입

```
@override
Widget build(BuildContext context) {
  return MaterialApp(
    title: 'BLoC / Cubit 사용법',
    theme: ThemeData(
      primarySwatch: Colors.blue,
    ),
    home: BlocProvider(
      create: (context) => CountCubit(),
      child: const CountViewPage(),
    ),
  );
}
```

context에 등록하기 위해 flutter_bloc 패키지의 BlocProvider를 활용합니다. 이를 통해 하위 위젯인 CountViewPage에서 CountCubit에 접근할 수 있습니다.

상태 값 표시

```
BlocBuilder<CountCubit, int>(
  builder: (context, state) {
    return Text(
      state.toString(),
      style: const TextStyle(fontSize: 50),
    );
  },
),
```

BlocBuilder를 사용하여 모니터링할 Cubit을 지정하고, builder 함수를 통해 값이 변할 때 이를 Text 위젯으로 표시합니다.

이벤트 등록

다음과 같이 이벤트를 등록하여 버튼 클릭 시 CountCubit을 통해 카운트 값을 조작할 수 있습니다.

```
// 더하기 함수 이벤트
ElevatedButton(
  onPressed: context.read<CountCubit>().addCount,
  child: const Text('더하기'),
)

// 빼기 함수 이벤트
ElevatedButton(
  onPressed: context.read<CountCubit>().subtractCount,
  child: const Text('빼기'),
)
```

버튼 클릭 시 context를 통해 CountCubit을 가져와 이벤트를 직접 호출합니다. 이 기본 구조를 잘
이해하면 다양한 상황에서 응용할 수 있습니다.

전체 코드

 main.dart

```
import 'package:bloc_sample/cubit/count_cubit.dart';
import 'package:bloc_sample/src/count_view_page.dart';
import 'package:flutter/material.dart';
import 'package:flutter_bloc/flutter_bloc.dart';

void main() {
  runApp(const MyApp());
}

class MyApp extends StatelessWidget {
  const MyApp({super.key});

  // This widget is the root of your application.
  @override
  Widget build(BuildContext context) {
    return MaterialApp(
      title: 'Flutter Demo',
```

```
        theme: ThemeData(
          primarySwatch: Colors.blue,
        ),
        home: BlocProvider(
          create: (context) => CountCubit(),
          child: const CountViewPage(),
        ),
      );
    }
}
```

count_view_page.dart

```
import 'package:bloc_sample/cubit/count_cubit.dart';
import 'package:flutter/material.dart';
import 'package:flutter_bloc/flutter_bloc.dart';

class CountViewPage extends StatelessWidget {
  const CountViewPage({super.key});

  @override
  Widget build(BuildContext context) {
    return Scaffold(
      body: Center(
        child: Column(
          mainAxisAlignment: MainAxisAlignment.center,
          children: [
            BlocBuilder<CountCubit, int>(
              builder: (context, state) {
                return Text(
                  state.toString(),
                  style: const TextStyle(fontSize: 50),
                );
              },
            ),
            ElevatedButton(
              onPressed: context.read<CountCubit>().addCount,
              child: const Text('더하기'),
            ),
            ElevatedButton(
              onPressed: context.read<CountCubit>().subtractCount,
```

```
          child: const Text('빼기'),
        ),
      ],
    ),
    ),
    ),
  );
  }
}
```

count_cubit.dart

```
import 'package:bloc/bloc.dart';

class CountCubit extends Cubit<int> {
  CountCubit() : super(0);

  void addCount() {
    emit(state + 1);
  }

  void subtractCount() {
    emit(state - 1);
  }
}
```

이와 같은 간단한 구조를 Cubit이 아닌 BLoC으로 변경해서 사용해보겠습니다.

```
class CountBloc extends Bloc<CountEvent, int> { // --------- 1
  CountBloc() : super(0) { // ------- 2
    on<AddCountEvent>(addCount); // -------- 3
    on<SubstractCountEvent>(subtractCount); // -------- 4
  }

  void addCount(AddCountEvent event, emit) { // ------- 3-1
    emit(state + 1); // ------ 5
  }

  void subtractCount(SubstractCountEvent event, emit) { // -------- 4-1
    emit(state - 1);
```

```
    }
  }
```

1에서 CountBloc을 생성할 때 BLoC을 상속받습니다. Cubit과 달리 2가지 제네릭 타입을 지정해 줘야 합니다. 첫 번째는 이벤트 타입이고, 두 번째는 Cubit과 마찬가지로 상태 관리에 사용할 타입입니다. 여기서 주목할 점은 첫 번째로 지정하는 이벤트 타입입니다. Cubit의 경우 화면(View)에서 직접 이벤트 함수를 호출하지만, BLoC의 경우 이벤트를 스트림으로 구독하여 처리합니다. 그래서 다른 상태 관리 방식보다 어렵게 느껴질 수 있습니다.

우선 CountBloc은 2가지 이벤트를 통해 상태를 관리하는데 바로 더하기 이벤트와 빼기 이벤트입니다. 이벤트가 하나 이상이기 때문에 공통 클래스로 추상 클래스인 CountEvent를 만들고, 이를 상속 받아 2가지 이벤트 클래스를 만듭니다.

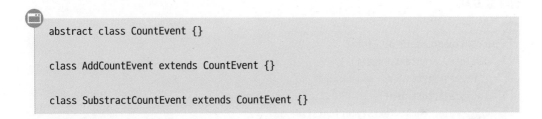

```
abstract class CountEvent {}

class AddCountEvent extends CountEvent {}

class SubstractCountEvent extends CountEvent {}
```

클래스가 비어 있어도 상관없습니다. BLoC에서는 어떤 클래스 이벤트인지에 따라 분기 처리해줄 것입니다. 이제(2가지 이벤트의 로직을 작성하기 위해) BLoC에 이벤트가 들어오면 특정 이벤트에 맞게 분기해달라고 등록해야 합니다. stream.listen처럼 말이죠. 3과 4의 형태를 보면 on 함수를 정의하게 됩니다. 이 함수에서 첫 번째 인자로 넘겨받는 이벤트를 제네릭으로 정의하면, 해당 이벤트가 발생할 때 이 함수가 실행됩니다. 3의 경우 3-1의 이벤트를 등록했기 때문에, 이벤트가 발생하면 3-1 이벤트가 실행됩니다. 상태 변경은 Cubit과 동일하게 emit 함수에 상태를 전달하면 됩니다.

이제 CountBloc을 context에 주입하여 화면에서 사용하는 방법을 알아보겠습니다.

context에 CountBloc 주입

```
@override
Widget build(BuildContext context) {
  return MaterialApp(
```

```
    title: 'Flutter Demo',
    theme: ThemeData(
      primarySwatch: Colors.blue,
    ),
    home: BlocProvider(
      create: (context) => CountBloc(),
      child: const CountViewPage(),
    ),
  );
}
```

context에 CountBloc을 등록하기 위해 flutter_bloc 패키지의 BlocProvider를 활용합니다. 이렇게 하면 하위 위젯인 CountViewPage에서 CountBloc에 접근할 수 있습니다.

상태 값 표시

```
BlocBuilder<CountBloc, int>(
  builder: (context, state) {
    return Text(
      state.toString(),
      style: const TextStyle(fontSize: 50),
    );
  },
),
```

BlocBuilder를 사용하여 모니터링할 BLoC을 지정하고, builder 함수에서 상태가 변경될 때마다 Text 위젯을 통해 값을 표시합니다. 이 부분은 Cubit과 동일합니다.

이벤트 등록

```
// 더하기 함수 이벤트
ElevatedButton(
  onPressed: () {
    context.read<CountBloc>().add(AddCountEvent());
  },
  child: const Text('더하기'),
)
```

```
// 빼기 함수 이벤트
ElevatedButton(
  onPressed: () {
    context.read<CountBloc>().add(SubstractCountEvent());
  },
  child: const Text('빼기'),
)
```

버튼 클릭 시 context에서 CountBloc을 가져와 이벤트를 추가합니다. Cubit을 사용할 때는 직접 함수를 호출하지만 BLoC의 경우 이벤트를 스트림에 담아 처리합니다.

5.6 GetX 사용법

5.6.1 GetX를 사용하는 이유

2023년 상반기 기준으로 가장 인기 있는 상태 관리 라이브러리는 GetX입니다. 사용이 편리하고 강력한 기능을 제공하기 때문에 인기가 매우 높습니다. GetX는 단순한 상태 관리 라이브러리를 넘어서 플러터의 미니 프레임워크로 불릴 만큼 여러 유틸리티 기능을 포함하고 있어 불편한 코드를 단순화해 줍니다. GetX로 개발 퍼포먼스를 높일 수 있기에 많은 개발자가 선호한다고 생각합니다. GetX를 사용하는 주요 이유를 몇 가지 살펴보면 다음과 같습니다.

1 단순성: GetX는 상용구 코드를 줄이는 간단한 구문을 통해 쉽게 배우고 사용할 수 있도록 설계되었습니다.

2 성능: GetX는 성능에 최적화되어 있어 더 효율적이고 반응이 빠른 애플리케이션을 제공합니다.

3 반응 상태 관리: GetX는 데이터가 변경될 때 UI를 자동으로 업데이트해주는 반응 상태 관리 솔루션을 제공합니다.

4 종속성 주입: GetX는 종속성을 관리하는 간단한 방법을 제공하여 확장 가능하고 테스트할 수 있는 애플리케이션을 더욱 쉽게 구축할 수 있도록 합니다.

5 국제화 및 현지화: GetX는 번역 처리를 위한 기능을 제공하기 때문에 다국어 애플리케이션을 보다 쉽게 만들 수 있습니다.

이제 GetX의 다양한 기능을 하나하나 살펴보면서 GetX의 장점에 대해 더 깊이 파헤쳐보겠습니다.

5.6.2 의존성 주입

GetX를 사용하려면 먼저 pubspec.yaml 파일에 필요한 라이브러리를 임포트해줘야 합니다. 플러터 명령어로 손쉽게 추가할 수 있습니다.

```
$ flutter pub add get
```

위 명령어를 실행하면 pubspec.yaml 파일에 GetX 라이브러리가 추가되고, 동시에 pub.dev에서 필요한 파일을 다운로드합니다. 이제 GetX가 프로젝트에 세팅되었습니다.

5.6.3 라우트 관리

플러터의 라우트route 관리는 애플리케이션 내에서 서로 다른 화면(경로 또는 페이지라고도 함) 간의 탐색을 처리하는 과정을 의미합니다. 이를 통해 사용자는 다양한 화면으로 이동하거나 이전 화면으로 돌아가서 앱의 다른 부분과 상호작용을 할 수 있으며, 이는 모든 모바일 애플리케이션 구축의 필수 요소입니다.

플러터는 라우트 관리를 위한 다양한 기능을 제공하지만 기본으로 제공되는 라우트 관리 방식은 다소 불편할 수 있습니다. GetX는 이러한 불편함을 개선하기 위해 보다 간편한 라우트 관리 기능을 제공합니다.

라우트 설정

기존 플러터 라우트 관리를 GetX로 관리하려면 몇 가지 초기 설정이 필요합니다.

```
@override
Widget build(BuildContext context) {
  return GetMaterialApp(
    title: 'Getx Route Demo',
    theme: ThemeData(
      primarySwatch: Colors.blue,
    ),
    home: HomePage(),
```

```
  );
}
```

MaterialApp 위젯을 GetMaterialApp으로 변경하면 설정이 완료됩니다. GetMaterialApp은
MaterialApp을 래핑하여 확장한 것으로, 이를 사용하면 기존 설정을 그대로 유지하면서도 GetX의
라우트 관리 기능을 활용할 수 있습니다.

기본 페이지 전환 방식

기존 플러터에서는 FirstPage에서 SecondPage로 이동하기 위해 Navigator를 사용하여 페이지
전환을 처리했습니다.

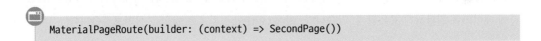
```
Navigator.push(
  context,
  MaterialPageRoute(builder: (context) => SecondPage()),
);
```

위 코드에서는 아래와 같이 불필요한 코드를 계속 작성해줘야 합니다.

```
MaterialPageRoute(builder: (context) => SecondPage())
```

저는 '이 부분을 다음 코드처럼 쉽게 수정할 수는 없을까?'하고 생각한 적이 있었습니다.

```
Navigator.push(SecondPage());
```

앞과 같이 간단하게 페이지 전환을 하고 싶다면, GetX를 사용하면 됩니다.

```
Get.to(SecondPage());
```

이렇게 Get.to 방식을 사용하면 코드가 더 간결해지고 가독성도 높아집니다.

뒤로가기 기능

쌓여있는 라우트 히스토리 중에서 바로 이전 페이지로 이동하게 됩니다.

```
Get.back();
```

전체 history를 지우면서 이동하기

현재 페이지 레이어가 Home 〉 FirstPage 〉 SecondPage 순으로 쌓여 있고, 현재 위치가 SecondPage일 때 Home 화면으로 돌아가려면 전체 히스토리를 지우고 이동해야 합니다. 이를 위해 Get.offAll()을 사용할 수 있습니다.

```
Get.offAll(Home());
```

5.6.4 GetPage 라우트 방식

GetPage를 사용하여 라우트를 관리하면 모든 경로를 한 곳에서 정의할 수 있어 유지 보수에 매우 효율적입니다. 또한 GetPage 경로에 매개변수를 쉽게 전달할 수 있어, 애플리케이션의 다양한 화면 간에 데이터를 원활하게 공유할 수 있습니다. 이제 GetPage 라우트 방식을 살펴보겠습니다.

세팅

```
@override
Widget build(BuildContext context) {
  return GetMaterialApp(
    title: 'Getx Route Demo',
    theme: ThemeData(
      primarySwatch: Colors.blue,
    ),
    initialRoute: '/',
    getPages: [
      GetPage(name : '/', page: ()=>Home()),
      GetPage(name : '/first', page: ()=>FirstPage()),
      GetPage(name : '/second', page: ()=>SecondPage()),
```

```
      ]
    );
  }
```

플러터에서 앱을 만들어봤다면 알겠지만 MaterialApp에서도 미리 경로를 정의하여 관리할 수 있었습니다. GetX의 GetPage를 사용하면 이를 더욱 간편하게 관리할 수 있습니다.

```
@override
Widget build(BuildContext context) {
  return MaterialApp(
    title: 'Flutter Route Demo',
    theme: ThemeData(
      primarySwatch: Colors.blue,
    ),
    initialRoute: '/',
    routes: {
      "/" : (context) => Home(),
      "/first" : (context) => FirstPage(),
      "/second" : (context) => SecondPage(),
    }
  );
}
```

기존 플러터에서 제공하는 라우트 방식과 GetX getPage 방식의 차이에 대해 알아봅시다. 플러터는 라우트를 Map 타입으로 관리합니다. 이 방식은 경로의 수가 증가할수록 관리가 어려워질 수 있다는 단점이 있습니다. 경로가 많아질수록 코드가 복잡해지고 유지 보수가 힘들어집니다.

반면, GetX의 getPages 방식은 라우트를 객체로 관리합니다. 이를 통해 대규모 애플리케이션에서도 더 쉽게 라우트를 구성하고 관리할 수 있습니다. 객체 지향적인 접근 방식은 코드의 가독성을 높이고 유지 보수를 용이하게 합니다.

페이지 전환 방법

```
Get.toNamed('/first');
```

현재 페이지를 지우면서 새로운 페이지로 이동하는 방법

```
Get.offNamed('/second');
```

쌓여있는 페이지를 모두 지우고, 새로운 페이지로 이동하는 방법

```
Get.offAllNamed('/');
```

특정 페이지로 이동하는 방법

페이지가 home 〉 first 〉 second 〉 third 〉 fourth 순서로 쌓여 있을 때, 현재 위치가 fourth라고 가정하고 first 페이지로 이동하려면 다음과 같은 방법을 사용합니다.

```
Get.until((route) => Get.currentRoute == '/first');
```

Arguments 전달 방법

모든 페이지 라우트 이벤트에는 arguments라는 파라미터를 담을 수 있습니다. 즉, 페이지를 넘겨줄 때 원하는 데이터를 담아서 전달할 수 있습니다. arguments의 타입은 동적 타입으로 모든 타입 (int, bool, String, Map, List, class 등)을 전달할 수 있습니다.

HomePage와 DetailsPage라는 2개의 화면이 있다고 가정해봅시다. 여기서 정수 ID와 문자열 제목을 인수로 전달하면서 HomePage에서 DetailsPage로 이동하려고 합니다.

① GetMaterialApp에서 GetPages 경로를 다음과 같이 정의합니다.

```
GetMaterialApp(
  initialRoute: '/home',
  getPages: [
    GetPage(name: '/home', page: () => HomePage()),
    GetPage(name: '/details', page: () => DetailsPage()),
  ],
);
```

② **HomePage에서 DetailsPage로 이동하고 인수를 전달하는 버튼을 만듭니다.**

```
ElevatedButton(
  onPressed: () {
    Get.toNamed('/details', arguments: {'id': 1, 'title': 'Example Title'});
  },
  child: Text('Go to Details'),
),
```

③ **DetailsPage에서 전달된 인수를 수신합니다.**

```
final Map<String, dynamic> args = Get.arguments;

Scaffold(
  appBar: AppBar(title: Text('Details')),
  body: Center(
    child: Column(
      mainAxisAlignment: MainAxisAlignment.center,
      children: [
        Text('ID: ${args['id']}'),
        Text('Title: ${args['title']}'),
      ],
    ),
  ),
);
```

이 예시는 GetX를 사용하여 한 경로(HomePage)에서 다른 경로(DetailsPage)로 인수(여기서는 정수 'id'와 문자열 'title')를 전달하는 방법을 보여줍니다. 인수는 Get.toNamed() 메서드를 사용하여 이동할 경로에 Map 형태로 전달됩니다. 대상 경로(DetailsPage)는 Get.arguments를 사용하여 인수를 검색합니다.

즉, HomePage에서 DetailsPage로 이동할 때 전달된 인수(id와 title)가 DetailsPage에 표시됩니다.

동적 라우팅

동적 라우팅은 애플리케이션에서 유연하고 사용자 정의가 가능한 경로를 생성할 수 있도록 도와줍니다. 이를 통해 데이터나 매개변수를 경로로 직접 전달할 수 있으며, 특정 정보를 공유하면서 다른 화면으로 쉽게 이동할 수 있습니다.

1 동적 라우팅 설정

GetX 라우팅을 구성하려면 기본 MaterialApp 위젯을 GetX의 GetMaterialApp 위젯으로 교체해야 합니다. 이는 main.dart 파일에서 수행됩니다.

```
GetMaterialApp(
  title: 'Flutter Demo',
  theme: ThemeData(
    primarySwatch: Colors.blue,
  ),
  initialRoute: '/',
  getPages: [
    GetPage(name: '/', page: () => HomeScreen()),
    GetPage(name: '/details/:id', page: () => DetailsScreen()), // ----- 1
  ],
);
```

1에는 기존 URL 경로와 조금 다른 형식이 보입니다. 바로 :id인데 이것이 동적 매개변수가 되는 것입니다. 이를 통해 탐색할 때 ID 값을 DetailsScreen에 전달할 수 있습니다. 예를 들어 상품 리스트에서 어떤 상품의 상세 페이지로 이동하거나, 여러 명의 사용자 중 특정 사용자의 상세 페이지로 이동할 때 사용할 수 있습니다. 여기서 id는 상품의 경우 상품 ID를, 사용자의 경우 사용자 ID를 의미합니다. 다음은 상세 페이지로 연결하는 방법을 보여줍니다.

```
Get.toNamed('/details/$id');

// 예를 들어 id 값이 142409라고 한다면 다음과 같이 요청하게 됩니다.
Get.toNamed('/details/142409');
```

2 상세 화면의 동적 매개변수 검색

이전 화면에서 toNamed 메서드를 사용하여 /details/142409 경로로 요청했다면, DetailScreen 페이지에서 이 경로를 받아 해당 정보를 조회하여 화면에 표시해야 합니다. 다음은 DetailScreen 페이지에서 전달받은 매개변수를 사용하는 방법을 보여줍니다.

```
class DetailsScreen extends StatelessWidget {
  final int id;

  DetailsScreen({Key? key})
      : id = int.parse(Get.parameters['id'] ?? '0'),
        super(key: key);

  @override
  Widget build(BuildContext context) {
    return Scaffold(
      appBar: AppBar(title: Text('Details')),
      body: Center(
        child: Text('Details $id'),
      ),
    );
  }
}
```

여기서 path 파라미터의 경우 Get.parameters로 데이터를 받아올 수 있습니다. 사용되는 키(['id'])
는 라우트 설정 시 사용한 키와 일치해야 합니다.

```
GetPage(name: '/details/:id', page: () => DetailsScreen()),
// :id와 ['id'] 매칭
Get.parameters['id']
```

5.7 상태 관리

GetX 상태 관리는 3가지 주요 구성 요소인 GetBuilder, GetX, Obx를 중심으로 이루어집니다.

5.7.1 GetBuilder

GetBuilder는 GetX에서 제공하는 간단한 상태 관리 도구입니다. 소규모 애플리케이션이나 반응형 상태 관리가 필요하지 않은 상황에 적합합니다. GetBuilder는 GetxController를 확장하는 클래스인 controller를 사용합니다.

이제 GetBuilder 파라미터에 대해 살펴봅시다.

init

GetxController를 상속받아 생성한 controller를 만들어줍니다.

```
// counter를 관리하는 getx controller
class CounterController extends GetxController {
  int counter = 0;
}

GetBuilder<CounterController>(
  init: CounterController(), // CounterController를 생성하여 초기화할 수 있다.
  //이하 생략
),
```

builder

GetBuilder의 필수 요소입니다. 이 함수는 등록된 controller를 매개변수로 받아옵니다.

```
GetBuilder<CounterController>(
  init: CounterController(),
  builder: (CounterController controller) {
    return Text(
      'Counter: ${controller.counter}',
      style: TextStyle(fontSize: 24),
    );
  },
),
```

GetBuilder 사용 절차

① GetxController를 상속받아 controller 클래스를 만들고 필요한 속성과 메서드를 정의합니다.

② GetBuilder 위젯에서 controller에 접근해야 하는 위젯을 래핑하고, controller의 유형을 타입 매개변수로 제공합니다.

③ GetBuilder의 init 속성을 사용하여 controller 인스턴스를 생성합니다.

④ GetBuilder의 builder 속성을 사용하여 controller의 속성과 메서드에 접근합니다.

⑤ 위젯을 업데이트하려면 controller에서 update() 메서드를 호출합니다.

위 절차대로 간단한 카운터 애플리케이션을 만들어보면서 GetBuilder를 알아보겠습니다.

① 먼저 Count 관리를 위한 CountController를 GetxController로부터 상속받아 만들어봅니다.

```
import 'package:get/get.dart';

class CounterController extends GetxController {
  int counter = 0;

  void increment() { // ------- 1
    counter++;
    update(); // -------- 2
  }
}
```

1의 increment 함수는 화면에서 호출되는 CounterController 클래스의 함수로, counter 값을 올려주는 기능을 수행합니다. 또한 2의 update 함수는 GetxController 클래스에 구현되어 있으며, 이를 통해 화면에 GetBuilder의 builder가 호출되면서 화면 갱신이 이루어지게 됩니다.

② main.dart 파일에서 CounterPage를 home으로 지정하여 화면에 표시하도록 수정해보겠습니다.

```
import 'package:flutter/material.dart';
import 'package:get/get.dart';
import 'counter_controller.dart';

void main() {
  runApp(MyApp());
```

```
    }

class MyApp extends StatelessWidget {
  @override
  Widget build(BuildContext context) {
    return MaterialApp(
      title: 'GetBuilder Example',
      theme: ThemeData(primarySwatch: Colors.blue),
      home: CounterPage(),
    );
  }
}
```

③ CounterController를 사용할 CounterPage 위젯을 만듭니다.

```
import 'package:flutter/material.dart';
import 'package:get/get.dart';
import 'counter_controller.dart';

class CounterPage extends StatelessWidget {
  @override
  Widget build(BuildContext context) {
    return Scaffold(
      appBar: AppBar(title: Text('GetBuilder Example')),
      body: Center(
        child: GetBuilder<CounterController>(
          init: CounterController(), // ------- 1
          builder: (controller) {
            return Text(
              'Counter: ${controller.counter}', // ------- 2
              style: TextStyle(fontSize: 24),
            );
          },
        ),
      ),
      floatingActionButton: FloatingActionButton(
        onPressed: () { // ------- 3
          Get.find<CounterController>().increment();
        },
        child: Icon(Icons.add),
```

```
      ),
    );
  }
}
```

1: GetBuilder의 init 속성을 사용하여 CounterController를 초기화합니다. 이렇게 하면 화면에서 controller를 사용할 준비가 됩니다.

2: builder는 controller에서 update() 함수가 호출될 때마다 실행됩니다. 이 속성은 controller로부터 모든 상태 값을 가져올 수 있습니다. 현재 코드에서는 counter밖에 없기 때문에 controller.counter을 사용하여 화면에 증가된 숫자를 표시합니다.

3: FloatingActionButton이 클릭될 때마다 controller의 상태를 업데이트해야 합니다. Get.find를 사용하면 위젯 트리의 어느 위치에서든지 등록된 모든 controller에 접근할 수 있습니다. Get.find<CounterController>()와 같이 호출하면 controller를 찾을 수 있으며, increment 함수를 호출하면 화면이 갱신됩니다.

5.7.2 GetX

GetX는 반응형 상태 관리 솔루션으로 시스템이 자동으로 추적하는 반응 변수를 사용합니다. 반응 변수가 변경되면 이를 의존하는 모든 위젯이 자동으로 다시 빌드됩니다.

💡 반응 변수reactive variable는 상태 관리 솔루션에서 상태 변화를 자동으로 감지하고, 그 변화에 따라 UI를 자동으로 갱신하는 변수를 의미합니다

GetX의 파라미터에 대해 살펴봅시다.

init

GetxController를 상속받아 생성할 controller를 만들어줍니다.

```
// counter를 관리하는 getx controller
class CounterController extends GetxController {
  int counter = 0;
}
```

```
GetX<CounterController>(
  init: CounterController(), // CounterController를 생성하여 초기화할 수 있다.
  //이하 생략
),
```

builder

GetBuilder의 필수 요소로, 함수를 등록하며 등록한 controller가 파라미터로 넘어옵니다.

```
GetX<CounterController>(
  init: CounterController(),
  builder: (CounterController controller) {
    return Text(
      'Counter: ${controller.counter}',
      style: TextStyle(fontSize: 24),
    );
  },
),
```

GetX 사용 절차

GetxController를 상속하여 controller 클래스를 만들고 RxInt, RxString 등과 같은 Rx 유형을 사용하여 obs 한정자를 붙여 반응형 속성을 정의합니다.

① controller 클래스에서 반응 속성을 수정하는 메서드를 정의합니다.

② controller에 접근해야 하는 위젯을 GetX 위젯으로 래핑하고, controller 유형을 타입 매개변수로 제공합니다.

③ GetX의 init 속성을 사용하여 controller 인스턴스를 만듭니다.

④ GetX의 builder 속성을 사용하여 controller의 속성과 메서드에 접근합니다

위 절차대로 간단한 카운터 애플리케이션을 만들어보면서 반응형 GetX 위젯에 대해 알아보겠습니다.

① Count 관리를 위한 CountController를 GetxController로부터 상속받아 만들어보겠습니다.

```
import 'package:get/get.dart';
```

```
class CounterController extends GetxController {
  RxInt counter = 0.obs; // ------ 1

  void increment() { // ------- 2
    counter(counter.value + 1); // ------- 3
  }
}
```

1: 상태 관리를 반응형으로 처리하기 위해 RxInt로 counter 변수를 선언해야 합니다. GetBuilder의 경우 Controller 에서 update 이벤트를 발생시켜야 화면이 갱신되지만, Rx로 등록한 변수는 값이 변경되면 자동으로 구독 중인 화면(GetX) 위젯의 builder 함수가 호출되어 화면이 갱신됩니다.

2: 화면에서 버튼 클릭 시 호출되는 함수입니다.

3: 기존 변수 변경과 달리 다소 복잡해보일 수 있습니다. counter가 RxInt 클래스 변수이기 때문에 값에 접근할 때는 value 멤버를 사용해야 합니다. 따라서 counter.value로 접근해야 값을 얻을 수 있습니다. 또한 값을 업데이트하면 서 화면을 갱신하려면 counter를 새 값으로 업데이트해주어야 하는데 counter(새로운 counter) 형태로 값을 설정하면 됩니다.

② main.dart 파일에서 CounterPage를 home으로 지정하여 화면에 보이게 합니다.

```
import 'package:flutter/material.dart';
import 'package:get/get.dart';
import 'counter_controller.dart';

void main() {
  runApp(MyApp());
}

class MyApp extends StatelessWidget {
  @override
  Widget build(BuildContext context) {
    return MaterialApp(
      title: 'GetX Widget Example',
      theme: ThemeData(primarySwatch: Colors.blue),
      home: CounterPage(),
    );
  }
}
```

③ CounterController를 사용할 CounterPage 위젯을 만듭니다.

```dart
import 'package:flutter/material.dart';
import 'package:get/get.dart';
import 'counter_controller.dart';

class CounterPage extends StatelessWidget {
  @override
  Widget build(BuildContext context) {
    return Scaffold(
      appBar: AppBar(title: Text('GetX Widget Example')),
      body: Center(
        child: GetX<CounterController>(
          init: CounterController(),  // ------- 1
          builder: (CounterController controller) {
            return Text(
              'Counter: ${controller.counter}', // ------- 2
              style: TextStyle(fontSize: 24),
            );
          },
        ),
      ),
      floatingActionButton: FloatingActionButton(
        onPressed: (){// ------- 3
          Get.find<CounterController>().increment();
        },
        child: Icon(Icons.add),
      ),
    );
  }
}
```

1: CounterController를 초기화합니다. 이렇게 하면 GetX 위젯이 CounterController를 사용할 수 있게 됩니다.

2: builder는 controller의 상태가 변경될 때 자동으로 호출됩니다. 여기서는 counter밖에 없기 때문에 controller. counter를 통해 증가된 숫자를 화면에 표시합니다.

3: FloatingActionButton을 클릭할 때마다 controller의 상태를 업데이트해야 하기 때문에 CounterController에 접근해야 합니다. 어느 위치, 어떤 위젯 트리와 상관없이 Get.find를 사용하면 등록된 모든 controller에 접근할 수 있게 됩니다. Get.find<CounterController>()로 호출하게 되면 controller를 찾을 수 있으며, increment 함수를 호출하면 화면이 갱신됩니다.

5.7.3 Obx

Obx는 GetX에서 제공하는 또 다른 반응형 상태 관리 솔루션으로, GetX보다 훨씬 간결하고 사용하기 쉽습니다. Obx는 GetX와 동일한 반응형 변수 개념을 사용합니다.

Obx 위젯은 하나의 콜백 함수만을 매개변수로 받습니다. 이 함수는 controller에서 상태 값이 변경될 때 호출됩니다.

```
Obx(() {
  return Text(
    'Counter: ${controller.counter}',
    style: TextStyle(fontSize: 24),
  );
});
```

Obx 사용 절차

① GetxController를 상속하는 controller 클래스를 만들고, RxInt, RxString 등과 같은 Rx 유형을 사용하여 obs 한정자를 붙여 반응형 변수를 정의합니다.

② 반응형 속성을 수정하는 방법(메서드)을 정의합니다.

③ Get.put() 또는 Get.lazyPut()을 사용하여 controller의 인스턴스를 생성합니다.

④ Obx() 위젯에서 controller 속성에 접근해야 하는 위젯을 래핑합니다.

⑤ Get.find() 메서드를 사용하여 controller 인스턴스에 접근합니다.

위 절차대로 간단한 카운터 애플리케이션을 만들어보면서 반응형 Obx 위젯에 대해 알아보겠습니다.

① Count 관리를 위한 CountController를 GetxController로부터 상속받아 만들어보겠습니다.

```
import 'package:get/get.dart';

class CounterController extends GetxController {
  RxInt counter = 0.obs; // ------ 1

  void increment() { // ------- 2
    counter(counter.value + 1); // ------- 3
  }
}
```

1 : 상태 관리를 반응형으로 관리하기 위해서 RxInt로 counter 변수를 선언해야 합니다. GetX 위젯을 설명할 때와 마찬가지로 Rx로 등록한 변수의 경우 값만 변경되어도 자동으로 구독 중인 화면(Obx 위젯)의 콜백 함수가 호출되어 화면이 갱신됩니다.

2 : 화면에서 버튼 클릭으로 호출되는 함수입니다.

3 : 기존 변수 변경과 달리 다소 복잡해보일 수 있습니다. counter가 RxInt 클래스 변수이기 때문에 counter 값에 접근하기 위해서는 value라는 멤버 변수를 사용해야 합니다. 그렇기 때문에 counter.value로 접근해야 값을 가져올 수 있습니다. 또한 값을 업데이트하면서 화면을 갱신하기 위해서는 counter를 전체 업데이트해야 합니다. 이때 counter(새로운 counter) 형식으로 넣어주면 됩니다.

② **main.dart 파일에서 CounterPage를 home으로 지정하여 화면에 보여줍니다.**

```dart
import 'package:flutter/material.dart';
import 'package:get/get.dart';
import 'counter_controller.dart';

void main() {
  runApp(MyApp());
}

class MyApp extends StatelessWidget {
  @override
  Widget build(BuildContext context) {
    return MaterialApp(
      title: 'Obx Widget Example',
      theme: ThemeData(primarySwatch: Colors.blue),
      home: CounterPage(),
    );
  }
}
```

③ **CounterController를 사용하는 CounterPage 위젯을 만듭니다.**

```dart
import 'package:flutter/material.dart';
import 'package:get/get.dart';
import 'counter_controller.dart';

class CounterPage extends StatelessWidget {
```

```
  @override
  Widget build(BuildContext context) {
    final CounterController counterController = Get.put(CounterController()); // ---
-- 1
    return Scaffold(
      appBar: AppBar(title: Text('GetX Widget Example')),
      body: Center(
        child: Obx(()=>Text(// ------- 2
          'Counter: ${counterController.counter}',
          style: TextStyle(fontSize: 24),
        )
      ),
    ),
    floatingActionButton: FloatingActionButton(
      onPressed: (){// ------- 3
        counterController.increment();// ------- 4
      },
      child: Icon(Icons.add),
    ),
  );
  }
}
```

1 : GetX와 GetBuilder와 달리 Obx는 controller를 초기화하여 GetX에 주입하는 부분이 존재하지 않습니다. 그렇기 때문에 별도로 바인딩binding해주거나 controller를 사용하기 전에 GetX에 해당 controller를 주입해줘야 합니다. 그 부분을 담당하는 것이 Get.put 혹은 Get.lazyPut입니다.

2 : Obx의 콜백 함수를 등록하면 위젯을 반환해줘야 합니다. Counter의 값을 보여주기 위해 Text 위젯을 사용했으며, 위에서 선언한 counterController를 통해 값을 업데이트하고 있습니다.

3 : FloatingActionButton이 클릭될 때마다 controller의 상태를 업데이트해줘야 하기 때문에 CounterController에 접근해야 합니다. 어느 위치, 어느 위젯 트리와 상관없이 Get.find를 사용하면 등록된 모든 controller에 접근할 수 있습니다. Get.find<CounterController>()로 호출하면 controller를 찾을 수 있으며, increment 함수를 호출하면 화면이 갱신됩니다.

API 통신

이 장에서는 http와 Dio 같은 라이브러리를 사용하여 API 요청을 보내고 응답을 처리하는 방법을 배웁니다. http 라이브러리를 통해 간단한 GET, POST 요청을 수행하는 방법을 익히고, Dio를 사용하여 더 복잡한 요청과 응답 처리를 수행하는 방법을 학습합니다. 또한 JSON 데이터를 파싱하여 다트 객체로 변환하고, 이를 사용하여 UI를 업데이트하는 방법을 다룹니다. 이를 통해 API 통신으로 실시간 데이터를 처리하는 플러터 애플리케이션을 개발할 수 있습니다.

6.1 API란?

API는 Application Programming Interface의 약자로, 서로 다른 소프트웨어 애플리케이션이 통신하고 데이터를 공유할 수 있도록 하는 규칙과 프로토콜을 말합니다. 주로 서버와 클라이언트 간의 소통을 목적으로 사용되며, 클라이언트는 서버의 내부 구조를 알 필요 없이 API 규칙에 맞춰 요청을 보내 원하는 데이터를 얻을 수 있습니다. 이를 통해 개발 과정을 단순화하고 협업을 촉진하며, 다양한 플랫폼 간의 통합을 지원합니다.

6.1.1 API 구성 요소와 개념

1 Methods(메서드): API를 통해 수행할 수 있는 작업으로 데이터 검색을 위한 GET, 새 데이터를 생성하는 POST, 기존 데이터를 업데이트하는 PUT, 데이터를 제거하는 DELETE 등이 있습니다.

2 Request(요청): 클라이언트(주로 애플리케이션)가 API에 특정 작업을 요청하는 것으로 원하는 메서드와 엔드포인트 그리고 필요한 데이터를 지정합니다. 클라이언트는 이 요청을 통해 API에 자신이 원하는 작업을 전달합니다.

3 Response(응답): 클라이언트의 요청을 처리한 후 API가 클라이언트에게 보내는 답변입니다. 응답에는 요청된 데이터, 성공 여부를 나타내는 상태 코드 그리고 관련된 오류 메시지가 포함됩니다.

4 데이터 형식: API는 클라이언트와 데이터를 주고받기 위해 JSON^(JavaScript Object Notation) 또는 XML^(eXtensible Markup Language) 같은 표준 데이터 형식을 자주 사용합니다.

5 인증 및 권한 부여: 많은 API에서 리소스에 접근하려면 인증(신원 증명) 및 권한 부여(특정 권한 부여)가 필요합니다. 이것은 일반적으로 API 키, OAuth 토큰 또는 기타 보안 메커니즘을 통해 이루어집니다.

플러터 사용자 UI에서 어떤 단계를 통해 사용자가 원하는 데이터가 화면에 표시되는지를 간단히 설명하면 다음과 같습니다.

① 사용자 UI 및 이벤트 처리: 사용자가 버튼을 클릭하거나 입력을 변경하면 UI에서 이벤트가 발생합니다. 이러한 이벤트는 다트 코드에 의해 처리되어 API 통신 프로세스를 시작합니다.

② API 요청하기: 플러터 앱에서 http 클라이언트(예: http 패키지 또는 Dio)를 사용하여 API 요청을 보냅니다. 이 단계에서는 API 요청의 주요 구성 요소인 엔드포인트, http 메서드(GET, POST 등) 그리고 필요한 데이터(쿼리 매개변수 또는 요청 본문)를 설정합니다.

③ API 응답 처리: 서버에서 API 응답을 받는 방법을 설명합니다. 응답 데이터를 처리하고 상태 코드를 확인하며, 오류가 발생했을 때 적절히 처리하는 것이 중요합니다.

④ 데이터 구문 분석 및 처리: API 응답 데이터((일반적으로 JSON 또는 XML)를 구문 분석하여 다트 객체 또는 데이터 모델로 변환합니다. 앱의 요구 사항에 맞게 데이터를 조작하거나 변환하는 방법도 포함됩니다.

5 UI 업데이트: 마지막으로 처리된 데이터를 사용하여 사용자에게 표시하거나 앱 상태의 변경 사항을 반영하여 UI를 업데이트합니다.

이제 ②번 단계에서 API 요청을 수행하는 데 자주 사용하는 2가지 플러터 라이브러리인 http와 Dio 의 사용 방법에 대해 살펴보겠습니다.

6.2 http 패키지

http 패키지를 사용한 API 통신에 대해 설명합니다. http 패키지는 http 요청 작성 및 응답 처리를 단순화합니다.

6.2.1 의존성 주입

먼저 pubspec.yaml 파일에 패키지를 추가해야 합니다. 이를 위해 터미널에서 명령어를 입력하거 나 pubspec.yaml 파일에 직접 추가할 수 있습니다.

```
$ flutter pub add http
```

pub.dev[1]에서 http 라이브러리의 버전을 확인한 후, 이를 pubspec.yaml 파일에 추가합니다.

```
dependencies:
  flutter:
    sdk: flutter
  http: ^0.13.5
```

---

1 https://pub.dev/packages/http/install

6.2.2 http 필수 함수

http^{hypertext transfer protocol}는 클라이언트(예: 웹 브라우저, 모바일 앱)와 인터넷 서버 간의 통신을 위한 기반입니다. http는 클라이언트가 서버 측 리소스와 상호작용을 할 수 있도록 다양한 작업을 수행하기 위해 동사라고도 불리는 메서드 집합을 정의합니다. 이러한 메서드는 API 통신에 필수적이며, 클라이언트가 서버와 상호작용을 하는 방식을 결정합니다. API 통신을 위한 가장 일반적인 http 메서드는 다음과 같습니다.

클라이언트(예: 웹 브라우저, 모바일 앱)와 인터넷 서버 간의 통신을 위한 기반입니다. 리소스에서 수행할 원하는 작업을 나타내기 위해 동사라고도 하는 메서드 집합을 정의합니다. 이러한 메서드는 클라이언트가 다양한 방식으로 서버 측 리소스와 상호작용을 할 수 있도록 하므로 API 통신에 필수적입니다. API 통신을 위한 가장 일반적인 http 메서드는 다음과 같습니다.

GET(http.get)

GET 메서드는 리소스에 대한 정보를 검색하는 데 사용됩니다. 읽기 전용 작업이며 리소스를 수정하거나 부작용이 없어야 합니다. GET 요청을 사용할 때 필요한 매개변수는 일반적으로 URL의 쿼리 문자열을 통해 전달됩니다.

http 패키지에서 정의된 GET 함수는 다음과 같습니다.

```
//http 패키지에 정의된 get 함수
Future<Response> get(Uri url, {Map<String, String>? headers})
//사용 예제
http.get('https://sample.com/posts', headers : {'Authorization' , 'Auth Key'});
```

1 url: 요청할 URL을 지정합니다.

2 header: http GET 함수 호출 시 요청 헤더에 필요한 정보를 담습니다. 일반적으로 인증 정보나 content-type과 같은 내용을 담아 요청합니다.

POST(http.post)

POST 메서드는 새 리소스를 생성하는 데 사용됩니다. 일반적으로 요청 본문에 데이터를 포함하여 서버로 보내며, 서버는 이를 처리하여 새로운 리소스를 생성합니다. 서버는 이에 대한 응답으로 생성된 리소스 또는 확인 메시지를 반환합니다.

http 패키지에 정의된 POST 함수는 다음과 같습니다.

```
//http 패키지에 정의된 post 함수
Future<Response> post(
  Uri url, {
  Map<String, String>? headers,
  Object? body,
  Encoding? encoding,
})

//사용 예제
http.post('https://sample.com/post', headers : {'Authorization' , 'Auth Key'}, body
: {'name':'개남'})
```

1 url: 요청할 URL을 지정합니다.

2 headers: http POST 함수 호출 시 요청 헤더에 필요한 정보를 담을 수 있습니다. 일반적으로 인증 정보나 Content-Type과 같은 내용을 포함하여 요청합니다.

3 body: 새 데이터를 생성하기 위한 정보를 담아 서버로 전달합니다.

PUT(http.put)

PUT 메서드는 기존 리소스를 새 데이터로 업데이트하는 데 사용됩니다. POST 메서드와 마찬가지로 요청 본문에 데이터를 포함하여 서버로 보내야 합니다. 서버는 데이터를 처리하여 기존 리소스를 업데이트합니다. PUT 메서드는 멱등적입니다. 즉, 동일한 요청을 여러 번 수행해도 동일한 결과가 나타납니다.

💡 멱등성idempotence은 컴퓨터 과학에서 사용되는 개념으로, 어떤 연산을 여러 번 수행해도 결과가 달라지지 않는 성질을 의미합니다.

http 패키지에 정의된 PUT 함수는 다음과 같습니다.

```
//http 패키지에 정의된 put함수
Future<Response> put(
  Uri url, {
```

```
    Map<String, String>? headers,
    Object? body,
    Encoding? encoding,
})
//사용 예제
http.put('https://sample.com/post/1', headers : {'Authorization' , 'Auth Key'}, body
: {'name':'개남'})
```

1 url: 요청할 URL을 지정합니다.

2 headers: http PUT 함수 호출 시 요청 헤더에 필요한 정보를 담을 수 있습니다. 일반적으로 인증 정보나 Content-Type과 같은 내용을 포함하여 요청합니다.

3 body: 업데이트할 데이터를 담아 서버로 전달해야 합니다.

DELETE(http.delete)

DELETE 메서드는 리소스를 제거하는 데 사용됩니다. 이 요청은 일반적으로 요청 본문에 데이터를 보낼 필요가 없으며, 서버는 요청을 처리한 후 리소스를 삭제하고 확인 메시지나 상태 코드를 반환합니다. http 패키지에 정의된 DELETE 함수는 다음과 같습니다.

```
//http 패키지에 정의된 delete함수
Future<Response> delete(
  Uri url, {
  Map<String, String>? headers,
  Object? body,
  Encoding? encoding,
})
//사용 예제
http.delete('https://sample.com/post/1', headers : {'Authorization' , 'Auth Key'});
```

1 url: 요청할 URL을 지정합니다.

2 headers: http DELETE 함수 호출 시 요청 헤더에 필요한 정보를 담을 수 있습니다. 일반적으로 인증 정보나 Content-Type과 같은 내용을 포함하여 요청합니다.

6.3 API 데이터 확인

이제 RESTful API에서 데이터를 가져오는 간단한 예제를 만들어 보겠습니다. JSONPlaceholder API와 같은 공용 API를 사용하여 더미 데이터를 제공받을 수 있습니다. 먼저 JSONPlaceholder API 문서를 확인합니다.

이제 RESTful API에 더미 데이터를 제공하는 JSONPlaceholder API와 같은 공용 API에서 데이터를 가져오는 간단한 예제를 만들어 보겠습니다. https://jsonplaceholder.typicode.com/guide/에 접속하여 사용할 API 문서를 확인합니다.

Listing all resources

```
fetch('https://jsonplaceholder.typicode.com/posts')
  .then((response) => response.json())
  .then((json) => console.log(json));
```

⎣ Output

```
[
  { id: 1, title: '...' /* ... */ },
  { id: 2, title: '...' /* ... */ },
  { id: 3, title: '...' /* ... */ },
  /* ... */
  { id: 100, title: '...' /* ... */ },
];
```

◅ RESTful API 데이터 확인 예시

/posts API를 사용하여 데이터 리스트를 나열해보겠습니다. 이 API를 통해 데이터를 요청하면 응답은 리스트 형태로 제공됩니다.

Getting a resource

```
fetch('https://jsonplaceholder.typicode.com/posts/1')
  .then((response) => response.json())
  .then((json) => console.log(json));
```

🦝 Output

```
{
  id: 1,
  title: '...',
  body: '...',
  userId: 1
}
```

🦝 API를 사용하여 단일 리소스 가져오기

또한 /posts/1 API를 보면 하나의 POST 데이터의 JSON 구조를 확인할 수 있습니다.

POST 모델 생성

/posts/1 API를 기반으로 응답 데이터 타입에 맞춰 모델을 만들어줍니다.

```dart
class Post {
  final int id;
  final int userId;
  final String title;
  final String body;

  Post({required this.id, required this.userId, required this.title, required this.body});

  factory Post.fromJson(Map<String, dynamic> json) {
    return Post(
      id: json['id'],
      userId: json['userId'],
      title: json['title'],
      body: json['body'],
    );
  }
}
```

API 요청

API 요청을 위해 http 라이브러리를 사용합니다.

```
Future<List<Post>> fetchPosts() async {
  final url = Uri.parse('https://jsonplaceholder.typicode.com/posts');
  final response = await http.get(url); // ----------- 1

  if (response.statusCode == 200) {
    List jsonResponse = json.decode(response.body);
    return jsonResponse.map((post) => Post.fromJson(post)).toList(); // -------- 2
  } else {
    throw Exception('Failed to load posts');
  }
}
```

1: http 패키지의 GET 함수를 통해 API의 posts 목록을 요청합니다. 서버로부터 전달받은 응답이 정상 상태인지 확인합니다.

2: 응답이 정상 상태라면 리스트 요소를 POST 모델로 만들어 반환해줍니다.

화면

main.dart 파일

```
void main() {
  runApp(MyApp());
}

class MyApp extends StatelessWidget {
  @override
  Widget build(BuildContext context) {
    return MaterialApp(
      title: 'API Communication Example',
      theme: ThemeData(
        primarySwatch: Colors.blue,
      ),
      home: PostsScreen(),
    );
  }
}
```

posts_screen.dart 파일

```dart
class PostsScreen extends StatefulWidget {
  @override
  _PostsScreenState createState() => _PostsScreenState();
}

class _PostsScreenState extends State<PostsScreen> {

  Future<List<Post>> fetchPosts() async {
    final url = Uri.parse('https://jsonplaceholder.typicode.com/posts');
    final response = await http.get(url);

    if (response.statusCode == 200) {
      List jsonResponse = json.decode(response.body);
      return jsonResponse.map((post) => Post.fromJson(post)).toList();
    } else {
      throw Exception('Failed to load posts');
    }
  }

  @override
  Widget build(BuildContext context) {
    return Scaffold(
      appBar: AppBar(
        title: Text('API Communication Example'),
      ),
      body: Center(
        child: FutureBuilder<List<Post>>(
          future: fetchPosts(), // ---------- 1
          builder: (context, snapshot) {
            if (snapshot.hasData) { // --------- 2
              return ListView.builder(
                itemCount: snapshot.data!.length,
                itemBuilder: (context, index) {
                  return ListTile( // -------- 3
                    title: Text(snapshot.data![index].title),
                    subtitle: Text(snapshot.data![index].body),
                  );
                },
              );
```

```
          } else if (snapshot.hasError) {
            return Text('${snapshot.error}');
          }
          return CircularProgressIndicator();
        },
      ),
    ),
  );
 }
}
```

1: 위에서 정의한 fetchPosts 함수는 API 호출을 통해 List<Post> 데이터를 받아옵니다.

2: 반환받을 데이터에 문제가 있어 값이 존재하지 않을 수 있기 때문에 hasData로 확인합니다.

3: 데이터를 받아오면 ListTile 위젯을 사용하여 화면에 리스트 형태로 데이터를 표시합니다.

결과 화면

◤ API 데이터 리스트 예시

6.4 Dio 라이브러리

6.4.1 Dio란?

◂ Dio 라이브러리

Dio는 플러터 애플리케이션과 함께 작동하도록 설계된 강력하고 유연한 http 네트워킹 라이브러리
입니다. 다트 프로그래밍 언어를 위해 만들어졌으며, 다양한 기능과 최적화를 제공하여 http 요청을
만들고 API 응답 처리 과정을 단순화합니다.

Dio는 다양한 http 메서드(GET, POST, PUT, DELETE 등)와 파일 업로드 및 다운로드, 요청 및
응답 인터셉터, 타임아웃 처리 등을 지원합니다. 이러한 기능을 통해 네트워크 요청을 더욱 효율적으
로 관리할 수 있습니다.

Dio는 다트의 http 패키지 위에 구축되어 있으며 추가 기능 및 최적화를 통해 http 작업을 더 쉽고
효율적으로 만듭니다. 이를 통해 개발자는 네트워크 요청과 응답을 간편하게 구성하고 관리할 수 있
어 앱의 핵심 기능을 개발하는 데 집중할 수 있습니다.

6.4.2 플러터에서 Dio를 사용하는 이유

Dio는 강력한 http 네트워킹 라이브러리를 찾는 플러터 개발자에게 탁월한 선택이 될 수 있습니다.
다음은 플러터 애플리케이션에서 Dio를 사용해야 하는 몇 가지 이유를 나타낸 것입니다.

1 **향상된 기능**: Dio는 다트의 http 패키지 위에 구축되어 추가 기능과 최적화를 제공합니다. 다양한 http 메서드(GET,
   POST, PUT, DELETE 등), 파일 업로드 및 다운로드, 요청 및 응답 인터셉터, 타임아웃 처리 등을 지원하여 네트워
   킹 작업을 더 잘 제어할 수 있습니다.

2 **간편한 구성**: Dio를 사용하면 전체 애플리케이션에 대한 기본 헤더, 기본 URL, 연결 시간 제한과 같은 기본 옵션을
   쉽게 설정하고 구성할 수 있습니다. 이를 통해 코드가 간소화되고 유지 관리가 더 쉬워집니다.

3 **인터셉터 지원**: Dio는 요청 및 응답에 대한 인터셉터를 지원합니다. 이를 통해 네트워크 호출을 전송하기 전이나 수
   신한 후에 가로채거나 수정할 수 있으며 심지어 취소할 수도 있습니다. 이는 인증 토큰 추가, 로깅, 전역 오류 처리 등
   에 특히 유용합니다.

4 사용자 정의 기능: Dio는 사용자 정의 요청 및 응답 변환기를 지원합니다. 이를 통해 사용자 지정 데이터 형식 처리나 고급 직렬화 논리 구현 등 특정 요구 사항에 맞게 라이브러리를 조정할 수 있습니다.

5 파일 업로드 및 다운로드: Dio는 FormData, MultipartFile 및 진행 모니터링을 지원하여 대용량을 포함한 파일을 쉽게 업로드하고 다운로드할 수 있습니다. 이 기능은 사용자 생성 콘텐츠나 풍부한 미디어 애플리케이션을 다룰 때 특히 유용합니다.

6.4.3 Dio 설치

Dio를 사용하려면 pub.dev의 Dio 패키지를 프로젝트에 설치해야 합니다. 설치 방법은 pubspec.yaml 파일에 직접 추가하는 방법과 명령 프롬프트를 사용하여 추가하는 방법이 있습니다.

pubspec.yaml 직접 추가

```
dependencies:
  flutter:
    sdk: flutter

  dio: ^4.0.0 // 이곳에 pub.dev의 dio 최신 라이브러리 버전을 작성해서 추가합니다.
```

명령 프롬프트로 추가

```
$ flutter pub get dio
```

프로젝트에 Dio 가져오기

```
import 'package:dio/dio.dart';
```

이제 Dio 인스턴스를 만들고 플러터 프로젝트에서 네트워크 요청을 시작할 준비가 되었습니다.

6.4.4 기본 설정 및 구성

기본 설정 및 구성에서는 Dio를 통해 http 요청을 보내는 최소한의 사용 방법을 다룹니다.

```
import 'package:dio/dio.dart';

final dio = Dio(); // ----- 1

void getHttp() async {
  final response = await dio.get('https://dart.dev');  // ----- 2
  print(response);
}
```

1: Dio 클래스의 인스턴스를 만들어야 합니다. 이 인스턴스는 네트워크 요청을 위한 기본 인터페이스 역할을 합니다.

2: dio의 요청 메서드 중 원하는 메서드를 사용하여 API 요청 URL을 넣어 사용합니다. dio에서 제공되는 요청 메서드의 종류는 다음 절에서 알아보겠습니다.

6.4.5 Dio API 요청하기

Dio는 GET, POST, PUT, DELETE와 같은 다양한 유형의 API 요청을 쉽게 수행할 수 있도록 도와줍니다. 이 절에서는 플러터 프로젝트에서 Dio를 사용하여 이러한 요청을 만드는 방법을 다룹니다.

GET 요청

GET 요청을 하려면 Dio 인스턴스에서 get( ) 메서드를 사용하세요. 엔드포인트 URL을 매개변수로 전달하고 필요에 따라 쿼리 매개변수나 헤더를 추가로 포함할 수 있습니다.

```
Future<void> fetchPost(int postId) async {
  try {
    final response = await dio.get('https://some.api.io/post', queryParameters:
{'postId': postId});
    print(response.data);
  } catch (e) {
    print('Error: $e');
  }
}
```

이 예시의 fetchPost 함수는 some.api.io에서 제공하는 API의 /post에 GET 요청을 보내는 함수입니다. postId를 넘겨받아 쿼리 매개변수로 전달하여 원하는 POST의 정보를 불러올 수 있습니다.

 some.api.io는 없는 도메인입니다. 설명을 위해 임의의 도메인을 사용했습니다.

POST 요청

POST 요청을 하려면 Dio 인스턴스에서 post() 메서드를 사용하세요. 엔드포인트 URL을 첫 번째 매개변수로 전달하고, 요청 데이터(일반적으로 다트 Map)를 두 번째 매개변수로 전달합니다. 필요에 따라 사용자 지정 헤더를 포함할 수도 있습니다.

```
Future<void> createPost() async {
  try {
    final postData = {'title': 'Dio에 대해서 알아보자', 'body': 'Dio는 플러터 애플리
케이션과 함께 작동하도록 특별히 설계된 다트 프로그래밍 언어를 위한 강력하고 유연한
http 네트워킹 라이브러리입니다. ', 'userId': 1};
    final response = await dio.post('https://some.api.io/post', data: postData);
    print(response.data);
  } catch (e) {
    print('Error: $e');
  }
}
```

PUT 요청

PUT 요청을 하려면 Dio 인스턴스에서 put() 메서드를 사용하세요. 엔드포인트 URL을 첫 번째 매개변수로 전달하고 요청 데이터(일반적으로 다트 Map)를 두 번째 매개변수로 전달합니다. 필요에 따라 사용자 지정 헤더를 포함할 수도 있습니다.

```
Future<void> updatePost(int postId) async {
  try {
    final updateData = {'title': 'Dio에 대해서 알아보자 (수정본)', 'body': 'Dio는 플
러터 애플리케이션과 함께 작동하도록 특별히 설계된 다트 프로그래밍 언어를 위한 강력하
고 유연한 http 네트워킹 라이브러리입니다. '};
```

```
    final response = await dio.put('https://some.api.io/post/$postId', data:
updateData);
    print(response.data);
  } catch (e) {
    print('Error: $e');
  }
}
```

DELETE 요청

DELETE 요청을 하려면 Dio 인스턴스에서 delete() 메서드를 사용하세요. 엔드포인트 URL을 매개변수로 전달하고 필요에 따라 쿼리 매개변수 또는 헤더를 포함합니다.

```
Future<void> deletePost(int postId) async {
  try {
    final response = await dio.delete('https://some.api.io/post/$postId');
    print(response.data);
  } catch (e) {
    print('Error: $e');
  }
}
```

쿼리 매개변수 및 헤더 관리

Dio로 요청할 때 쿼리 매개변수 또는 사용자 정의 헤더를 쉽게 추가할 수 있습니다. 쿼리 매개변수의 경우 Map⟨String, dynamic⟩을 요청 메서드의 queryParameters 매개변수에 전달합니다. 사용자 지정 헤더의 경우 headers 속성을 사용하여 Map⟨String, String⟩을 options 매개변수에 전달합니다.

```
Future<void> fetchPosts({int? userId, String? authToken}) async {
  try {
    final response = await dio.get(
      'posts',
      queryParameters: {'userId': userId},
      options: Options(
        headers: {'Authorization': 'Bearer $authToken'},
```

```
      ),
    );
    print(response.data);
  } catch (e) {
    print('Error: $e');
  }
}
```

Dio를 사용하면 플러터 애플리케이션에서 다양한 유형의 API 요청을 쉽게 수행할 수 있습니다. Dio 인스턴스에서 적절한 메서드를 사용하여 GET, POST, PUT 또는 DELETE 요청을 빠르게 보내고 필요에 따라 쿼리 매개변수 및 헤더를 관리할 수 있습니다.

6.5 Dio 고급 구성

6.5.1 Dio BaseOption 구성

BaseOptions를 사용하여 네트워킹 계층의 다양한 설정을 세부적으로 조정할 수 있습니다. 아래는 이러한 옵션 중 일부를 설명한 것입니다.

1 sendTimeout: 데이터를 보내기 전에 대기할 최대 시간(밀리초)입니다.

2 responseType: 응답 데이터의 유형을 지정합니다. ResponseType.json, ResponseType.stream, ResponseType.bytes, ResponseType.plain 등 4가지 유형을 지원합니다.

3 followRedirects: 클라이언트가 리디렉션을 따라야 할지 말지를 지정합니다.

4 maxRedirects: 클라이언트가 따라야 할 리디렉션의 최대 횟수를 지정합니다.

5 validateStatus: 응답 상태를 확인하는 사용자 정의 함수입니다.

```
final baseOptions = BaseOptions(
  baseUrl: 'https://api.example.com/',
  connectTimeout: 5000,
  receiveTimeout: 3000,
  sendTimeout: 5000,
  responseType: ResponseType.json,
  followRedirects: false,
```

```
    maxRedirects: 0,
    validateStatus: (status) => status! < 500,
    headers: {
      'Content-Type': 'application/json',
    },
);


  final dio = Dio(baseOptions);
```

인터셉터 사용

인터셉터를 사용하면 요청과 응답을 보내거나 받기 전에 이를 가로채거나 수정 또는 취소할 수 있습니다. 따라서 인터셉터는 로깅, 오류 처리, 인증 등의 다양한 작업에 유용합니다.

dio.interceptors.add() 메서드를 사용하여 Dio 인스턴스에 여러 인터셉터를 추가할 수 있습니다. 아래는 로깅을 수행하는 인터셉터를 생성하여 등록하는 예시입니다.

```
final loggingInterceptor = InterceptorsWrapper(
  onRequest: (options, handler) {
    print('Request: ${options.method} ${options.path}');
    print('Headers: ${options.headers}');
    if (options.queryParameters.isNotEmpty) {
      print('Query Parameters: ${options.queryParameters}');
    }
    if (options.data != null) {
      print('Body: ${options.data}');
    }
    return handler.next(options);
  },
  onResponse: (response, handler) {
    print('Response: ${response.statusCode} ${response.requestOptions.path}');
    print('Headers: ${response.headers}');
    print('Data: ${response.data}');
    return handler.next(response);
  },
  onError: (DioError error, handler) {
    print('Error: ${error.type} ${error.message}');
    print('Error on: ${error.requestOptions.method} ${error.requestOptions.path}');
    if (error.response != null) {
```

```
      print('Error response: ${error.response?.statusCode}');
      print('Error data: ${error.response?.data}');
    }
    return handler.next(error);
  },
);

main() async{
  final dio = Dio();
  dio.interceptors.add(loggingInterceptor);
  await fetchPosts();
}

Future<void> fetchPosts() async {
  try {
    final response = await dio.get('https://jsonplaceholder.typicode.com/posts');
    print('Fetched ${response.data.length} posts');
  } catch (e) {
    print('Error fetching posts: $e');
  }
}
```

출력 로그 확인

```
I/flutter ( 4263): Request: GET <https://jsonplaceholder.typicode.com/posts>
I/flutter ( 4263): Headers: {}
21
I/ViewRootImpl@3e66128[MainActivity]( 4263): [DP] cancelDraw  isViewVisible: true
I/flutter ( 4263): Response: 200 <https://jsonplaceholder.typicode.com/posts>
I/flutter ( 4263): Headers: connection: keep-alive
I/flutter ( 4263): cache-control: max-age=43200
I/flutter ( 4263): x-ratelimit-limit: 1000
I/flutter ( 4263): transfer-encoding: chunked
I/flutter ( 4263): date: Tue, 04 Apr 2023 06:09:36 GMT
I/flutter ( 4263): x-ratelimit-reset: 1679463980
I/flutter ( 4263): content-encoding: gzip
I/flutter ( 4263): vary: Origin, Accept-Encoding
I/flutter ( 4263): age: 10273
I/flutter ( 4263): x-ratelimit-remaining: 999
```

```
I/flutter ( 4263): report-to: {"endpoints":[{"url":"https:\\/\\/a.nel.cloudflare.
com\\/report\\/v3?s=gMAbnCW9G9odxLvnw%2BYe%2FnAkrYSlo85Xyl2NxksvWiY88zfkfQr4ybM
9nNB6yFQfYyb0FX3H86VbqxBG3i8ylGRCH8nY9AAXjxzAhNd8%2BAmU9fWVXgXzjgypgoevE8m8KsXT
cx0tcio6FMCakCwhqPH"}],"group":"cf-nel","max_age":604800}
I/flutter ( 4263): cf-cache-status: HIT
I/flutter ( 4263): content-type: application/json; charset=utf-8
I/flutter ( 4263): pragma: no-cache
I/flutter ( 4263): server: cloudflare
I/flutter ( 4263): x-powered-by: Express
I/flutter ( 4263): access-control-allow-credentials: true
I/flutter ( 4263): alt-svc: h3=":443"; ma=86400, h3-29=":443"; ma=86400
I/flutter ( 4263): nel: {"success_fraction":0,"report_to":"cf-nel","max_age":604800}
I/flutter ( 4263): cf-ray: 7b27622a3f7d19c6-KIX
I/flutter ( 4263): etag: W/"6b80-Ybsq/K6GwwqrYkAsFxqDXGC7DoM"
I/flutter ( 4263): via: 1.1 vegur
I/flutter ( 4263): x-content-type-options: nosniff
I/flutter ( 4263): expires: -1
I/flutter ( 4263): Data: [{userId: 1, id: 1, title: sunt aut facere repellat
provident occaecati excepturi optio reprehenderit, body: quia et suscipit
```

6.5.2 시간 초과 및 재시도 처리

Dio는 연결 처리, 시간 초과 설정, 실패한 요청의 재시도 기능을 제공합니다. BaseOptions 구성을 통해 시간 제한을 설정하고, 사용자 정의 인터셉터를 생성하여 재시도를 처리할 수 있습니다.

인터셉터로 재시도를 처리하는 예

```
class RetryInterceptor extends Interceptor {
  final int maxRetries;
  final Duration retryInterval;

  RetryInterceptor({required this.maxRetries, required this.retryInterval});

  @override
  Future onError(DioError err, ErrorInterceptorHandler handler) async {
    if (err.type == DioErrorType.connectTimeout || err.type == DioErrorType.
receiveTimeout) {
      int retries = 0;
```

```
    while (retries < maxRetries) {
      await Future.delayed(retryInterval);
      try {
        return await handler.resolve(await err.requestOptions.retry());
      } catch (e) {
        if (e is DioError && (e.type == DioErrorType.connectTimeout || e.type ==
DioErrorType.receiveTimeout)) {
          retries++;
        } else {
          return handler.reject(e);
        }
      }
    }
  }
  return handler.reject(err);
 }
}

final dio = Dio();
dio.interceptors.add(RetryInterceptor(maxRetries: 3, retryInterval: const
Duration(seconds: 3)));
```

이러한 고급 구성을 사용하면 Dio를 최적화하여 플러터 애플리케이션에 강력한 네트워킹 계층을 구축할 수 있습니다. BaseOptions로 세밀한 시간 초과 설정을 적용하고, 사용자 정의 인터셉터로 재시도 로직을 구현하면 네트워크 요청의 안정성과 효율성이 높아집니다. 이를 통해 애플리케이션의 네트워킹 기능이 더욱 견고해지고 다양한 상황에 유연하게 대응할 수 있습니다.

6.6 Firebase

6.6.1 Firebase 기능 이해

Firebase는 구글이 제공하는 앱 개발 플랫폼으로 개발자가 앱을 빌드하고 개선하는 데 필요한 다양한 도구와 서비스를 제공합니다. Firebase는 실시간 데이터베이스, 사용자 인증, 파일 저장, 분석과 같은 백엔드 솔루션을 제공하기 때문에 개발자가 프런트엔드 개발에 집중할 수 있어 시간과 노력을 절약할 수 있습니다.

플러터는 하나의 코드로 모바일, 웹, 데스크톱 애플리케이션을 만들 수 있게 도와주는 구글이 만든 오픈소스 UI 도구 키트입니다. Firebase와 플러터를 함께 사용하면 개발자는 앱의 백엔드까지 쉽게 관리할 수 있습니다.

6.6.2 Firebase 서비스

Firebase는 앱 개발에 도움이 되는 다양한 서비스를 제공합니다. 플러터 애플리케이션에 통합할 수 있는 가장 인기 있는 Firebase 서비스는 다음과 같습니다.

1 Firebase Authentication: 이메일/비밀번호, 전화번호, 소셜 미디어 계정을 통한 다양한 로그인 방법을 지원하여 사용자 인증을 안전하고 쉽게 관리할 수 있게 해줍니다.

2 Firestore: 여러 장치와 플랫폼에서 데이터를 저장 및 동기화할 수 있는 실시간 NoSQL 클라우드 데이터베이스를 제공합니다.

3 Firebase Storage: 이미지, 오디오, 비디오 파일과 같은 사용자 생성 콘텐츠를 저장하거나 제공하는 클라우드 기반 저장소 서비스입니다.

4 Firebase Cloud Messaging(FCM): 여러 플랫폼에서 사용자에게 알림과 메시지를 보낼 수 있는 서비스입니다.

5 Firebase Analytics: 사용자 행동과 앱 사용에 대한 통찰력을 제공하여, 개발자가 데이터에 기반한 결정을 통해 애플리케이션을 최적화할 수 있도록 도와줍니다.

6 Firebase Remote Config: 앱을 업데이트하지 않고도 기능이나 구성을 변경할 수 있게 해줍니다.

7 Firebase Crashlytics: 앱의 충돌 보고서를 제공하여 안정성 문제를 식별하고 수정할 수 있도록 도와줍니다.

6.6.3 플러터 프로젝트에 Firebase가 적합한 이유

1 개발 프로세스 가속화: Firebase의 백엔드 서비스 덕분에 개발자가 직접 서버를 구축하고 관리할 필요가 줄어듭니다.

2 앱 기능 향상: Firebase는 애플리케이션에 고급 기능을 추가할 수 있는 강력한 도구를 제공합니다.

3 앱 성능 및 안정성 향상: Firebase의 실시간 데이터 동기화, 충돌 보고, 성능 모니터링 기능을 통해 개발자는 안정적이고 빠른 애플리케이션을 만들 수 있습니다.

4 사용자 인증 간소화: Firebase 인증은 여러 로그인 방법을 지원하여 개발자가 사용자 계정을 쉽게 관리하고 앱을 보호할 수 있게 합니다.

5 손쉬운 확장: Firebase의 인프라는 자동으로 확장되도록 설계되어 있어, 애플리케이션이 많은 데이터와 트래픽을 문제없이 처리할 수 있습니다.

6.6.4 Firebase 계정 설정

Firebase를 플러터 앱과 통합하기 전에 Firebase 계정을 설정해야 합니다. 계정을 만들려면 다음 단계를 따르세요.

① Firebase 웹사이트[2]를 방문합니다.

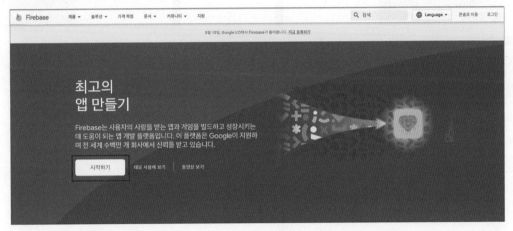

🔥 Firebase 웹사이트

② 구글 계정으로 로그인합니다.

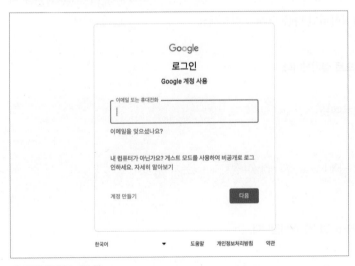

🔥 구글 계정 로그인 창

---

2 https://firebase.google.com/

③ 로그인하면 Firebase 콘솔로 리디렉션됩니다.

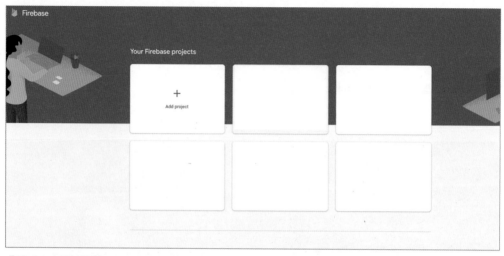

Firebase 콘솔 화면

6.6.5 Firebase 프로젝트 구성 – CLI

Firebase 플러터 CLI는 플러터 프로젝트에서 Firebase 설정을 간편하게 해주는 비공식 명령줄 도구입니다. 이 도구는 설정 과정을 자동화하여 시간을 절약해줍니다. Firebase 플러터 CLI를 사용하여 플러터 앱에 Firebase를 설정하려면 다음 단계를 따르세요.

① Firebase CLI 패키지를 전역으로 설치합니다.

```
npm install -g firebase-tools
```

💡 이 명령을 실행하기 전에 시스템에 Node.js와 npm이 설치되어 있는지 확인하세요.

② 다음 명령을 실행하여 FlutterFire CLI를 설치합니다.

```
$ dart pub global activate flutterfire_cli
```

③ **Firebase의 로그인 상태를 확인하고 연결되어 있지 않으면 로그인합니다.**

```
$ firebase login:list // Firebase 연결 계정 확인
$ firebase login // 로그인이 안 되어 있으면 login 명령어로 로그인 진행
```

④ **Firebase를 연결할 플러터 프로젝트의 루트 디렉터리로 이동합니다.**

```
$ cd /path/to/your/flutter/project
```

⑤ **Firebase를 연동합니다.**

```
$ flutterfire configure
```

```
kimsungduck@gimseonBookPro2 firebase_conf_sample_app % flutterfire configure
i Found 5 Firebase projects.
? Select a Firebase project to configure your Flutter application with ›
› fir-email-signup-sample (firebase-email-signup-sample)
  fire-functions-sample-01 (fire-functions-sample-01)
  flufire-sample-001 (flufire-sample-001)
  flutter-custom-email-login (flutter-custom-email-login)
  rlatjdejr01 (rlatjdejr01)
  <create a new project>
```

◀ Firebase 프로젝트 선택 화면

그러면 연결할 프로젝트를 선택하거나 새로운 프로젝트를 생성할 수 있습니다.

여기서는 〈create a new project〉를 선택하여 진행하겠습니다.

⑥ **첫 번째 설정으로 프로젝트 이름을 입력합니다.**

```
Enter a project id for your new Firebase project (e.g. my-cool-project) > 프로젝트
이름 기재
```

이 이름은 Firebase 콘솔에 표시됩니다.

⑦ 프로젝트 생성이 완료되면 연결할 플랫폼을 선택합니다.

```
i New Firebase project firebase-conf-sample-app created successfully.
? Which platforms should your configuration support (use arrow keys & space to select)? ›
✔ android
✔ ios
  macos
  web
```

❮ 연결할 플랫폼 선택

여기서는 android와 ios만 선택하고 엔터를 누릅니다.

⑧ Gradle 파일을 업데이트합니다.

> The files android/build.gradle & android/app/build.gradle will be updated to apply
> Firebase configuration and gradle build plugins. Do you want to continue?

안드로이드의 build.gradle 파일을 업데이트할지 묻는 메시지가 나타납니다. 'yes'를 입력하여 진행
합니다.

```
Firebase configuration file lib/firebase_options.dart generated successfully with the following Firebase apps:

Platform   Firebase App Id
android    1:806282923052:android:708ced06196516c3fc5589
ios        1:806282923052:ios:914f82f016a0f0f1fc5589

Learn more about using this file and next steps from the documentation:
 > https://firebase.google.com/docs/flutter/setup
```

❮ Firebase 설정 완료 화면

자 이제 설정이 완료되었습니다.

firebase-conf-sample-app

firebase-conf-sample-app

📱 iOS+

❮ Firebase 콘솔 사이트에서의 프로젝트 생성 확인

Firebase 콘솔 사이트[3]로 접속하면 설정한 프로젝트가 생성된 것을 확인할 수 있습니다.

또한 다음 그림과 같이 안드로이드에는 google-services.json 파일이 iOS에는 GoogleService-Info.plist 파일이 자동으로 생성된 것을 확인할 수 있습니다.

❮ Firebase 구성 파일이 생성된 플러터 프로젝트 디렉터리

이제 Firebase를 사용할 준비가 되었습니다.

3 https://console.firebase.google.com/u/1/?pli=1

6.7 Firestore

6.7.1 Firestore 소개

Firestore는 Firebase에서 제공하는 실시간 NoSQL 클라우드 데이터베이스입니다. Firestore로 여러 장치와 플랫폼에서 데이터를 저장하고 동기화할 수 있습니다. 또한 복잡한 데이터 구조 처리뿐 아니라 강력한 쿼리 기능을 제공하여 기능이 풍부하고 반응이 빠른 애플리케이션을 만들 수 있도록 도와줍니다.

Firestore는 문서Document 형태로 데이터를 저장합니다. 각 문서는 키-값 쌍의 집합으로 값은 문자열, 숫자, boolean, Map, 배열 또는 다른 문서에 대한 참조일 수 있습니다. 컬렉션은 계층적으로 데이터를 구성할 수 있어서 하위 컬렉션을 포함할 수 있습니다. 이를 통해 데이터를 쉽게 쿼리하고 관리할 수 있습니다.

Firestore의 주요 기능은 다음과 같습니다.

1 실시간 데이터 동기화: Firestore는 기본 데이터가 변경될 때마다 앱에 표시된 데이터를 자동으로 업데이트하여 사용자가 항상 최신 정보를 볼 수 있도록 합니다.

2 오프라인 지원: Firestore는 강력한 오프라인 지원을 제공하므로 사용자의 인터넷 연결이 제한되거나 없는 경우에도 앱이 작동할 수 있습니다. 오프라인 상태에서 변경된 내용은 인터넷이 다시 연결되면 자동으로 동기화됩니다.

3 확장성: Firestore는 대량의 데이터와 트래픽을 처리하도록 설계되어 앱의 필요에 따라 자동으로 확장됩니다. 따라서 소규모 및 대규모 응용 프로그램 모두에 탁월한 선택입니다.

4 보안: Firestore는 데이터에 대한 접근을 제어하는 데 도움이 되는 세분화된 보안 규칙을 제공합니다. 따라서 승인된 사용자만 앱의 데이터를 읽고 쓰거나 수정할 수 있도록 해줍니다.

5 표현적인 쿼리: Firestore는 강력한 쿼리 기능을 지원하므로 개발자가 데이터를 쉽게 필터링, 정렬, 페이지 매기기를 할 수 있습니다.

다음 절에서는 플러터 앱에서 Firestore를 설정하는 방법을 알아보겠습니다. 또한 CRUD(Create, Read, Update, Delete) 작업 수행, 실시간 데이터 리스너 사용, 복잡한 쿼리 만드는 방법도 살펴보겠습니다.

6.7.2 플러터 앱에서 Firestore 설정

플러터 앱에서 Firestore를 사용하려면 필수 종속 항목을 추가하고 Firestore 인스턴스를 구성해야 합니다. 다음 단계에 따라 Firestore를 설정하세요.

① **pubspec.yaml 파일에 cloud_firestore 패키지를 추가합니다.**

```yaml
dependencies:
  flutter:
    sdk: flutter
  cloud_firestore: ^4.5.0
```

또는 터미널에서 명령어를 입력하여 패키지를 추가합니다.

```
$ flutter pub add cloud_firestore
```

② **Firestore 데이터베이스와 상호작용을 하기 위해 FirebaseFirestore 클래스의 인스턴스를 만듭니다.**

```
FirebaseFirestore firestore = FirebaseFirestore.instance;
```

플러터 앱에서의 Firestore 설정이 완료되었습니다. 이제 CRUD 작업은 물론 실시간으로 데이터 변경 사항을 수신할 수 있고, Firestore 데이터베이스에서 데이터를 검색하는 다양한 쿼리를 만들 수 있습니다.

Firebase 콘솔 설정 과정도 간단히 살펴봅시다.

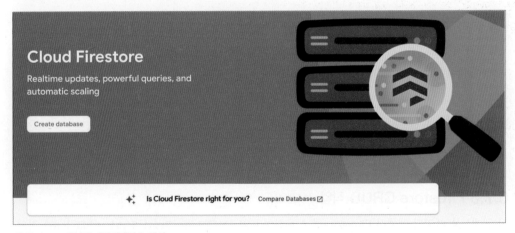

Firebase에서의 데이터베이스 생성

먼저 [Create database]를 클릭해 데이터베이스를 만들어줍니다.

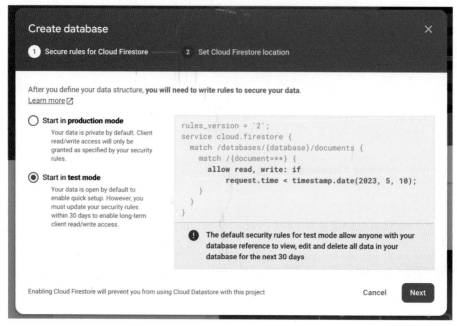

🏁 테스트 모드 설정

그다음 테스트 기간 동안 모든 요청에 접근할 수 있도록 테스트 모드(Start in test mode)를 설정합니다.

> 💡 Firestore 데이터를 안전하게 보호하려면 보안 규칙을 설정해야 합니다. 기본적으로 Firestore는 모든 읽기와 쓰기 작업을 차단합니다. 따라서 앱의 요구사항에 따라 Firebase 콘솔에서 보안 규칙을 적절하게 업데이트해야 합니다.

이제 Firestore를 사용할 준비가 완료되었습니다.

6.7.3 Firestore CRUD 작업

이 절에서는 플러터 앱에서 Firestore를 사용하여 CRUD(Create, Read, Update, Delete) 작업을 수행하는 방법을 알아봅니다.

Create(문서 추가)

Firestore 컬렉션에 문서를 추가하려면 add() 메서드를 사용하면 됩니다. 예를 들어 "users"라는 컬렉션에 문서를 추가하는 방법은 다음과 같습니다.

```
Future<void> addUser(String name, int age) async {
  CollectionReference users = FirebaseFirestore.instance.collection('users');
  await users.add({
    'name': name,
    'age': age,
  });
}
```

또는 set() 메서드를 사용하여 특정 문서 ID로 문서를 만들 수 있습니다.

```
Future<void> addUserWithId(String id, String name, int age) async {
  CollectionReference users = FirebaseFirestore.instance.collection('users');
  await users.doc(id).set({
    'name': name,
    'age': age,
  });
}
```

Read(문서 읽기)

컬렉션에서 단일 문서를 가져오려면 get() 메서드를 사용해야 합니다. 다음은 특정 문서 ID를 가진 사용자 문서를 검색하는 예시입니다.

```
Future<DocumentSnapshot> getUser(String id) async {
  CollectionReference users = FirebaseFirestore.instance.collection('users');
  DocumentSnapshot userSnapshot = await users.doc(id).get();
  return userSnapshot;
}
```

컬렉션에서 모든 문서를 가져오려면 컬렉션 참조에서 get() 메서드를 사용합니다.

```
Future<List<QueryDocumentSnapshot>> getAllUsers() async {
  CollectionReference users = FirebaseFirestore.instance.collection('users');
  QuerySnapshot querySnapshot = await users.get();
  return querySnapshot.docs;
}
```

Update(문서 수정)

문서의 필드를 수정(업데이트)하려면 update() 메서드를 사용합니다. 다음 예시는 특정 문서 ID로 사용자 문서의 이름과 나이 필드를 업데이트하는 방법을 보여줍니다.

```
Future<void> updateUser(String id, String newName, int newAge) async {
  CollectionReference users = FirebaseFirestore.instance.collection('users');
  await users.doc(id).update({
    'name': newName,
    'age': newAge,
  });
}
```

Delete(문서 삭제)

컬렉션에서 문서를 삭제하려면 delete() 메서드를 사용합니다. 다음 예시는 특정 문서 ID를 가진 사용자 문서를 삭제하는 방법을 보여주고 있습니다.

```
Future<void> deleteUser(String id) async {
  CollectionReference users = FirebaseFirestore.instance.collection('users');
  await users.doc(id).delete();
}
```

배포

애플리케이션을 사용자에게 제공하기 위해서는 배포 과정을 거쳐야 합니다. 배포는 웹, 모바일 앱, 데스크톱 애플리케이션 등의 서비스를 사용자가 쉽게 접근하고 이용할 수 있도록 만드는 과정입니다. 특히 모바일 앱의 경우 각 플랫폼에 맞춰 배포해야 합니다. 안드로이드 애플리케이션은 구글 플레이스토어에, iOS 애플리케이션은 애플 앱스토어에 배포합니다. 이번 장에서는 배포를 위한 과정과 필요한 절차를 다룹니다.

CHAPTER

07

7.1 버전 관리

버전 관리를 하는 이유는 여러 개 들 수 있습니다. 변경 사항을 추적하기 위해 필요하기도 하고, 문제가 발생할 경우 빠르게 롤백하거나 복구하기 위한 목적으로 사용하기도 합니다. 또한 사용자에게 변경된 사항을 업데이트할 수 있도록 안내하는 목적으로도 사용됩니다.

7.1.1 버전 관리 방법

모든 앱에는 버전이 있습니다. 버전 표기 방식은 약간씩 다를 수 있지만 일반적으로 메이저, 마이너, 패치로 구분하는 형식을 따릅니다. 각 버전의 숫자는 다음과 같은 경우에 업데이트됩니다.

1 메이저 버전: 이전 버전과 호환되지 않는 큰 변경이 있을 때 업데이트됩니다. 이전 버전을 사용할 경우 문제가 생길 수 있습니다.
2 마이너 버전: 새로운 기능이 추가되거나 기존 기능이 개선될 때 업데이트됩니다.
3 패치 버전: 버그를 수정한 경우 업데이트됩니다.

플레이스토어나 앱스토어에서는 버전 코드를 사용하여 각 버전을 고유하게 식별합니다. 이 코드는 중복되지 않아야 합니다. 안드로이드에서는 이를 버전 코드라고 하고, iOS에서는 프로젝트 버전이라고 부릅니다.

플러터에서 이를 관리하려면 pubspec.yaml 파일의 version 항목을 사용합니다.

version 항목은 '메이저 버전. 마이너 버전. 패치 버전+버전 코드' 형태로 표시됩니다.

```
version: 1.1.1+18
```

여기에서는 메이저 버전, 마이너 버전, 패치 버전이 각각 1이며, 버전 코드는 18이라는 것을 알 수 있습니다.

7.2 앱 아이콘 만들기

앱 아이콘을 만드는 과정은 다소 번거로울 수 있습니다. 동일한 디자인의 아이콘을 다양한 디바이스 해상도에 맞춰 리사이즈하고 각각 저장해야 하기 때문입니다. 예를 들어 안드로이드의 경우 android 〉 app 〉 src 〉 dev 〉 res 〉 경로 아래에 hdpi, mdpi, xhdpi, xxhdpi, xxxhdpi 폴더에 맞춰 아이콘을 저장해야 합니다.

물론 프로젝트를 만들 때 한 번만 작업하면 되지만, 많은 개발자가 이 작업을 자동화할 수 있으면 좋겠다고 생각할 것입니다. 다행히 이러한 번거로운 작업을 자동으로 처리하고 프로젝트 설정까지 해주는 라이브러리가 있습니다. 개발자는 반복적이고 귀찮은 작업을 극도로 싫어하기 때문에 이러한 도구는 매우 유용합니다.

7.2.1 flutter_launcher_icons 라이브러리 사용

flutter_launcher_icons 라이브러리는 번거로운 앱 아이콘 설정 작업을 자동으로 처리해주는 편리한 도구입니다. 이제 프로젝트에 flutter_launcher_icons를 설정해보겠습니다.

라이브러리 설치

```
$ flutter pub add dev:flutter_launcher_icons
```

이 명령어를 실행하면 dev_dependencies 하위에 flutter_launcher_icons가 추가됩니다.

앱 아이콘 리소스 임포트

아이콘으로 사용할 이미지를 assets 폴더 하위에 위치시킵니다. 경로는 다음과 같이 설정했습니다.

```
assets/launcher/app.png
```

이미지 크기는 가장 큰 앱 아이콘 기준으로 설정하면 됩니다. 더 크거나 작아도 상관없지만 이미지 용량과 품질을 고려하여 깨짐 없이 처리하기 위해 512x512 픽셀을 사용할 것을 권장합니다.

pubspec.yaml 세팅

```
flutter_icons:
  ios: true
  android: true
  image_path: "assets/launcher/icon.png"
```

iOS와 안드로이드에 아이콘을 설정할 것이기 때문에 ios와 android를 true로 설정하고, image_ path는 앞서 지정한 이미지 경로로 맞춰줍니다.

안드로이드와 iOS 앱 아이콘 만들기

이제 명령어로 앱 아이콘을 만들겠습니다.

```
flutter pub run flutter_launcher_icons:main
```

이 명령어를 실행하면 안드로이드는 android/app/src/main 폴더에, iOS는 ios/Runner/Assets. xcassets/AppIcon.appiconset 폴더 하위에 해상도에 맞는 앱 아이콘이 생성됩니다.

이제 프로젝트에 필요한 앱 아이콘이 자동으로 설정되었습니다.

7.3 개인정보취급방침 만들기

앱에서 사용자의 개인정보를 다루는 경우, 개인정보취급방침을 통해 사용자에게 데이터를 어떻게 처리하는지 투명하게 알려줘야 합니다. 이 정보는 앱 심사 기준에도 포함됩니다.

개인정보취급방침을 넣지 않고 심사에 통과하더라도 다시 개인정보취급방침을 제공하라는 요청을 받을 수 있습니다. 이제 간단한 방법으로 개인정보취급방침을 만들어보겠습니다.

먼저 개인정보처리방침 사이트[1]에 접속합니다.

---

1 https://www.privacy.go.kr/front/main/main.do

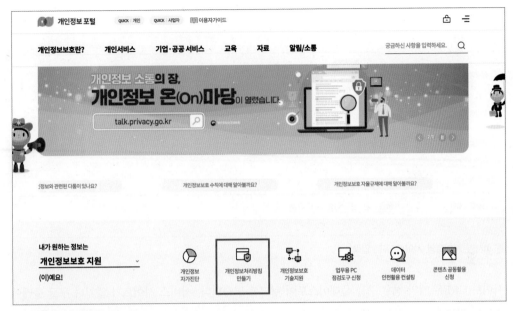

◀ '개인정보처리방침 만들기' 선택

'개인정보처리방침 만들기'를 선택합니다. 그다음 만들려고 하는 개인정보처리방침의 이름을 입력하여 [작성하기]를 클릭합니다.

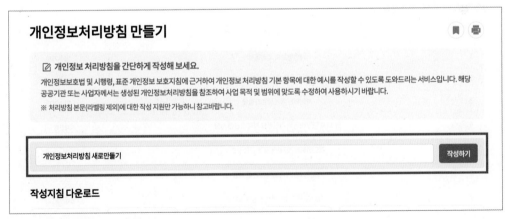

◀ 개인정보처리방침의 이름 지정 및 작성

회사명, 사이트명, 사이트 URL을 차례대로 입력합니다.

일반사항

🔴 기관정보

회사명*	공공　**민간**
사이트명*	
사이트 URL*	

🔴 추가정보

본방침 시행일*	2023 ∨ 년　1 ∨ 월　1 ∨ 일

❮ 회사명, 사이트명, 사이트 URL 입력

사이트 URL은 앱의 경우 구글 플레이스토어 링크를 넣습니다. 서비스 사이트가 없거나 구글 플레이스토어 링크가 없다면 임시로 개인 깃허브의 링크를 넣어도 됩니다. 나중에 링크를 바꿀 수 있기 때문입니다.

개인정보처리방침 기재사항을 추가합니다.

개인정보 처리방침 기재사항

번호	기재사항	선택
1	개인정보의 처리목적	필수기재
2	개인정보의 처리 및 보유 기간 작성	필수기재
3	처리하는 개인정보의 항목	필수기재
4	만 14세 미만 아동의 개인정보 처리에 관한 사항	기재안함 ∨
5	개인정보의 제3자 제공에 관한 사항	기재 ∨
6	개인정보처리의 위탁에 관한 사항	기재 ∨
7	개인정보의 국외 이전에 관한 사항	기재안함 ∨
8	개인정보의 파기절차 및 파기방법	필수기재
9	미이용자의 개인정보 파기 등에 관한 조치	기재안함 ∨

❮ 개인정보처리방침 기재사항

필수로 기재해야 하는 항목이 아니라면 자신의 앱에 맞는 내용을 선택해서 작성하면 됩니다.

개인정보의 처리 목적 작성

1.개인정보의 처리 목적   작성단계 1/13

홈페이지 회원가입 및 관리
- ☐ 회원 가입의사 확인
- ☐ 회원제 서비스 제공에 따른 본인 식별·인증
- ☐ 회원자격 유지·관리
- ☐ 서비스 부정이용 방지
- ☐ 만14세 미만 아동의 개인정보 처리 시 법정대리인의 동의여부 확인
- ☐ 각종 고지·통지
- ☐ 고충처리
- ☐ 직접입력

민원사무 처리
- ☐ 민원인의 신원 확인
- ☐ 민원사항 확인
- ☐ 사실조사를 위한 연락·통지
- ☐ 처리결과 통보
- ☐ 직접입력

- ☐ 물품배송
- ☐ 서비스 제공

◀ 개인정보의 처리 목적 작성

앱에서 사용자의 개인정보를 어떻게 사용하는지에 대해 항목을 선택하거나 직접 입력하여 작성합니다. 각 항목은 꼭 모두 채울 필요는 없으며 실제로 사용하는 내용만 입력하면 됩니다.

개인정보의 처리 및 보유 기간 작성

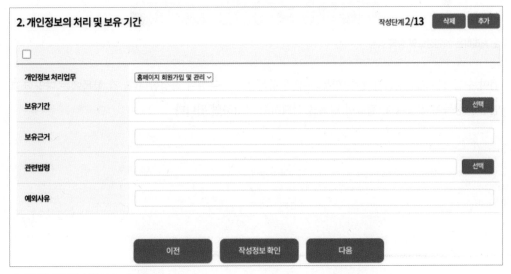

2. 개인정보의 처리 및 보유 기간   작성단계 2/13   [삭제] [추가]

☐

개인정보 처리업무	홈페이지 회원가입 및 관리 ∨
보유기간		선택
보유근거	
관련법령		선택
예외사유	

[이전] [작성정보 확인] [다음]

◀ 개인정보의 처리 및 보유 기간 작성

여기서는 각 항목이 무엇을 의미하는지 잘 이해하고 내용을 작성해야 합니다.

1 보유 기간: 사용자의 개인정보를 앱이 보유하는 기간을 의미합니다. 이 기간은 정책에 명확하게 명시되어야 하며, 정보가 수집된 목적 및 관련 법적 요구사항을 기반으로 해야 합니다.

2 보유 근거: 개인정보를 앱이 보유하는 이유를 의미합니다. 정책에 명확하게 명시되어야 하며 정보가 수집된 목적 및 관련 법적 요구 사항을 기반으로 해야 합니다. 예를 들어 앱이 서비스를 제공하기 위해 개인정보를 수집하는 경우, 보유 이유는 서비스 제공을 위한 것입니다.

3 관련 법령: 개인정보를 수집, 사용, 저장, 공유하는 방식을 규정하는 법률을 의미합니다. 이러한 법률은 개인정보 보호와 관련하여 개인의 권리를 보호하고 기업이나 기관이 정보를 어떻게 관리해야 하는지를 명시합니다.

처리하는 개인정보의 항목 작성

◀ 처리하는 개인정보의 항목 작성

앱이 수집하는 개인정보를 필수 항목과 선택 항목으로 구분하여 작성합니다. 각 항목에는 다양한 개인정보 항목이 있습니다. 필요한 항목을 선택하여 작성하면 됩니다.

개인정보의 제3자 제공에 관한 사항 작성

4. 개인정보의 제3자 제공에 관한 사항　　　　　　　　　　작성단계 4/13　[삭제]　[추가]

☐

개인정보를 제공받는 자	
제공받는 자의 개인정보 이용목적	
제공하는 개인정보 항목	[선택]
제공받는 자의 보유 · 이용기간	[선택]

[이전]　[작성정보 확인]　[다음]

◆ 개인정보의 제3자 제공에 관한 사항 작성

사용자의 개인정보를 앱이나 서비스 제공자 외의 다른 사람 또는 회사와 공유하는 내용을 작성합니다. 이 항목은 사용자의 개인정보 보호에 영향을 미치며 무단 접근, 오용 또는 남용의 위험을 증가시킬 수 있습니다. 따라서 개인정보를 제3자와 공유할지 여부와 그 이유, 제3자의 유형을 사용자가 알기 쉽게 개인정보취급방침에 명확하게 기재해야 합니다. 고객의 정보를 제3자에게 제공하지 않는다면 이 항목은 작성하지 않아도 됩니다

앱이나 서비스 제공자는 개인정보를 제3자와 공유할지 여부와 그 이유, 정보를 제공받을 제3자의 유형을 투명하게 공개해야 합니다. 이러한 정보는 개인정보취급방침에 명확하게 기재되어야 합니다.

개인정보 처리의 위탁에 관한 사항 작성

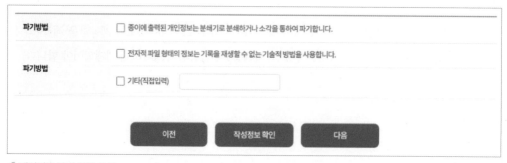

5. 개인정보처리의 위탁에 관한 사항 작성단계 5/13 삭제 추가

☐

위탁 사무명	
위탁받는 자 (수탁자)	
위탁하는 업무의 내용	선택
위탁기간	선택

이전   작성정보 확인   다음

◀ 개인정보 처리의 위탁에 관한 사항 작성

개인정보 처리의 위탁이란 개인정보를 외부의 제3자(콜센터, A/S 센터, 클라우드 서비스 등)에게 맡겨 처리하는 것을 말합니다. 개인정보를 위탁하여 처리하지 않는다면 이 항목을 작성하지 않아도 됩니다.

개인정보의 파기 방법에 관한 사항 작성

파기방법	☐ 종이에 출력된 개인정보는 분쇄기로 분쇄하거나 소각을 통하여 파기합니다.
파기방법	☐ 전자적 파일 형태의 정보는 기록을 재생할 수 없는 기술적 방법을 사용합니다.
	☐ 기타(직접입력)

이전   작성정보 확인   다음

◀ 개인정보 파기 방법 작성

처리 중인 개인정보가 더 이상 필요하지 않으면 지체 없이 파기한다는 내용을 작성합니다. 여기에는 파기 절차와 방법에 대한 구체적인 내용을 포함해야 합니다.

정보주체와 법정대리인의 권리·의무 및 그 행사 방법에 관한 사항 작성

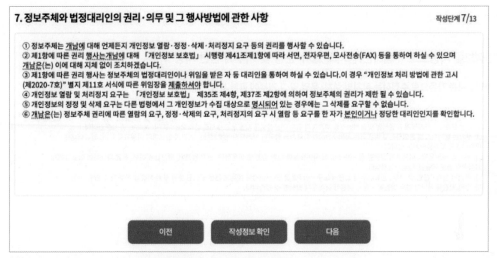

7. 정보주체와 법정대리인의 권리·의무 및 그 행사방법에 관한 사항 작성단계 7/13

① 정보주체는 개념에 대해 언제든지 개인정보 열람·정정·삭제·처리정지 요구 등의 권리를 행사할 수 있습니다.
② 제1항에 따른 권리 행사는개념에 대해 「개인정보 보호법」 시행령 제41조제1항에 따라 서면, 전자우편, 모사전송(FAX) 등을 통하여 하실 수 있으며 개념은(는) 이에 대해 지체 없이 조치하겠습니다.
③ 제1항에 따른 권리 행사는 정보주체의 법정대리인이나 위임을 받은 자 등 대리인을 통하여 하실 수 있습니다.이 경우 "개인정보 처리 방법에 관한 고시 (제2020-7호)" 별지 제11호 서식에 따른 위임장을 제출하셔야 합니다.
④ 개인정보 열람 및 처리정지 요구는 「개인정보 보호법」 제35조 제4항, 제37조 제2항에 의하여 정보주체의 권리가 제한 될 수 있습니다.
⑤ 개인정보의 정정 및 삭제 요구는 다른 법령에서 그 개인정보가 수집 대상으로 명시되어 있는 경우에는 그 삭제를 요구할 수 없습니다.
⑥ 개념은(는) 정보주체 권리에 따른 열람의 요구, 정정·삭제의 요구, 처리정지의 요구 시 열람 등 요구를 한 자가 본인이거나 정당한 대리인인지를 확인합니다.

이전 ｜ 작성정보 확인 ｜ 다음

◀ 정보주체와 법정대리인의 권리 · 의무 및 그 행사 방법에 관한 사항 작성

앞의 그림에 표시된 내용은 작성 예시를 바탕으로 자동 작성된 것입니다. 이 내용을 검토한 뒤 필요에 따라 내용을 수정 및 삭제 또는 추가하여 완성해줍니다.

개인정보의 안전성 확보 조치에 관한 사항 작성

8. 개인정보의 안전성 확보조치에 관한 사항 작성단계 8/13

관리적 보호조치	☐ 내부관리계획의 수립 및 시행
관리적 보호조치	☐ 개인정보 취급 직원의 최소화 및 교육
관리적 보호조치	☐ 정기적인 자체 감사 실시
기술적 보호조치	☐ 개인정보에 대한 접근 제한
기술적 보호조치	☐ 접속기록의 보관 및 위변조 방지
기술적 보호조치	☐ 개인정보의 암호화
기술적 보호조치	☐ 해킹 등에 대비한 기술적 대책
물리적 보호조치	☐ 비인가자에 대한 출입 통제
물리적 보호조치	☐ 문서보안을 위한 잠금장치 사용

이전 ｜ 작성정보 확인 ｜ 다음

◀ 개인정보의 안전성 확보 조치에 관한 사항 작성

개인정보보호법 제29조와 그 아래 시행령 제30조 및 제48조의2항에 따라 시행 중인 안전성 확보 조치에 관한 내용을 작성해야 합니다.

개인정보를 자동으로 수집하는 장치의 설치·운영 및 거부에 관한 사항 작성

9. 개인정보를 자동으로 수집하는 장치의 설치·운영 및 그 거부에 관한 사항 작성단계9/13

① 개남 은(는) 이용자에게 개별적인 맞춤서비스를 제공하기 위해 이용정보를 저장하고 수시로 불러오는 '쿠키(cookie)'를 사용합니다.
② 쿠키는 웹사이트를 운영하는데 이용되는 서버(http)가 이용자의 컴퓨터 브라우저에게 보내는 소량의 정보이며 이용자들의 PC 컴퓨터내의 하드디스크에 저장되기도 합니다.
가. 쿠키의 사용 목적 : 이용자가 방문한 각 서비스와 웹 사이트들에 대한 방문 및 이용형태, 인기 검색어, 보안접속 여부, 등을 파악하여 이용자에게 최적화된 정보 제공을 위해 사용됩니다.
나. 쿠키의 설치·운영 및 거부 : 웹브라우저 상단의 도구>인터넷 옵션>개인정보 메뉴의 옵션 설정을 통해 쿠키 저장을 거부 할 수 있습니다.
다. 쿠키 저장을 거부할 경우 맞춤형 서비스 이용에 어려움이 발생할 수 있습니다.

● 자동 수집 장치를 설치·운영하는 경우 ︿

개남 은(는) 정보주체의 이용정보를 저장하고 수시로 불러오는 '쿠키(cookie)'를 사용하지 않습니다.

○ 자동 수집 장치를 설치·운영하지 않는 경우 ︿

◀ 개인정보를 자동으로 수집하는 장치의 설치·운영 및 거부에 관한 사항 작성

개인정보를 처리하는 담당자가 홈페이지에서 쿠키같이 개인정보를 자동으로 수집하는 장치를 설치하고 운영할 경우, 이 장치의 설치 및 운영 방법과 이를 거부할 방법을 작성해야 합니다.

개인정보 보호책임자에 관한 사항 작성

10. 개인정보 보호책임자에 관한 사항

🔵 기관정보*

작성단계 10/13

성명*		
직책*		
직급*		
연락처*	전화번호	
	이메일	
	팩스번호	

🔵 개인정보 보호 담당부서

부서명		
담당자		
연락처	전화번호	
	이메일	
	팩스번호	

◀ 개인정보 보호책임자에 관한 사항 작성

개인정보 처리자는 개인정보보호법 제31조에 따라 지정한 개인정보 보호책임자의 성명, 부서명, 연락처(전화번호, 이메일 등)를 기재해야 합니다.

개인정보의 열람 청구를 접수·처리하는 부서 작성

🔹 개인정보의 열람 청구를 접수 · 처리하는 부서를 작성

정보주체가 개인정보 열람 청구를 신청할 수 있는 부서명을 기재해야 합니다. 별도의 개인정보 열람 청구 부서가 없다면 개인정보 보호 담당 부서를 그대로 입력해도 됩니다.

정보주체의 권익 침해에 대한 구제 방법 작성

12. 정보주체의 권익침해에 대한 구제방법 작성　　　　작성단계 12/13

정보주체는 개인정보침해로 인한 구제를 받기 위하여 개인정보분쟁조정위원회, 한국인터넷진흥원 개인정보침해신고센터 등에 분쟁해결이나 상담 등을 신청할 수 있습니다. 이 밖에 기타 개인정보침해의 신고, 상담에 대하여는 아래의 기관에 문의하시기 바랍니다.

1. 개인정보분쟁조정위원회 : (국번없이) 1833-6972 (www.kopico.go.kr)

2. 개인정보침해신고센터 : (국번없이) 118 (privacy.kisa.or.kr)

3. 대검찰청 : (국번없이) 1301 (www.spo.go.kr)

4. 경찰청 : (국번없이) 182 (ecrm.cyber.go.kr)

「개인정보보호법」 제35조(개인정보의 열람), 제36조(개인정보의 정정·삭제), 제37조(개인정보의 처리정지 등)의 규정에 의한 요구에 대하여 공공기관의

　　　이전　　　작성정보 확인　　　다음

🔹 정보주체의 권익 침해에 대한 구제 방법 작성

이 단계는 그냥 [다음]을 누르고 진행해도 무방합니다.

개인정보처리방침 변경에 관한 사항 작성

🐦 개인정보처리방침 변경에 관한 사항 작성

개인정보처리방침의 시행 일자와 변경 이력을 기재해야 합니다. 이전에 작성한 개인정보처리방침이 있는 경우에는 정보주체가 이전 버전을 열람하고 새로운 내용과 비교할 수 있게 처리해야 합니다. 이번이 처음 작성하는 경우라면 변경 이력 항목은 제거하고 [완료]를 누릅니다.

🐦 개인정보취급방침 작성 프리뷰

여기까지 완료하면 작성한 내용을 프리뷰로 볼 수 있으며, HTML 파일이나 엑셀 파일로 다운로드할 수 있습니다. 다운로드한 파일을 온라인에서 접근할 수 있는 곳에 업로드한 후 구글 플레이스토어의 개인정보취급방침 항목에 링크를 추가해야 합니다. 예를 들어 개인의 깃허브 페이지나 서비스를 준비 중인 사이트에 이 내용을 올려두고 해당 링크를 입력하면 됩니다.

7.4 안드로이드에서의 배포

안드로이드에서의 배포 방법은 공식 문서의 내용을 바탕으로 작성했습니다. 이 책에서는 배포 과정을 간소화하여 설명합니다. 더 자세한 내용이 필요하면 아래 링크를 통해 플러터 공식 문서를 확인하기를 바랍니다.

🔗 https://docs.flutter.dev/deployment/android

7.4.1 앱 서명

구글 플레이스토어에 앱을 게시하려면 디지털 서명을 해야 합니다. 테스트를 위해 사용한 디버그 서명이 아닌 실 사용자에게 제공할 릴리스 서명을 사용해야 합니다.

릴리스 서명을 위해 키스토어(upload keystore)를 생성해야 합니다. 키스토어를 생성하기 위한 방법은 명령어로 생성하는 방법과 안드로이드 스튜디오를 활용한 방법이 있는데 여기서는 명령어로 키를 생성해보겠습니다.

macOS/리눅스 키 생성 명령어

```
keytool -genkey -v -keystore ~/upload-keystore.jks -keyalg RSA -keysize 2048
-validity 10000 -alias upload
```

윈도우 키 생성 명령어

```
keytool -genkey -v -keystore %userprofile%\\upload-keystore.jks -storetype JKS
-keyalg RSA -keysize 2048 -validity 10000 -alias upload
```

위 명령어는 홈 디렉터리에 upload-keystore.jks 파일을 생성합니다. 다른 위치에 저장하려면 -keystore 매개변수에 전달하는 인수를 변경하면 원하는 위치에 파일을 생성해줍니다.

```
kimsungduck@gimseonBookPro2 test % keytool -genkey -v -keystore .upload-keystore.jks -keyalg RSA -keysize
 2048 -validity 10000 -alias upload
키 저장소 비밀번호 입력 :
새 비밀번호 다시 입력 :
```

◀ macOS에서의 키스토어 생성 명령어 실행 화면

그다음 프롬프트에 따라 정보를 입력합니다. 디버그 키스토어에서는 기본 비밀번호로 'android'를 사용합니다. 비밀번호를 바꾸고 싶은 경우에도 기억하기 쉬운 비밀번호를 입력하세요. 이 비밀번호 는 나중에 필요하니 잊지 않도록 주의하세요.

💡 안드로이드 디버그 키스토어의 기본 비밀번호는 'android'이며, 이는 안드로이드 개발자 사이에서 널리 알려진 사실입니다. 이 비밀번호는 안드로이드 스튜디오의 기본 설정으로 제공됩니다.

```
이름과 성을 입력하십시오 .
  [Unknown]:  sudarlife
조직 단위 이름을 입력하십시오 .
  [Unknown]:  sudarlife
조직 이름을 입력하십시오 .
  [Unknown]:  sudarlife
구 /군 /시 이름을 입력하십시오 ?
  [Unknown]:  jeju
시 /도 이름을 입력하십시오 .
  [Unknown]:  jeju
이 조직의 두 자리 국가 코드를 입력하십시오 .
  [Unknown]:    kr
```

◀ 이름, 조직, 위치 및 국가 코드 입력

이름, 조직, 위치 및 국가 코드를 입력합니다. 정보를 모두 입력한 후 입력한 내용이 맞는지 확인하는 질문에 '예'라고 입력하면 생성이 완료됩니다.

```
다음에 대해 유효 기간이 10,000일인 2,048비트 RSA 키 쌍 및 자체 서명된 인증서 (SHA256withRSA)를 생성하는 중
      : CN=sudarlife, OU=sudarlife, O=sudarlife, L=jeju, ST=jeju, C=kr
[.upload-keystore.jks을 (를 ) 저장하는 중 ]
```

◀ 키스토어 생성 완료 화면

키스토어 생성이 완료되면 프로젝트에서 키 저장소 정보를 담고 있는 파일을 만들어야 합니다. 이 파일은 프로젝트의 android 폴더 내에 위치시켜야 합니다.

key.properties 생성

이름을 key.properties로 지정하여 파일을 생성해줍니다.

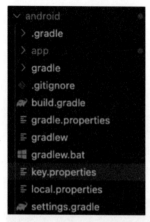

▲ key.properties 파일 생성

해당 파일에 키 저장소에 대한 정보를 입력해줘야 합니다.

```
storeFile=
storePassword=
keyPassword=
keyAlias=
```

각 항목에 입력할 정보는 다음과 같습니다.

1 storeFile: 위에서 생성한 upload-keystore.jks 파일이 위치한 경로입니다.

2 storePassword: 키 생성 시 입력한 비밀번호입니다.

3 keyPassword: 키 생성 시 입력한 비밀번호입니다.

4 keyAlias: 키 생성 시 입력한 키 별칭입니다. 만약 위 명령어를 그대로 사용했다면 upload가 됩니다.

입력 예시는 다음과 같습니다.

```
storeFile=/Users/kimsungduck/Documents/key/upload-keystore.jks
storePassword=testtest!
keyPassword=testtest!
keyAlias=upload
```

build.gradle 서명 설정

릴리스 모드에서 앱을 빌드할 때 업로드 키를 사용하도록 Gradle을 구성해야 합니다.

우선 [프로젝트]/android/app/build.gradle 파일을 엽니다. 그다음 android 블록 앞에 속성 파일의 키 저장소 정보를 추가합니다.

```
def keystoreProperties = new Properties()
def keystorePropertiesFile = rootProject.file('key.properties')
if (keystorePropertiesFile.exists()) {
    keystoreProperties.load(new FileInputStream(keystorePropertiesFile))
}

android {
    ...
}
```

buildTypes 항목을 찾아 내용을 수정해야 합니다.

```
buildTypes {
  release {
    // TODO: Add your own signing config for the release build.
    // Signing with the debug keys for now,
    // so flutter run --release works.
    signingConfig signingConfigs.debug
  }
}
```

위 정보를 다음처럼 변경해줍니다.

```
buildTypes {
  release {
    signingConfig signingConfigs.release
  }
}
```

여기서 signingConfigs라는 값을 정의해줘야 합니다.

```
signingConfigs {
  release {
    keyAlias keystoreProperties['keyAlias']
    keyPassword keystoreProperties['keyPassword']
    storeFile keystoreProperties['storeFile'] ? file(keystoreProperties['storeFi
le']) : null
    storePassword keystoreProperties['storePassword']
  }
}
```

buildTypes 위에 signingConfigs 항목을 추가해줍니다. 이렇게 코드가 정의되어 있으면 된 것입니다.

```
signingConfigs {
  release {
    keyAlias keystoreProperties['keyAlias']
    keyPassword keystoreProperties['keyPassword']
    storeFile keystoreProperties['storeFile'] ? file(keystoreProperties['storeFi
le']) : null
    storePassword keystoreProperties['storePassword']
  }
}
buildTypes {
  release {
    signingConfig signingConfigs.release
  }
}
```

이제 앱의 릴리스 빌드가 자동으로 서명됩니다.

7.4.2 릴리스용 파일 추출

플레이스토어에 앱을 등록하려면 app-release.aab 파일을 만들어야 합니다. 다음 명령어를 입력합니다.

```
$ flutter build appbundle
```

잠시 기다리면 빌드가 완료됩니다.

```
✓ Built build/app/outputs/bundle/release/app-release.aab (18.2MB).
```

빌드가 완료되면 위의 경로에 app-release.aab 파일이 생성됩니다. 해당 경로로 이동하여 파일이 있는지 확인해보겠습니다.

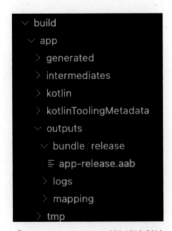

app-release.aab 파일 생성 위치

이제 app-release.aab 파일을 플레이스토어에 업로드하면 됩니다.

7.5 iOS에서의 배포

iOS 앱을 빌드하고 출시하려면 Xcode가 필요하고 iOS 개발자 등록이 되어 있어야 합니다. 여기서는 macOS를 사용(Xcode 설치)하고 개발자 등록이 되어 있다고 가정하고 진행하겠습니다.

iOS에 플러터 앱을 배포하기 위한 구체적인 내용은 다음 링크에서 확인하세요.

🔗 https://docs.flutter.dev/deployment/ios

7.5.1 Bundle ID 등록

애플의 앱스토어에 등록되는 모든 앱은 bundle ID로 관리됩니다. 이를 위해 애플 개발자 관리 콘솔에 접속하여 'Certificates, Identifiers & Profiles' 메뉴에서 bundle ID를 등록해야 합니다.

♻ 애플 개발자 관리 콘솔의 Certificates, Identifiers & Profiles

Identifiers 옆의 '+'를 눌러 등록 페이지로 이동합니다.

♻ 새로운 Bundle ID 등록 화면 1

첫 번째로 나온 화면에서는 App IDs를 선택합니다.

◀ 새로운 Bundle ID 등록 화면 2

타입을 설정하는 화면에서는 App을 선택합니다.

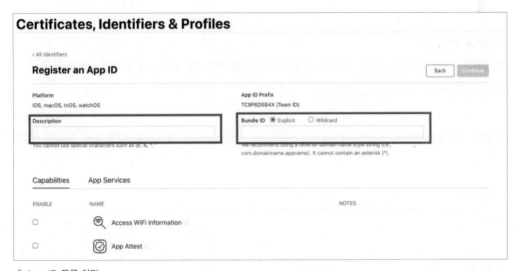

◀ App ID 등록 화면

그다음 화면에서 앱에 대한 간략한 설명과 Bundle ID를 입력합니다. 앱의 Bundle ID는 Xcode에서 확인할 수 있습니다. 두 항목을 입력한 후 [Continue]를 클릭합니다.

◀ App ID 등록 정보 확인 및 등록 화면

마지막으로 입력한 정보가 맞는지 확인하고 [Register]를 클릭하여 완료합니다.

7.5.2 릴리스 파일 업로드

릴리스된 파일을 앱스토어에 업로드하는 방법은 3가지가 있습니다.

1 Apple Transport macOS 앱을 활용하여 ipa 파일을 업로드하는 방법

2 명령어를 통해 업로드하는 방법

3 Xcode를 활용하여 업로드하는 방법

여기서는 2번과 3번 방법을 안내합니다.

명령어를 통한 업로드

명령어를 사용하여 앱을 업로드하려면 앱 암호가 필요합니다. 앱 암호는 계정 비밀번호가 아닌 앱 업로드 시 사용되는 임시 암호입니다.

① 먼저 계정 관리(https://appleid.apple.com/account/manage)에 접속하여 '앱 암호' 메뉴를 선택합니다.

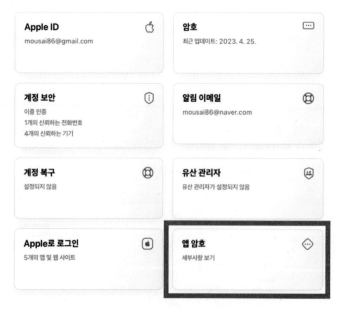

🔻 계정 관리에서 앱 암호 선택

② '앱 암호'를 클릭합니다.

◀ 앱 암호 생성

③ 식별할 수 있는 이름을 입력합니다.

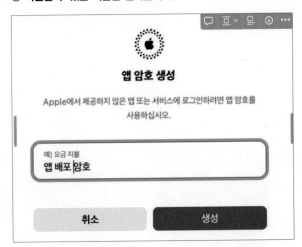

◀ 식별할 수 있는 이름 입력

④ 애플 계정의 비밀번호를 입력합니다.

◀ 애플 계정 암호 입력

⑤ 애플에서 임시 비밀번호를 만들어줍니다.

◀ 임시 번호 생성

이제 터미널에서 명령어를 사용하여 앱을 업로드할 수 있습니다.

```
**xcrun altool --upload-app --type ios --file "릴리스된 파일.ipa" --username "app
store 계정(메일)" --password "앱 암호"**
```

7.5.3 Xcode로 업로드하는 방법

Xcode를 실행한 다음 상단 메뉴바에서 'Product' 하위에 있는 'Archive'를 선택합니다.

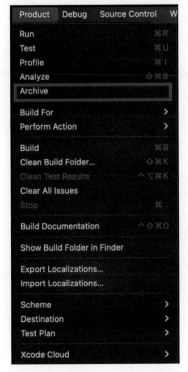

◀ Archive 선택

'Archive'를 누르면 아카이빙 과정이 시작되는데 시간이 다소 걸릴 수 있습니다. 아카이빙이 완료되면 업로드 단계를 진행합니다.

② **아카이브된 파일 목록에서 최신 버전을 선택하고, [Distribute App]을 눌러 업로드를 진행합니다.**

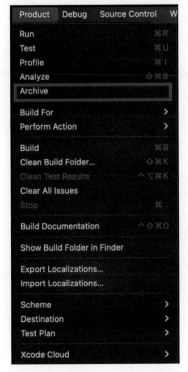

◀ 최신 아카이브 파일 선택 및 배포

당근마켓 클론 코딩 프로젝트

2부에서는 당근마켓 클론 코딩 프로젝트를 처음부터 만들어가는 과정을 다룹니다. 소스코드의 양이 많아 책으로 설명하는 데 한계가 있지만 최대한 자세히 설명하고자 했습니다.

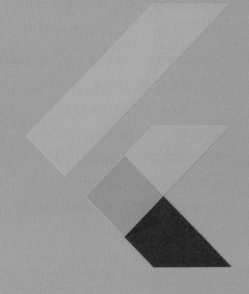

들어가며

프로젝트는 깃으로 관리됩니다. 기능별 소스코드에 챕터 번호를 지정하고 브랜치를 만들어 진행 과정을 쉽게 추적할 수 있도록 할 것입니다.

Graph	Description
○ chapter20 *origin* 하단채팅메뉴페이지	
chapter19 *origin* 채팅 페이지	
chapter18 *origin* 상품 상세 페이지	
chapter17 *origin* 홈 화면 상품 리스트	
chapter15 *origin* 상품등록 페이지 개발1	
chapter14 *origin* 홈 화면 구성	
chapter13 *origin* 앱 Root 레이아웃 구성	
chapter12 *origin* 회원 인증 프로세스	
chapter11 *origin* 스플래시 페이지	
chapter10 *origin* 첫 페이지 진입 처리	
chapter09 *origin* 파이어베이스 프로젝트 연동	
chapter08 *origin* 프로젝트 세팅	

앞의 그림을 보면 프로젝트 설정이 chapter08, Firebase 프로젝트 연동이 chapter09, 첫 페이지 진입 처리가 chapter10으로 구성되어 있습니다. 손쉽게 메인 브랜치에서 해당 챕터로 이동하여 실습을 따라가면 됩니다.

이제 본격적으로 이 책의 메인 주제인 당근마켓 클론 코딩(밤톨마켓 만들기)을 진행하겠습니다. 당근마켓은 많은 중고 상품 거래를 위해 많은 사용자가 이용해본 경험이 있을 만큼 다양한 기능을 제공합니다. 주요 기능은 다음과 같습니다.

- 앱 소개 및 초기 시스템 로드를 위한 스플래시 페이지
- 로그인/로그아웃의 회원 인증 기능
- 상품 등록을 위한 이미지 업로드 기능
- 거래 희망 지역 설정을 위한 지도 연동 기능
- 관심 상품을 관리하기 위한 좋아요 기능
- 판매자와의 거래 조율을 위한 채팅 기능
- 지역 주민과의 소통을 위한 게시글 및 댓글 기능
- 앱 내 결제를 위한 당근페이 기능
- 감사의 마음을 전할 수 있는 선물하기 기능

- 판매 및 구매 내역 관리 기능
- 전반적인 알림 메시지 기능

당근마켓은 위에서 언급한 기능 외에도 크고 작은 다양한 기능이 집약된 앱입니다. 당근마켓 클론 코딩을 진행할 때 모든 기능을 다루면 좋겠지만, 책의 분량과 작업 시간을 고려할 때 이는 어렵습니다. 따라서 적절한 분량 내에서 독자에게 유용한 기능을 선정하여 소개할 예정입니다.

이 책에서 다루는 밤톨마켓(당근마켓 클론 코딩 앱)의 기능은 다음과 같습니다.

- 앱 소개 및 초기 시스템 로드를 위한 스플래시 페이지
- SNS 로그인(구글/애플) 회원 인증 기능
- 상품 등록을 위한 이미지 업로드 기능
- 거래 희망 지역 설정을 위한 지도 연동 기능
- 관심 상품 관리를 위한 좋아요 기능
- 상품 판매자와의 거래 조율을 위한 채팅 기능

모든 기능을 다루지는 못하지만 위 기능만으로도 실무에서 사용되는 많은 기술을 학습할 수 있을 것입니다. 이제 본격적으로 프로젝트 생성부터 시작하여 클론 코딩을 진행해봅시다.

> ⚠ **주의할 점**
>
> 이 책을 집필할 당시 사용한 플러터 버전은 3.10.x였습니다. 이 책이 출판되고 난 뒤 릴리스된 최신 플러터 버전을 사용하는 독자는 의존성 충돌이 발생할 수 있습니다. 따라서 출판 전 소스코드를 최신 버전에 맞게 업데이트했습니다. 책을 따라가는 데 필요한 프로젝트는 그대로 다운받아서 사용해도 전혀 문제가 없습니다. 단, 플러터 버전이 3.16.x 이하라면 의존성 문제로 플러터 버전을 업데이트해야 할 수도 있습니다.

- 프로젝트 예제 소스: https://github.com/sudar-life/bamtol_market_clone

프로젝트 설정

◆ 깃 브랜치명: chapter08

이 장에서는 플러터 프로젝트를 생성하고 iOS와 안드로이드 플랫폼을 설정하는 방법을 배웁니다. 그다음 기능별 그루핑을 사용하여 폴더 구조를 설정하고 GetX, flutter_svg, equatable, google_fonts 등의 라이브러리를 설치합니다. 또한 공통 테마를 설정하여 앱의 일관된 스타일을 정의하고, MaterialApp을 GetMaterialApp으로 변경하여 GetX 기반의 라우팅을 구성합니다.

CHAPTER

08

8.1 프로젝트 생성

개발자는 다양한 환경에서 프로젝트를 진행할 수 있습니다. 사용하는 운영 체제(OS)와 IDE에 따라 프로젝트 설정이 조금씩 다를 수 있습니다. 저는 M1 Mac에서 프로젝트를 진행하며, IDE로는 VSCode를 사용합니다. 플러터 버전은 3.10.0(집필 당시 최신 버전)입니다.

먼저 터미널을 열고 원하는 작업 공간(Workspace)으로 이동합니다.

> 💡 프로젝트 관리는 하나의 작업 공간 내에서 하는 것이 좋습니다. 예를 들어, **Users/kimsungduck/
> Documents/workspace/프로젝트** 위치와 같이 관리합니다.

프로젝트를 생성하기 위해 플러터 명령어를 사용할 것입니다. 터미널을 열고 다음 명령어를 입력하세요.

```
flutter create
  --platforms ios,android
  --org com.devman.cloneapp
  bamtol_market_app
```

8.1.1 platforms 옵션

platforms 옵션을 사용하면 원하는 특정 플랫폼만 설정할 수 있습니다. 이 옵션을 사용하지 않으면 기본적으로 모든 플랫폼에 배포할 수 있도록 설정됩니다. 이 책에서는 iOS와 안드로이드 개발만 포함하기 때문에 platforms 옵션을 사용하여 iOS와 안드로이드만 지정했습니다.

8.1.2 org 옵션

--org 옵션을 사용하면 프로젝트 생성 시 기본적인 패키지명을 설정할 수 있습니다. 이 옵션을 사용하지 않으면 플러터는 임시로 예제 패키지명을 설정합니다. 따라서 나중에 각각 수정해야 하는 번거로움이 생길 수 있습니다. 이를 방지하기 위해 프로젝트 생성 시 org 옵션으로 패키지명을 설정하면, 이후 별다른 수정 없이 Firebase 연동이나 앱 배포가 가능합니다.

패키지명을 작성할 때 다음과 같은 규칙을 따르는 것이 좋습니다. 패키지명이 중복되지 않는다면 규칙 없이도 가능하지만, 일반적으로 패키지명은 '.'을 기준으로 3가지 위치별 규칙을 따릅니다.

1 첫째 자리: 상위 도메인 또는 국가 코드를 넣습니다. 상위 도메인은 com, kr, io 등이 될 수 있고, 국가 코드는 대한민국이라면 kr, 미국의 경우 us입니다.

2 둘째 자리: 회사 이름이나 웹사이트 도메인명을 넣습니다.

3 셋째 자리: 프로젝트 이름을 넣습니다. 프로젝트 이름과 앱 이름이 동일해도 되지만, 보통 패키지명은 org 뒤에 앱 이름이 붙여 만듭니다.

위 명령어로 프로젝트가 생성되면 패키지명은 안드로이드는 com.devman.cloneapp.bamtol_market_app, iOS는 com.devman.cloneapp.bamtolMarketApp로 설정됩니다. 이제 해당 폴더로 이동하여 VSCode로 파일을 열겠습니다.

```
cd bamtol_market_app && code .
```

8.2 기본 프로젝트 프레임 잡기

8.2.1 폴더 구조

프로젝트 폴더 구조는 다양한 방식으로 설계할 수 있지만 크게 2가지 타입으로 나눌 수 있습니다.

타입별로 그루핑하는 방법

이 방식이 가장 일반적이며 심플한 폴더 구조를 나타냅니다.

◀ 타이별로 그루핑한 폴더 구조

1 pages, ui 혹은 screens: 프레젠테이션 레벨에서 사용자와 상호작용을 하는 페이지 파일을 그룹으로 관리하는 폴더입니다.

2 bloc/cubit/state/event: 상태 관리를 위한 폴더로, 기능별로 파일들을 그루핑하여 관리합니다.

3 controller: GetX의 controller를 통합하여 관리하는 폴더입니다.

4 models: 애플리케이션에서 사용하는 데이터 모델을 모아둔 폴더입니다.

5 repository: 데이터 저장소와 관련된 코드를 포함하는 폴더입니다.

6 components: 앱에서 반복적으로 사용하는 위젯을 컴포넌트화하여 관리하는 폴더입니다.

7 utils: 앱에서 사용하는 유틸리티 파일을 모아둔 폴더입니다.

위와 같은 폴더 구조는 일반적으로 사용하기 쉬운 구조입니다. 타입별로 파일을 관리하기 때문에 누구나 쉽게 사용할 수 있습니다. 하지만 이 구조는 프로젝트의 규모가 커질수록 관리 측면에서 어려움이 생길 수 있습니다.

기능별로 그루핑하는 방법

이 설계 방식은 기능별로 그루핑을 하기 때문에 기능별 분리가 용이하고, 큰 프로젝트에서도 유지 보수가 쉽게 가능합니다. 예를 들어, 앱에는 회원 로그인이나 회원 가입 등 회원과 관련된 기능이 있습니다. 이를 users 폴더로 관리하면 다음과 같은 폴더 구조가 됩니다.

```
- lib/
  - common/
    - controller/
    - model/
    - repository/
    - utils/
  - review/
    - controller/
    - model/
    - repository/
    - page/
  - users/
    - controller/
    - model/
    - repository/
    - page/
```

이 방식은 users와 같은 기능별 폴더를 만들어 BLoC부터 리포지토리까지 관련 파일을 따로 관리하는 방법입니다. 이 구조는 다른 프로젝트에서 user 관련 기능이 필요할 때 쉽게 떼어내서 사용할 수 있는 장점이 있습니다. 그러나 파일을 저장할 때 어느 폴더에 넣어야 할지 애매할 수 있고, 적절한 위치를 찾는 데 시간이 걸릴 수 있다는 단점이 있습니다.

이번 프로젝트에서는 두 번째 방식인 기능별 그루핑을 사용하여 진행하겠습니다.

8.3 Assets 구성

이번 프로젝트에서 사용되는 리소스는 chapter08 브랜치의 assets 폴더 내에서 확인할 수 있습니다. 플러터에서 리소스에 접근하려면 pubspec.yaml 파일에 경로를 정의해야 합니다. pubspec.yaml 파일을 열면 assets 설정을 위한 주석 가이드가 있습니다. 해당 부분을 다음과 같이 설정하겠습니다.

```
assets:
  - assets/images/
  - assets/svg/
  - assets/svg/icons/
```

설정이 제대로 되었는지 확인하기 위해 main.dart 파일에서 MyApp 부분을 모두 삭제하고, 다시 정의하겠습니다.

💡 이 부분은 임시로 확인하는 코드로, 이후에는 사용되지 않을 것입니다.

```
import 'package:flutter/material.dart';

void main() {
  runApp(const MyApp());
}

class MyApp extends StatelessWidget {
```

```
    const MyApp({super.key});

    @override
    Widget build(BuildContext context) {
      return MaterialApp(
        home: Scaffold(
          body: Center(
            child: Image.asset('assets/images/logo_simbol.png'),
          ),
        ),
      );
    }
  }
```

🔻 밤톨마켓 로고 표시

밤톨마켓의 로고가 보인다면, assets 설정이 정상적으로 완료된 것입니다.

8.4 프로젝트 초기 라이브러리 설치

앱을 만들기 위해서는 많은 라이브러리가 필요합니다. 이 프로젝트에서 사용되는 모든 라이브러리를 처음부터 설치할 수도 있지만, 프로젝트를 진행하면서 필요할 때마다 추가하는 방식으로 진행하겠습니다. 처음부터 모든 라이브러리를 설명하면 지루할 수 있고, 각 라이브러리가 왜 필요한지 명확히 이해하기 어려울 수 있기 때문입니다. 따라서 특정 라이브러리가 필요한 상황이 발생하면 해당 라이브러리를 설치하며 설명하겠습니다.

프로젝트 초기에 필요한 라이브러리는 다음과 같습니다.

```
get
flutter_svg
equatable
google_fonts
```

프로젝트의 전반적인 상태 관리와 라우트를 담당하는 GetX 라이브러리, SVG 파일을 사용하기 위한 flutter_svg 라이브러리 그리고 앱 내에서 구글의 NotoSans 폰트를 사용하기 위해 google_fonts 라이브러리를 설치하겠습니다. 추가로 모델(클래스)이 서로 같은지 다른지를 쉽게 판별(동등성 비교)해주는 equatable 라이브러리도 설치할 것입니다.

터미널을 열고 아래 명령어를 입력하여 라이브러리를 설치합니다

```
$ flutter pub add get flutter_svg equatable google_fonts
```

설치가 완료되고 pubspec.yaml 파일을 열어보면 라이브러리가 자동으로 추가된 것을 확인할 수 있습니다.

```
environment:
  sdk: ">=3.0.0 <4.0.0"

# Dependencies specify other packages that your package needs in order to work.
# To automatically upgrade your package dependencies to the latest versions
# consider running `flutter pub upgrade --major-versions`. Alternatively,
# dependencies can be manually updated by changing the version numbers below to
# the latest version available on pub.dev. To see which dependencies have newer
# versions available, run `flutter pub outdated`.
dependencies:
  flutter:
    sdk: flutter

  # The following adds the Cupertino Icons font to your application.
  # Use with the CupertinoIcons class for iOS style icons.
  cupertino_icons: ^1.0.2
  get: ^4.6.5
  flutter_svg: ^2.0.7
  equatable: ^2.0.5
  google_fonts: ^4.0.4
```

pubspec.yaml 파일 설정 예시

💡 플러터 버전에 따라 호환되는 라이브러리가 다를 수 있습니다. 이 책에서 사용하는 플러터 버전은 3.10.0입니다.

8.5 GetX 라우트 설정

프로젝트를 처음 생성하면 기본적으로 MaterialApp으로 설정되어 있습니다. GetX를 사용하여 라우팅까지 관리하려면 GetMaterialApp 위젯을 사용해야 합니다. MyApp 클래스를 모두 제거한 후, StatelessWidget으로 MyApp을 생성하고 GetMaterialApp 위젯으로 바꿔줍니다.

```
class MyApp extends StatelessWidget {
  const MyApp({super.key});

  @override
  Widget build(BuildContext context) {
    return GetMaterialApp(
```

```
      title: '당근마켓 클론 코딩',
    );
  }
}
```

이제 라우트 설정을 해주겠습니다. GetMaterialApp에는 getPages라는 옵션 파라미터가 있습니다. 이 옵션을 이용하여 라우트를 구성할 수 있습니다.

```
@override
Widget build(BuildContext context) {
  return GetMaterialApp(
    title: '당근마켓 클론 코딩',
    getPages: [],
  );
}
```

getPages 옵션은 여러 개의 GetPage 클래스를 담을 수 있는 배열 형태로 설정할 수 있습니다. 이제 이를 이용하여 초기 페이지인 '/' 루트 페이지로 랜딩되도록 설정해보겠습니다.

```
@override
Widget build(BuildContext context) {
  return GetMaterialApp(
    title: '당근마켓 클론 코딩',
    initialRoute: '/', // -------------1
    getPages: [
      GetPage(name: '/', page: () => const App()), // -------------2
```

1 : GetMaterialApp에서는 initialRoute라는 옵션으로 초기 페이지를 설정할 수 있습니다.

2 : GetPage 클래스는 다양한 옵션이 있지만 최소한의 내용만 사용하여 라우트를 설정해보겠습니다.

- name : 라우트 경로route path를 정의합니다.
- page : 정의한 라우트 경로(URL)로 접근했을 때 화면에 보여줄 위젯 페이지를 정의합니다.

현재 App() 클래스가 존재하지 않아 소스코드 라인에 오류가 발생할 것입니다. 이제 app.dart 파일을 만들어주겠습니다. src 폴더를 생성한 후 그 하위에 app.dart 파일을 만듭니다.

```dart
import 'package:flutter/material.dart';

class App extends StatelessWidget {
  const App({super.key});

  @override
  Widget build(BuildContext context) {
    return Scaffold(
      body: Center(
        child: Image.asset('assets/images/logo_simbol.png'),
      ),
    );
  }
}
```

이렇게 하면 매우 간단해보이지만 라우트가 세팅된 것입니다. 페이지 전환에 대해서는 프로젝트를 진행하면서 설명하겠습니다.

8.6 앱 테마 설정

이번 프로젝트에서는 다크 모드와 라이트 모드를 사용하지 않고, 하나의 테마만 설정하여 진행하겠습니다. theme은 앱 전반에 걸친 공통적인 스타일을 미리 잡아주는 역할을 합니다. 일반적으로 앱은 컬러 규칙이나 텍스트 사이즈 규칙 등이 기본적으로 잡혀 있습니다.

이 앱에는 AppBar와 Scaffold의 배경 색상만 가볍게 설정하겠습니다. 텍스트의 경우 스타일링을 theme에서 설정하지 않고, 공통 텍스트 위젯을 래핑해서 사용할 것이기 때문에 이 정도로 프로젝트 설정을 마무리하겠습니다.

main.dart

```dart
@override
Widget build(BuildContext context) {
  return GetMaterialApp(
    title: '당근마켓 클론 코딩',
    initialRoute: '/',
```

```
    theme: ThemeData(
      appBarTheme: const AppBarTheme(
        elevation: 0,
        color: Color(0xff212123),
        titleTextStyle: TextStyle(
          color: Colors.white,
        ),
      ),
      scaffoldBackgroundColor: const Color(0xff212123),
    ),
    getPages: [
      GetPage(name: '/', page: () => const App()),
    ],
  );
}
```

위와 같이 설정하는 순간 기존의 화면의 색이 화이트에서 어두운 계열로 변경되는 것을 확인할 수 있습니다.

◀ 앱 테마 변경 전후 비교

Firebase 프로젝트 연동

◆ 깃 브랜치명: chapter09

이 장에서는 Firebase CLI를 사용하여 프로젝트에 Firebase를 설정하는 방법을 다룹니다.

CHAPTER

09

당근마켓 클론 코딩에서는 로그인과 회원 가입의 복잡한 인증 프로세스를 간단하게 처리하기 위해 Firebase를 이용할 것입니다. 또한 프로젝트의 모든 데이터는 Firebase 데이터베이스를 통해 관리할 것입니다. 따라서 프로젝트에 Firebase를 연동하는 방법을 다뤄보겠습니다.

Firebase CLI 설치 방법에 대해서는 이 책에서 다루지 않겠습니다. Firebase CLI 설치 방법이 궁금한 독자는 제 유튜브에서 Firebase 설치 방법을 다룬 영상을 참고하세요. 이 책에서는 Firebase CLI와 FlutterFire CLI가 사전에 설치되어 있다고 가정하고 진행하겠습니다.

> 💡 제가 운영하는 개발하는남자 유튜브 채널에서 관련 영상을 볼 수 있습니다.
>
> https://www.youtube.com/watch?v=uTHVDxZJHvE

9.1 프로젝트 연동

먼저 Firebase 프로젝트를 연동할 계정으로 로그인해야 합니다. 이를 위해 터미널을 열어서 다음 명령어를 입력해 실행합니다.

```
$ firebase login:list
```

로그인되어 있다면 다음과 같은 메시지가 표시될 것입니다.

```
Logged in as mousai86@gmail.com
```

로그인되어 있지 않으면 다음과 같은 메시지가 표시됩니다.

```
⚠ No authorized accounts, run "firebase login"
```

로그인을 하기 위해 위 메시지에서 안내한 것처럼 firebase login 명령어를 실행합니다.

```
$ firebase login
```

🔥 브라우저에서 Firebase와 연동할 계정을 선택 1

브라우저에서 Firebase와 연동할 계정을 선택할 수 있습니다.

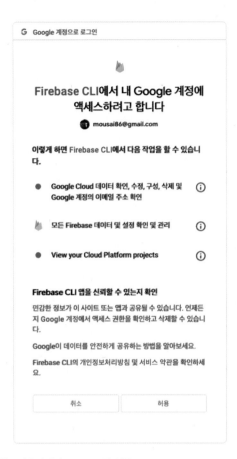

▸ 브라우저에서 Firebase와 연동

해당 계정이 권한을 부여받습니다. [허용]을 누르면 로그인이 완료됩니다.

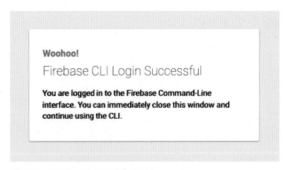

▸ Firebase CLI 로그인 성공 화면

이제 프로젝트를 연동할 계정이 설정되었으므로 본격적으로 Firebase 프로젝트를 생성해보겠습니다.

```
$ flutterfire configure
```

```
Select a Firebase project to configure your Flutter application with >
```

이미 존재하는 프로젝트에 연동하려면 프로젝트를 선택하여 연결할 수 있습니다. 하지만 이번처럼 새로 프로젝트를 만들 때는 가장 하단의 〈create a new project〉를 선택하고 엔터를 누릅니다.

```
Enter a project id for your new Firebase project (e.g. my-cool-project) >
```

프로젝트 이름을 입력합니다.

```
... rebase project (e.g. my-cool-project) > bamtol-market-app
```

위와 같이 bamtol-market-app으로 생성했습니다.

```
? Which platforms should your configuration support
(use arrow keys & space to select)? >
✓ android
✓ ios
  macos
  webSelect a Firebase project to configure your Flutter application with >
```

플랫폼은 안드로이드와 iOS만 선택하겠습니다.

```
The files android/build.gradle & android/app/build.gradle will be updated to apply
Firebase configuration and gradle build plugins. Do you want to continue?
```

안드로이드에 Firebase 구성 및 gradle 플러그인을 적용하도록 업데이트하겠냐는 질문에 'yes'로 답합니다.

```
Firebase configuration file lib/firebase_options.dart generated successfully
with the following Firebase apps:

Platform  Firebase App Id
android   1:308557680383:android:1650bba2cfcc2f5446c6ca
ios       1:308557680383:ios:530b1f9db8088b5346c6ca

Learn more about using this file and next steps from the documentation:
 > https://firebase.google.com/docs/flutter/setup
```

프로젝트 연동이 완료되었습니다. 이제 Firebase 웹 콘솔로 접속해보면 프로젝트가 생성되어 있고, 안드로이드와 iOS가 설정되어 있음을 확인할 수 있습니다.

🔗 Firebase URL: https://firebase.google.com/?hl=ko

◀ Firebase 프로젝트 생성 및 플랫폼 설정 완료 화면

9.2 라이브러리 설정

프로젝트에서 Firebase를 사용하기 위해 필요한 라이브러리는 다음과 같습니다.

- firebase_core
- firebase_auth
- cloud_firestore
- firebase_storage

이 모든 라이브러리를 한 번에 설치하겠습니다.

```
$ flutter pub add firebase_core firebase_auth cloud_firestore firebase_storage
```

이제 연결된 정보를 소스코드에 적용하고 초기화하여 사용할 준비를 하겠습니다. Firebase를 초기화하기 위해 main 함수에서 아래 함수를 사용해야 합니다.

```
WidgetsFlutterBinding.ensureInitialized()
```

이 함수를 사용하는 이유는 Firebase SDK가 안드로이드와 iOS의 네이티브 코드와 상호작용을 하기 때문입니다. 플러터에서 네이티브 코드와 상호작용을 하려면 MethodChannel을 사용해야 합니다. MethodChannel은 WidgetsFlutterBinding이 초기화된 이후에만 사용할 수 있기 때문에, WidgetsFlutterBinding.ensureInitialized()를 사용하여 초기화를 보장해줘야 합니다. 이것을 사용하지 않으면 오류가 발생할 수 있습니다.

```
void main() async {
  WidgetsFlutterBinding.ensureInitialized();
  await Firebase.initializeApp(
    options: DefaultFirebaseOptions.currentPlatform,
  );
  runApp(const MyApp());
}
```

이제 Firebase를 사용할 준비가 끝났습니다.

💡 플러터 버전과 Firebase 관련 라이브러리 간에 충돌이 발생하는 경우가 종종 있습니다. 라이브러리를 설치하는 데 문제가 발생하면, 우선 chapter09의 pubspec.yml 파일에 작성된 라이브러리 버전을 사용하세요.

첫 페이지 진입 처리

◈ 깃 브랜치명: chapter10

이 장에서는 앱을 처음 실행할 때 보여줄 화면을 설정해봅니다. shared_preferences를 사용해 사용자가 앱을 처음 실행했는지 확인하는 방법을 배운 다음에 첫 실행 시에는 소개 페이지를, 이후에는 스플래시 페이지를 보여주는 방법을 설명합니다. 마지막으로 '시작하기' 버튼을 눌렀을 때 상태를 업데이트하여 적절한 페이지로 이동하는 과정을 살펴봅니다.

대중적으로 알려진 앱 서비스에는 최초 실행 시 어떤 서비스인지 안내하는 첫 소개 페이지가 있습니다. 당근마켓도 첫 페이지가 존재합니다. 다음 그림은 당근마켓의 첫 페이지입니다.

◀ 당근마켓 첫 페이지

국가를 선택하는 부분도 있지만 이 부분은 크게 중요한 게 아니기 때문에 신경쓰지 맙시다. 첫 페이지는 당근마켓에 대한 간략한 소개 글을 통해 사용자가 당근마켓이 어떤 앱인지 알 수 있도록 안내하고 있습니다. '시작하기'나 '로그인'을 누르면 로그인 페이지로 이동하며, 이후에는 첫 페이지를 다시 볼수 없습니다. 이런 기능은 어떻게 처리하면 좋을지 프로젝트를 진행하면서 자세히 설명하겠습니다.

10.1 shared_preferences 라이브러리 사용

앱이 실행된 적이 있는지 확인하여 첫 소개 페이지로 갈지, 메인 페이지로 갈지 결정하려면 상태를 저장해야 합니다. 만약 이 상태를 앱 내의 변수로 저장한다면, 앱을 종료하고 다시 실행할 때 그 변수는 사라지기 때문에 원하는 기능을 구현할 수 없습니다. 따라서 앱이 종료되어도 사라지지 않는 곳에 데이터를 저장해야 합니다. 이를 위해 shared_preferences 라이브러리를 사용합니다.

10.1.1 라이브러리 설치

 shared_preferences 라이브러리

shared_preferences 라이브러리는 pub.dev에서도 인기 있는 라이브러리로, 대부분의 앱 개발 시 유용하게 사용할 수 있습니다.

```
$ flutter pub add shared_preferences
```

10.1.2 사용 방법 알아보기

이제 shared_preferences 라이브러리의 사용 방법을 간단히 알아보기 위해 테스트를 해보겠습니다. 우선 앱 내의 변수로 테스트해보겠습니다.

main.dart
```
int count = 0; // ------ 1
void main() async {
  WidgetsFlutterBinding.ensureInitialized();
  await Firebase.initializeApp(
    options: DefaultFirebaseOptions.currentPlatform,
  );
```

```
    runApp(const MyApp());
  }
```

1: count 변수를 0으로 초기화하고 전역global 변수로 선언했습니다.

이제 첫 번째 페이지인 app.dart 파일에서 count 변수를 증가시키키 위해 코드를 수정하겠습니다.

app.dart

```
import 'package:bamtol_market_app/main.dart';
import 'package:flutter/material.dart';

class App extends StatefulWidget { // ------------- 1
  const App({super.key});

  @override
  State<App> createState() => _AppState();
}

class _AppState extends State<App> {
  @override
  Widget build(BuildContext context) {
    return Scaffold(
      body: Center(
        child: Text(
          count.toString(), // ------------- 2
          style: const TextStyle(
            fontSize: 80,
            color: Colors.white,
          ),
        ),
      ),
      floatingActionButton: FloatingActionButton(onPressed: () {
        setState(() {
          count++; // ------------- 3
        });
      }),
    );
  }
}
```

1 : 먼저 상태 변화를 반영하여 화면을 갱신하기 위해 StatefulWidget으로 변경했습니다.

2 : main.dart에서 선언한 전역 변수 count를 가져와 화면에 표시합니다.

3 : FloatingActionButton을 눌렀을 때 count 변수를 증가시키고, setState를 호출하여 화면을 업데이트합니다.

앱을 실행하여 화면을 확인해봅시다.

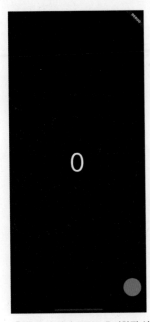

◀ 앱 초기 화면: 0으로 초기화된 상태

이제 FloatingActionButton을 클릭하여 값이 변화되는지 확인할 수 있습니다.

◀ FloatingActionButton 클릭 후: 값이 6으로 증가된 상태

앱을 다시 실행하면 count 값이 6에서 시작되는지 확인해봅니다.

◀ 앱 재실행 후 0으로 초기화된 상태

하지만 예상대로 값이 휘발되어 0으로 초기화된 것을 볼 수 있습니다. 이제 shared_preferences를 통해 이 값을 관리해보겠습니다. 이를 테스트하기 위해 shared_preferences의 인스턴스를 생성해 보겠습니다.

main.dart

```dart
late SharedPreferences prefs; // ---------- 1
void main() async {
  WidgetsFlutterBinding.ensureInitialized();
  prefs = await SharedPreferences.getInstance(); // ---------- 2
  await Firebase.initializeApp(
    options: DefaultFirebaseOptions.currentPlatform,
  );

  runApp(const MyApp());
}
```

1 : SharedPreferences를 통해 값을 저장하고 관리할 수 있기 때문에 이를 전역 변수로 정의해줬습니다.

2 : SharedPreferences는 한 번만 생성되어야 하므로 싱글톤 패턴으로 구현되어 있습니다. getInstance() 함수를 통해 이를 호출합니다.

app.dart

```dart
import 'package:bamtol_market_app/main.dart';
import 'package:flutter/material.dart';

class App extends StatefulWidget {
  const App({super.key});

  @override
  State<App> createState() => _AppState();
}

class _AppState extends State<App> {
  int count = 0;

  @override
  void initState() {
    super.initState();
    count = prefs.getInt('counter') ?? 0; // ---------- 1
```

```
    }

    @override
    Widget build(BuildContext context) {
      return Scaffold(
        body: Center(
          child: Text(
            count.toString(),
            style: const TextStyle(
              fontSize: 80,
              color: Colors.white,
            ),
          ),
        ),
        floatingActionButton: FloatingActionButton(onPressed: () async {
          setState(() {
            count++;
          });
          await prefs.setInt('counter', count);   // --------- 2
        }),
      );
    }
  }
```

1 : App 위젯이 생성되면 최초 한 번만 호출되는 initState에서 prefs에 저장된 counter 변수를 불러옵니다. 값이 최
   초에는 존재하지 않을 수 있기 때문에 counter 값이 null일 때에는 0으로 설정하도록 합니다.

2 : FloatingActionButton을 통해 count 값을 증가시키고, 증가된 값을 prefs 인스턴스에 counter라는 이름으로
   저장합니다.

이제 다시 확인해봅시다.

◀ 앱 초기 화면: 0으로 초기화된 상태

최초 앱 실행 시 0으로 초기화된 것을 확인할 수 있고, FloatingActionButton을 통해 count 값을 올려줍니다.

◀ 앱 재실행 후 유지된 값: 6부터 시작되는 상태

앱을 종료하고 다시 실행하면 이전에 저장된 값인 6부터 시작되는 것을 볼 수 있습니다. 이를 통해 shared_preferences를 사용하면 앱이 종료되더라도 값을 유지할 수 있다는 것을 확인할 수 있습니다.

10.1.3 프로젝트에 적용하기

이제 상태 값에 따라 소개 페이지로 전환하거나 스플래시 페이지로 연결해주는 간단한 분기 처리를 만들어보겠습니다. 먼저 임시로 작성했던 app.dart 파일의 build 함수 부분을 모두 제거하고, 다음과 같이 최초 실행 여부에 따라 페이지를 나눠주겠습니다.

📁 **app.dart**

```
import 'package:bamtol_market_app/main.dart';
import 'package:flutter/material.dart';

class App extends StatefulWidget {
  const App({super.key});

  @override
  State<App> createState() => _AppState();
}

class _AppState extends State<App> {
  late bool isInitStarted; // ----------- 1

  @override
  void initState() {
    super.initState();
    isInitStarted = prefs.getBool('isInitStarted') ?? true; // ------------ 2
  }

  @override
  Widget build(BuildContext context) {
    return isInitStarted ? const InitStartPage() : const SplashPage(); // -------------
--- 3
  }
}
```

1: 앱이 처음 실행되는지 판단해줄 값을 boolean 타입으로 선언합니다.

2: prefs.getBool('isInitStarted')를 사용해 저장된 boolean 값을 불러옵니다. 앱이 처음으로 실행된 상태라면 isInitStarted 값이 존재하지 않을 것이므로 null이 됩니다. 이때 null 대신 true 값이 주입되도록 설정합니다. 이렇게 하면 앱이 처음 실행된 것으로 간주합니다.

3: isInitStarted 값에 따라 초기 소개 페이지(InitStartPage) 또는 스플래시 페이지(SplashPage)를 표시합니다.

그런데 InitStartPage와 SplashPage 위젯이 아직 존재하지 않기 때문에 오류가 발생할 것입니다. 이를 해결하기 위해 src 폴더 아래에 init과 splash 폴더를 만들어줍니다. 각각의 폴더 안에 page 폴더를 만들고 필요한 파일을 추가하겠습니다. 먼저 initStartPage를 만들어보겠습니다.

① src/init/page 폴더를 만듭니다.

② src/init/page/init_start_page.dart 파일을 만듭니다.

③ 이제 init_start_page.dart 파일에 내용을 작성합니다.

init_start_page.dart

```dart
import 'package:flutter/material.dart';

class InitStartPage extends StatelessWidget {
  const InitStartPage({super.key});

  @override
  Widget build(BuildContext context) {
    return const Scaffold(
      body: Center(
        child: Text(
          '초기 소개 페이지',
          style: TextStyle(color: Colors.white),
        ),
      ),
    );
  }
}
```

우선 어떤 페이지인지만 구별할 수 있도록 페이지 가운데에 페이지 이름을 표시하는 문구를 넣었습니다. SplashPage도 비슷하게 만들어주겠습니다.

① src/splash/page 폴더를 만듭니다.

② src/splash/page/splash_page.dart 파일을 만들고 이름만 넣어주겠습니다.

splash.dart

```dart
import 'package:flutter/material.dart';

class SplashPage extends StatelessWidget {
  const SplashPage({super.key});

  @override
  Widget build(BuildContext context) {
    return const Scaffold(
      body: Center(
        child: Text(
          'splash 페이지',
          style: TextStyle(color: Colors.white),
        ),
      ),
    );
  }
}
```

다시 app.dart 파일로 돌아와 InitStartPage 위젯을 임포트하여 연결해주겠습니다.

app.dart

```dart
import 'package:bamtol_market_app/main.dart';
import 'package:bamtol_market_app/src/init/page/init_start_page.dart'; // -- 추가
import 'package:bamtol_market_app/src/splash/page/splash_page.dart'; // -- 추가
import 'package:flutter/material.dart';

class App extends StatefulWidget {
  const App({super.key});

  @override
  State<App> createState() => _AppState();
}

class _AppState extends State<App> {
  late bool isInitStarted;

  @override
  void initState() {
    super.initState();
```

```
      isInitStarted = prefs.getBool('isInitStarted') ?? true;
    }

    @override
    Widget build(BuildContext context) {
      return isInitStarted ? const InitStartPage() : const SplashPage();
    }
  }
```

앱을 실행하면 초기 소개 페이지로 이동하는 것을 확인할 수 있습니다. 초기 소개 페이지를 스타일링 해보겠습니다.

10.2 최초 앱 화면 퍼블리싱

10.2.1 로고 및 문구 설정

가장 먼저 로고를 배치해보겠습니다.

```
import 'package:flutter/material.dart';

class InitStartPage extends StatelessWidget {
  const InitStartPage({super.key});

  @override
  Widget build(BuildContext context) {
    return Scaffold(
      body: Center(
        child: Column(
          mainAxisAlignment: MainAxisAlignment.center,
          children: [
            SizedBox(
              width: 99,
              height: 116,
              child: Image.asset(
                'assets/images/logo_simbol.png',
              ),
```

```
        ),
      ],
    ),
  ),
);
}
}
```

그다음 로고 하단부에 이 앱이 어떤 앱인지 알려주는 소개 문구를 추가해보겠습니다.

```
@override
Widget build(BuildContext context) {
  return Scaffold(
    body: Center(
      child: Column(
        mainAxisAlignment: MainAxisAlignment.center,
        children: [
          SizedBox(
            width: 99,
            height: 116,
            child: Image.asset(
              'assets/images/logo_simbol.png',
            ),
          ),
          Text(// --------- 추가
            '당신 근처의 밤톨마켓',
            style: GoogleFonts.notoSans(
              fontWeight: FontWeight.bold,
              fontSize: 20,
              color: Colors.white,
            ),
          ),
          Text( // --------- 추가
            '중고 거래부터 동네 정보까지, \n지금 내 동네를 선택하고 시작해보세요!',
            textAlign: TextAlign.center,
            style: GoogleFonts.notoSans(
              fontSize: 18,
              color: Colors.white.withOpacity(0.6),
            ),
```

```
          )
        ],
      ),
    ),
  );
}
```

간격을 보기 좋게 설정하기 위해 SizedBox 위젯을 사용하여 조절해주겠습니다.

```
@override
Widget build(BuildContext context) {
  return Scaffold(
    body: Center(
      child: Column(
        mainAxisAlignment: MainAxisAlignment.center,
        children: [
          SizedBox(
            width: 99,
            height: 116,
            child: Image.asset(
              'assets/images/logo_simbol.png',
            ),
          ),
          const SizedBox(height: 40), // 추가
          Text(
            '당신 근처의 밤톨마켓',
            style: GoogleFonts.notoSans(
              fontWeight: FontWeight.bold,
              fontSize: 20,
              color: Colors.white,
            ),
          ),
          const SizedBox(height: 15), // 추가
          Text(
            '중고 거래부터 동네 정보까지, \n지금 내 동네를 선택하고 시작해보세요!',
            textAlign: TextAlign.center,
            style: GoogleFonts.notoSans(
              fontSize: 18,
              color: Colors.white.withOpacity(0.6),
```

```
            ),
          )
        ],
      ),
    ),
  );
}
```

여기서는 Text 위젯을 직접 사용하는 대신 스타일링을 쉽게 적용하기 위해 Text 위젯을 래핑하여 사용합니다. 이렇게 하면 스타일을 반복적으로 적용하는 코드를[1] 줄일 수 있고, textAlign처럼 동일한 레벨에서 스타일링을 적용할 수 있습니다.

💡 Text 위젯을 래핑하여 사용하면 개발 중에 전체 Text 위젯의 특정 스타일을 일괄적으로 적용하거나 특정 액션을 취해야 할 때, 한 번의 소스코드 수정으로 전반적인 텍스트에 적용할 수 있습니다.

10.2.2 Text 위젯을 래핑하여 공동 Text 위젯 만들기

공통으로 사용할 Text 위젯을 만들기 위해 src 폴더 아래에 common 폴더를 만들고, 그 안에 components 폴더를 생성하겠습니다. 이 폴더 안에 app_font.dart 파일을 만들어 사용하겠습니다.

📁 **app_font.dart**

```
import 'package:flutter/material.dart';
import 'package:google_fonts/google_fonts.dart';

class AppFont extends StatelessWidget {
  final String text;
  final Color? color;
  final double? size;
  final TextAlign? align;
  final FontWeight? fontWeight;
```

---

1 style : GoogleFonts.notoSans 형태의 코드를 예로 들 수 있습니다.

```
  const AppFont(
    this.text, {
    super.key,
    this.color = Colors.white, // ----- 1
    this.align,
    this.size,
    this.fontWeight,
  });

  @override
  Widget build(BuildContext context) {
    return Text(
      text,
      textAlign: align,
      style: GoogleFonts.notoSans(
        color: color,
        fontSize: size,
        fontWeight: fontWeight,
      ),
    );
  }
}
```

코드를 보면 알겠지만 말 그대로 래핑만 하고 내부에서는 Text 위젯을 그대로 사용한다는 것을 알 수 있습니다.

1: 색상의 경우 기본값으로 흰색을 설정하여 AppFont를 사용하는 한, color 값을 주지 않아도 흰색으로 보일 수 있게 했습니다.

💡 물론 MaterialApp에서 공통 텍스트 색상을 설정해도 동일한 효과를 줄 수 있습니다.

이제 다시 init_start_page.dart 파일로 돌아와 Text 위젯을 AppFont로 변경하겠습니다.

init_start_page.dart 내부 build 함수

```
return Scaffold(
  body: Center(
    child: Column(
      mainAxisAlignment: MainAxisAlignment.center,
```

```
      children: [
        SizedBox(
          width: 99,
          height: 116,
          child: Image.asset(
            'assets/images/logo_simbol.png',
          ),
        ),
        const SizedBox(height: 40),
        const AppFont(
          '당신 근처의 밤톨마켓',
          fontWeight: FontWeight.bold,
          size: 20,
        ),
        const SizedBox(height: 15),
        AppFont(
          '중고 거래부터 동네 정보까지, \n지금 내 동네를 선택하고 시작해보세요!',
          align: TextAlign.center,
          size: 18,
          color: Colors.white.withOpacity(0.6),
        )
      ],
    ),
  ),
);
```

10.2.3 시작하기 버튼 배치

하단부에 '시작하기' 버튼을 배치하여, 버튼을 클릭하면 더 이상 소개 페이지로 이동하지 않도록 처리
하겠습니다. Scaffold의 bottomNavigationBar를 사용하면 쉽게 버튼을 배치할 수 있습니다.

📺 **init_start_page.dart 내부의 build 함수 내의 Scaffold › bottomNavigationBar 부분**

```
bottomNavigationBar: Padding(
  padding: EdgeInsets.only(
      left: 25, right: 25, bottom: 25 + Get.mediaQuery.padding.bottom),// -- 1
  child: GestureDetector(
    onTap: () {},
    child: ClipRRect( // ------- 2
```

```
    borderRadius: BorderRadius.circular(7),
    child: Container(
      padding: const EdgeInsets.symmetric(vertical: 15),
      color: const Color(0xffED7738),
      child: const AppFont(
        '시작하기',
        align: TextAlign.center,
        size: 18,
        fontWeight: FontWeight.bold,
      ),
    ),
  ),
 ),
),
```

1 : iOS에서는 하단에서 위로 쓸어올리면 나타나는 제어 센터^{Control Center} 영역 때문에 UI가 답답해 보일 수 있어, Media Query를 통해 iOS에서만 더 큰 간격을 줄 수 있도록 했습니다.

2 : ClipRRect를 사용하여 버튼의 모서리를 둥글게 처리했습니다.

Container의 decoration을 사용해도 동일한 효과를 낼 수 있지만, ClipRRect는 마스킹을 통해 자식 위젯이 넘치는 상황에서도 둥근 모서리를 유지합니다. 반면, Container의 라운드^{round} 처리는 자식 위젯이 넘치는 경우 둥근 모서리가 유지되지 않습니다.

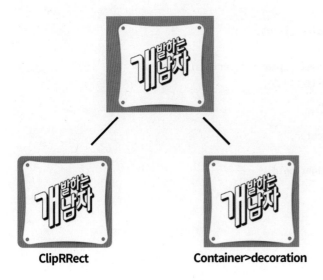

ClipRRect와 Container의 모서리 처리 비교

이쯤에서 ElevatedButton이 존재하는데 왜 직접 만들어주는지 의문이 들 수도 있을 것 같습니다. 플러터에서 제공하는 ElevatedButton 같은 위젯은 범용적으로 사용할 수 있도록 만들어졌기 때문에 다양한 상황에 맞게 적용할 수 있습니다. 하지만 이러한 범용성 때문에 사용하는 데 다소 복잡할 수 있습니다. 간단한 버튼 액션과 단순한 텍스트 버튼만 필요한 경우라면 그냥 사용해도 되지만, 조금이라도 스타일링이 필요하다면 직접 만드는 게 더 간편합니다.

다시 코드로 돌아옵시다. '시작하기' 버튼은 앱의 전반적인 버튼 스타일과 동일하다고 볼 수 있습니다. 따라서 app_font.dart처럼 공통으로 사용할 수 있도록 공통 버튼 위젯을 만들어보겠습니다. 먼저, common 〉 components 폴더에 btn.dart 파일을 생성하겠습니다. 그다음 StatelessWidget으로 버튼을 정의하고, '시작하기' 버튼의 코드를 복사하여 넣겠습니다.

btn.dart

```dart
import 'package:bamtol_market_app/src/common/components/app_font.dart';
import 'package:flutter/material.dart';

class Btn extends StatelessWidget {
  const Btn({super.key});

  @override
  Widget build(BuildContext context) {
    return GestureDetector(
      onTap: () {},
      child: ClipRRect(
        borderRadius: BorderRadius.circular(7),
        child: Container(
          padding: const EdgeInsets.symmetric(vertical: 15),
          color: const Color(0xffED7738),
          child: const AppFont(
            '시작하기',
            align: TextAlign.center,
            size: 18,
            fontWeight: FontWeight.bold,
          ),
        ),
      ),
    );
  }
}
```

init_start_page.dart 파일로 돌아가서 bottomNavigationBar 부분을 수정하겠습니다.

📽 **init_start_page.dart 내부: build 함수 내의 Scaffold〉 bottomNavigationBar 부분**

```dart
bottomNavigationBar: Padding(
  padding: EdgeInsets.only(
      left: 25, right: 25, bottom: 25 + Get.mediaQuery.padding.bottom),
  child: const Btn(),
),
```

소스코드가 매우 간결해졌습니다. 하지만 이렇게 하면 모든 버튼이 '시작하기'란 문구를 갖게 되고, 버튼 클릭 이벤트도 동일하게 작동합니다. 이런 문제를 해결하기 위해 btn 위젯을 어디서든 사용할 수 있도록 수정해보겠습니다.

📽 **btn.dart**

```dart
import 'package:flutter/material.dart';

class Btn extends StatelessWidget {
  final Widget child; // ----- 1
  final Function() onTap; // ----- 2
  const Btn({
    super.key,
    required this.child,  // ----- 3
    required this.onTap,
  });

  @override
  Widget build(BuildContext context) {
    return GestureDetector(
      onTap: onTap,
      child: ClipRRect(
        borderRadius: BorderRadius.circular(7),
        child: Container(
          padding: const EdgeInsets.symmetric(vertical: 15),
          color: const Color(0xffED7738),
          child: child,
        ),
      ),
    );
  }
}
```

1: 버튼의 문구만 받을 수도 있지만, 확장성을 고려해서 위젯을 받아주었습니다. 이렇게 하면 다양한 위젯을 버튼에 넣을 수 있습니다.

2: onTap 이벤트를 부모 위젯에서 처리할 수 있도록 받아주었습니다.

3: child와 onTap은 btn 위젯을 사용하는 데 필요한 요소이므로 required 옵션을 추가했습니다.

이제 다시 init_start_page로 넘어와서 마무리하겠습니다.

init_start_page.dart 내부: build 함수 내의 Scaffold 〉 bottomNavigationBar 부분

```
bottomNavigationBar: Padding(
  padding: EdgeInsets.only(
      left: 25, right: 25, bottom: 25 + Get.mediaQuery.padding.bottom),
  child: Btn(
    onTap: () {},
    child: const AppFont(
      '시작하기',
      align: TextAlign.center,
      size: 18,
      fontWeight: FontWeight.bold,
    ),
  ),
),
```

10.2.4 시작하기 기능 만들기

마지막으로 '시작하기' 버튼을 눌렀을 때 prefs의 isInitStarted 값을 false로 업데이트하기만 하면 앱 초기 소개 페이지의 기능이 완료됩니다. 여기서 prefs 업데이트를 initStartPage에서 처리할지 아니면 부모 위젯인 app.dart에서 처리할지를 결정해야 합니다.

만약 initStartPage에서 업데이트를 처리한다면, app 위젯을 업데이트하기 위해 GetXController 의 상태 관리 툴을 사용하거나 로그인 페이지로 라우트를 추가해야 합니다. 반면 app.dart에서 업데이트를 처리한다면, 상태 변경을 setState로 처리하여 바로 SplashPage로 변경할 수 있습니다.

후자가 가장 적은 노력으로 기능을 구현할 방법이므로 여기서도 이 방식을 사용하겠습니다. 이를 위해 initStartPage 위젯에 onStart라는 이벤트를 부모로부터 설정할 수 있게 하여, app.dart에서 업데이트를 처리하도록 하겠습니다.

app.dart

```dart
@override
Widget build(BuildContext context) {
  return isInitStarted
      ? InitStartPage(
          onStart: () { // ----- 1
            setState(() {
              isInitStarted = false;
            });
            prefs.setBool('isInitStarted', isInitStarted); // ----- 2
          },
        )
      : const SplashPage();
}
```

```dart
import 'package:bamtol_market_app/src/common/components/app_font.dart';
import 'package:bamtol_market_app/src/common/components/btn.dart';
import 'package:flutter/material.dart';
import 'package:get/get.dart';

class InitStartPage extends StatelessWidget {
  final Function() onStart; // ----- 1
  const InitStartPage({super.key, required this.onStart});

  @override
  Widget build(BuildContext context) {
    return Scaffold(
      body: Center(
        // ... 생략
      ),
      bottomNavigationBar: Padding(
        padding: EdgeInsets.only(
            left: 25, right: 25, bottom: 25 + Get.mediaQuery.padding.bottom),
        child: Btn(
          onTap: onStart, // ----- 3
          child: const AppFont(
            '시작하기',
            align: TextAlign.center,
            size: 18,
            fontWeight: FontWeight.bold,
```

```
            ),
          ),
        ),
      );
    }
}
```

1 : InitStartPage 위젯에서 onStart를 필수 함수로 받도록 처리하고, app.dart에서 onStart 함수를 정의합니다.

2 : onStart 함수는 isInitStarted 상태 값을 false로 업데이트하고, setState를 통해 페이지를 SplashPage로 변경합니다. 또한 prefs.setBool 함수를 통해 데이터를 저장하여 앱을 재실행해도 값이 유지되도록 합니다.

3 : initStartPage에서 이벤트를 연결하여 사용자가 '시작하기' 버튼을 누르면 부모로 이벤트를 전달합니다.

이제 앱을 실행하여 '시작하기' 버튼을 누르면 자동으로 스플래시 페이지(SplashPage)로 이동하며, 앱을 재실행해도 SplashPage가 시작되는 것을 볼 수 있습니다.

스플래시 페이지

🔀 깃 브랜치명: chapter11

이 장에서는 앱이 실행될 때 보여줄 스플래시 페이지를 만들어봅니다. 스플래시 페이지는 앱이 시작될 때 잠깐 보여주는 화면으로, 데이터를 로드하거나 인증 상태를 확인하는 동안 표시됩니다. 먼저 Splash Controller를 사용해 데이터 로드와 인증 과정을 관리합니다. 데이터 로드와 인증 과정이 완료되면 로그인 페이지나 홈 화면으로 이동하는 방법을 살펴봅니다. 이어서 스플래시 페이지에 진행 상황을 표시하고 스타일을 적용하는 방법도 배워봅니다.

CHAPTER

11

11.1 스플래시 페이지의 목적

스플래시 페이지는 앱이 실행될 때 필요한 정보를 불러오거나, 서버 데이터와 로컬 데이터의 싱크를 맞추는 상황에서 사용됩니다. 이는 사용자에게 지루함을 주지 않기 위해 정보를 보여주거나, 앱이 어떤 상황이라는 것을 인식시켜 주는 역할을 합니다.

이번 프로젝트의 스플래시 페이지는 임의로 데이터 로드를 처리한 후, 인증 정보 상태에 따라 로그인 페이지로 보낼지 아니면 홈 화면으로 보낼지를 확인하는 용도로 사용될 것입니다. 사실 스플래시 페이지가 없어도 되지만 어떤 식으로 스플래시 페이지를 만들 수 있는지 알아보기 위해 구성해봅시다.

11.2 SplashController 생성

스플래시 페이지에서 사용자에게 진행 상황을 안내하기 위해 controller를 만들어주겠습니다. splash 폴더 하위에 controller 폴더를 만들고, 그 안에 splash_controller.dart 파일을 생성하겠습니다.

📋 **splash_controller.dart**

```
class SplashController extends GetxController {
  Rx<StepType> loadStep = StepType.dataLoad.obs; // ----- 1

  changeStep(StepType type) { // ------ 2
    loadStep(type);
  }
}
```

SplashController는 StepType이라는 enum 타입을 변경하여 사용자에게 현재 진행 단계를 전달합니다.

1: StepType enum 클래스를 만들고, 이를 상태 관리에 등록합니다. 초깃값으로 dataLoad 단계를 설정합니다.

2: 상태 변경을 담당하는 함수를 추가합니다.

StepType enum 클래스가 없기 때문에 splash 폴더 하위에 enum 폴더를 만들고, 그 안에 step_type.dart 파일을 생성하여 StepType enum 클래스를 정의합니다.

```dart
enum StepType {
  dataLoad('데이터 로드'),
  authCheck('인증 체크');

  const StepType(this.name);
  final String name;
}
```

StepType에서는 2가지 타입을 다룹니다. 바로 dataLoad와 authCheck입니다. 만약 개발 중에 스플래시 단계에서 추가로 처리해야 할 작업이 생기면 StepType에 추가하면 됩니다.

이제 스플래시 페이지에서 현재 단계를 보여주도록 처리하겠습니다. 이를 위해 SplashController를 GetX에 등록해줍니다. main.dart 파일로 이동하여 SplashController를 등록하겠습니다.

main.dart 파일의 build 함수 부분

```dart
@override
Widget build(BuildContext context) {
  return GetMaterialApp(
    title: '당근마켓 클론 코딩',
    initialRoute: '/',
    theme: ThemeData(
      appBarTheme: const AppBarTheme(
        elevation: 0,
        color: Color(0xff212123),
        titleTextStyle: TextStyle(
          color: Colors.white,
        ),
      ),
      scaffoldBackgroundColor: const Color(0xff212123),
    ),
    initialBinding: BindingsBuilder(() { // ------ 1
      Get.put(SplashController());
    }),
    getPages: [
      GetPage(name: '/', page: () => const App()),
    ],
  );
}
```

1: GetMaterialApp의 initialBinding 옵션을 통해 SplashController를 등록할 수 있습니다. Get.put을 사용하여
 SplashController를 넣어줍니다.

이제 SplashController를 앱 전반에서 사용할 수 있습니다. 스플래시 페이지로 이동하여
SplashController를 사용해보겠습니다.

splash.dart

```dart
import 'package:bamtol_market_app/src/splash/controller/splash_controller.dart';
import 'package:flutter/material.dart';
import 'package:get/get.dart';

class SplashPage extends GetView<SplashController> { // ----- 1
  const SplashPage({super.key});

  @override
  Widget build(BuildContext context) {
    return Scaffold(
      body: Center(
        child: Obx( // ------ 2
          () => Text(
            '${controller.loadStep.value.name}중 입니다.', // ----- 3
            style: const TextStyle(color: Colors.white),
          ),
        ),
      ),
    );
  }
}
```

1: GetView를 사용하면 위젯 내에서 controller에 바로 접근할 수 있습니다. 또한 Obx를 사용할 수 있기 때문에
 GetX를 사용하는 경우 보통 이 방식을 많이 사용합니다.

2: Obx 방식은 GetX 위젯과 동일한 효과를 줍니다. 간단히 말해 Obx는 GetX 위젯의 약식 형태입니다.

3: loadStep의 상태를 보여주기 위해 name 속성을 사용하고, 뒤에 '중입니다.'를 추가하여 현재 어떤 상태가 진행 중
 인지를 사용자에게 알립니다.

11.3 데이터 로드

스플래시 페이지에서 데이터 로드 상태를 보여주고 있습니다. 이 단계에서는 실제 앱에서 필요한 데이터를 로드하는 작업을 수행하게 됩니다. 당근마켓 클론 코딩에서는 크게 데이터를 로드할 정보가 없어서, 임의로 데이터를 로드하는 것처럼 구성해보겠습니다

먼저 common 〉 controller 폴더를 만들고, 그 하위에 data_load_controller.dart 파일을 생성합니다.

data_load_controller.dart

```dart
import 'package:get/get.dart';

class DataLoadController extends GetxController {
  RxBool isDataLoad = false.obs;

  void loadData() async {
    await Future.delayed(const Duration(milliseconds: 2000));
    isDataLoad(true);
  }
}
```

이 controller에는 데이터를 로드하는 함수가 있습니다. 이 함수는 임의로 2초 동안 대기한 후 isDataLoad 상태를 true로 변경합니다. 이제 loadData 함수를 호출하면 합니다. 이 호출은 어디서 할 수 있을까요? 이는 스플래시 페이지에서 처리하도록 하겠습니다. 스플래시 페이지에서 StepType 값에 따라 데이터 로드가 필요하면 데이터 로드 이벤트를 발생시키고, 인증 체크가 필요하면 인증 체크를 호출하게 하면 됩니다.

즉, 스플래시 페이지에서 SplashController와 DataLoadController 간의 양방향 통신이 필요합니다. 이를 처리하기 위해 controller 내부에서 직접 참조하는 방식도 있지만, 이렇게 하면 controller 간의 의존성이 생겨 유지 보수가 어려워집니다. 의존성이 생기면 코드 수정이 어렵고, 문제를 해결하기도 힘들어집니다. 그래서 BLoC 패턴에서 사용하는 방법처럼 프레젠테이션 레벨에서 참조하여 통신을 처리하려고 합니다.

하지만 GetX에는 BlocListener와 같은 위젯이 없어서, 비슷한 기능을 직접 만들어 해결하겠습니다. 이 위젯은 BlocListener처럼 작동한다고 생각하면 됩니다.

💡 나중에 유튜브 채널에서 GetxController 간의 의존성을 없애고 통신하는 방법에 대해 다루도록 하겠습니다.

common 〉 components 폴더 하위에 getx_listener.dart 파일을 만들어주겠습니다.

getx_listener.dart

```dart
import 'package:flutter/material.dart';
import 'package:get/get.dart';

class GetxListener<T> extends StatefulWidget {
  final Rx<T> stream;
  final Widget child;
  final Function(T) listen;
  final Function()? initCall;
  const GetxListener({
    super.key,
    this.initCall,
    required this.stream,
    required this.listen,
    required this.child,
  });

  @override
  State<GetxListener> createState() {
    stream.listen(listen);
    return _GetxListenerState();
  }
}

class _GetxListenerState extends State<GetxListener> {
  @override
  void initState() {
    super.initState();

    if (widget.initCall != null) {
      widget.initCall!();
    }
  }
}
```

```
    @override
    Widget build(BuildContext context) {
      return widget.child;
    }
  }
```

생성한 getx_listener.dart 파일에 위 코드를 넣어줍니다.

다시 splash_page.dart로 넘어와서 components로 만든 GetxListener 위젯을 사용하겠습니다.

step_type.dart

```
enum StepType {
  init(''), // ------ 1
  dataLoad('데이터 로드'),
  authCheck('인증 체크');

  const StepType(this.name);
  final String name;
}
```

1 : StepType에 init 상태를 추가하여 초기 상태를 설정합니다. init 상태를 사용하여 초기 상태에서 다른 상태로 변경 될 때 이를 감지할 수 있습니다.

💡 SplashController에서 초기 Rx⟨StepType⟩ 값이 변경(listen)으로 감지되지 않기 때문에 init 상태를 추가 했습니다. 이는 GetxController가 먼저 생성된 후에 페이지가 만들어지기 때문입니다.

splash_page.dart

```
@override
Widget build(BuildContext context) {
  return Scaffold(
    body: Center(
      child: GetxListener<StepType>( // ---- 1
        initCall: () {
          controller.loadStep(StepType.dataLoad); // ------ 2
        },
        listen: (StepType? value) { // ----- 3
```

```
            if (value == null) return;
            switch (value) {
              case StepType.init:
              case StepType.dataLoad:
                print('dataLoad');
                break;
              case StepType.authCheck:
                print('authCheck');
                break;
            }
          },
          stream: controller.loadStep, // ----- 4
          child: Obx(
            () {
              return Text(
                '${controller.loadStep.value.name}중입니다.',
                style: const TextStyle(color: Colors.white),
              );
            },
          ),
        ),
      ),
      floatingActionButton: FloatingActionButton(onPressed: () {
        controller.loadStep(StepType.authCheck);
      }),
    );
  }
```

1: GetX에서 상태 관리를 할 때, 어떤 타입을 listen할지 제네릭 타입으로 정의합니다.

2: initCall 함수는 위젯이 처음 생성될 때 한 번 호출되므로 초기 상태를 업데이트해줄 것입니다. 여기서는 초기 StepType을 dataLoad로 전달해줍니다.

3: loadStep을 dataLoad 상태로 변경했기 때문에 listen 함수가 dataLoad 상태를 감지하고 이벤트를 발생시킵니다.

4: stream으로 SplashController의 Rx로 정의한 loadStep을 지정합니다. 이렇게 하면 loadStep 값이 변경될 때마다 listen 함수가 호출됩니다.

앱을 실행했을 때 dataLoad 상태로 변경되고 콘솔에 dataLoad 로그가 출력됩니다.

splash_page.dart의 listen 함수 내 switch문

```
switch (value) {
  case StepType.init:
  case StepType.dataLoad:
    Get.find<DataLoadController>().loadData(); // ----- 1
    break;
  case StepType.authCheck:
    print('authCheck');
    break;
}
```

1: print문을 제거하고 DataLoadController의 loadData 함수를 호출하여 데이터 로드를 진행합니다.

아직 DataLoadController를 GetX에 등록하지 않았기 때문에 그냥 실행하면 오류가 발생합니다. SplashController를 등록했던 것처럼 main.dart의 initialBinding에 DataLoadController도 함께 등록(의존성 주입)해줍니다.

main.dart 파일의 GetMaterialApp 〉 initialBinding 옵션

```
initialBinding: BindingsBuilder(() {
  Get.put(SplashController());
  Get.put(DataLoadController());
}),
```

이제 앱이 실행되면 DataLoadController의 loadData() 함수가 호출되어 2초 뒤에 isDataLoad 상태가 true로 변경됩니다.

문제는 dataLoad를 모두 마치고 다음 단계인 authCheck 단계로 넘겨줘야 하는데 어떻게 해야 할 까요? 이 역시 GetxListener를 이용하면 해결할 수 있습니다.

splash_page.dart 의 build 함수

```
@override
Widget build(BuildContext context) {
  return Scaffold(
    body: Center(
      child: GetxListener<bool>( // ------- 1
        listen: (bool value) {
          if (value) {
```

```dart
            controller.loadStep(StepType.authCheck); // -------- 2
          }
        },
        stream: Get.find<DataLoadController>().isDataLoad, // -------- 3
        child: GetxListener<StepType>( // ------- 4
          initCall: () {
            controller.loadStep(StepType.dataLoad);
          },
          listen: (StepType? value) {
            if (value == null) return;
            switch (value) {
              case StepType.init:
              case StepType.dataLoad:
                Get.find<DataLoadController>().loadData();
                break;
              case StepType.authCheck:
                print('authCheck');
                break;
            }
          },
          stream: controller.loadStep,
          child: Obx(
            () {
              return Text(
                '${controller.loadStep.value.name}중 입니다.',
                style: const TextStyle(color: Colors.white),
              );
            },
          ),
        ),
      ),
    ),
    floatingActionButton: FloatingActionButton(onPressed: () {
      controller.loadStep(StepType.authCheck);
    }),
  );
}
```

1 : GetxListener를 사용하여 bool 타입을 listen할 것이기 때문에 제네릭 타입을 bool로 정의하고 위젯을 구성합니다.

2 : listen 함수로 bool 타입이 넘어오게 되는데, true 값이 넘어왔다는 것은 데이터 로드가 완료되었다는 의미입니다. 그래서 다음 단계인 authCheck 단계로 업데이트하는 함수를 호출합니다.

3 : DataLoadController의 isDataLoad를 GetxListener의 listen 함수가 반응할 수 있는 상태로 설정합니다. 이렇게 하면 isDataLoad 값이 변경될 때마다 listen 함수가 호출됩니다.

4 : 모든 위젯은 트리 구조로 배치됩니다. 그래서 기존 SplashController의 Step을 listen하는 위젯의 부모로 설정했습니다. 이 순서는 중요하지 않습니다.

앱을 실행하면 처음에는 '데이터 로드 중입니다.'라는 문구가 나타나며, 2초 후에 '인증 체크 중입니다.'로 변경됩니다. 이후에는 인증 상태를 체크하는 controller를 추가하여 로그인 상태라면 홈 화면으로, 아니라면 로그인 페이지로 이동하게 처리해주면 스플래시 페이지의 역할을 다한 것입니다.

일단 인증 처리는 뒤에서 다루기로 하고, 현재는 과정만 간단하게 살펴볼 수 있도록 DataLoadController와 비슷한 AuthenticationController(목업)를 만들어 처리하겠습니다.

11.4 인증 체크(목업)

우선 AuthenticationController를 common〉controller 폴더에 authentication_controller.dart 파일로 만들어주겠습니다.

authentication_controller.dart

```dart
import 'package:get/get.dart';

class AuthenticationController extends GetxController {
  RxBool isLogined = false.obs;

  void authCheck() async {
    await Future.delayed(const Duration(milliseconds: 1000));
    isLogined(true);
  }
}
```

DataLoadController와 매우 유사하게 만들었습니다. 물론 실제 인증 기능을 개발할 때는 리펙터링 해줄 것입니다.

main.dart 파일의 GetMaterialApp 〉 initialBinding 옵션

```dart
initialBinding: BindingsBuilder(() {
  Get.put(SplashController());
  Get.put(DataLoadController());
  Get.put(AuthenticationController()); // ------ 1
}),
```

1: AuthenticationController를 사용할 수 있도록 GetX에 등록하겠습니다.

splash_page.dart 파일의 StepType listen 함수

```dart
listen: (StepType? value) {
  if (value == null) return;
  switch (value) {
    case StepType.init:
    case StepType.dataLoad:
      Get.find<DataLoadController>().loadData();
      break;
    case StepType.authCheck:
      Get.find<AuthenticationController>().authCheck(); // ------- 1
      break;
  }
},
```

1: splash_page.dart 파일로 이동하여 'authCheck'라는 문구를 출력하고 있는 print문을 제거하고, 인증 체크를 하는 함수를 호출하겠습니다.

앱을 실행하면 AuthenticationController의 authCheck 함수가 호출되어 인증 상태가 true로 변경되는 것을 확인할 수 있습니다. 이제 GetxListen을 사용해 로그인 상태를 체크하여 이에 따른 라우트 처리를 진행하겠습니다.

splash_page.dart의 build 함수

```dart
Widget build(BuildContext context) {
  return Scaffold(
    body: Center(
      child: GetxListener<bool>( // ----- 1
        listen: (bool isLogined) {
          if (isLogined) { // ----- 2
```

```
          Get.offNamed('/home');
        } else {
          Get.offNamed('/login');
        }
      },
      stream: Get.find<AuthenticationController>().isLogined, // ----- 3
      child: GetxListener<bool>(
        listen: (bool value) {
          if (value) {
            controller.loadStep(StepType.authCheck);
          }
        },
        stream: Get.find<DataLoadController>().isDataLoad,
        child: GetxListener<StepType>(
          initCall: () {
            controller.loadStep(StepType.dataLoad);
          },
          listen: (StepType? value) {
            if (value == null) return;
            switch (value) {
              case StepType.init:
              case StepType.dataLoad:
                Get.find<DataLoadController>().loadData();
                break;
              case StepType.authCheck:
                Get.find<AuthenticationController>().authCheck();
                break;
            }
          },
          stream: controller.loadStep,
          child: Obx(
            () {
              return Text(
                '${controller.loadStep.value.name}중 입니다.',
                style: const TextStyle(color: Colors.white),
              );
            },
          ),
        ),
      ),
    ),
```

```
      ),
    );
  }
```

1 : DataLoadController의 isDataLoad 상태를 구독하여 값이 변경될 때마다 처리하던 방식을 Authentication Controller에도 동일하게 적용합니다.

2 : 로그인 상태에 따라 Get.offNamed 함수를 사용해 라우트를 처리하고 있습니다. Get.offNamed를 사용하는 이유는 Get.to나 Get.toNamed를 사용할 경우, 뒤로가기 버튼을 눌렀을 때 스플래시 페이지로 돌아가는 상황이 발생할 수 있기 때문입니다. 따라서 첫 페이지였던 스플래시 페이지를 제거하고 다음 페이지로 연결하여, 뒤로가기 버튼을 누르면 앱이 종료되도록 처리합니다.

3 : AuthenticationController의 isLogined 상태를 구독합니다.

앱을 실행하면 페이지를 찾을 수 없다는 오류가 발생할 것입니다. 이는 아직 /home과 /login 라우트를 정의하지 않았기 때문입니다. 이제 main.dart 파일로 이동하여 라우트 처리를 추가하겠습니다.

📁 **main.dart 페이지의 GetMaterialApp 〉getPage 옵션**

```
getPages: [
  GetPage(name: '/', page: () => const App()),
  GetPage(name: '/home', page: () => const HomePage()), // ----- 1
  GetPage(name: '/login', page: () => const LoginPage()), // ----- 2
],
```

1, 2 : 각각의 페이지(HomePage, LoginPage)를 라우트에 맞게 생성합니다. home_page.dart 파일은 src〉home〉page 폴더를 생성하여 그 하위에 배치하고, login_page.dart 파일은 src〉user〉login〉page 폴더에 생성하여 배치하겠습니다.

💡 login_page.dart 파일을 src〉login〉page가 아닌 src〉user〉login〉page 폴더에 배치하는 이유는, login과 signup 페이지가 회원과 관련된 동일한 성격의 페이지이기 때문입니다. 이를 user 폴더로 그룹화하면 관리가 더 용이해집니다.

이제 home_page.dart 파일에 페이지가 임시로 사용될 수 있도록 처리하겠습니다.

home_page.dart

```dart
import 'package:bamtol_market_app/src/common/components/app_font.dart';
import 'package:bamtol_market_app/src/common/controller/authentication_controller.
dart';
import 'package:flutter/material.dart';
import 'package:get/get.dart';

class HomePage extends StatelessWidget {
  const HomePage({super.key});

  @override
  Widget build(BuildContext context) {
    return Scaffold(
      body: Center(
        child: GestureDetector(
          onTap: () {
            Get.find<AuthenticationController>().logout(); // ----- 1
          },
          child: const AppFont('홈'),
        ),
      ),
    );
  }
}
```

화면 중앙에 '홈'이라고 표시하여 현재 위치를 알 수 있도록 안내합니다.

1: '홈'을 눌렀을 때 로그아웃 이벤트를 발생시켜 정상적으로 로그인 페이지로 라우팅되는지를 확인할 수 있도록 했습니다.

아직 AuthenticationController에 logout 함수가 없으므로 이를 추가해주겠습니다.

authentication_controller.dart 파일 내 함수 생성

```dart
void logout() {
  isLogined(false);
}
```

간단한 테스트이기 때문에 isLogined 상태를 false로만 처리해줍니다.

마지막으로 login_page.dart 파일을 작업하겠습니다.

login_page.dart

```dart
import 'package:bamtol_market_app/src/common/components/app_font.dart';
import 'package:flutter/material.dart';

class LoginPage extends StatelessWidget {
  const LoginPage({super.key});

  @override
  Widget build(BuildContext context) {
    return const Scaffold(
      body: Center(
        child: AppFont('로그인'),
      ),
    );
  }
}
```

여기서는 간단히 로그인 페이지임을 확인할 수 있도록 처리했습니다. 이제 앱을 실행하면 처음에 데이터를 로드하고 2초 후에 인증 체크를 한 뒤, 1초 후에 홈 화면으로 이동하는 것을 확인할 수 있습니다. 또한 홈 화면에서 '홈'을 누르면 자동으로 로그인 페이지로 라우팅되는 것을 확인할 수 있습니다.

이로써 스플래시 페이지의 전반적인 흐름을 만들었습니다. 다음은 스플래시 페이지에 스타일을 입히는 퍼블리싱 작업을 진행하겠습니다.

11.5 스플래시 퍼블리싱

스플래시 페이지의 경우 첫 소개 페이지와 유사하게 만들어줄 것입니다. 따라서 init_start_page.dart의 소스코드 중 bottomNavigationBar를 제외한 나머지 부분을 옮겨오겠습니다.

또한 유지 보수 측면에서 View 영역과 Listen 영역을 구분하는 것이 좋을 것 같아 기존의 Obx로 단계를 안내했던 Text 위젯을 제거하고, 새로운 _SplashView 페이지를 만들어 퍼블리싱을 진행하겠습니다.

먼저 splash_page.dart의 문구 부분을 제거합니다.

```
child :Obx( // 제거할 부분
  () {
    return Text(
      '${controller.loadStep.value.name}중입니다.',
      style: const TextStyle(color: Colors.white),
    );
  },
),
```

새로운 _SplashView 페이지를 만들어 그곳에 퍼블리싱을 진행하도록 하겠습니다.

_SplashView 클래스는 내부 클래스로 splash_page.dart 파일의 제일 하단에 작성하면 됩니다.

클래스, 변수, 함수 이름 앞에 _(언더바)를 붙이면 내부 클래스, 내부 변수, 내부 함수가 됩니다. 내부 클래스, 내부 변수, 내부 함수는 동일한 파일 내에서만 호출할 수 있으며 다른 파일에서는 접근이 불가능합니다.

splash_page.dart에서 기존 Obx로 StepType의 단계를 보여줬던 부분

```
child: const _SplashView(),
```

```
class _SplashView extends GetView<SplashController> {
  const _SplashView({super.key});

  @override
  Widget build(BuildContext context) {
    return Column(
      children: [
        const SizedBox(height: 200),
        Expanded(
          child: Column( // ----- 1
            mainAxisAlignment: MainAxisAlignment.center,
            children: [
              SizedBox(
                width: 99,
                height: 116,
                child: Image.asset(
```

```dart
                    'assets/images/logo_simbol.png',
                  ),
                ),
                const SizedBox(height: 40),
                const AppFont(
                  '당신 근처의 밤톨마켓',
                  fontWeight: FontWeight.bold,
                  size: 20,
                ),
                const SizedBox(height: 15),
                AppFont(
                  '중고 거래부터 동네 정보까지, \n지금 내 동네를 선택하고 시작해보세요!',
                  align: TextAlign.center,
                  size: 18,
                  color: Colors.white.withOpacity(0.6),
                )
              ],
            ),
          ),
          SizedBox(
            height: 200,
            child: Column(
              children: [
                Obx( // ----- 2
                  () {
                    return Text(
                      '${controller.loadStep.value.name}중입니다.',
                      style: const TextStyle(color: Colors.white),
                    );
                  },
                ),
                const SizedBox(height: 20),
                const CircularProgressIndicator( // ----- 3
                    strokeWidth: 1, color: Colors.white)
              ],
            ),
          )
        ],
      );
  }
}
```

1 : init_start_page.dart 파일에서 사용된 소스를 splash_page.dart로 복사하여 붙여 넣습니다.

2 : 기존에 Obx로 StepType 단계를 보여줬던 부분을 _SplashView로 이동시켰습니다.

3 : 사용자에게 좀 더 동적인 요소를 제공하기 위해 CircularProgressIndicator를 추가했습니다.

앱을 실행하면 좀 더 인터랙티브한 스플래시 페이지가 완성된 것을 볼 수 있습니다.

인증 프로세스

—

◈ 깃 브랜치명: chapter12

이 장에서는 플러터 애플리케이션에 인증 기능을 추가하는 방법을 배웁니다. 먼저 Firebase Authentication을 사용하여 구글과 애플 로그인 기능을 설정하고, 사용자의 로그인 상태를 확인하는 방법을 익힙니다. 그리고 로그인 여부에 따라 사용자를 로그인 페이지, 회원 가입 페이지 또는 홈 화면으로 이동시키는 로직을 구현합니다. 또한 AuthenticationRepository를 생성하여 로그인 처리를 관리하고, UserModel을 만들어 사용자 정보를 관리합니다. 마지막으로 애플 로그인과 구글 로그인을 설정하여 사용자가 이미 가입된 계정인지 확인하는 과정도 설명합니다.

CHAPTER

12

12.1 인증 흐름 설명

Firebase의 SNS 로그인을 활용하여 구글과 애플 로그인을 적용할 예정입니다. 작업에 들어가기 앞서서 프로세스가 어떻게 진행되는지 먼저 흐름도를 통해 설명하겠습니다.

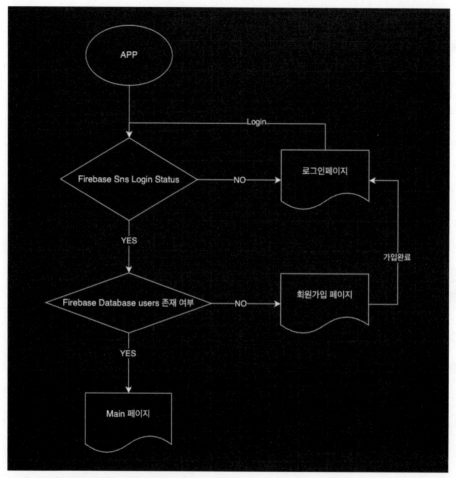

Firebase를 이용한 SNS 로그인 인증 흐름도

앱이 실행되면 가장 먼저 Firebase SNS 로그인 상태를 확인합니다. 로그인 상태가 없으면 로그인 페이지로 이동합니다. 로그인 정보가 있으면, 서비스 DB에서 해당 정보로 가입된 데이터가 있는지 확인합니다. 가입된 정보가 없으면 회원 가입 페이지로 이동합니다. 가입된 데이터가 있으면 메인 페이지로 이동하여 인증을 완료합니다.

12.2 인증 프로세스 개발

AuthenticationRepository 생성

로그인 기능을 적용하기 위해 FirebaseAuth를 사용하여 로그인 처리를 하는 리포지토리를 만들겠습니다. user 〉 repository 폴더에 authentication_repository.dart 파일을 생성합니다.

authentication_repository.dart
```dart
import 'package:firebase_auth/firebase_auth.dart';

class AuthenticationRepository {
  final FirebaseAuth _firebaseAuth;

  AuthenticationRepository(this._firebaseAuth);
}
```

이 리포지토리는 부모로부터 FirebaseAuth 인스턴스를 받아 사용하도록 만들 것입니다. Firebase 는 로그인 상태가 변경될 때마다 데이터를 알려주는 스트림 메서드를 제공합니다. 바로 Firebase Auth.instance.authStateChanges()라는 스트림 메서드인데, 이를 활용하여 우리가 사용할 정보만 가공하고 전달해주는 스트림을 만들겠습니다. 그전에 회원 가입을 위한 사용자 모델을 만들어보겠습니다.

사용자 모델(UserModel) 생성

user 폴더 하위에 model 폴더를 만들고, 그 안에 user_model.dart 파일을 생성하겠습니다. 이 사용자 모델에는 uid, name, email만 우선 담아놓겠습니다. 이 정보는 SNS 로그인 시 받을 수 있는 정보입니다.

user_model.dart
```dart
import 'package:equatable/equatable.dart';

class UserModel extends Equatable {
  final String? uid;
  final String? name;
  final String? email;

  const UserModel({
```

```
    this.uid,
    this.name,
    this.email,
  });

  @override
  List<Object?> get props => [
      uid,
      name,
      email,
    ];
}
```

이 프로젝트에서 첫 번째 모델을 만들었습니다. 모델을 JSON으로부터 파싱하는 과정을 직렬화라고 하는데, 이를 도와주는 패키지가 있습니다. 바로 json_serializable입니다.

💡 이 과정은 직렬화 및 역직렬화 코드를 작성할 때 실수를 줄여주며, 코드를 더 쉽게 읽고 유지 관리할 수 있게 해주기 때문에 매우 유용합니다.

UserModel 클래스를 사용하여 json_serializable의 작동 방식을 간략히 살펴보겠습니다. json_serializable을 사용하기 위해 필요한 패키지를 설치하겠습니다.

```
flutter pub add --dev json_serializable build_runner json_annotation
```

UserModel 클래스를 수정하겠습니다.

user_model.dart
```
import 'package:equatable/equatable.dart';
import 'package:json_annotation/json_annotation.dart';

part 'user_model.g.dart'; // ------- 2

@JsonSerializable() // ------- 1
class UserModel extends Equatable {
  final String? uid;
```

```
    final String? name;
    final String? email;

    const UserModel({
      this.uid,
      this.name,
      this.email,
    });

    @override
    List<Object?> get props => [
      uid,
      name,
      email,
    ];
}
```

1 : @JsonSerializable() 애너테이션을 추가하면 다트 클래스에 JSON 직렬화 및 역직렬화 메서드가 자동으로 연결
됩니다.

2 : 생성된 코드는 별도의 파일(.g.dart)에 배치되며, 클래스의 인스턴스를 JSON으로 변환하는 데 사용됩니다. 지금 당
장은 오류가 발생해도 괜찮습니다.

이제 build_runner 명령어를 사용하여 직렬화와 역직렬화를 생성하겠습니다.

```
flutter pub run build_runner watch
```

이 명령어를 실행하면 user_model.g.dart 파일이 생성되어, 직렬화·역직렬화를 사용할 수 있게
됩니다.

user_model.g.dart

```
import 'package:equatable/equatable.dart';
import 'package:json_annotation/json_annotation.dart';

part 'user_model.g.dart';

@JsonSerializable()
class UserModel extends Equatable {
```

```dart
  final String? uid;
  final String? name;
  final String? email;

  const UserModel({
    this.uid,
    this.name,
    this.email,
  });

  factory UserModel.fromJson(Map<String, dynamic> json) => // ------- 1
      _$UserModelFromJson(json);

  @override
  List<Object?> get props => [
    uid,
    name,
    email,
  ];
}
```

1: json_serializable 패키지는 클래스의 필드와 데이터 유형을 기반으로 직렬화 및 역직렬화 코드를 생성합니다.

이렇게 사용자 모델을 만들었습니다. 이제 authentication_repository.dart 파일로 돌아가서 스트림을 생성하겠습니다. authStateChanges에서 받을 수 있는 데이터는 사용자 모델이며, 해당 데이터에서 프로필 이미지 외에도 여러 정보를 받을 수 있습니다. 필요에 따라 사용자 모델에 필드를 추가하면 됩니다.

📁 authentication_repository.dart

```dart
import 'dart:convert';
import 'package:bookreview_sample_app/src/common/model/user_model.dart';

import 'package:firebase_auth/firebase_auth.dart';

class AuthenticationRepository {
  final FirebaseAuth _firebaseAuth;

  AuthenticationRepository(this._firebaseAuth);
```

```
  Stream<UserModel?> get user { // ------- 1
    return _firebaseAuth.authStateChanges().map<UserModel?>((user) {
      return user == null
          ? null
          : UserModel(
              name: user.displayName,
              uid: user.uid,
              email: user.email,
            );
    });
  }
}
```

1: FirebaseAuth의 authStateChanges() 함수는 Firebase에서 제공하는 사용자 모델을 전달하는 스트림을 반환
　 합니다. 이 프로젝트에 맞는 사용자 모델로 변환하여 스트림으로 반환하기 위해 get 함수를 작성했습니다.

12.3 구글 로그인

구글 로그인 라이브러리를 설치하겠습니다.

```
$ flutter pub add google_sign_in
```

Firebase 공식 문서[1]에서 구글 로그인 함수를 가져와 사용하겠습니다. authentication_repository.
dart 파일에 코드를 추가해줍니다.

```
Future<UserCredential> signInWithGoogle() async {
  final GoogleSignInAccount? googleUser = await GoogleSignIn().signIn();
  final GoogleSignInAuthentication? googleAuth =
      await googleUser?.authentication;

  final credential = GoogleAuthProvider.credential(
    accessToken: googleAuth?.accessToken,
```

----
1 https://firebase.flutter.dev/docs/auth/social

```
    idToken: googleAuth?.idToken,
  );
  return await FirebaseAuth.instance.signInWithCredential(credential);
}
```

프로젝트에 맞게 소스코드를 수정해줘야 합니다. 다음과 같이 수정하면 됩니다.

```
Future<void> signInWithGoogle() async {
  final googleUser = await GoogleSignIn().signIn();
  final googleAuth = await googleUser?.authentication;

  final credential = GoogleAuthProvider.credential(
    accessToken: googleAuth?.accessToken,
    idToken: googleAuth?.idToken,
  );

  await _firebaseAuth.signInWithCredential(credential);
}
```

12.4 애플 로그인

애플 로그인을 위한 라이브러리를 설치하겠습니다.

```
$ flutter pub add sign_in_with_apple crypto
```

Firebase의 공식 문서에서 애플 로그인 함수를 가져와 코드를 수정합니다.

```
String generateNonce([int length = 32]) {
  const charset =
      '0123456789ABCDEFGHIJKLMNOPQRSTUVXYZabcdefghijklmnopqrstuvwxyz-._';
  final random = Random.secure();
  return List.generate(length, (_) => charset[random.nextInt(charset.length)])
```

```
      .join();
}

String sha256ofString(String input) {
  final bytes = utf8.encode(input);
  final digest = sha256.convert(bytes);
  return digest.toString();
}

Future<void> signInWithApple() async {
  final rawNonce = generateNonce();
  final nonce = sha256ofString(rawNonce);

  final appleCredential = await SignInWithApple.getAppleIDCredential(
    scopes: [
      AppleIDAuthorizationScopes.email,
      AppleIDAuthorizationScopes.fullName,
    ],
    nonce: nonce,
  );

  final oauthCredential = OAuthProvider("apple.com").credential(
    idToken: appleCredential.identityToken,
    rawNonce: rawNonce,
  );

  await _firebaseAuth.signInWithCredential(oauthCredential);
}
```

추가로 로그아웃을 위한 함수도 만들어주겠습니다.

```
Future<void> logout() async {
  await _firebaseAuth.signOut();
}
```

12.5 AuthenticationController 개발

AuthenticationRepository가 준비되었으니 이를 사용할 GetxController를 만들어보겠습니다. 이미 스플래시 기능을 개발할 때 임시로 만들어 놓은 authentication_controller.dart가 있으므로, 이를 활용하도록 하겠습니다.

common〉controller에 있는 authentication_controller.dart 파일로 이동합니다.

 authentication_controller.dart

```dart
import 'package:bamtol_market_app/src/user/model/user_model.dart';
import 'package:bamtol_market_app/src/user/repository/authentication_repository.dart';
import 'package:get/get.dart';

class AuthenticationController extends GetxController {
  AuthenticationController(this._authenticationRepository); // ----- 1

  final AuthenticationRepository _authenticationRepository; // ----- 1
  RxBool isLogined = false.obs;
  Rx<UserModel> userModel = const UserModel().obs; // ----- 2

  void authCheck() async {
    await Future.delayed(const Duration(milliseconds: 1000));
    isLogined(true);
  }

  void logout() {
    isLogined(false);
  }
}
```

1: authentication_controller에서 사용할 authentication_repository를 생성할 때, 외부에서 이를 받아와 의존성을 설정합니다.

2: 기본적으로 authentication_controller에서 관리해야 할 사용자 정보를 반응형 상태 관리 방식으로 정의하겠습니다. 현재 main.dart 파일에서 오류가 발생하고 있으므로 이를 수정하겠습니다.

authentication_repository 역시 GetX로 관리하기 위해서 등록하겠습니다. 이를 위해 먼저 authentication_repository를 GetxService로 상속받도록 하겠습니다.

authentication_repository.dart

```
class AuthenticationRepository extends GetxService{ // ----- 1
  final FirebaseAuth _firebaseAuth;

  AuthenticationRepository(this._firebaseAuth);
  // 이하 생략
```

1: GetxService는 GetxController와 달리 한 번 등록되면 앱이 종료될 때까지 유지되는 특성이 있습니다. 따라서 리포지토리는 GetxController 대신 GetxService를 사용합니다.

다시 main.dart 파일로 넘어와서 의존성을 등록하겠습니다.

main.dart 파일의 initBinding 함수

```
initialBinding: BindingsBuilder(() {
  var authenticationRepository =
      AuthenticationRepository(FirebaseAuth.instance); // ---- 1
  Get.put(authenticationRepository); // ---- 2
  Get.put(SplashController());
  Get.put(DataLoadController());
  Get.put(AuthenticationController(authenticationRepository)); // ---- 3
}),
```

1: AuthenticationRepository 인스턴스를 생성합니다. 이때 필요한 의존성으로 FirebaseAuth 인스턴스를 생성자의 인자로 넘겨줍니다. 2와 3에서 생성된 authenticationRepository가 필요하기에 별도의 변수로 담았습니다.

2: 생성된 authenticationRepository를 GetX에서 관리할 수 있도록 put 방식으로 등록합니다.

3: AuthenticationController에서 필요한 authenticationRepository를 넘겨줘서 의존성을 설정합니다.

다시 authenticationController로 넘어옵니다. 스플래시 페이지에서 데이터를 로드한 후에 인증을 확인하게 되는데, 이 단계에서 authCheck 함수가 호출된다는 것을 이미 알고 있습니다.

authentication_controller.dart

```
import 'package:bamtol_market_app/src/user/model/user_model.dart';
import 'package:bamtol_market_app/src/user/repository/authentication_repository.
dart';
import 'package:get/get.dart';

class AuthenticationController extends GetxController {
```

```
  AuthenticationController(this._authenticationRepository);

  final AuthenticationRepository _authenticationRepository;
  RxBool isLogined = false.obs;
  Rx<UserModel> userModel = const UserModel().obs;

  void authCheck() async {
    _authenticationRepository.user.listen((user) { // ----- 1
      _userStateChangedEvent(user);
    });
  }

  void _userStateChangedEvent(UserModel? user) async { // ----- 2
    if (user == null) {
      // unknown
    } else {
      // authentication or unAuthentication
    }
  }

  void logout() {
    isLogined(false);
  }
}
```

1 : authCheck 함수에서는 기존 코드를 제거하고, authentication_repository에서 생성한 스트림을 구독하도록 합니다. 이제 인증 상태에 따라 listen 내부 로직이 실행되며, 이때 _userStateChangedEvent 함수로 값을 넘겨 별도로 관리하게 합니다.

2 : 넘겨받은 사용자 모델의 상태에 따라 다양한 처리를 합니다. user 값이 null이면 로그인이 필요한 단계로 unknown 상태가 됩니다. 반면, user 정보가 존재하면 사용자가 이미 구글이나 애플 로그인을 통해 인증된 상태를 의미합니다. 그러면 user 정보의 uid가 존재하게 됩니다. 해당 uid로 밤톨마켓(당근마켓 클론 코딩 서비스) 서비스 데이터베이스(Firebase 데이터베이스)에 값이 존재하는지를 확인하여, 회원 가입 페이지로 이동할지 아니면 홈 화면으로 이동할지를 처리할 것입니다.

기존에는 isLogined라는 bool 타입의 상태를 통해 스플래시 페이지에서 구독하여 자동으로 라우팅되도록 설정한 것을 기억할 것입니다. 이제 이 부분을 true/false 외에 여러 상태가 존재하는 값으로 관리해야 합니다. 따라서 적절한 타입인 enum을 사용하여 리팩터링하겠습니다.

먼저 authentication_status라는 enum을 만들겠습니다. common 하위에 enum 폴더를 생성하고, 그 하위에 authentication_status.dart 파일을 생성하겠습니다.

authentication_status.dart

```
enum AuthenticationStatus {
  authentication,
  unAuthenticated,
  unknown,
  init,
}
```

1 authentication : 로그인 완료 상태

2 unAuthenticated : Firebase SNS 로그인은 되었지만, 내부 서비스 데이터베이스에 가입 이력이 없어 회원 가입이 필요한 상태

3 unkown : 비로그인 상태

4 init : 초기화 상태

이 enum을 통해 상태를 관리하겠습니다. 다시 authentication_controller.dart파일로 이동합니다.

authentication_controller.dart

```
import 'package:bamtol_market_app/src/common/enum/authentication_status.dart';
import 'package:bamtol_market_app/src/user/model/user_model.dart';
import 'package:bamtol_market_app/src/user/repository/authentication_repository.dart';
import 'package:get/get.dart';


class AuthenticationController extends GetxController {
  AuthenticationController(this._authenticationRepository);

  final AuthenticationRepository _authenticationRepository;
  Rx<AuthenticationStatus> status = AuthenticationStatus.init.obs; // ----- 1
  Rx<UserModel> userModel = const UserModel().obs;

  void authCheck() async {
    _authenticationRepository.user.listen((user) {
      _userStateChangedEvent(user);
```

```
    });
  }

  void _userStateChangedEvent(UserModel? user) async {
    if (user == null) {
      status(AuthenticationStatus.unknown); // ------ 2
    } else {
      // authentication or unAuthentication
    }
  }

  void logout() async {
    await _authenticationRepository.logout();// ----- 3
  }
}
```

1: 기존 bool 타입의 로그인 상태를 제거하고 AuthenticationStatus를 등록하여 초기화 상태를 init으로 설정합니다.

2: 사용자 정보가 null일 때 unknown 상태로 변경합니다.

3: 기존 로그아웃 이벤트는 이미 리포지토리에 구현되어 있으므로 이를 연결해줍니다.

스플래시 페이지에서 isLogined 값을 참조하고 있어 오류가 발생합니다. 이를 수정하겠습니다.

splash_page.dart 파일의 GetxListener에서 기존 isLogined를 참조했던 부분 수정

```
child: GetxListener<AuthenticationStatus>(
  listen: (AuthenticationStatus status) {
    switch (status) {
      case AuthenticationStatus.authentication:
        Get.offNamed('/home');
        break;
      case AuthenticationStatus.unAuthenticated:
        break;
      case AuthenticationStatus.unknown:
        Get.offNamed('/login');
        break;
      case AuthenticationStatus.init:
        break;
    }
  },
  stream: Get.find<AuthenticationController>().status,
```

기존의 bool을 구독하고 있던 부분을 AuthenticationStatus로 변경하고, 각 상태를 switch문을 통해 연결해줍니다.

이제 앱을 실행하면 로그인 페이지로 라우팅되는 것을 볼 수 있습니다. 이어서 로그인 페이지를 퍼블리싱하고, 구글 로그인과 애플 로그인 이벤트를 발생시킬 수 있도록 처리하겠습니다.

12.6 로그인 페이지 퍼블리싱

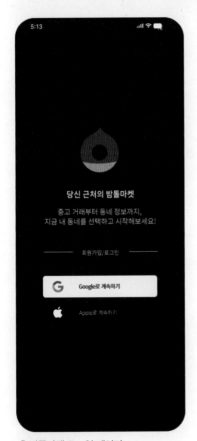

◀ 밤톨마켓 로그인 페이지

위의 시안처럼 작업하기 위해 기존의 splash_page.dart에서 사용했던 부분을 참고하면 좀 더 빠르게 작업할 수 있습니다. splash_page.dart 파일로 이동하여 _SplashView 클래스의 로딩 부분을 제외하고 복사합니다.

```dart
Column(
  mainAxisAlignment: MainAxisAlignment.center,
  children: [
    SizedBox(
      width: 99,
      height: 116,
      child: Image.asset(
        'assets/images/logo_simbol.png',
      ),
    ),
    const SizedBox(height: 40),
    const AppFont(
      '당신 근처의 밤톨마켓',
      fontWeight: FontWeight.bold,
      size: 20,
    ),
    const SizedBox(height: 15),
    AppFont(
      '중고 거래부터 동네 정보까지, \n지금 내 동네를 선택하고 시작해보세요!',
      align: TextAlign.center,
      size: 18,
      color: Colors.white.withOpacity(0.6),
    )
  ],
),
```

이 코드를 복사하여 loginPage에 붙여줍니다.

login_page.dart

```dart
import 'package:bamtol_market_app/src/common/components/app_font.dart';
import 'package:flutter/material.dart';

class LoginPage extends StatelessWidget {
  const LoginPage({super.key});
  Widget _logoView() { // ---- 1
    return Column(
      mainAxisAlignment: MainAxisAlignment.center,
      children: [
        SizedBox(
```

```
          width: 99,
          height: 116,
          child: Image.asset(
            'assets/images/logo_simbol.png',
          ),
        ),
        const SizedBox(height: 40),
        const AppFont(
          '당신 근처의 밤톨마켓',
          fontWeight: FontWeight.bold,
          size: 20,
        ),
        const SizedBox(height: 15),
        AppFont(
          '중고 거래부터 동네 정보까지, \n지금 내 동네를 선택하고 시작해보세요!',
          align: TextAlign.center,
          size: 18,
          color: Colors.white.withOpacity(0.6),
        )
      ],
    );
  }


  @override
  Widget build(BuildContext context) {
    return Scaffold(
      body: Column(
        crossAxisAlignment: CrossAxisAlignment.stretch,
        mainAxisAlignment: MainAxisAlignment.center,
        children: [
          _logoView(), // ----- 1
        ],
      ),
    );
  }
}
```

1 : 별도의 함수 위젯으로 만들어서 복사한 부분을 붙여줍니다. 이제 하단부의 로그인 버튼만 위치시키면 퍼블리싱이 완
료됩니다.

그런데 시안을 잘 살펴보면 로그인 버튼과 logoView 위젯 사이에 단순한 구분선[Divider]이 있습니다. 이 부분을 먼저 구현해보겠습니다.

login_page.dart 파일 일부 소스

```dart
Widget _textDivier() { // ------ 1
  return const Padding(
    padding: EdgeInsets.symmetric(horizontal: 80.0),
    child: Row(
      children: [
        Expanded(
          child: Divider(
            color: Colors.white,
          ),
        ),
        Padding(
          padding: EdgeInsets.symmetric(vertical: 50.0, horizontal: 20),
          child: AppFont(
            '회원 가입/로그인',
            color: Colors.white,
          ),
        ),
        Expanded(
          child: Divider(
            color: Colors.white,
          ),
        ),
      ],
    ),
  );
}


@override
Widget build(BuildContext context) {
  return Scaffold(
    body: Column(
      crossAxisAlignment: CrossAxisAlignment.stretch,
      mainAxisAlignment: MainAxisAlignment.center,
      children: [
        _logoView(),
        _textDivier(), // ------ 1
      ],
```

```
      ),
    );
  }
```

1 : 위젯 함수를 통해 Row 위젯, Divider 위젯, AppFont 위젯을 간단하게 배치하여 기본적인 레이아웃을 완성했습니다. 이제 SNS 로그인 버튼만 추가하면 로그인 페이지 UI 구성을 마무리할 수 있습니다.

login_page.dart 파일 일부 소스

```
Widget _snsLoginBtn() {
  return Padding(
    padding: const EdgeInsets.symmetric(horizontal: 80),
    child: Column(
      children: [
        Btn( // ------- 2
          onTap: () {},
          child: Row(
            children: [
              Image.asset('assets/images/google.png'),
              const SizedBox(width: 30),
              const AppFont(
                'Google로 계속하기',
                color: Colors.black,
              )
            ],
          ),
        ),
        const SizedBox(height: 15),
        Btn( // ------- 2
          onTap: () {},
          child: Row(
            children: [
              Image.asset('assets/images/apple.png'),
              const SizedBox(width: 17),
              const AppFont(
                'Apple로 계속하기',
                color: Colors.white,
              )
            ],
          ),
        ),
```

```
        ],
      ),
    );
  }

  @override
  Widget build(BuildContext context) {
    return Scaffold(
      body: Column(
        crossAxisAlignment: CrossAxisAlignment.stretch,
        mainAxisAlignment: MainAxisAlignment.center,
        children: [
          _logoView(),
          _textDivier(),
          _snsLoginBtn(), // ------ 1
        ],
      ),
    );
  }
```

1: 다른 것과 동일하게 버튼 배치를 위젯 함수로 처리하겠습니다.

2: 기존 Btn 위젯을 활용하여 만듭니다. 기존 Btn은 주황색이 고정된 색상이기 때문에 색상과 간격을 조절할 수 있는
옵션을 추가해야 합니다.

btn.dart 파일

```
import 'package:flutter/material.dart';

class Btn extends StatelessWidget {
  final Widget child;
  final Function() onTap;
  final EdgeInsets padding; // ----- 1
  final Color color; // ----- 1
  const Btn({
    super.key,
    required this.child,
    required this.onTap,
    this.color = const Color(0xffED7738), // ------ 2
    this.padding = const EdgeInsets.symmetric(vertical: 10, horizontal: 20), // ---- 2
  });
```

```
      @override
      Widget build(BuildContext context) {
        return GestureDetector(
          onTap: onTap,
          child: ClipRRect(
            borderRadius: BorderRadius.circular(7),
            child: Container(
              padding: padding, // ------ 3
              color: color,  // ------ 3
              child: child,
            ),
          ),
        );
      }
    }
```

1: Btn을 사용하는 위젯에서 padding과 color 값을 정의합니다.

2: padding과 color 값이 정의되지 않은 경우에는 기본값으로 색상과 간격을 초기화해줍니다.

3: 넘겨받은 padding과 color 값을 주입합니다.

다시 login_page.dart 파일로 넘어와 색상과 간격을 조정해보겠습니다.

login_page.dart 파일의 _snsLoginBtn 위젯 함수

```
Widget _snsLoginBtn() {
  return Padding(
    padding: const EdgeInsets.symmetric(horizontal: 80),
    child: Column(
      children: [
        Btn(
          color: Colors.white, // ------ 1
          onTap: () {},
          child: Row(
            children: [
              Image.asset('assets/images/google.png'),
              const SizedBox(width: 30),
              const AppFont(
                'Google로 계속하기',
                color: Colors.black,
```

```
            )
          ],
        ),
      ),
      const SizedBox(height: 15),
      Btn(
        color: Colors.black, // ------ 2
        padding: const EdgeInsets.symmetric(horizontal: 10), // ------ 3
        onTap: () {},
        child: Row(
          children: [
            Image.asset('assets/images/apple.png'),
            const SizedBox(width: 17),
            const AppFont(
              'Apple로 계속하기',
              color: Colors.white,
            )
          ],
        ),
      ),
    ],
  ),
 );
}
```

1: 구글 버튼은 흰색을 사용합니다.

2: 애플 버튼은 검은색을 사용합니다.

3: 애플 버튼의 경우, 로고에 둥근 검은색 원이 포함되어 있어서 수직 간격을 별도로 정의할 필요가 없습니다.

> 💡 애플 심사는 디자인 측면에서 까다롭기로 유명합니다. 저는 로그인 버튼의 이름이 잘못 표기되었다고 반려된 적도 있습니다. 따라서 애플 개발자 가이드의 로그인 버튼 디자인 가이드라인을 정확히 준수하여 작업할 것을 권장합니다.

퍼블리싱은 끝났습니다. 지금부터 버튼에 이벤트를 걸어주겠습니다.

12.7 LoginController 개발

ser 〉 login 폴더 안에 controller 폴더를 만들고 그 안에 login_controller.dart 파일을 생성합니다.

login_controller.dart

```dart
import 'package:bamtol_market_app/src/user/repository/authentication_repository.dart';
import 'package:get/get.dart';

class LoginController extends GetxController {
  final AuthenticationRepository authenticationRepository;
  LoginController(this.authenticationRepository);
}
```

AuthenticationRepository에 정의된 구글과 애플 로그인 이벤트를 연결하기 위해 AuthenticationRepository와 의존성을 설정합니다.

LoginController를 사용하기 위해 main.dart 파일로 이동합니다.

main.dart 파일의 getPages 옵션 중 /login 설정

```dart
GetPage(
  name: '/login',
  page: () => const LoginPage(),
  binding: BindingsBuilder(() {
    Get.lazyPut<LoginController>(
        () => LoginController(Get.find<AuthenticationRepository>()));
  })),
```

사용자가 버튼을 누르면 lazyPut 함수를 사용하여 인스턴스를 등록합니다. 그리고 LoginController가 생성될 때 Get.find 함수를 통해 AuthenticationRepository를 불러와 주입합니다.

이어서 로그인 이벤트를 연결해주겠습니다. 다시 login_controller.dart 파일로 넘어와 이벤트를 만들어줍니다.

login_controller.dart

```dart
import 'package:bamtol_market_app/src/user/repository/authentication_repository.
dart';
import 'package:get/get.dart';

class LoginController extends GetxController {
  final AuthenticationRepository authenticationRepository;
  LoginController(this.authenticationRepository);

  void googleLogin() async { // --- 1
    await authenticationRepository.signInWithGoogle();
  }

  void appleLogin() async { // --- 2
    await authenticationRepository.signInWithApple();
  }
}
```

1: 구글 로그인 버튼의 이벤트를 처리하는 함수에서 authenticationRepository의 signInWithGoogle 메서드를 호출하도록 연결합니다.

2: 애플 로그인 버튼의 이벤트를 처리하는 함수에서 authenticationRepository의 signInWithApple 메서드를 호출하도록 연결합니다.

이제 화면 login_page.dart 파일로 이동하여 이벤트를 연결해줍니다.

login_page.dart

```dart
class LoginPage extends GetView<LoginController> { // ----- 1
  const LoginPage({super.key});

  // ... 중간 생략

  Widget _snsLoginBtn() {
    return Padding(
      padding: const EdgeInsets.symmetric(horizontal: 80),
      child: Column(
        children: [
          Btn(
            color: Colors.white,
            onTap: controller.googleLogin, // ---- 2
```

```
            child: Row(
              children: [
                Image.asset('assets/images/google.png'),
                const SizedBox(width: 30),
                const AppFont(
                  'Google로 계속하기',
                  color: Colors.black,
                )
              ],
            ),
          ),
        ),
        const SizedBox(height: 15),
        Btn(
          color: Colors.black,
          padding: const EdgeInsets.symmetric(horizontal: 10),
          onTap: controller.appleLogin, // ---- 2
          child: Row(
            children: [
              Image.asset('assets/images/apple.png'),
              const SizedBox(width: 17),
              const AppFont(
                'Apple로 계속하기',
                color: Colors.white,
              )
            ],
          ),
        ),
      ],
    ),
  );
}
```

1: GetView 위젯을 사용하여 위젯 내부에서 controller에 바로 접근할 수 있도록 설정합니다.

2: 구글/애플 로그인을 각각 연결해줍니다.

그럼 앱을 실행하면 작동할까요? 아닙니다. 지금은 코드로만 만들어준 상태일 뿐입니다. 작동하게 처리하려면 Firebase의 Authentication을 활성화해야 합니다.

12.8 Firebase Authentication 활성화

Firebase 콘솔에 접속하여 현재 프로젝트와 연결된 프로젝트에 접속합니다.

🐦 Firebase Authentication 시작 화면

콘솔 화면의 좌측 메뉴에서 빌드로 이동하여 'Authentication'를 선택하고 [시작하기]를 눌러줍니다.

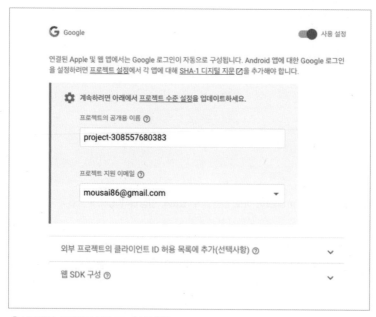

🐦 프로젝트 설정에서 구글 로그인 활성화

12.8.1 구글 로그인 설정

구글 로그인 설정을 진행하려면 '로그인 제공 업체'에서 구글을 활성화합니다.

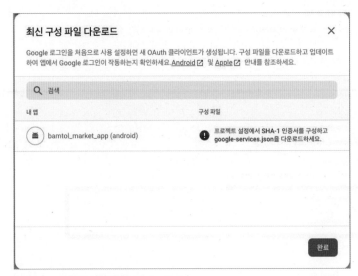

◀ SHA-1 인증서를 구성해야 한다는 안내

사용 설정 후 '저장'을 클릭하면 프로젝트에 SHA-1 인증서를 구성해야 한다는 안내가 나옵니다. 이 설정은 로그인 기능을 사용할 때 반드시 필요합니다. 이 과정을 진행하기 위해 설정으로 이동합니다.

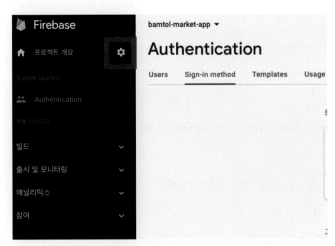

◀ Firebase 프로젝트 설정 메뉴로 이동

톱니바퀴 모양 아이콘을 클릭하면 프로젝트 설정 메뉴로 이동합니다.

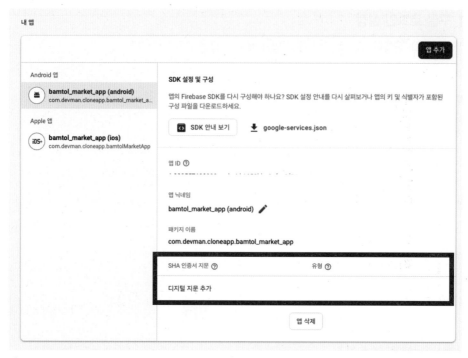

◀ 디지털 지문 추가

'디지털 지문 추가'를 누릅니다.

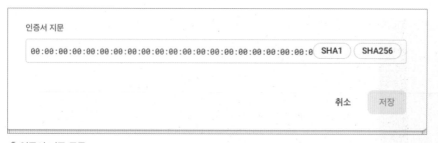

◀ 인증서 지문 등록

인증서 지문을 만들어서 넣어줘야 합니다. 터미널을 열고 다음 명령어를 실행합니다.

```
keytool -list -v \ -alias androiddebugkey -keystore ~/.android/debug.keystore
```

명령어를 실행하면 비밀번호를 입력하라고 나오는데 'android'라고 입력합니다.

그러면 다음과 같이 인증서 지문을 알려줍니다.

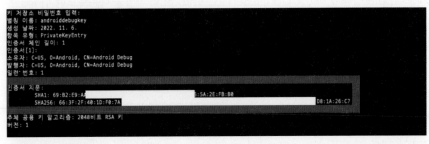

◀ 인증서 지문 안내

여기서 생성된 SHA1 혹은 SHA256을 복사하여 Firebase 설정의 인증서 지문에 넣어줍니다.

◀ Firebase 설정에서 SHA1 및 SHA256 인증서 지문 추가하기

[저장]을 누르고 google-services.json 파일을 다운로드합니다.

◀ google-services.json 파일 다운로드

프로젝트 내부의 android 〉 app 폴더에 있던 google-services.json 파일 대신에 이 파일로 대체
합니다. iOS에서도 Apple 앱을 선택하고 GoogleService-Info.plist 파일을 다운로드한 뒤 ios 〉
Runner 〉 GoogleService-Info.plist 파일과 교체해줍니다. iOS의 경우 URL schemes를 설정
해야 합니다. 이를 위해 다음과 같이 GoogleService-Info.plist 파일을 엽니다. 이 파일은 프로젝
트 내부의 ios 〉 Runner 폴더 하위에 위치합니다. 파일을 열면 REVERSED_CLIENT_ID라는 값
이 있습니다.

```xml
<?xml version="1.0" encoding="UTF-8"?>
<!DOCTYPE plist PUBLIC "-//Apple//DTD PLIST 1.0//EN" "http://www.apple.com/DTDs/
PropertyList-1.0.dtd">
<plist version="1.0">
<dict>
  <key>CLIENT_ID</key>
  <string>XXXX.apps.googleusercontent.com</string>
  <key>REVERSED_CLIENT_ID</key>
  <string>com.googleusercontent.apps로 시작하는 값</string> // ------ 1
  <key>API_KEY</key>
  <string>XXXX-Zp408</string>
  <key>GCM_SENDER_ID</key>
  <string>XXXXX</string>
  <key>PLIST_VERSION</key>
  <string>1</string>
  <key>BUNDLE_ID</key>
  <string>com.devman.cloneapp.bamtolMarketApp</string>
  <key>PROJECT_ID</key>
  <string>bamtol-market-app</string>
  <key>STORAGE_BUCKET</key>
  <string>bamtol-market-app.appspot.com</string>
  <key>IS_ADS_ENABLED</key>
  <false></false>
  <key>IS_ANALYTICS_ENABLED</key>
  <false></false>
  <key>IS_APPINVITE_ENABLED</key>
  <true></true>
  <key>IS_GCM_ENABLED</key>
  <true></true>
  <key>IS_SIGNIN_ENABLED</key>
  <true></true>
```

```
    <key>GOOGLE_APP_ID</key>
    <string>XXXX:ios:530b1f9db8088b5346c6ca</string>
  </dict>
  </plist>
```

1: REVERSED_CLIENT_ID 값을 복사합니다.

프로젝트의 XCode를 열고, 'Runner'에 있는 'Info' 탭으로 이동합니다.

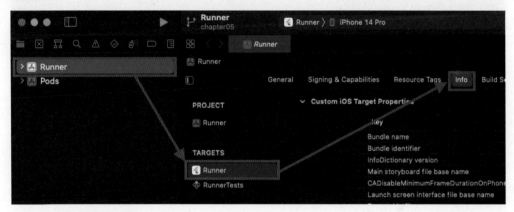

《 Runner의 Info 탭으로 이동

그다음 화면 하단에 'URL Types'이 있습니다. 그 아래에 있는 '+'를 누른 뒤 URL Schemes에 원하는 항목을 넣어주면 됩니다.

《 URL Types 설정 화면 1

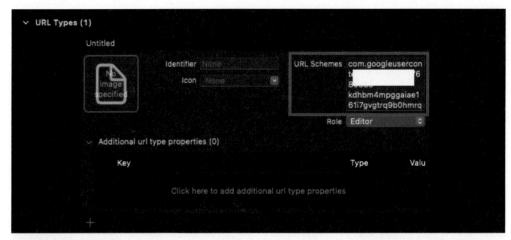

❰ URL Types 설정 화면 2

이제 구글 로그인을 사용할 준비가 완료되었습니다. 구글 로그인 버튼을 눌러 로그인을 시도해보겠습니다.

> 💡 시스템 설정을 완료한 후에는 앱을 종료하고 다시 실행해야 합니다.

구글 로그인이 잘 되는 것을 확인할 수 있지만 화면에는 아무런 변화가 없습니다. 로그인 페이지가 그대로 유지되고 있습니다. 왜 그럴까요? 이를 확인하려면 authentication_controller.dart 파일로 이동해야 합니다.

authentication_controller.dart 파일의 일부

```dart
void _userStateChangedEvent(UserModel? user) async {
  if (user == null) {
    status(AuthenticationStatus.unknown);
  } else {
    // authentication or unAuthentication
  }
}
```

로그인이 완료되었을 때, user 값이 존재하지만 아무런 처리가 되지 않아 화면에 변화가 없습니다. 위 코드의 else 부분을 수정해야 합니다. 하지만 데이터베이스 설계가 아직 되어 있지 않아서, 지금은 애플 로그인 설정을 먼저 하고 진행하겠습니다.

현재 앱을 재실행하면 인증 체크 중에 멈춰 있을 것입니다. 임의로 user 정보가 존재할 경우 인증 상태로 처리하여 홈 화면으로 이동하도록 처리하겠습니다.

```
void _userStateChangedEvent(UserModel? user) async {
  if (user == null) {
    status(AuthenticationStatus.unknown);
  } else {
    status(AuthenticationStatus.authentication);
    // authentication or unAuthentication
  }
}
```

이제 앱을 재실행하면 홈 화면으로 이동하는 것을 볼 수 있습니다. 이후 홈 버튼을 눌러 로그아웃을 할 수 있습니다. 홈 버튼에 로그아웃 이벤트가 설정되어 있기 때문입니다.

12.8.2 애플 로그인 설정

이번에는 애플 로그인을 적용해보겠습니다. 안드로이드에서 애플 로그인 버튼을 처리하려면 추가 설정이 필요하지만, 여기서는 iOS에서 애플 로그인을 설정하는 방법만 다루겠습니다.

💡 안드로이드에서 애플 로그인을 지원하는 방법이 궁금한 독자는 제 유튜브에서 '구글/애플/카카오/네이버 로그인을 설정하는 영상'을 참고하면 됩니다.

다시 Firebase 콘솔을 열고 'Authentication' 메뉴에서 'Sign-in method' 탭으로 이동합니다.

◀ Firebase Authentication 메뉴의 Sign-in method 탭

[세 제공업체 추가]를 누르고 애플 버튼을 클릭해줍니다.

◀ 애플 버튼 선택

사용 설정 후 [저장]을 누릅니다.

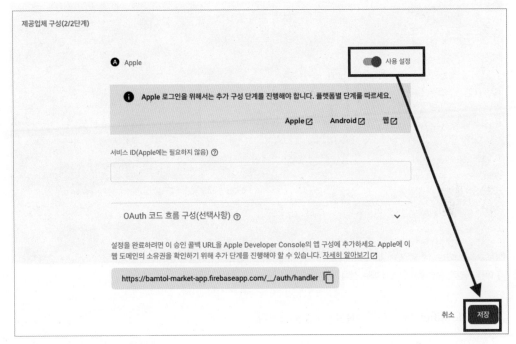

 Firebase에서 애플 로그인 설정

이제 애플 개발자 콘솔에 접속합니다.

🔗 https://developer.apple.com

'Certificates, Identifiers & Profiles' 메뉴를 선택한 후, 'Identifiers' 메뉴로 이동합니다.

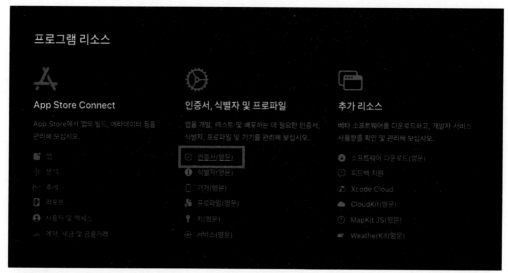

◤ 애플 개발자 콘솔에서 인증서 메뉴 선택

그다음 Identifiers에서 추가 버튼(+)을 누릅니다.

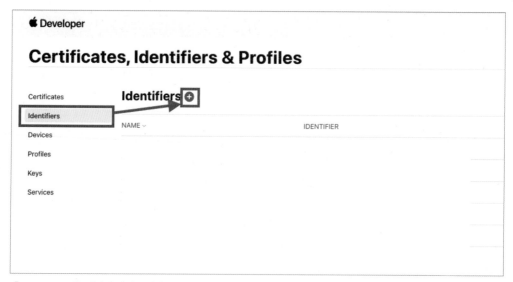

◤ Identifiers 메뉴에서 추가 버튼 선택

다음 화면에서 'App IDs'를 선택하고 [Cuntinue] 누릅니다.

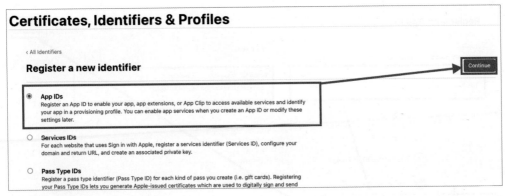

◀ 새로운 식별자 등록 – App ID 선택

이어서 나타나는 앱 타입 선택 화면에서 'App'을 선택하고 [Continue]를 누릅니다.

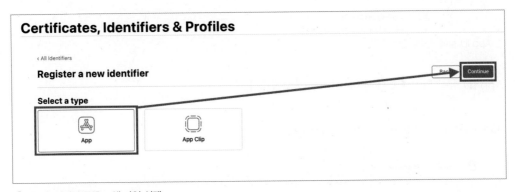

◀ 새로운 식별자 등록 – 앱 타입 선택

App ID 등록 화면에서 설명(Description)과 번들 ID(bundle ID)를 입력하고 하단의 기능 중에서 'Sing in with Apple'을 활성화합니다.

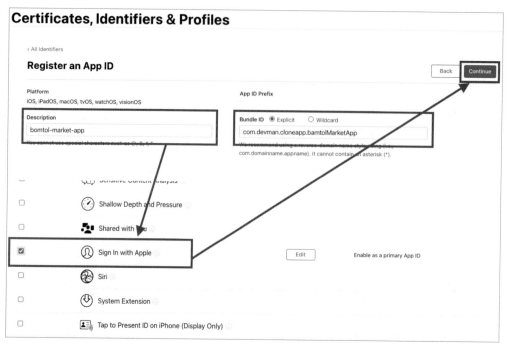

🦋 App ID 등록 – 세부 정보 입력

App ID 등록 확인 화면에서 [Register]를 누릅니다.

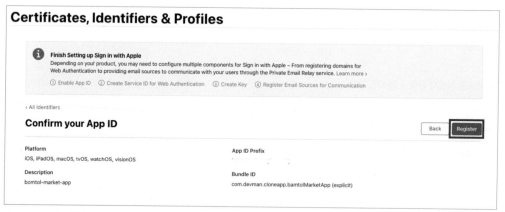

🦋 App ID 등록 확인

이제 Xcode로 이동하여 앱에서 'Sign in With Apple' 기능을 활성화하겠습니다. 프로젝트에서 ios 폴더를 선택한 후, 우클릭 메뉴에서 'Open in Xcode'를 선택하여 Xcode를 실행합니다.

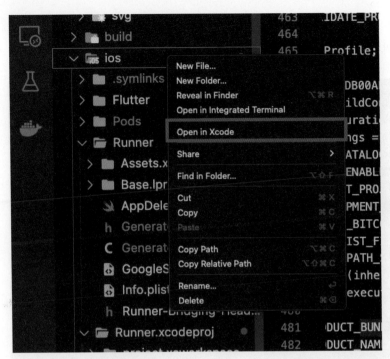

🦋 Xcode에서 iOS 폴더 열기

Runner 프로젝트에서 'Signing & Capabilities'를 클릭한 후, '+ Capability'를 눌러줍니다.

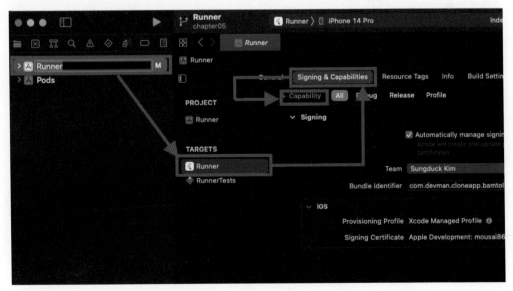

🦋 Xcode에서 Signing & Capabilities 설정

다음 화면의 검색 필터란에 'sign'을 입력하면 자동 완성 기능으로 표시된 'Sign in with Apple'을 검색한 다음, 더블클릭하여 추가해줍니다.

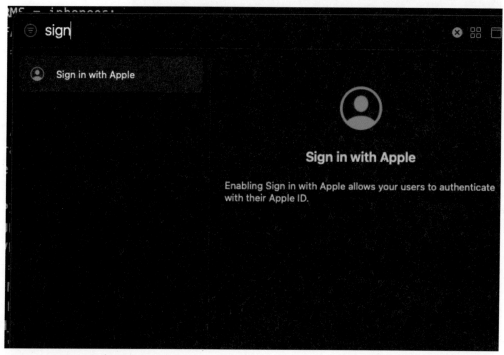

◀ Sign in with Apple 기능 추가

iOS 설정이 완료되었습니다. 애플 로그인을 실행하면 구글 로그인과 동일하게 홈 화면으로 이동하는 것을 볼 수 있습니다.

애플 로그인 화면

12.9 회원 조회 및 라우트 처리

SNS 로그인이 성공한 후, SNS 로그인 계정이 서비스에 이미 가입되어 있는지 확인해야 합니다. 이 확인 과정을 통해 사용자를 회원 가입 페이지로 보낼지, 홈 화면으로 보낼지를 결정하게 됩니다.

authentication_controller.dart 파일로 이동합니다.

authentication_controller.dart

```dart
void _userStateChangedEvent(UserModel? user) async {
  if (user == null) {
    status(AuthenticationStatus.unknown);
  } else {
    status(AuthenticationStatus.authentication); // ------- 1
  }
}
```

1: 여기에 user 데이터베이스를 통해 계정이 존재하는지를 확인하는 로직을 추가하겠습니다.

가장 먼저 user 컬렉션을 사용하는 리포지토리를 만들어야 합니다. user/repository 디렉터리에 user_repository.dart 파일을 생성하겠습니다.

user_repository.dart

```
import 'package:cloud_firestore/cloud_firestore.dart';
import 'package:get/get.dart';

class UserRepository extends GetxService {
  FirebaseFirestore db;
  UserRepository(this.db);
}
```

UserRepository를 GetX에 주입하기 위해 main.dart 파일로 이동하겠습니다.

main.dart 파일 내 MyApp 클래스

```
class MyApp extends StatelessWidget {
  const MyApp({super.key});

  @override
  Widget build(BuildContext context) {
    var db = FirebaseFirestore.instance; // ----- 1
    return GetMaterialApp(
      title: '당근마켓 클론 코딩',
      initialRoute: '/',
      theme: ThemeData(
        appBarTheme: const AppBarTheme(
          elevation: 0,
          color: Color(0xff212123),
          titleTextStyle: TextStyle(
            color: Colors.white,
          ),
        ),
        scaffoldBackgroundColor: const Color(0xff212123),
      ),
      initialBinding: BindingsBuilder(() {
        var authenticationRepository =
            AuthenticationRepository(FirebaseAuth.instance);
```

```
            Get.put(authenticationRepository);
            Get.put(UserRepository(db)); // ------ 2
            Get.put(SplashController());
            Get.put(DataLoadController());
            Get.put(AuthenticationController(authenticationRepository));
        }),
      getPages: [
        GetPage(name: '/', page: () => const App()),
        GetPage(name: '/home', page: () => const HomePage()),
        GetPage(
            name: '/login',
            page: () => const LoginPage(),
            binding: BindingsBuilder(() {
              Get.lazyPut<LoginController>(
                  () => LoginController(Get.find<AuthenticationRepository>()));
            })),
      ],
    );
  }
}
```

1: Firebase 데이터베이스를 사용하기 위해 인스턴스를 가져옵니다.

2: Get.put으로 UserRepository 클래스를 등록합니다.

AuthenticationController에서 UserRepository를 사용하기 위해 의존성을 맺겠습니다.

```
initialBinding: BindingsBuilder(() {
  var authenticationRepository =
      AuthenticationRepository(FirebaseAuth.instance);
  var user_repository = UserRepository(db); // ----- 1
  Get.put(authenticationRepository);
  Get.put(user_repository);// ------ 2
  Get.put(SplashController());
  Get.put(DataLoadController());
  Get.put(AuthenticationController(
    authenticationRepository,
    user_repository, // ------ 3
  ));
}),
```

1: 기존 2에 위치했던 UserRepository 인스턴스 생성 부분을 변수로 받습니다.

2: 이후 이 변수를 GetX로 주입하고, user_repository를 필요로 하는 AuthenticationController에 전달합니다.

추가로 AuthenticationController에서 UserRepository를 받을 수 있도록 변수를 선언합니다.

 authentication_controller.dart 파일

```dart
class AuthenticationController extends GetxController {
  AuthenticationController(
      this._authenticationRepository, this._userRepository);

  final AuthenticationRepository _authenticationRepository;
  final UserRepository _userRepository;

  //이후 생략
```

이제 의존성을 맺었으니, user의 uid로 고객이 가입되어 있는지를 확인하는 이벤트를 만들겠습니다.

user_repository.dart 파일로 이동합니다.

 user_repository.dart

```dart
class UserRepository extends GetxService {
  FirebaseFirestore db;
  UserRepository(this.db);

  Future<UserModel?> findUserOne(String uid) async { // ----- 1
    try {
      var doc = await db.collection('users').where('uid', isEqualTo: uid).get();
      if (doc.docs.isEmpty) {
        return null;
      } else {
        return UserModel.fromJson(doc.docs.first.data());
      }
    } catch (e) {
      return null;
    }
  }
}
```

1 : uid를 통해 사용자를 조회하고, UserModel로 바인딩하는 로직을 구현했습니다. 만약 찾는 문서가 없다면 회원 가입 페이지로 이동할 수 있도록 null 값을 반환합니다. 이를 통해 사용자가 존재하지 않을 때 회원 가입 페이지로 랜딩됩니다.

이제 userRepository의 findUserOne 함수를 통해 사용자를 조회할 수 있게 되었습니다. authentication_controller.dart 파일로 이동하여 _userStateChangedEvent 함수를 완성하겠습니다.

authentication_controller.dart 파일 중

```dart
void _userStateChangedEvent(UserModel? user) async {
  if (user == null) {
    status(AuthenticationStatus.unknown);
  } else {
    var result = await _userRepository.findUserOne(user.uid!); // ----- 1
    if (result == null) {
      status(AuthenticationStatus.unAuthenticated); // ----- 2
    } else {
      status(AuthenticationStatus.authentication); // ----- 3
      userModel(result);
    }
  }
}
```

1 : UserRepository 클래스에서 미리 만들어둔 findUserOne 함수를 통해 고객을 조회합니다.

2 : 조회된 값이 null인 경우 unAuthenticated 상태로 바꿔 회원 가입 페이지로 이동합니다.

3 : 회원이 있으면 authentication 상태로 바꾸고, 조회된 회원 정보를 AuthenticationController의 userModel 상태에 업데이트합니다.

이어서 unAuthenticated 상태로 접근할 때 회원 가입 페이지로 이동할 수 있도록 페이지를 만들고 라우터에 등록하겠습니다.

① user 폴더 하위에 signup 폴더를 만듭니다.

② signup 폴더 하위에 controller와 page 폴더를 만듭니다.

③ page 폴더에 signup_page.dart 파일을 만들고, 간단하게 페이지를 작성합니다.

signup_page.dart

```dart
import 'package:bamtol_market_app/src/common/components/app_font.dart';
import 'package:flutter/material.dart';

class SignupPage extends StatelessWidget {
  const SignupPage({super.key});

  @override
  Widget build(BuildContext context) {
    return const Scaffold(
      body: Center(
        child: AppFont('회원 가입'),
      ),
    );
  }
}
```

SignupPage를 라우터에 등록하겠습니다. main.dart 파일로 이동합니다.

main.dart

```dart
getPages: [
  GetPage(name: '/', page: () => const App()),
  GetPage(name: '/home', page: () => const HomePage()),
  GetPage(
      name: '/login',
      page: () => const LoginPage(),
      binding: BindingsBuilder(() {
        Get.lazyPut<LoginController>(
            () => LoginController(Get.find<AuthenticationRepository>()));
      })),
  GetPage(name: '/signup', page: () => const SignupPage()) // ------ 1
],
```

1: /signup이라는 경로 규칙으로 SignupPage 위젯을 연결해줍니다.

```
GetxListener<AuthenticationStatus>(
  listen: (AuthenticationStatus status) {
    switch (status) {
      case AuthenticationStatus.authentication:
        Get.offNamed('/home');
        break;
      case AuthenticationStatus.unAuthenticated:
        Get.offNamed('/signup'); // ----- 1
        break;
      case AuthenticationStatus.unknown:
        Get.offNamed('/login');
        break;
      case AuthenticationStatus.init:
        break;
    }
  },
},
```

1 : 스플래시 페이지에서 unAuthenticated 상태가 되면 /signup 페이지로 이동하도록 라우트를 설정했습니다.

이제 로그인을 시도하면 자동으로 회원 가입 페이지로 이동하는 것을 확인할 수 있습니다.

12.10 Firebase 데이터베이스 만들기

앱에서 Firebase 데이터베이스를 사용할 것입니다. 소스코드 작업에 들어가기 전에 Firebase에 데이터베이스를 생성해야 합니다. 이번 절에서는 Firebase 개발자 콘솔에서 데이터베이스를 생성하는 방법을 알아보겠습니다.

① 프로젝트에 연결된 Firebase 콘솔로 접속합니다.

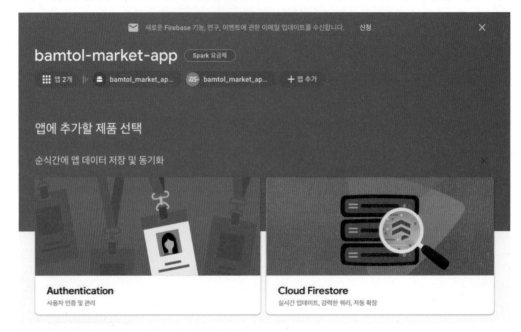

◀ Firebase 프로젝트에 Cloud Firestore 추가 선택 화면

② 좌측 메뉴에서 '빌드' 〉 'Firestore Database'를 선택한 후, [데이터베이스 만들기]를 클릭합니다.

◀ Firebase 콘솔에서 Cloud Firestore 데이터베이스 만들기

③ 다음 화면에서 '테스트 모드에서 시작'을 선택하고 [다음]을 누릅니다.

테스트 모드는 특정 기간 권한 조건 없이 읽기^{read}와 쓰기^{write}가 모두 가능한 상태로, 말 그대로 테스트 목적으로 운영되는 데이터베이스입니다.

💡 실제 데이터베이스를 운영할 때는 인증된 회원만 읽기가 가능하게 하고, 쓰기의 경우 권한이 있는 회원만 업데이트할 수 있도록 권한 설정을 해야 합니다.

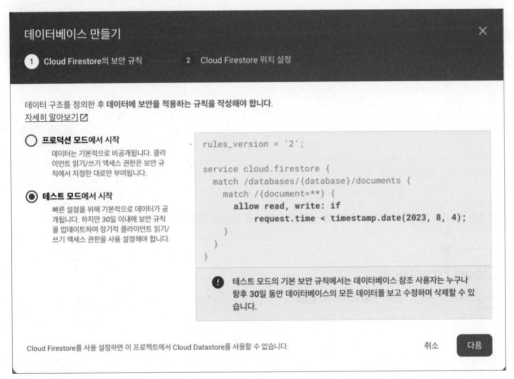

데이터베이스 만들기   ✕

① **Cloud Firestore의 보안 규칙** ──────── ② Cloud Firestore 위치 설정

데이터 구조를 정의한 후 데이터에 보안을 적용하는 규칙을 작성해야 합니다.
자세히 알아보기 ☑

◯ **프로덕션 모드에서 시작**
데이터는 기본적으로 비공개됩니다. 클라이언트 읽기/쓰기 액세스 권한은 보안 규칙에서 지정한 대로만 부여됩니다.

◉ **테스트 모드에서 시작**
빠른 설정을 위해 기본적으로 데이터가 공개됩니다. 하지만 30일 이내에 보안 규칙을 업데이트하여 장기적 클라이언트 읽기/쓰기 액세스 권한을 사용 설정해야 합니다.

```
rules_version = '2';

service cloud.firestore {
  match /databases/{database}/documents {
    match /{document=**} {
      allow read, write: if
          request.time < timestamp.date(2023, 8, 4);
    }
  }
}
```

❗ 테스트 모드의 기본 보안 규칙에서는 데이터베이스 참조 사용자는 누구나 향후 30일 동안 데이터베이스의 모든 데이터를 보고 수정하며 삭제할 수 있습니다.

Cloud Firestore를 사용 설정하면 이 프로젝트에서 Cloud Datastore를 사용할 수 없습니다.   취소   다음

◀ 테스트 모드 선택

④ 데이터베이스를 생성할 위치를 선택해야 합니다. 서울(Seoul)이 있는 'asia-northeast3'를 지정합니다.

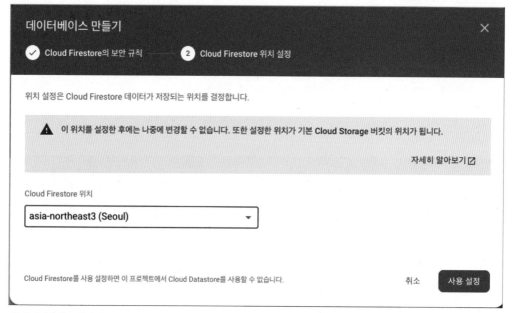

◀ 데이터베이스 생성 위치 설정

⑤ [사용 설정]을 클릭하여 데이터베이스를 생성합니다. 소요 시간은 대략 1분 내외입니다.

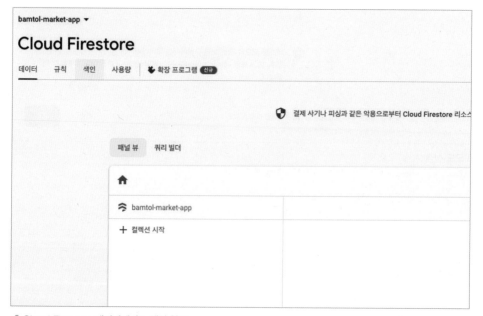

◀ Cloud Firestore 데이터베이스 생성 완료

이제 데이터베이스를 사용할 수 있게 되었습니다. RDBMS와 달리 Document DB의 경우 별도의 선언적 생성(table/collection)을 하지 않아도 자동으로 생성됩니다. 따라서 여기까지 진행하고 다음 단계로 넘어가겠습니다.

12.11 회원 가입 페이지 만들기

당근마켓의 회원 가입은 SNS 가입이 아닌 휴대폰 인증 단계를 거쳐 이루어집니다. 또한 위치 기반의 좌표를 기준으로 주소 인증을 하는 절차가 있습니다. 이러한 과정을 책에서 다루기에는 복잡하고 어려운 점이 있어 관련 내용은 별도로 유튜브에서 소개하도록 하겠습니다.

이 책에서는 상품 등록, 조회 및 채팅 기능에 초점을 맞추겠습니다. 밤톨마켓 앱에서는 회원 가입 시 닉네임만 추가로 입력받아 다음 단계로 진행할 것입니다. 지금까지 잘 따라왔다면 회원 가입 페이지로 이동한 상태일 것입니다. 이제 닉네임을 입력할 수 있고 '가입하기' 버튼을 배치한 페이지를 만들어보겠습니다.

◀ 밤톨마켓 회원 가입 페이지

12.11.1 닉네임 필드 추가

로고와 닉네임 필드를 추가하겠습니다.

signup_page.dart

```dart
import 'package:flutter/material.dart';

class SignupPage extends StatelessWidget {
  const SignupPage({super.key});

  @override
  Widget build(BuildContext context) {
    return Scaffold(
      body: Padding(
        padding: const EdgeInsets.all(25),
        child: Column(
          mainAxisAlignment: MainAxisAlignment.center,
          crossAxisAlignment: CrossAxisAlignment.stretch,
          children: [
            SizedBox(
              width: 99,
              height: 116,
              child: Image.asset('assets/images/logo_simbol.png'),
            ),
            const SizedBox(height: 35),
            TextField(
              style: const TextStyle(color: Colors.white),
              decoration: const InputDecoration(
                hintText: '닉네임',
                hintStyle: TextStyle(color: Color(0xff6D7179)),
                focusedBorder: UnderlineInputBorder(
                    borderSide: BorderSide(color: Color(0xff6D7179))),
                enabledBorder: UnderlineInputBorder(
                    borderSide: BorderSide(color: Color(0xff6D7179))),
              ),
              onChanged: (value) {},
            ),
          ],
        ),
      ),
    );
```

```
    }
  }
```

기본적으로 위젯이 세로로(로고, 닉네임 텍스트 필드 순) 배치되어 있어 Column을 사용했습니다. 다음은 회원 가입 버튼을 배치하겠습니다. 버튼이 항상 하단에 위치하도록 하기 위해 Scaffold의 bottomNavigationBar 옵션을 사용하여 버튼 위젯을 배치합니다.

signup_page.dart 파일의 Scaffold의 bottomNavigationBar 옵션

```
bottomNavigationBar: Padding(
  padding: EdgeInsets.symmetric(
      horizontal: 25,
      vertical: 20 + MediaQuery.of(context).padding.bottom),
  child: Btn(
    onTap: () async {},
    padding: const EdgeInsets.symmetric(vertical: 17),
    child: const AppFont(
      '회원 가입',
      align: TextAlign.center,
      fontWeight: FontWeight.bold,
      color: Colors.white,
    ),
  ),
),
```

12.11.2 SignupController 생성

앱을 실행하면 회원 가입 버튼이 하단에 자리 잡고 있음을 알 수 있습니다. 화면 구성이 완료되었으니 회원 가입 기능을 만들어주겠습니다. signup 폴더 하위 controller 폴더에 signup_controller. dart 파일을 만들어줍니다.

signup_controller.dart

```
import 'package:bamtol_market_app/src/user/repository/user_repository.dart';
import 'package:get/get.dart';

class SignupController extends GetxController {
```

```
    final UserRepository _userRepository; // ----- 1
    SignupController(this._userRepository);
  }
```

1: SignupController가 회원 데이터베이스에 접근하여 데이터를 처리할 수 있도록 UserRepository를 주입받습니다.

기본적으로 SignupController는 회원 데이터를 처리하기 위해 회원 컬렉션에 접근해야 합니다. 이를 위해 UserRepository를 주입 받아 SignupController에서 사용할 수 있도록 의존성을 설정합니다.

또한, 회원 가입 페이지에 도달했다는 것은 이미 SNS 로그인이 완료되었음을 의미합니다. 따라서 SNS 로그인에서 할당받은 고객의 고유 uid를 회원 가입 시 함께 저장해야 합니다. 이렇게 하면 나중에 로그인할 때 SNS로 로그인한 고객의 uid 기준으로 조회할 수 있습니다.

```
class SignupController extends GetxController {
  final UserRepository _userRepository;
  final String uid; // ---- 1
  SignupController(this._userRepository, this.uid);
}
```

1: SNS로 로그인한 고객의 uid를 부모로부터 생성 시 함께 받아줍니다.

12.11.3 SignupController를 GetX 인스턴스로 주입

SignupController를 GetX에서 관리할 수 있도록 주입하겠습니다. main.dart 파일로 이동하여 라우트 설정을 수정해줍니다.

main.dart 파일의 getPages의 GetPage 수정
```
GetPage(
  name: '/signup/:uid', // ------ 1
  page: () => const SignupPage(),
  binding: BindingsBuilder(
    () {
```

```
      Get.create<SignupController>( // ------ 2
        () => SignupController(Get.find<UserRepository>(),
            Get.parameters['uid'] as String),
      );
    },
  ),
)
```

1: 기존에 /signup으로 설정되어 있는 경로를 수정하여, uid를 경로 매개변수로 받을 수 있도록 설정합니다.

2: Get.create를 사용하여 SignupController를 생성하고, 이 controller가 필요로 하는 UserRepository와 uid 값을 설정합니다.

12.11.4 라우트 처리

앱을 실행하면 오류가 발생할 것입니다. 왜냐하면 회원 가입 페이지로 이동시켰는데 /signup 경로가 설정되어 있지 않기 때문입니다. 이 문제를 해결하기 위해 스플래시 페이지로 이동합니다.

📁 **splash_page.dart 파일의 case AuthenticationStatus.unAuthenticated 부분**

```
Get.offNamed('/signup/abcd');
```

기존 /signup 라우트 대신 임의의 값 abcd를 추가하여 앱을 다시 실행해보겠습니다. 그러면 정상적으로 처리되는 것을 확인할 수 있습니다. abcd 값 대신에 SNS로 로그인한 다음 얻은 uid 값을 넣어주면 라우트 처리는 끝납니다. SNS 로그인 후에 알 수 있는 uid 값을 AuthenticationController에서 가져오게 만들겠습니다.

📁 **authentication_controller.dart 파일의 _userStateChangedEvent 이벤트**

```
void _userStateChangedEvent(UserModel? user) async {
  if (user == null) {
    status(AuthenticationStatus.unknown);
  } else {
    var result = await _userRepository.findUserOne(user.uid!);
    if (result == null) {
      userModel(user); // ----- 1
      status(AuthenticationStatus.unAuthenticated);
```

```
    } else {
      status(AuthenticationStatus.authentication);
      userModel(result);
    }
  }
}
```

1: user.uid를 통해 조회된 내용이 없지만 SNS 로그인한 정보는 존재하므로, userModel에 user를 넣어주면 됩니다.
이후에는 AuthenticationController의 userModel을 통해 값을 조회할 수 있게 됩니다.

다시 SplashPage로 넘어와서 abcd 대신 uid를 추가하겠습니다.

 splash_page.dart의 AuthenticationStatus.unAuthenticated: 이벤트

```
var userModel = Get.find<AuthenticationController>().userModel.value;
Get.offNamed('/signup/${userModel.uid}');
```

12.11.5 회원 가입 페이지에서 기능 적용

회원 가입 페이지에서도 SignupController를 사용할 수 있게 되었습니다. signup_page.dart 파일로 이동하여 사용해보겠습니다.

 signup_page.dart 파일

```
class SignupPage extends GetWidget<SignupController> { // ------ 1
  const SignupPage({super.key});
```

1을 보면 SignupController가 GetView 대신 GetWidget에서 사용되는 이유가 궁금할 수 있을 것입니다. 이는 SignupController 인스턴스가 라우트에서 Get.put 대신 Get.create를 사용하여 생성되기 때문입니다. Get.create를 사용하는 이유는 각각의 인스턴스를 새로 만들어 처리하기 위해서입니다.

닉네임이 변경되는 onChange 이벤트를 controller에 연결하겠습니다.

```dart
TextField(
  style: const TextStyle(color: Colors.white),
  decoration: const InputDecoration(
    hintText: '닉네임',
    hintStyle: TextStyle(color: Color(0xff6D7179)),
    focusedBorder: UnderlineInputBorder(
        borderSide: BorderSide(color: Color(0xff6D7179))),
    enabledBorder: UnderlineInputBorder(
        borderSide: BorderSide(color: Color(0xff6D7179))),
  ),
  onChanged: controller.changeNickName, // ----- 1
),
```

1 : 변경된 값을 그대로 controller에서 처리할 수 있도록 넘겨줬습니다.

12.11.6 회원 가입 입력 필드 이벤트 처리

controller에서 처리하기 위해 화면에서 입력된 닉네임 값을 controller 내의 변수로 전달합니다.

```dart
class SignupController extends GetxController {
  final UserRepository _userRepository;
  final String uid;
  SignupController(this._userRepository, this.uid);

  RxString userNickName = ''.obs; // ----- 1

  @override
  void onInit() {
    super.onInit();
    debounce(userNickName, (callback) { // ------ 2
      // 이벤트
    }, time: const Duration(milliseconds: 500));
  }

  changeNickName(String nickName) { // ------ 3
    userNickName(nickName);
```

```
    }
  }
```

1: 화면에서 변경되는 값을 저장하기 위해 Rx 방식으로 변수를 선언합니다.

2: 닉네임 중복 여부를 판단하기 위해 userRepository로 데이터베이스를 조회할 것입니다. 사용자가 닉네임을 입력할 때마다 changeNickName 함수가 호출되므로, 즉시 데이터베이스를 조회하면 서버에 부하가 걸릴 수 있습니다. 이를 방지하기 위해 debounce 기술을 사용합니다. debounce는 사용자 입력이 일정 시간 동안 없을 때 데이터베이스 조회를 실행하도록 제어하는 방식입니다. 사용자 입력이 더 이상 발생하지 않은 후 0.5초가 지나면 이벤트 함수가 실행됩니다. 그러나 0.5초 내에 추가 입력이 발생하면 이벤트 함수는 실행되지 않습니다.

3: 화면에서 textField 값이 변경될 때 호출되는 onChanged 함수와 연결된 이벤트입니다.

이어서 닉네임 중복 확인 프로세스를 구현하겠습니다. debounce에서 이벤트를 호출하겠습니다.

signup_controller.dart
```dart
@override
void onInit() {
  super.onInit();
  debounce(userNickName, checkDuplicationNickName, // ----- 1
      time: const Duration(milliseconds: 500));
}

checkDuplicationNickName(String value) async{
  await _userRepository.checkDuplicationNickName(value); // ------ 2
}
```

1: debounce의 이벤트 함수를 checkDuplicationNickName 함수로 만들고 호출합니다.

2: _userRepository에 checkDuplicationNickName 함수를 만들 예정이라 미리 선언합니다. 여기서 value는 userNickName에 입력된 필드 값을 의미합니다.

user_repository.dart
```dart
Future<bool> checkDuplicationNickName(String nickname) async {
  try {
    var doc = await db
        .collection('users')
        .where('nickname', isEqualTo: nickname)
        .get();
```

```
      return doc.docs.isEmpty;
    } catch (e) {
      return false;
    }
  }
}
```

nickname 필드 값을 조회하여 값이 존재하면 false를, 값이 비어있다면 true를 반환하는 이벤트 함수를 만들었습니다.

다시 signup_controller.dart 파일로 넘어와서 추가 작업을 진행하겠습니다.

signup_controller.dart 파일의 소스코드 일부

```
RxBool isPossibleUseNickName = false.obs; // ----- 1

checkDuplicationNickName(String value) async {
  var isPossibleUse = await _userRepository.checkDuplicationNickName(value);
  isPossibleUseNickName(isPossibleUse); // ----- 2
}
```

1: 화면에서 사용자에게 닉네임 사용 가능 여부를 가시적으로 안내하기 위해 상태를 추가했습니다. 이 상태는 기본적으로 false로 초기화되어 있습니다.

2: _userRepository로부터 전달받은 사용 여부를 isPossibleUseNickName 상태 변수에 할당합니다.

변경된 상태 값을 사용자에게 안내할 수 있도록 작업하겠습니다.

singup_page.dart 파일의 닉네임 입력 필드 소스코드

```
Obx( // ----- 1
    () => TextField(
      style: const TextStyle(color: Colors.white),
      decoration: InputDecoration(
        hintText: '닉네임',
        errorText: controller.isPossibleUseNickName.value // ----- 2
            ? null
            : '이미 존재하는 닉네임입니다.',
        hintStyle: const TextStyle(color: Color(0xff6D7179)),
        focusedBorder: const UnderlineInputBorder(
            borderSide: BorderSide(color: Color(0xff6D7179))),
```

```
        enabledBorder: const UnderlineInputBorder(
            borderSide: BorderSide(color: Color(0xff6D7179))),
      ),
      onChanged: controller.changeNickName,
    ),
  ),
```

1 : GetX에서 상태 관리를 모니터링하기 위해 Obx를 사용했습니다.

2 : TextField 위젯의 errorText 옵션을 사용하여 controller의 isPossibleUseNickName 값에 따라 오류 메시지
를 설정합니다.

지금은 회원 가입 이력이 없어 오류가 발생하지 않을 것입니다. 회원 가입 과정에서 닉네임 중복 여
부가 잘 처리되는지 확인해봅시다. 추가로 회원 가입 버튼을 닉네임 중복 여부에 따라 활성화 또는
비활성화하여 사용자가 실수로 눌러도 이벤트가 발생하지 않도록 처리하겠습니다.

```
bottomNavigationBar: Padding(
  padding: EdgeInsets.symmetric(
      horizontal: 25,
      vertical: 20 + MediaQuery.of(context).padding.bottom),
  child: Obx(
    () => Btn(
      onTap: () async {
        if (!controller.isPossibleUseNickName.value) return; // ----- 1
      },
      padding: const EdgeInsets.symmetric(vertical: 17),
      color: controller.isPossibleUseNickName.value // ----- 2
          ? const Color(0xffED7738)
          : Colors.grey.withOpacity(0.9),
      child: const AppFont(
        '회원 가입',
        align: TextAlign.center,
        fontWeight: FontWeight.bold,
        color: Colors.white,
      ),
    ),
  ),
),
```

1: 사용 가능 여부에 따라 버튼 이벤트를 무시하기 위해 if문을 사용하여 반환 처리했습니다.

2: 사용 가능 여부에 따라 버튼 색상을 다르게 설정했습니다.

12.11.7 회원 가입 데이터 저장

회원 가입 이벤트를 연결하겠습니다.

```
bottomNavigationBar: Padding(
  padding: EdgeInsets.symmetric(
    horizontal: 25,
    vertical: 20 + MediaQuery.of(context).padding.bottom),
  child: Obx(
    () => Btn(
      onTap: () async {
        if (!controller.isPossibleUseNickName.value) return;
        controller.signup(); // ----- 1
      },
      padding: const EdgeInsets.symmetric(vertical: 17),
      color: controller.isPossibleUseNickName.value
          ? const Color(0xffED7738)
          : Colors.grey.withOpacity(0.9),
      child: const AppFont(
        '회원 가입',
        align: TextAlign.center,
        fontWeight: FontWeight.bold,
        color: Colors.white,
      ),
    ),
  ),
),
```

1: 회원 가입 이벤트를 SignupController 클래스로 연결했습니다. 이제 해당 클래스에서 signup 이벤트를 생성하겠습니다.

signup_controller.dart 파일 중

```
signup() async {
  var newUser = UserModel.create(userNickName.value, uid);
}
```

가장 먼저 UserModel을 만듭니다. 이때 입력된 nickname과 controller가 생성될 때 받은 SNS 로그인 계정의 uid를 사용합니다. 이를 위해 UserModel의 named constructor를 사용합니다. 그리고 UserModel 클래스를 더 확장해서 다양한 계정 정보를 포함하도록 만들어보겠습니다.

```
import 'dart:math';

import 'package:equatable/equatable.dart';
import 'package:json_annotation/json_annotation.dart';

part 'user_model.g.dart';

@JsonSerializable()
class UserModel extends Equatable {
  final String? uid;
  final String? nickname;
  final double? temperature;
  final DateTime? createdAt;
  final DateTime? updatedAt;

  const UserModel({
    this.uid,
    this.nickname,
    this.createdAt,
    this.updatedAt,
    this.temperature,
  });

  factory UserModel.fromJson(Map<String, dynamic> json) =>
      _$UserModelFromJson(json);

  factory UserModel.create(String name, String uid) {
    return UserModel(
      nickname: name,
```

```
      uid: uid,
      temperature: Random().nextInt(100) + 1,
      createdAt: DateTime.now(),
      updatedAt: DateTime.now(),
    );
  }

  Map<String, dynamic> toJson() => _$UserModelToJson(this);

  @override
  List<Object?> get props => [
      uid,
      nickname,
      temperature,
      createdAt,
      updatedAt,
    ];
}
```

UserModel을 밤톨마켓 사용자 계정에 맞게 변경했습니다. 기존에는 uid, name, email만 보유하고 있었지만, 이제는 name을 nickname으로 변경하고 생성일과 업데이트일을 추적하기 위한 createdAt과 updatedAt 필드를 추가했습니다. 또한 회원의 온도(밤톨마켓의 신뢰도)를 저장하기 위해 temperature 변수를 추가했습니다. 이메일 필드는 사용자에게 사용자 정보를 보유하고 있다는 사실을 고지해야 하는 부담이 있기 때문에 제거했습니다. 불필요한 정보는 수집하지 않는 것이 좋습니다.

create named constructor에서는 테스트를 위해 온도를 랜덤으로 설정했습니다. 생성일과 업데이트일은 가입 시점에 값을 넣어야 하기에 DateTime.now()로 설정했습니다.

그런데 UserModel을 수정하는 도중에 authentication_repository.dart 파일에서 오류가 발생합니다. 이 오류는 Firebase SNS 로그인 정보를 UserModel에 넣어주는 부분에서 발생했습니다. 이 부분도 리팩터링하겠습니다.

authentication_repository.dart 파일 중

```
Stream<UserModel?> get user {
  return _firebaseAuth.authStateChanges().map<UserModel?>((user) {
    return user == null ? null : UserModel(uid: user.uid);
  });
}
```

기존의 사용자 이름과 이메일은 밤톨마켓 앱에서는 필요하지 않아서 해당 항목을 제거했습니다. 이로써 문제가 해결되었습니다. 다시 signup_controller.dart 파일로 돌아가서 회원 가입을 진행하겠습니다.

signup_controller.dart 파일의 회원 가입 함수

```
signup() async {
  var newUser = UserModel.create(userNickName.value, uid);
  var result = await _userRepository.signup(newUser); // ----- 1
}
```

1: _userRepository의 회원 가입 이벤트로 연결하겠습니다.

아직 _userRepository의 signup 이벤트가 없기 때문에 UserRepository 클래스로 넘어가서 이 이벤트를 만들겠습니다.

user_repository.dart 파일 중

```
Future<String?> signup(UserModel user) async {
  try {
    var result = await db.collection('users').add(user.toJson());
    return result.id;
  } catch (e) {
    return null;
  }
}
```

Firebase 데이터베이스에 데이터를 저장하는 것은 쉽습니다. 원하는 컬렉션 이름에 데이터를 추가할 때, 배열에 데이터를 추가하듯이 add 함수를 사용하여 저장할 수 있습니다. 저장 후, 반환된 데이터의 id를 추출하여 반환합니다. 여기서 id 값은 저장된 문서의 id입니다. 이 id 값의 유무에 따라 메시지를 표시하거나 다음 프로세스를 진행할지를 처리할 수 있습니다.

다시 signup_controller.dart 파일로 이동합니다.

```
Future<String?> signup() async {
  var newUser = UserModel.create(userNickName.value, uid);
  var result = await _userRepository.signup(newUser);
  return result;
}
```

회원 가입이 완료된 후의 결과를 화면으로 넘겨줍니다.

signup_page.dart 파일

```
bottomNavigationBar: Padding(
  padding: EdgeInsets.symmetric(
      horizontal: 25,
      vertical: 20 + MediaQuery.of(context).padding.bottom),
  child: Obx(
    () => Btn(
      onTap: () async {
        if (!controller.isPossibleUseNickName.value) return;
        var result = await controller.signup(); // ----- 1
        if (result != null) {
          Get.offNamed('/'); // ----- 2
        }
      },
      padding: const EdgeInsets.symmetric(vertical: 17),
      color: controller.isPossibleUseNickName.value
          ? const Color(0xffED7738)
          : Colors.grey.withOpacity(0.9),
      child: const AppFont(
        '회원 가입',
        align: TextAlign.center,
        fontWeight: FontWeight.bold,
        color: Colors.white,
      ),
    ),
  ),
),
```

1: signup 이벤트의 결괏값이 null인지 아닌지 확인합니다. null이 아니라면 회원 가입이 정상적으로 완료된 것입니다.

2: 회원 가입이 완료되면 다시 스플래시 페이지로 이동합니다. 그러면 AuthenticationController가 자동으로 사용자의 인증 상태를 확인하여 방금 가입한 계정을 조회(회원 가입 여부를 조회하는 함수가 다시 호출)합니다. 이렇게 홈화면으로 이동하게 됩니다.

앱을 실행하여 회원 가입을 완료하면 자동으로 홈 화면으로 이동하는 것을 볼 수 있습니다. 또한 앱을 다시 실행해도 자동으로 로그인 상태가 유지되면서 홈 화면으로 이동합니다. 이렇게 인증 프로세스가 완료되었습니다. 이제 당근마켓 클론 코딩의 홈 화면 작업을 시작할 준비가 되었습니다.

앱 Root 레이아웃 구성

 깃 브랜치명: chapter13

이 장에서는 플러터 애플리케이션의 Root 레이아웃을 구성하는 방법을 배웁니다. 먼저 Bottom
NavigationBar를 사용하여 하단에 내비게이션 메뉴를 만들고, 메뉴를 클릭할 때 페이지가 바뀌도록 설
정합니다. 그리고 root.dart 파일을 생성하여 Scaffold 위젯으로 기본 레이아웃을 설정하고 Bottom
NavController로 하단 메뉴의 상태를 관리해봅니다. 그다음
TabBarView로 각 메뉴에 맞는 페이지를 연결해봅니다.

CHAPTER

13

밤톨마켓에는 BottomNavigation 메뉴가 있으며, 이 메뉴를 클릭하면 페이지가 전환됩니다. 이를 구현하는 방법으로는 IndexedStack, PageView 그리고 TapMenu가 있습니다. 이번에는 TapMenu를 사용하는 방법을 알아보겠습니다.

13.1 화면 구성

우선 home_page에서 작업하지 않고 bottomNavigation에 메뉴를 모두 포함하는 root 페이지를 만들어야 합니다. 이를 위해 app.dart 파일과 동일한 위치에(lib/src/root.dart) root.dart 파일을 생성하겠습니다.

📼 **root.dart 파일**

```dart
import 'package:flutter/material.dart';

class Root extends StatelessWidget {
  const Root({super.key});

  @override
  Widget build(BuildContext context) {
    return Scaffold(
      body: Container(color: Colors.red),
    );
  }
}
```

화면 레이아웃을 구성하기 전에 파일을 먼저 만들고 화면과 연결하겠습니다. 라우트를 변경하기 위해 main.dart 파일에서 수정 작업을 진행합니다.

📼 **main.dart 파일 내 getPages의 소스코드**

```dart
getPages: [
  GetPage(name: '/', page: () => const App()),
  GetPage(name: '/home', page: () => const Root()), // ----- 1
  GetPage(
      name: '/login',
      page: () => const LoginPage(),
```

```
      binding: BindingsBuilder(() {
        Get.lazyPut<LoginController>(
            () => LoginController(Get.find<AuthenticationRepository>()));
      })),
  GetPage(
    name: '/signup/:uid',
    page: () => const SignupPage(),
    binding: BindingsBuilder(
      () {
        Get.create<SignupController>(
          () => SignupController(Get.find<UserRepository>(),
              Get.parameters['uid'] as String),
        );
      },
    ),
  )
],
```

1: 기존에 HomePage로 연결되었던 부분을 Root() 페이지로 변경하도록 하겠습니다.

이제 Root 페이지로 랜딩되는 것을 확인할 수 있습니다. 이어서 BottomNavigation을 설정해보겠습니다.

root.dart 파일

```
import 'package:flutter/material.dart';
import 'package:flutter_svg/flutter_svg.dart';

class Root extends StatelessWidget {
  const Root({super.key});

  @override
  Widget build(BuildContext context) {
    return Scaffold(
      body: Container(color: Colors.red),
      bottomNavigationBar: BottomNavigationBar(
        currentIndex: 0, // ----- 1
        type: BottomNavigationBarType.fixed, // ----- 2
        backgroundColor: const Color(0xff212123),
        selectedItemColor: const Color(0xffffffff),
```

```
unselectedItemColor: const Color(0xffffffff),
selectedFontSize: 11.0, // ----- 3
unselectedFontSize: 11.0, // ----- 3
onTap: (int pageIndex) {},
items: [
  BottomNavigationBarItem( // ----- 4
    label: '홈',
    icon: Padding(
      padding: const EdgeInsets.all(8.0),
      child: SvgPicture.asset('assets/svg/icons/home-off.svg'),
    ),
    activeIcon: Padding(
      padding: const EdgeInsets.all(8.0),
      child: SvgPicture.asset('assets/svg/icons/home-on.svg'),
    ),
  ),
  BottomNavigationBarItem(
    label: '동네 생활',
    icon: Padding(
      padding: const EdgeInsets.all(8.0),
      child: SvgPicture.asset('assets/svg/icons/arround-life-off.svg'),
    ),
    activeIcon: Padding(
      padding: const EdgeInsets.all(8.0),
      child: SvgPicture.asset('assets/svg/icons/arround-life-on.svg'),
    ),
  ),
  BottomNavigationBarItem(
    label: '내 근처',
    icon: Padding(
      padding: const EdgeInsets.all(8.0),
      child: SvgPicture.asset('assets/svg/icons/near-off.svg'),
    ),
    activeIcon: Padding(
      padding: const EdgeInsets.all(8.0),
      child: SvgPicture.asset('assets/svg/icons/near-on.svg'),
    ),
  ),
  BottomNavigationBarItem(
    label: '채팅',
    icon: Padding(
```

```
          padding: const EdgeInsets.all(8.0),
          child: SvgPicture.asset('assets/svg/icons/chat-off.svg'),
        ),
        activeIcon: Padding(
          padding: const EdgeInsets.all(8.0),
          child: SvgPicture.asset('assets/svg/icons/chat-on.svg'),
        ),
      ),
      BottomNavigationBarItem(
        label: '나의 밤톨',
        icon: Padding(
          padding: const EdgeInsets.all(8.0),
          child: SvgPicture.asset('assets/svg/icons/my-off.svg'),
        ),
        activeIcon: Padding(
          padding: const EdgeInsets.all(8.0),
          child: SvgPicture.asset('assets/svg/icons/my-on.svg'),
        ),
      ),
    ],
  ),
);
  }
}
```

BottomNavigationBar를 설정하기 위해 위와 같이 설정합니다.

1 : currentIndex 옵션은 0부터 메뉴 개수만큼 설정할 수 있습니다. 우선 상태 값으로 처리하기 전에 임의로 0을 설정하여 첫 번째 메뉴가 활성화되도록 만들었습니다.

2 : type은 BottomNavigationBarType.fixed와 BottomNavigationBarType.shifting으로 설정할 수 있습니다. shifting은 라벨 값과 애니메이션 효과를 포함하는 형태로, 더 인터랙티브한 효과를 원한다면 사용할 수 있습니다. 하지만 이번 프로젝트에서는 정적인 메뉴인 fixed 옵션을 사용하겠습니다.

3 : 밤톨마켓의 하단 BottomNavigationBar 메뉴 효과는 메뉴 아이콘이 변화하는 정도로만 처리됩니다. 따라서 선택된 상태와 선택되지 않은 상태의 라벨 사이즈를 동일하게 설정했습니다.

4 : BottomNavigationBarItem의 개수에 따라 하단 메뉴의 개수도 결정됩니다. 여기서는 label과 icon, activeIcon 옵션만 설정했습니다. 그 외에도 2가지 옵션(backgroundColor, tooltip)이 더 있지만 생략했습니다.

currentIndex 값을 0에서 1로 바꿔보겠습니다.

```
return Scaffold(
  body: Container(color: Colors.red),
  bottomNavigationBar: BottomNavigationBar(
    currentIndex: 1,
  //이하 생략
```

수정하고 저장하는 순간 하단 메뉴가 홈에서 '동네 생활'로 활성화된 것을 확인할 수 있습니다. 이제 하드코딩이 아닌 메뉴 선택 이벤트에 따라 BottomNavigationBar의 currentIndex 값을 변경하는 작업을 진행하겠습니다.

13.2 BottomNavigationBar 메뉴 상태 관리 controller 만들기

common 폴더 아래에 controller 폴더를 만들고 그 안에 bottom_nav_controller.dart 파일을 생성합니다.

bottom_nav_controller.dart

```
import 'package:flutter/material.dart';
import 'package:get/get.dart';

class BottomNavController extends GetxController{

  RxInt menuIndex = 0.obs; // ------ 1

  void changeBottomNav(int index) { // ----- 2
    menuIndex(index);
  }
}
```

1: menuIndex라는 변수를 상태 관리하도록 RxInt로 선언했습니다.

2: 화면의 BottomNavigationBar에서 이벤트가 발생하면 호출될 함수를 만들었습니다. 이 함수는 단순히 menu Index 값을 변경합니다.

이어서 화면에서 BottomNavController를 사용하기 위해 GetX로 등록하겠습니다. main.dart 파일로 이동하여 initialBinding 옵션에 값을 추가합니다.

main.dart 파일의 GetMaterialApp 〉 initalBinding 옵션 소스코드

```
initialBinding: BindingsBuilder(() {
  var authenticationRepository =
      AuthenticationRepository(FirebaseAuth.instance);
  var user_repository = UserRepository(db);
  Get.put(authenticationRepository);
  Get.put(user_repository);
  Get.put(BottomNavController()); // ----- 추가
  Get.put(SplashController());
  Get.put(DataLoadController());
  Get.put(AuthenticationController(
    authenticationRepository,
    user_repository,
  ));
}),
```

BottomNavigationBar에 onTap 이벤트에 연결하겠습니다. root.dart 파일로 이동합니다.

root.dart 파일

```
import 'package:bamtol_market_app/src/common/controller/bottom_nav_controller.dart';
import 'package:flutter/material.dart';
import 'package:flutter_svg/flutter_svg.dart';
import 'package:get/get.dart';

class Root extends GetView<BottomNavController> { // ----- 1
  const Root({super.key});

  @override
  Widget build(BuildContext context) {
    return Scaffold(
      body: Container(color: Colors.red),
      bottomNavigationBar: Obx( // ----- 4
        () => BottomNavigationBar(
          currentIndex: controller.menuIndex.value, // ----- 2
          // 설정 옵션 생략
          onTap: controller.changeBottomNav, // ----- 3
          items: [
            // BottomNavigationBarItem 요소들 생략
          ],
        ),
```

```
        ),
      );
    }
  }
```

1: root 위젯 내에서 controller에 접근할 수 있도록 GetView를 상속받고, 제네릭으로 BottomNavController를 명시했습니다 . 이를 통해 controller가 BottomNavController 클래스임을 명확하게 알 수 있습니다.

2: BottomNavController에서 상태를 관리하는 menuIndex 값을 currentIndex에 적용합니다.

3: 사용자가 메뉴를 선택하면 BottomNavController의 changeBottomNav 함수가 호출되도록 연결해줍니다.

4: Obx 위젯을 사용하여 상태 값이 변경될 때마다 화면이 자동으로 업데이트되도록 합니다.

앱을 재실행하면 하단 메뉴를 선택할 때마다 활성화되는 메뉴가 변경되는 것을 확인할 수 있습니다.

13.3 메뉴별 페이지 연결을 위한 TabBarView 구성

하단의 메뉴를 선택할 때마다 상단의 TabBarView를 통해 해당 화면이 표시되도록 해야 합니다.

📁 **root.dart 파일**

```
return Scaffold(
  body: TabBarView(
      physics: const NeverScrollableScrollPhysics(), // ----- 1
      controller: controller.tabController, // ----- 2
      children: const [
        Center(child: AppFont('홈')),
        Center(child: AppFont('동네 생활')),
        Center(child: AppFont('내 근처')),
        Center(child: AppFont('채팅')),
        Center(child: AppFont('나의 밤톨')),
      ]),
  bottomNavigationBar: Obx(
    () => BottomNavigationBar(
```

1: physics 옵션을 NeverScrollableScrollPhysics()로 설정한 이유는 TabBarView의 기본 특성상 사용자가 화면을 스와이프하면 화면이 이동하기 때문입니다. 이를 방지하기 위해 NeverScrollableScrollPhysics()를 사용하여 스와이프 동작을 막습니다.

2 : BottomNavController에 tabController를 불러옵니다. 아직 BottomNavController 파일에 tabController 를 만들지 않았기 때문에 오류가 발생할 것입니다. 걱정하지 마세요, 이제 만들어보겠습니다.

bottom_nav_controller 파일로 이동합니다.

bottom_nav_controller.dart 파일

```
class BottomNavController extends GetxController
    with GetTickerProviderStateMixin { // ----- 1
  late TabController tabController; // ----- 2
  RxInt menuIndex = 0.obs;

  @override
  void onInit() {
    super.onInit();
    tabController = TabController(length: 5, vsync: this); // ----- 3
  }

  void changeBottomNav(int index) {
    menuIndex(index);
  }
}
```

1 : tabController를 초기화할 때 TickerProvider가 필요합니다. 그래서 GetTickerProviderStateMixin을 함께 사용하여 GetX에서 이를 관리할 수 있도록 합니다. with 키워드를 사용해 이 기능을 추가합니다.

2 : TabController를 onInit 함수에서 만들기 때문에 나중에 초기화할 것이라는 뜻으로 late 키워드를 사용했습니다.

3 : tabController에 TabController를 생성하여 넣어줍니다. 이때 length와 vsync는 반드시 설정해야 합니다. length는 페이지 개수(즉, 메뉴 개수)입니다. vsync에는 this를 넣어주면 됩니다.

여기서 this는 BottomNavController 자체를 의미합니다. BottomNavController는 GetTicker ProviderStateMixin을 함께 사용하고 있기 때문에 this 내부에 TickerProvider가 존재하게 되어 문제없이 작동합니다.

이제 앱이 정상적으로 실행됩니다. 하지만 하단 메뉴를 눌러도 페이지가 홈 화면에 고정되어 있을 것입니다. 이는 메뉴에 따라 화면 전환을 위한 tabController를 설정하지 않았기 때문입니다.

changeBottomNav 이벤트에서 tabController를 사용하여 화면 전환을 처리해보겠습니다.

```
void changeBottomNav(int index) {
  menuIndex(index);
  tabController.animateTo(index);
}
```

tabController.animateTo를 사용하여 화면이 전환될 때 애니메이션 효과를 추가했습니다. 앱을 실행하고 하단 메뉴를 클릭할 때마다 화면이 부드럽게 전환되는 것(트랜지션 효과)을 볼 수 있습니다. 이제 각 페이지에 맞게 화면을 구성하고 개발하면 됩니다.

먼저 홈 화면을 기존의 home_page.dart 파일로 연결하겠습니다.

root.dart 파일 내 TabBarView 소스코드

```
return Scaffold(
  body: TabBarView(
      physics: const NeverScrollableScrollPhysics(),
      controller: controller.tabController,
      children: const [
        HomePage(), // ---- 1
        Center(child: AppFont('동네 생활')),
        Center(child: AppFont('내 근처')),
        Center(child: AppFont('채팅')),
        Center(child: AppFont('나의 밤톨')),
      ]),
  bottomNavigationBar: Obx(
    () => BottomNavigationBar(
```

1 : 기존에 단순히 문구만 보여주던 부분을 이미 존재하는 HomePage로 바꿨습니다. 이로써 앱의 Root 레이아웃 구성을 완료했습니다. 이어서 홈 화면을 구성해보겠습니다.

홈 화면 구성

◈ 깃 브랜치명: chapter14

이 장에서는 플러터 애플리케이션의 홈 화면을 구성해봅니다. 먼저 AppBar를 사용해 상단에 헤더를 만들고, ListView로 상품 목록을 표시해봅니다. 이어서 FloatingActionButton을 추가하여 사용자가 새로운 상품을 등록할 수 있게 합니다.

이번 장에서는 아직 데이터가 없기 때문에 홈 화면의 레이아웃만 잡는 형태로 진행하겠습니다. 상품 등록 기능을 완료하고 데이터가 존재하는 시점에 다시 돌아와 홈 화면에 기능을 추가할 것입니다.

홈 화면은 크게 3가지로 나눌 수 있습니다.

1 헤더(AppBar)

2 보디(ListView)

3 레이어 버튼(FloatingActionButton)

14.1 헤더 구성

먼저 헤더 화면을 구성해봅시다.

home_page.dart 파일의 Scaffold appBar 옵션

```
appBar: AppBar(
  leadingWidth: Get.width * 0.6, // ---- 1
  leading: Padding(
    padding: const EdgeInsets.only(left: 25),
    child: Row(children: [
      const AppFont(
        '아라동',
        fontWeight: FontWeight.bold,
        size: 20,
        color: Colors.white,
      ),
      const SizedBox(width: 10),
      SvgPicture.asset('assets/svg/icons/bottom_arrow.svg'),
    ]),
  ),
),
```

1: 기본적으로 leading 옵션 위젯은 정사각형으로 고정되어 있습니다. 이를 넓히기 위해 leadingWidth 옵션을 사용했습니다. 위치는 임의로 '아라동'이라는 3글자로 지정했지만, 더 긴 지명도 있을 수 있습니다. 그래서 Get.width의 60% 정도 넓이로 설정했습니다.

우측의 actions 위젯도 채워주겠습니다.

```
appBar: AppBar(
  leadingWidth: Get.width * 0.6,
  leading: Padding(
    //생략...
  ),
  actions: [
    SvgPicture.asset('assets/svg/icons/search.svg'),
    const SizedBox(width: 15),
    SvgPicture.asset('assets/svg/icons/list.svg'),
    const SizedBox(width: 15),
    SvgPicture.asset('assets/svg/icons/bell.svg'),
    const SizedBox(width: 25),
  ],
),
```

이렇게 AppBar 위젯을 통해 간단하게 상단 헤더를 구성했습니다.

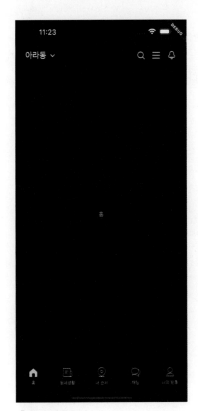

◀ 상단 헤더 구성

14.2 보디 구성

상품 리스트를 구현할 때, 저는 개인적으로 SingleChildScrollView를 주로 사용합니다.

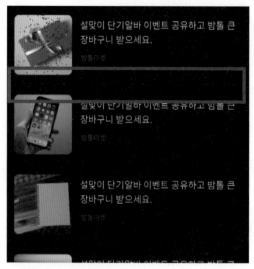

◀ 상품 리스트 화면 예시

앞의 그림을 보면 상품들 사이를 회색 선으로 구분하고 있습니다. 이와 같이 상품을 구분하기 위해 ListView.separated 위젯을 사용하겠습니다.

home_page.dart 파일

```dart
class HomePage extends StatelessWidget {
  const HomePage({super.key});

  @override
  Widget build(BuildContext context) {
    return Scaffold(
      appBar: AppBar(
        leadingWidth: Get.width * 0.6,
        leading: Padding(
          padding: const EdgeInsets.only(left: 25),
          child: Row(
            children: [
              const AppFont(
                '아라동',
                fontWeight: FontWeight.bold,
```

```
              size: 20,
               color: Colors.white,
            ),
              const SizedBox(width: 10),
              SvgPicture.asset('assets/svg/icons/bottom_arrow.svg'),
          ],
        ),
      ),
      actions: [
        SvgPicture.asset('assets/svg/icons/search.svg'),
        const SizedBox(width: 15),
        SvgPicture.asset('assets/svg/icons/list.svg'),
        const SizedBox(width: 15),
        SvgPicture.asset('assets/svg/icons/bell.svg'),
        const SizedBox(width: 25),
      ],
    ),
    body: const _ProductList(), // ---- 1
  );
  }
}
```

1: 별도의 위젯 클래스로 분리한 이유는 관리 측면에서도 좋지만, 위젯 클래스를 Stateful(상태가 있음)로 구성할지
Stateless(상태가 없음)로 구성할지 선택할 수 있는 확장성이 생기기 때문입니다. 또한 위젯을 재사용할 때도 손쉽
게 활용할 수 있습니다. 이런 이유 외에도 많은 장점이 있습니다.

_ProductList() 위젯을 구성해보겠습니다.

```
class _ProductList extends StatelessWidget {
  const _ProductList({super.key});

  Widget build(BuildContext context) {
    return ListView.separated(
      padding: const EdgeInsets.only(left: 25.0, top: 20, right: 25),
      itemBuilder: (context, index) {
        return Container(
          height: 100,
          color: Colors.blue,
        );
```

```
      },
      separatorBuilder: (context, index) => const Padding(
        padding: EdgeInsets.symmetric(vertical: 10.0),
        child: Divider(
          color: Color(0xff3C3C3E),
        ),
      ),
      itemCount: 10,
    );
  }
}
```

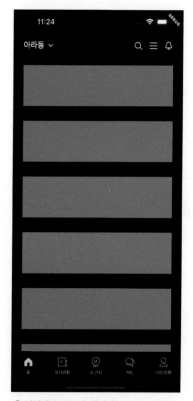

◀ 영역별로 구분된 레이어

임의로 영역을 구분하여 레이어를 나눠봤습니다. 이제 각 상품 요소를 위한 위젯을 만들겠습니다.

_ProductList 위젯의 ListView.separated의 itemBuilder 옵션 값

```
itemBuilder: (context, index) {
  return _productOne(index); // ---- 1
},
```

1: 위젯의 들여쓰기가 깊어지지 않도록 별도의 함수로 분리했습니다.

_ProductList 클래스 내의 _productOne 위젯 함수

```
Widget _productOne(int index) {
  return Row(
    crossAxisAlignment: CrossAxisAlignment.start,
    children: [
      ClipRRect( // ---- 1
        borderRadius: BorderRadius.circular(7),
        child: SizedBox(
          width: 100,
          height: 100,
          child: Image.network( // ---- 2
            'https://cdn.kgmaeil.net/news/photo/202007/245825_49825_2217.jpg',
            fit: BoxFit.cover,
          ),
        ),
      ),
      const SizedBox(width: 15),
      Expanded(
        child: Column(
          crossAxisAlignment: CrossAxisAlignment.stretch,
          children: [
            const SizedBox(height: 10),
            AppFont(
              'Yaamj 상품$index 무료로 드려요 :) ',
              color: Colors.white,
              size: 16,
            ),
            const SizedBox(height: 5),
            const AppFont(
              '개발하는남자 · 2023.07.08',
              color: Color(0xff878B93),
              size: 12,
            ),
```

```
        const SizedBox(height: 5),
        const Row(
          children: [
            AppFont(
              '나눔',
              size: 14,
              fontWeight: FontWeight.bold,
            ),
            AppFont(
              '⬚',
              size: 16,
            ),
          ],
        )
      ],
    ),
  )
  ],
  );
}
```

1: 이미지에 둥근 모서리를 적용(라운드 효과)하기 위해 ClipRRect 위젯을 사용했습니다.

2: mage.network 위젯을 사용하여 이미지를 추가했습니다. 임시로 구글의 이미지 링크를 사용하면 됩니다.

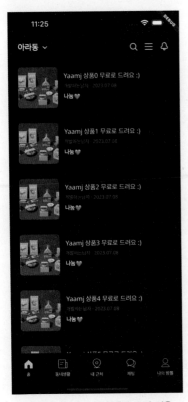

◀ 상품 이미지 추가 및 라운드 효과 적용

14.3 레이어 버튼 구성

이번에는 상품 등록 페이지로 연결되는 버튼을 만들겠습니다. Scaffold의 floatingActionButton 옵션을 사용하면 쉽게 버튼을 배치할 수 있습니다.

home_page.dart 파일의 HomePage 클래스 내 build 함수 중 floatringActionButton 옵션

```
floatingActionButton: GestureDetector(
  onTap: () async {},
  behavior: HitTestBehavior.translucent,
  child: Row(
    mainAxisAlignment: MainAxisAlignment.end,
    children: [
      Container(
```

```
        padding: const EdgeInsets.symmetric(vertical: 10, horizontal: 15),
        decoration: BoxDecoration(
          borderRadius: BorderRadius.circular(50),
          color: const Color(0xffED7738),
        ),
        child: Row(children: [
          SvgPicture.asset('assets/svg/icons/plus.svg'),
          const SizedBox(width: 6),
          const AppFont(
            '글쓰기',
            size: 16,
            color: Colors.white,
          )
        ]),
      ),
    ],
  ),
),
```

이미 존재하는 floatingActionButton이라는 위젯을 그대로 사용하지 않고, 버튼을 커스터마이징하기 위해 직접 위젯을 구성했습니다. 이제 onTap 이벤트를 연결하여 상품 등록 페이지로 이동할 수 있게 설정합니다.

home_page.dart 파일의 floatringActionButton 버튼 소스코드

```
floatingActionButton: GestureDetector(
  onTap: () async {
    await Get.toNamed('/product/write'); // ----- 1
  },
  behavior: HitTestBehavior.translucent,
  child: Row(
    mainAxisAlignment: MainAxisAlignment.end,
    children: [
      Container(
        padding: const EdgeInsets.symmetric(vertical: 10, horizontal: 15),
        decoration: BoxDecoration(
          borderRadius: BorderRadius.circular(50),
          color: const Color(0xffED7738),
        ),
        child: Row(children: [
```

```
          SvgPicture.asset('assets/svg/icons/plus.svg'),
          const SizedBox(width: 6),
          const AppFont(
            '글쓰기',
            size: 16,
            color: Colors.white,
          )
      ]),
    ),
  ],
  ),
),
```

1 : Get.toNamed를 사용하여 'product/write' 경로로 라우팅합니다. 이 기능이 작동하려면 main.dart 파일에 GetX 라우트를 등록해야 합니다.

main.dart 파일의 GetMaterialApp 내 getPages 소스코드

```
getPages: [
  GetPage(name: '/', page: () => const App()),
  // ..... 생략
  GetPage( // ---- 1
    name: '/product/write',
    page: () => ProductWritePage(),
  ),
],
```

1 : home_page.dart 파일에서 호출했던 경로를 main.dart 파일에 등록하고, ProductWritePage 위젯을 만들어줍니다. 그리고 src 폴더 아래에 product 폴더를 생성하고, 그 안에 write 폴더와 detail 폴더를 미리 만듭니다. 그다음 write 폴더 아래에 page와 controller 폴더를 만들겠습니다.

◀ 상품 등록 페이지 경로 설정 및 폴더 구성

우선 page 폴더에 product_write_page.dart 파일을 만들겠습니다.

product_write_page.dart 파일

```dart
import 'package:bamtol_market_app/src/common/components/app_font.dart';
import 'package:flutter/material.dart';

class ProductWritePage extends StatelessWidget {
  const ProductWritePage({super.key});

  @override
  Widget build(BuildContext context) {
    return const Scaffold(
      body: Center(
        child: AppFont('상품 등록'),
      ),
    );
  }
}
```

간단하게 '상품 등록'이라는 문구만 추가하고 파일을 연결하겠습니다. 앱을 실행하고 나서 '글쓰기' 버튼을 클릭하면 '상품 등록'이라는 문구가 보이는 페이지로 이동하는 것을 확인할 수 있습니다.

상품 등록 페이지 개발 1

◆ 깃 브랜치명: chapter15

이 장에서는 상품 등록 페이지를 만들어봅니다. 먼저 AppBar를 사용해 상단에 헤더를 만들고 사용자가
상품을 쉽게 등록할 수 있도록 여러 입력 필드와 이미지 업로드 기능을 구현해봅니다.

CHAPTER

15

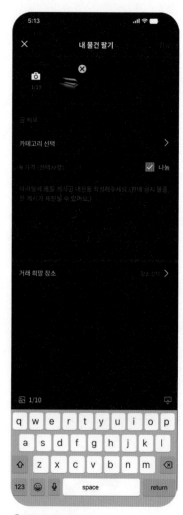

◀ 상품 등록 페이지 예시

지금부터 상품 등록 페이지를 구성하겠습니다. 이 장에서는 이미지 등록, 거래 희망 장소에 따른 지도 활용 등 많은 기능을 다룰 예정입니다. 모두 집중해서 함께 개발해봅시다.

먼저 화면 구성을 진행하겠습니다.

15.1 화면 구성

15.1.1 Appbar

최상단의 영역을 구성해봅니다.

📁 **product_write_page.dart**

```dart
return Scaffold(
  appBar: AppBar(
    leading: GestureDetector( // ---- 1
      onTap: Get.back,
      child: Padding(
        padding: const EdgeInsets.all(10.0),
        child: SvgPicture.asset('assets/svg/icons/close.svg'),
      ),
    ),
    centerTitle: true, // ---- 2
    title: const AppFont(
      '내 물건 팔기',
      fontWeight: FontWeight.bold,
      size: 18,
    ),
    actions: [
      GestureDetector( // ---- 3
        onTap: () {},
        child: const Padding(
          padding: EdgeInsets.only(top: 20.0, right: 25),
          child: AppFont(
            '완료',
            color: Color(0xffED7738),
            fontWeight: FontWeight.bold,
            size: 16,
          ),
        ),
      )
    ],
  ),
  body: Center(
    child: AppFont('상품 등록'),
  ),
);
```

1 : leading 옵션으로 페이지를 닫는 아이콘을 배치했습니다. 이벤트는 GetX의 Get.back을 사용하여 간단하게 처리했습니다.

2 : centerTitle을 true로 설정하여 제목이 중앙에 오게 했습니다.

3 : 상품 등록 입력값을 채운 후 서버로 데이터를 전송하기 위한 '완료' 버튼을 배치했습니다. 아직 이벤트는 연결하지 않았습니다.

15.2 보디(입력 필드)

입력 필드 값이 길어지거나 디바이스 해상도 차이로 화면이 잘릴 수 있으므로, 이를 방지하기 위해 SingleChildScrollView로 시작하겠습니다.

productd_write_page.dart 파일의 보디 영역

```
body: SingleChildScrollView(
  child: Column(
    children: [],
  ),
),
```

이제 Column 아래에 입력 폼을 하나씩 추가할 것입니다. 각 입력 폼은 별도의 위젯 클래스로 관리하겠습니다. 왜 하나의 위젯(ProductWritePage) 내에서 관리하지 않고 각각의 위젯으로 나눌까요? 간단히 설명하면 이렇게 해야 코드를 관리하기 쉬워지고 가독성이 좋아집니다. 플러터에서는 화면 구성이 복잡해질수록 들여쓰기가 깊어지는데, 이처럼 최대한 위젯을 쪼개면 유지 보수하는 데 용이합니다.

15.2.1 이미지 편집 영역

product_write_page.dart 파일의 보디 영역

```
body: SingleChildScrollView(
  child: Column(
    children: [
      _PhotoSelectedView(),
    ],
```

```
    ),
  ),
```

product_write_page.dart 파일의 _PhotoSelectedView 클래스 내 소스코드

```dart
class _PhotoSelectedView extends StatelessWidget {
  const _PhotoSelectedView({super.key});

  @override
  Widget build(BuildContext context) {
    return Padding(
      padding: const EdgeInsets.symmetric(vertical: 15, horizontal: 25),
      child: Row(children: [
        _photoSelectIcon(), // ----- 1
        Expanded(child: _selectedImageList()), // ----- 2
      ]),
    );
  }
}
```

◆ 이미지 추가 및 선택 기능 구현 예시

이미지는 최대 10장까지 추가할 수 있습니다. 여러 이미지가 추가되면 좌우로 스크롤할 수 있게 해야 합니다.

1: 하지만 사용자 편의를 위해 이미지 선택 버튼은 항상 고정되어 있어야 합니다.

2: 따라서 이미지 선택 버튼을 제외한 나머지 영역을 Expanded 위젯으로 확장하여 사용했습니다.

이어서 이미지 선택 버튼을 먼저 만들겠습니다. 이를 위해 _photoSelectIcon 위젯 함수를 작성합니다.

_photoSelectIcon 위젯 함수

product_write_page.dart 파일의 **_PhotoSelectedView** 클래스 내 소스코드

```dart
Widget _photoSelectIcon() {
  return GestureDetector(
    onTap: () async {},
    child: Container(
      width: 77,
      height: 77,
      decoration: BoxDecoration(
        borderRadius: BorderRadius.circular(4),
        border: Border.all(color: const Color(0xff42464E)),
      ),
      child: Column(
        mainAxisAlignment: MainAxisAlignment.center,
        children: [
          SvgPicture.asset('assets/svg/icons/camera.svg'),
          const SizedBox(height: 5),
          const Row(
            mainAxisAlignment: MainAxisAlignment.center,
            children: [
              AppFont(
                '0',
                size: 13,
                color: Color(0xff868B95),
              ),
              AppFont(
                '/10',
                size: 13,
                color: Color(0xff868B95),
              ),
            ],
          )
        ],
      ),
    ),
  );
}
```

_selectedImageList 위젯 함수

product_write_page.dart 파일의 _PhotoSelectedView 클래스 내 소스코드

```
Widget _selectedImageList() {
  return Container(
    margin: const EdgeInsets.only(left: 15),
    height: 77,
    child: ListView.builder(
      scrollDirection: Axis.horizontal, // ---- 1
      itemBuilder: (context, index) {
        return Stack( // ---- 2
          children: [
            Padding(
              padding: const EdgeInsets.only(top: 10, right: 20),
              child: ClipRRect(
                borderRadius: BorderRadius.circular(4),
                child: SizedBox(
                  width: 67,
                  height: 67,
                  child: Container(
                    color: Colors.red,
                    child: Center(child: AppFont(index.toString())),
                  ),
                ),
              ),
            ),
            Positioned( // ---- 3
              right: 10,
              child: GestureDetector(
                onTap: () {},
                child: SvgPicture.asset('assets/svg/icons/remove.svg'),
              ),
            )
          ],
        );
      },
      itemCount: 5,
    ),
  );
}
```

1: 선택된 이미지가 좌우로 스크롤되도록 scrollDirection 옵션을 Axis.horizontal로 설정했습니다.

2: 이미지를 삭제하기 위한 'X' 버튼을 이미지의 우상단에 배치해야 하므로, 이를 Stack으로 구성했습니다.

3: '삭제' 버튼을 우상단에 배치하기 위해 Positioned 위젯을 사용했습니다.

15.2.2 글 제목 영역

product_write_page.dart 파일의 보디 영역

```dart
Widget get _divder => const Divider( // ---- 1
  color: Color(0xff3C3C3E),
  indent: 25,
  endIndent: 25,
);

// ... 소스 생략

body: SingleChildScrollView(
  child: Column(
    children: [
      _PhotoSelectedView(),
      _divder,// ---- 1
      _ProductTitleView(), // ---- 추가
      _divder,// ---- 1
    ],
  ),
),
```

1: 각 입력 필드 사이를 구분하기 위해 get 방식으로 Divider 위젯을 구성하여 구분 선을 추가했습니다.

product_write_page.dart 파일의 _ProductTitleView 클래스 내 소스코드

```dart
class _ProductTitleView extends StatelessWidget {
  const _ProductTitleView({super.key});

  @override
  Widget build(BuildContext context) {
    return Padding(
      padding: const EdgeInsets.symmetric(horizontal: 25),
```

```
        child: TextField(
          style: const TextStyle(color: Colors.white),
          decoration: const InputDecoration(
            hintText: '글 제목',
            hintStyle: TextStyle(
              color: Color(0xff6D7179),
            ),
            focusedBorder: UnderlineInputBorder(
              borderSide: BorderSide.none,
            ),
            enabledBorder: UnderlineInputBorder(
              borderSide: BorderSide.none,
            ),
          ),
          onChanged: (v) {},
        ),
      );
    }
  }
```

글 제목 위젯은 간단하게 TextField 위젯을 사용하여 쉽게 구현할 수 있습니다.

15.2.3 카테고리 선택 영역

product_write_page.dart 파일의 보디 영역

```
body: SingleChildScrollView(
  child: Column(
    children: [
      _PhotoSelectedView(),
      _divder,
      _ProductTitleView(),
      _divder,
      _CategorySelectView(), // ---- 추가
      _divder,
    ],
  ),
),
```

```dart
class _CategorySelectView extends StatelessWidget {
  const _CategorySelectView({super.key});

  @override
  Widget build(BuildContext context) {
    return Padding(
      padding: const EdgeInsets.symmetric(horizontal: 25.0, vertical: 10),
      child: GestureDetector(
        onTap: () {},
        behavior: HitTestBehavior.translucent,
        child: Row(
          mainAxisAlignment: MainAxisAlignment.spaceBetween,
          children: [
            const AppFont(
              '카테고리 선택',
              size: 16,
              color: Colors.white,
            ),
            SvgPicture.asset('assets/svg/icons/right.svg'),
          ],
        ),
      ),
    );
  }
}
```

15.2.4 가격 입력 필드 영역

product_write_page.dart 파일의 보디 영역

```dart
body: SingleChildScrollView(
  child: Column(
    children: [
      _PhotoSelectedView(),
      _divder,
      _ProductTitleView(),
      _divder,
      _CategorySelectView(),
      _divder,
```

```
      _PriceSettingView(), // ---- 추가
      _divder,
    ],
  ),
),
```

product_write_page.dart 파일의 _PriceSettingView 클래스 내 소스코드

```
class _PriceSettingView extends StatelessWidget {
  const _PriceSettingView({super.key});

  @override
  Widget build(BuildContext context) {
    return Padding(
      padding: const EdgeInsets.symmetric(horizontal: 25),
      child: Row(
        children: [
          Expanded(
            child: TextField(
              style: const TextStyle(color: Colors.white),
              decoration: const InputDecoration(
                hintText: '₩ 가격 (선택 사항)',
                hintStyle: TextStyle(
                  color: Color(0xff6D7179),
                ),
                focusedBorder: UnderlineInputBorder(
                  borderSide: BorderSide.none,
                ),
                enabledBorder: UnderlineInputBorder(
                  borderSide: BorderSide.none,
                ),
              ),
              onChanged: (v) {},
            ),
          ),
          // ---- 1 CheckBox 위젯
        ],
      ),
    );
  }
}
```

1 : '나눔하기' 기능을 구현하기 위해 checkbox 위젯이 필요합니다. 앱 내에서 체크박스는 공통 스타일로 사용할 가능성이 높아, 이를 위한 공통 checkbox 위젯을 만들어주겠습니다.

common/components 폴더 하위에 checkbox.dart 파일을 생성하겠습니다.

checkbox.dart 파일

```dart
import 'package:bamtol_market_app/src/common/components/app_font.dart';
import 'package:flutter/material.dart';
import 'package:flutter_svg/svg.dart';

class CheckBox extends StatelessWidget {
  final String label;
  final bool isChecked;
  final Function() toggleCallBack;
  const CheckBox({
    super.key,
    required this.label,
    required this.toggleCallBack,
    this.isChecked = false,
  });

  @override
  Widget build(BuildContext context) {
    return GestureDetector(
      onTap: toggleCallBack,
      child: Row(
        children: [
          Container( // ---- 1
            decoration: BoxDecoration(
                borderRadius: BorderRadius.circular(3),
                border: Border.all(
                  color: isChecked
                      ? const Color(0xffFD6F1F)
                      : const Color(0xff3C3C3E),
                ),
                color: isChecked
                    ? const Color(0xffFD6F1F)
                    : const Color(0xff3C3C3E).withOpacity(0)),
            width: 24,
            height: 24,
            child: isChecked
```

```
                ? Padding(
                    padding: const EdgeInsets.all(5.0),
                    child: SvgPicture.asset('assets/svg/icons/checked.svg'),
                  )
                : Container(),
            ),
            const SizedBox(width: 7),
            AppFont(
              label,
              color: Colors.white,
              size: 16,
            )
          ],
        ),
      );
    }
  }
```

checkbox 위젯은 label과 check 상태를 외부에서 전달받아 제어하도록 설계했습니다.

1: 플러터에서 기본으로 제공하는 checkbox 위젯도 있지만, 원하는 스타일을 적용하기 위해 커스텀 Container로 만들었습니다.

checkbox.dart 위젯을 사용해보겠습니다.

product_write_page.dart 파일의 _PriceSettingView 소스코드
```
class _PriceSettingView extends StatelessWidget {
  const _PriceSettingView({super.key});

  @override
  Widget build(BuildContext context) {
    return Padding(
      padding: const EdgeInsets.symmetric(horizontal: 25),
      child: Row(
        children: [
          Expanded(
            child: TextField(
              style: const TextStyle(color: Colors.white),
              decoration: const InputDecoration(
                hintText: '₩ 가격 (선택 사항)',
```

```dart
              hintStyle: TextStyle(
                color: Color(0xff6D7179),
              ),
              focusedBorder: UnderlineInputBorder(
                borderSide: BorderSide.none,
              ),
              enabledBorder: UnderlineInputBorder(
                borderSide: BorderSide.none,
              ),
            ),
            onChanged: (v) {},
          ),
        ),
        CheckBox( // ---- 추가
          label: '나눔',
          isChecked: true,
          toggleCallBack: () {},
        ),
      ],
    ),
  );
}
}
```

15.2.5 상품 상세 설명 영역

📺 **product_write_page.dart 파일의 보디 영역**

```dart
body: SingleChildScrollView(
  child: Column(
    children: [
      _PhotoSelectedView(),
      _divder,
      _ProductTitleView(),
      _divder,
      _CategorySelectView(),
      _divder,
      _PriceSettingView(),
      _divder,
      _ProductDescription(), // ----- 추가
```

```
      Container( // ----- 1
        height: 5,
        color: Color.fromARGB(255, 12, 12, 15),
      )
    ],
  ),
),
```

📺 **product_write_page.dart** 파일의 **_ProductDescription** 클래스 내 소스코드

```
class _ProductDescription extends StatelessWidget {
  const _ProductDescription({super.key});

  @override
  Widget build(BuildContext context) {
    return Padding(
      padding: const EdgeInsets.symmetric(horizontal: 25.0),
      child: TextField(
        decoration: const InputDecoration(
          hintStyle: TextStyle(
            color: Color(0xff6D7179),
          ),
          hintText: '아라동에 올릴 게시글 내용을 작성해주세요.\n(판매 금지 물품은 게
시가 제한될 수 있어요.)',
          focusedBorder: UnderlineInputBorder(
            borderSide: BorderSide.none,
          ),
          enabledBorder: UnderlineInputBorder(
            borderSide: BorderSide.none,
          ),
        ),
        keyboardType: TextInputType.multiline,
        maxLines: 10,
        onChanged: (v) {},
      ),
    );
  }
}
```

1: 초기 시안(앞의 그림 참조)에 따르면 설명 입력 부분 하단에 두꺼운 경계선이 있습니다. 이를 배치하면 위젯 간의 경계를 명확하게 해주는 효과가 있습니다.

15.2.6 희망하는 거래 장소 설정 영역

📁 **product_write_page.dart 파일의 보디 영역**

```dart
body: SingleChildScrollView(
  child: Column(
    children: [
      _PhotoSelectedView(),
      _divder,
      _ProductTitleView(),
      _divder,
      _CategorySelectView(),
      _divder,
      _PriceSettingView(),
      _divder,
      _ProductDescription(),
      Container(
        height: 5,
        color: Color(0xff3C3C3E),
      ),
      _HopeTradeLocationMap(), // ---- 추가
    ],
  ),
),
```

📁 **product_write_page.dart 파일의 _HopeTradeLocationMap 클래스 내 소스코드**

```dart
class _HopeTradeLocationMap extends StatelessWidget {
  const _HopeTradeLocationMap({super.key});

  @override
  Widget build(BuildContext context) {
    return Padding(
      padding: const EdgeInsets.symmetric(horizontal: 25.0, vertical: 10),
      child: GestureDetector(
        onTap: () {},
        behavior: HitTestBehavior.translucent,
        child: Row(
          mainAxisAlignment: MainAxisAlignment.spaceBetween,
          children: [
            const AppFont(
              '거래 희망 장소',
              size: 16,
```

```
          color: Colors.white,
        ),
        Row(
          children: [
            const AppFont(
              '장소 선택',
              size: 13,
              color: Color(0xff6D7179),
            ),
            SvgPicture.asset('assets/svg/icons/right.svg'),
          ],
        )
      ],
    ),
  ),
);
    }
}
```

이로써 input 필드 항목에 대한 퍼블리싱이 완료되었습니다. 곰곰이 생각해보니 코드를 작성하면서 반복적으로 사용되는 위젯이 있다는 것을 알게 되었습니다. 바로 TextField 위젯입니다. Text 위젯과 마찬가지로 TextField 위젯도 공통화하면 코드가 더 간결해지고 통합적으로 처리할 수 있습니다. 이 부분을 개선해보겠습니다.

src/common/components 폴더에 textfield.dart 파일을 생성합니다.

textfield.dart 파일

```
import 'package:flutter/material.dart';

class CommonTextField extends StatefulWidget {
  const CommonTextField({super.key});

  @override
  State<CommonTextField> createState() => CommonTextFieldState();
}

class CommonTextFieldState extends State<CommonTextField> {
  @override
  Widget build(BuildContext context) {
```

```
      return Container();
    }
  }
```

이번 위젯은 StatefulWidget으로 만들겠습니다. 초기 입력에는 큰 문제가 없지만, 나중에 상품을 수정할 때 초깃값을 설정해야 할 필요가 있기 때문입니다. 초깃값을 설정하려면 TextEditingController를 사용해야 하는데, 이것은 StatefulWidget의 라이프사이클을 통해 처리할 수 있습니다. 따라서 StatelessWidget 대신 StatefulWidget을 사용하겠습니다.

먼저, 화면에서 사용 중인 TextField 위젯 하나를 복사해오겠습니다. 글 제목의 TextField 내용을 복사하여 사용해보겠습니다.

textfield.dart 파일

```
class CommonTextFieldState extends State<CommonTextField> {
  @override
  Widget build(BuildContext context) {
    return TextField(
      style: const TextStyle(color: Colors.white),
      decoration: const InputDecoration(
        hintText: '글 제목',
        hintStyle: TextStyle(
          color: Color(0xff6D7179),
        ),
        focusedBorder: UnderlineInputBorder(
          borderSide: BorderSide.none,
        ),
        enabledBorder: UnderlineInputBorder(
          borderSide: BorderSide.none,
        ),
      ),
      onChanged: (v) {},
    );
  }
}
```

현재 글 제목에 사용된 옵션 값이 하드 코딩(고정)되어 있습니다. 이를 해결하기 위해 옵션 값을 변수로 만들어서 부모 위젯에서 값을 받아오도록 코드를 개선하겠습니다. 이렇게 하면 글 제목에 사용된 옵션 값을 동적으로 설정할 수 있습니다.

textfield.dart

```dart
import 'package:flutter/material.dart';

class CommonTextField extends StatefulWidget {
  final String? hintText; // ---- 추가
  final Color? hintColor; // ---- 추가
  final Function(String)? onChange; // ---- 추가
  const CommonTextField({
    super.key,
    this.hintText,
    this.hintColor,
    this.onChange,
  });

  @override
  State<CommonTextField> createState() => CommonTextFieldState();
}

class CommonTextFieldState extends State<CommonTextField> {
  @override
  Widget build(BuildContext context) {
    return TextField(
      style: const TextStyle(color: Colors.white),
      decoration: InputDecoration(
        hintText: widget.hintText, // ---- 변경
        hintStyle: TextStyle(color: widget.hintColor), // ---- 변경
        focusedBorder: const UnderlineInputBorder(
          borderSide: BorderSide.none,
        ),
        enabledBorder: const UnderlineInputBorder(
          borderSide: BorderSide.none,
        ),
      ),
      onChanged: widget.onChange, // ---- 변경
    );
  }
}
```

글 제목에 사용할 수 있는 위젯이 완성되었습니다. 이제 화면에서 CommonTextField로 변경하는 작업을 하겠습니다. 추가로 필요한 옵션이 생기면, 그때그때 CommonTextField 위젯을 리팩터링 하겠습니다.

product_write_page.dart 파일의 _ProductTitleView 클래스 내 소스코드

```dart
class _ProductTitleView extends StatelessWidget {
  const _ProductTitleView({super.key});

  @override
  Widget build(BuildContext context) {
    return Padding(
      padding: const EdgeInsets.symmetric(horizontal: 25),
      child: CommonTextField(
        hintText: '글 제목',
        onChange: (value) {},
        hintColor: const Color(0xff6D7179),
      ),
    );
  }
}
```

기존 코드보다 매우 간결해진 것을 알 수 있습니다. 이어서 TextField를 변경해보겠습니다.

먼저 가격 입력 부분을 작업하겠습니다.

product_write_page.dart 파일 내 _PriceSettingView 위젯 소스코드 중 Text 입력 필드

```dart
Expanded(
  child: CommonTextField(
    hintColor: const Color(0xff6D7179),
    hintText: '₩ 가격 (선택 사항)',
    textInputType: TextInputType.number, // ---- 1
    onChange: (value) {},
  ),
),
```

1: 가격 입력 필드는 숫자만 입력되어야 합니다. 이를 위해 textInputType 옵션을 사용하여 TextInputType. number로 설정합니다. CommonTextField에서 TextInputType 값을 처리하게 진행하겠습니다.

```dart
import 'package:flutter/material.dart';

class CommonTextField extends StatefulWidget {
  final String? hintText;
  final Color? hintColor;
  final TextInputType textInputType; // ---- 추가
  final Function(String)? onChange;
  const CommonTextField({
    super.key,
    this.hintText,
    this.hintColor,
    this.textInputType = TextInputType.text, // ---- 추가
    this.onChange,
  });

  @override
  State<CommonTextField> createState() => CommonTextFieldState();
}

class CommonTextFieldState extends State<CommonTextField> {
  @override
  Widget build(BuildContext context) {
    return TextField(
      style: const TextStyle(color: Colors.white),
      keyboardType: widget.textInputType, // ---- 추가
      decoration: InputDecoration(
        hintText: widget.hintText,
        hintStyle: TextStyle(color: widget.hintColor),
        focusedBorder: const UnderlineInputBorder(
          borderSide: BorderSide.none,
        ),
        enabledBorder: const UnderlineInputBorder(
          borderSide: BorderSide.none,
        ),
      ),
      onChanged: widget.onChange,
    );
  }
}
```

keyboardType 값을 text로 설정(기본값)하기 위해 초깃값을 TextInputType.text로 설정했습니다. 마지막으로 설명 부분도 공통 위젯을 사용하여 변경하겠습니다.

```dart
class _ProductDescription extends StatelessWidget {
  const _ProductDescription({super.key});

  @override
  Widget build(BuildContext context) {
    return Padding(
      padding: const EdgeInsets.symmetric(horizontal: 25.0),
      child: CommonTextField(
        hintColor: Color(0xff6D7179),
        hintText: '아라동에 올릴 게시글 내용을 작성해주세요.\n(판매 금지 물품은 게시
가 제한될 수 있어요.)',
        textInputType: TextInputType.multiline,
        maxLines: 10, // ------ 1
        onChange: (value) {},
      ),
    );
  }
}
```

1: 입력 필드에서 여러 줄을 입력할 수 있도록 maxLines 옵션을 사용합니다.

```dart
import 'package:flutter/material.dart';

class CommonTextField extends StatefulWidget {
  final String? hintText;
  final Color? hintColor;
  final int? maxLines; // ----- 추가
  final TextInputType textInputType;
  final Function(String)? onChange;
  const CommonTextField({
    super.key,
    this.hintText,
    this.hintColor,
    this.textInputType = TextInputType.text,
    this.onChange,
```

```
    this.maxLines = 1, // ----- 추가
  });

  @override
  State<CommonTextField> createState() => CommonTextFieldState();
}

class CommonTextFieldState extends State<CommonTextField> {
  @override
  Widget build(BuildContext context) {
    return TextField(
      style: const TextStyle(color: Colors.white),
      keyboardType: widget.textInputType,
      maxLines: widget.maxLines, // ----- 추가
      decoration: InputDecoration(
        hintText: widget.hintText,
        hintStyle: TextStyle(color: widget.hintColor),
        focusedBorder: const UnderlineInputBorder(
          borderSide: BorderSide.none,
        ),
        enabledBorder: const UnderlineInputBorder(
          borderSide: BorderSide.none,
        ),
      ),
      onChanged: widget.onChange,
    );
  }
}
```

maxLines의 기본값은 1로 설정했습니다. 일반적으로 입력 필드는 1줄만 사용되기 때문입니다. 상품 상세 설명처럼 여러 줄이 필요한 경우 CommonTextField에 maxLines 값을 원하는 만큼 설정하면 됩니다.

15.2.7 하단 키보드

하단에 선택된 이미지 개수를 표시하고 키보드를 내리는 기능을 가진 툴박스를 만들겠습니다. 중요한 점은 키보드가 활성화되었을 때 이 툴박스가 키보드와 함께 올라와야 한다는 것입니다.

SingleChildScrollView 안에 툴박스를 추가하면, 툴박스가 원하는 대로 작동하지 않습니다. 이를 해결하기 위해 화면을 스크롤할 수 있는 영역과 툴박스가 있는 하단 영역(붉은색 부분)으로 나누어야 합니다.

◀ 스크롤 영역과 하단 영역 분리

product_write_page.dart 파일

```
body: Column(
  crossAxisAlignment: CrossAxisAlignment.stretch,
  children: [
    Expanded(
      child: SingleChildScrollView(
        child: Column(
          children: [
            _PhotoSelectedView(),
            _divder,
            _ProductTitleView(),
```

```
          _divder,
          _CategorySelectView(),
          _divder,
          _PriceSettingView(),
          _divder,
          _ProductDescription(),
          Container(
            height: 5,
            color: Color(0xff3C3C3E),
          ),
          _HopeTradeLocationMap(),
        ],
      ),
    ),
  ),
  Container(
    height: 40,
    color: Colors.red,
  )
],
),
```

이와 같이 영역을 나누면, 최하단에 붉은색 영역이 생긴 것을 확인할 수 있습니다. 또한 글 제목 필드에 포커스가 들어가 키보드가 올라오면, 붉은색 영역도 함께 올라오는 것을 확인할 수 있습니다.

이제 붉은색 영역의 색상을 제거하고, 디자인 시안에 맞춰 위젯을 만들겠습니다.

product_write_page.dart 파일

```
Container(
  height: 40,
  padding: const EdgeInsets.symmetric(horizontal: 20),
  decoration: const BoxDecoration(
    border: Border(
      top: BorderSide(
        color: Color(0xff3C3C3E),
      ),
    ),
  ),
  child: Row(
    mainAxisAlignment: MainAxisAlignment.spaceBetween,
```

```
      children: [
        Row(
          children: [
            SvgPicture.asset('assets/svg/icons/photo_small.svg'),
            const SizedBox(width: 10),
            const AppFont(
              '0/10',
              size: 13,
              color: Colors.white,
            ),
          ],
        ),
        GestureDetector(
          onTap: FocusScope.of(context).unfocus, // ----1
          behavior: HitTestBehavior.translucent,
          child: SvgPicture.asset('assets/svg/icons/keyboard-down.svg'),
        )
      ],
    ),
  ),
```

1: 키보드 내리기 아이콘을 눌렀을 때 키보드를 숨기려면, FocusScope의 unfocus 이벤트를 사용하여 textField를 비활성화하면 됩니다.

이제 화면 퍼블리싱이 완료되었습니다. 이어서 하나씩 기능을 추가해보겠습니다.

15.3 Controller 생성 및 의존성 설정

상품 등록의 상태를 관리하기 위해 controller를 생성하겠습니다. product/write/controller 폴더에 product_write_controller.dart 파일을 만듭니다.

product_write_controller.dart

```
import 'package:get/get.dart';

class ProductWriteController extends GetxController {}
```

ProductWriteController에서 필요한 데이터가 있습니다. 기본적으로 Product 관련 데이터를 처리하는 리포지토리가 필요합니다. 또한 물건 작성 페이지에 진입했다는 것은 회원이 로그인된 상태이므로, 관련 회원 정보도 필요합니다. 이제 필요한 의존성을 설정하겠습니다.

```dart
import 'package:bamtol_market_app/src/user/model/user_model.dart';
import 'package:get/get.dart';

class ProductWriteController extends GetxController {
  final UserModel owner;
  final ProductRepository _productRepository; // ---- 1
  ProductWriteController(this.owner, this._productRepository);
}
```

1 : ProductRepository 파일이 아직 없습니다. 먼저 리포지토리를 만들어주겠습니다. src/product 폴더 아래에 repository 폴더를 만들고, 그 아래에 product_repository.dart 파일을 생성하겠습니다.

product_repository.dart 파일

```dart
import 'package:cloud_firestore/cloud_firestore.dart';
import 'package:get/get.dart';

class ProductRepository extends GetxService {
  late CollectionReference products;
  ProductRepository(FirebaseFirestore db) {
    products = db.collection("products");
  }
}
```

user_repository와 달리, 인스턴스 생성 시 컬렉션을 지정하여 내부 클래스 변수로 활용할 수 있게 처리했습니다. 이는 반복되는 소스코드를 줄이기 위함입니다. 파일을 생성했으니 ProductWrite Controller에 임포트하여 오류를 해결하겠습니다.

이어서 리포지토리와 controller를 GetX에 등록하겠습니다. main.dart 파일로 이동합니다.

main.dart 파일 내 GetMaterialApp의 initalBinding 옵션

```dart
initialBinding: BindingsBuilder(() {
  var authenticationRepository =
```

```
      AuthenticationRepository(FirebaseAuth.instance);
  var user_repository = UserRepository(db);
  Get.put(authenticationRepository);
  Get.put(user_repository);
  Get.put(ProductRepository(db)); // ----- 추가
  Get.put(BottomNavController());
  Get.put(SplashController());
  Get.put(DataLoadController());
  Get.put(AuthenticationController(
    authenticationRepository,
    user_repository,
  ));
}),
```

main.dart 파일의 getPages 중

```
GetPage(
  name: '/product/write',
  page: () => ProductWritePage(),
  binding: BindingsBuilder(
    () {
      Get.put(ProductWriteController(
        Get.find<AuthenticationController>().userModel.value,
        Get.find<ProductRepository>(),
      ));
    },
  ),
),
```

기존의 경로(route) 설정에 binding을 추가했습니다. 인스턴스가 생성될 때 필요한 의존성을 설정합니다. 이제 상태 관리를 위한 초기 준비가 완료되었습니다.

15.4 이미지 제어 기능

이제부터는 이미지 선택 위젯을 만들어야 합니다. product_write_page.dart 파일로 이동합니다. _PhotoSelectedView 클래스의 _photoSelectIcon 위젯 함수에는 이미 GestureDetector가 설

정되어 있습니다. 사용자가 카메라 아이콘을 탭하면 사진 선택 페이지가 열리도록 해야 합니다.

이 부분은 별도의 경로 설정 없이 Get.to 방식으로 페이지를 연결하겠습니다. 왜냐하면 이미지 선택 화면은 물건 등록 페이지 내에서만 사용될 것이기 때문입니다.

```
Widget _photoSelectIcon() {
  return GestureDetector(
    onTap: () async {
      await Get.to(MultifulImageView()); // ---- 1
    },
    child: Container(
    //... 이하 생략
```

1: MultifullImageView 위젯을 만들어야 합니다. common 폴더 내의 components 폴더에 multiful_image_view.dart 파일을 생성합니다.

multiful_image_view.dart 파일

```
import 'package:flutter/material.dart';

class MultifulImageView extends StatefulWidget {
  const MultifulImageView({super.key});

  @override
  State<MultifulImageView> createState() => _MultifulImageViewState();
}

class _MultifulImageViewState extends State<MultifulImageView> {
  @override
  Widget build(BuildContext context) {
    return Container();
  }
}
```

이 위젯에서는 GetX를 사용하지 않고 stateful 위젯을 활용할 것입니다. product_write_page. dart 파일로 넘어와서 소스코드를 임포트합니다. 그런 다음 카메라 아이콘을 클릭하면 페이지가 전환되는지 확인합니다.

15.4.1 이미지 선택 위젯 만들기

📷 **multiful_image_view.dart 파일**

```dart
@override
Widget build(BuildContext context) {
  return Scaffold(
    appBar: AppBar(
      title: const AppFont(
        '최근 항목',
        fontWeight: FontWeight.bold,
        size: 18,
      ),
      actions: [
        GestureDetector(
          onTap: () {},
          child: const Padding(
            padding: EdgeInsets.only(top: 20.0, right: 25),
            child: AppFont(
              '완료',
              color: Color(0xffED7738),
              size: 16,
              fontWeight: FontWeight.bold,
            ),
          ),
        ),
      ],
    ),
    body: Column(
      children: [
        Expanded(
          child: GridView.builder(
            itemCount: 100,
            padding: EdgeInsets.zero,
            gridDelegate: const SliverGridDelegateWithFixedCrossAxisCount(
              crossAxisCount: 3,
              crossAxisSpacing: 1,
              mainAxisSpacing: 1,
            ),
            itemBuilder: (BuildContext context, int index) {
              return Container(
                color: Colors.red,
              );
```

```
          },
        ),
      ),
    ],
  ),
 );
}
```

기능 구현을 하기 전에 화면 구성을 해줬습니다.

◀ 이미지 선택 화면 구성

붉은색 영역에 디바이스 갤러리의 이미지들이 표시되도록 처리하겠습니다. 먼저, 디바이스의 사진첩에 접근하고 데이터를 불러오기 위해 필요한 라이브러리가 있습니다.

photo_manager 라이브러리를 프로젝트에 추가하겠습니다.

bash

```bash
$flutter pub add photo_manager
```

안드로이드에서는 android〉app〉src〉main에 있는 AndroidManifest.xml 파일에 2가지 권한(퍼미션)을 등록해야 합니다.

```
<uses-permission android:name="android.permission.READ_EXTERNAL_STORAGE"
android:maxSdkVersion="32" />
<uses-permission android:minSdkVersion="33" android:name="android.permission.READ_
MEDIA_IMAGES"/>
```

iOS의 경우, 사용자에게 권한을 요청하기 위해 info.plist 파일에 권한 요청 값을 설정해야 합니다.

nfo.plist 파일

```
<key>NSPhotoLibraryUsageDescription</key>
<string>상품 이미지를 제공할 목적으로 사진첩에 접근이 필요합니다.</string>
```

info.plist 파일을 수정한 후, 앱을 종료하고 다시 실행해야 변경 사항이 적용됩니다.

💡 사진첩 접근을 위한 권한 요청 문구가 관련 없는 내용으로 작성되면 반려 사유가 될 수 있습니다.

이어서 MultifulImageView 페이지에 진입했을 때, 로컬 디바이스의 사진첩에 접근하기 위해 위젯의 라이프사이클을 이용하겠습니다.

multiful_image_view.dart 파일

```dart
@override
void initState() {
  super.initState();
  loadMyPhotos();
}
```

라이프사이클의 첫 번째 이벤트 함수이자, 한 번만 실행되는 initState 함수에서 사진첩 접근을 위한 이벤트를 만들겠습니다.

```dart
void loadMyPhotos() async {
  var permissionState = await PhotoManager.requestPermissionExtend();
  if (permissionState == PermissionState.limited ||
      permissionState == PermissionState.authorized) {
  }
}
```

먼저 PhotoManager를 사용하여 사진첩 접근 권한을 요청하는 이벤트를 호출해줍니다. 그리고 돌려받은 퍼미션 상태가 limited 또는 authorized일 때만 사진첩에 접근할 수 있도록 분기해줍니다.

```dart
var albums = <AssetPathEntity>[];

@override
void initState() {
  super.initState();
  loadMyPhotos();
}

void loadMyPhotos() async {
  var permissionState = await PhotoManager.requestPermissionExtend();
  if (permissionState == PermissionState.limited ||
      permissionState == PermissionState.authorized) {
    albums = await PhotoManager.getAssetPathList( // ----- 1
      type: RequestType.image,  // ----- 2
      filterOption: FilterOptionGroup(
        imageOption: const FilterOption( // ----- 3
            needTitle: true,
            sizeConstraint: SizeConstraint(
              minWidth: 800,
              minHeight: 800,
            )),
        orders: [ // ----- 4
          const OrderOption(type: OrderOptionType.createDate, asc: false)
        ],
      ),
    );
  }
```

```
    _pagingPhotos(); // ----- 5
  }
```

1: 앨범 목록을 불러오기 위해 getAssetPathList 이벤트를 호출합니다. 반환된 albums는 클래스 변수로 지정하여 어디서든 접근할 수 있게 했습니다.

2: getAssetPathList 이벤트의 type 옵션으로 이미지만 불러올지, 오디오 파일만 불러올지 또는 영상만 불러올지 등을 설정할 수 있습니다. 여기서는 이미지만 불러오도록 RequestType.image를 사용했습니다.

3: 필터를 통해 특정 크기 이상의 이미지를 불러오게 설정할 수 있습니다.

4: 정렬 순서를 createDate 기준의 최신순으로 보이도록 설정합니다.

5: 앨범을 불러왔으므로 앨범의 사진 목록을 불러오는 이벤트를 만들어줍니다.

multiful_image_view.dart 파일

```
var imageList = <AssetEntity>[]; // ----- 1
int currentPage = 0;

Future<void> _pagingPhotos() async {
  if (albums.isNotEmpty) { // ----- 2
    var photos =
        await albums.first.getAssetListPaged(page: currentPage, size: 60); // -----
3
    if (currentPage == 0) {
      imageList.clear();
    }

    setState(() { // ----- 4
      imageList = photos;
    });
  }
}
```

1: 로드한 사진 정보를 저장하기 위해 imageList라는 클래스 변수를 만들었습니다.

2: 앨범이 비어있지 않은 상태에서만 사진을 로드하도록 조건을 설정했습니다.

3: 앨범의 첫 번째 데이터부터 불러옵니다. 한 번에 60개씩 불러오도록 설정했습니다.

4: 불러온 사진을 imageList 변수에 저장하고, 화면을 업데이트하기 위해 setState 함수를 사용했습니다.

이어서 불러온 이미지를 화면에 보여주기 위해 화면의 build 쪽으로 이동하겠습니다.

multiful_image_view.dart 파일

```dart
body: Column(
  children: [
    Expanded(
      child: GridView.builder(
        itemCount: imageList.length, // ---- 1
        padding: EdgeInsets.zero,
        gridDelegate: const SliverGridDelegateWithFixedCrossAxisCount(
          crossAxisCount: 3,
          crossAxisSpacing: 1,
          mainAxisSpacing: 1,
        ),
        itemBuilder: (BuildContext context, int index) {
          return _photoWidget(imageList[index]); // ---- 2
        },
      ),
    )
  ],
),
```

1: 기존에 임의로 설정된 100개의 값을 이제 imageList의 길이만큼 보여주도록 처리하겠습니다.

2: 위젯 트리가 깊어지면 가독성이 떨어지므로, 별도로 하나의 이미지를 표시하는 위젯 함수를 만들겠습니다.

```dart
Widget _photoWidget(AssetEntity asset) {
  return FutureBuilder<Uint8List?>(
    future: asset.thumbnailDataWithSize(const ThumbnailSize(200, 200)),
    builder: (_, snapshot) {
      if (snapshot.hasData) {
        return SizedBox(
          width: double.infinity,
          height: double.infinity,
          child: Image.memory(
            snapshot.data!,
            fit: BoxFit.cover,
          ),
        );
      } else {
        return Container();
      }
```

```
        },
      );
    }
```

asset에서 thumbnailDataWithSize를 사용하여 불러올 이미지 크기를 설정할 수 있습니다. 이 함수는 Future 함수이기 때문에 FutureBuilder를 사용했습니다. 이제 앱을 실행하면 붉은 영역이었던 부분이 이미지로 표시되는 것을 볼 수 있습니다.

다음은 이미지 선택 기능을 구현하겠습니다. 선택된 이미지는 우상단에 몇 번째 이미지인지 표시해야 합니다. 이를 위해 이미지를 레이어(겹쳐서 보여주는) 방식으로 배치해야 합니다. 이런 방식으로 보이게 도와주는 위젯이 Stack입니다. Stack을 사용하여 사용자에게 이미지 선택 여부를 안내하는 위젯으로 변경해보겠습니다.

```
var selectedImages = <AssetEntity>[]; // ----- 1

bool containValue(AssetEntity value) { // ----- 2
  return selectedImages.where((element) => element.id == value.id).isNotEmpty;
}

String returnIndexValue(AssetEntity value) { // ----- 3
  var find = selectedImages.asMap().entries.where((element) {
    return element.value.id == value.id;
  });
  if (find.isEmpty) return '';
  return (find.first.key + 1).toString();
}

Widget _photoWidget(AssetEntity asset) {
  return FutureBuilder<Uint8List?>(
    future: asset.thumbnailDataWithSize(const ThumbnailSize(200, 200)),
    builder: (_, snapshot) {
      if (snapshot.hasData) {
        return Stack(
          children: [
            SizedBox(
              width: double.infinity,
              height: double.infinity,
```

```
        child: Image.memory(
          snapshot.data!,
          fit: BoxFit.cover,
        ),
      ),
    ),
    Positioned(
      left: 0,
      bottom: 0,
      right: 0,
      top: 0,
      child: Stack(children: [
        Positioned(
          top: 0,
          right: 0,
          left: 0,
          bottom: 0,
          child: Container(
            color: Colors.white
                .withOpacity(containValue(asset) ? 0.5 : 0), // ----- 4
          ),
        ),
        Positioned(
          top: 0,
          right: 0,
          child: GestureDetector(
            onTap: () {},
            behavior: HitTestBehavior.translucent,
            child: Container(
              margin: const EdgeInsets.all(10),
              width: 25,
              height: 25,
              decoration: BoxDecoration(
                shape: BoxShape.circle,
                color: containValue(asset) // ---- 5
                    ? Color(0xffED7738)
                    : Colors.white.withOpacity(0.5),
                border: Border.all(color: Colors.white, width: 1),
              ),
              child: Center(
                child: Text(
                  returnIndexValue(asset), // ----- 6
```

```
                            style: const TextStyle(color: Colors.white),
                          ),
                        ),
                      ),
                    ),
                  ),
                ]),
              )
            ],
          );
        } else {
          return Container();
        }
      },
    );
}
```

1: 선택된 이미지를 관리하기 위해 클래스 변수로 정의했습니다.

2: 화면에서 이미지가 선택되었는지 확인하기 위해 containValue라는 이벤트를 만들었습니다.

3: 선택된 이미지가 몇 번째인지 보여주기 위한 인덱스 반환 함수입니다.

4: 선택된 이미지에 흰색 반투명 막이 씌워지는 효과를 주기 위해, containValue 함수가 true일 때 opacity 값을 0.5
로 설정합니다.

5: 선택된 이미지의 우상단 색상을 지정하여 선택 여부를 보여줍니다.

6: 현재 이미지가 몇 번째인지 표시해줍니다.

마지막으로 이미지의 우상단을 선택하면 selectedImages에 값을 추가하는 작업을 하겠습니다.

_photoWidget 함수 소스코드 중 일부

```
Positioned(
  top: 0,
  right: 0,
  child: GestureDetector(
    onTap: () {
      _selectedImage(asset); // ---- 1
    },
    behavior: HitTestBehavior.translucent,
    child: Container(
      margin: const EdgeInsets.all(10),
```

```
        width: 25,
        height: 25,
        decoration: BoxDecoration(
          shape: BoxShape.circle,
          color: containValue(asset)
              ? Color(0xffED7738)
              : Colors.white.withOpacity(0.5),
          border: Border.all(color: Colors.white, width: 1),
        ),
        child: Center(
          child: Text(
            returnIndexValue(asset),
            style: const TextStyle(color: Colors.white),
          ),
        ),
      ),
    ),
  ),
```

1: 이미지 우상단 영역을 선택하면 _selectedImage 함수로 asset을 전달합니다.

```
void _selectedImage(AssetEntity imageList) async {
  setState(() {
    if (containValue(imageList)) {
      selectedImages.remove(imageList);
    } else {
      if (10 > selectedImages.length) {
        selectedImages.add(imageList);
      }
    }
  });
}
```

기존에 선택된 이미지가 있는지 확인하여, 있으면 selectedImages에서 제거하고 없으면 추가합니다. 앱을 실행하면 사용자가 이미지를 선택할 때마다 이미지가 선택되었다는 효과를 볼 수 있게 됩니다. 선택된 이미지는 최대 10장까지 저장되며, 선택하거나 선택 해제할 때마다 이미지 개수가 업데이트됩니다.

그리고 처음에 60장의 이미지를 로드하지만, 사용자가 화면을 아래로 스크롤하면 더 많은 이미지를 불러오도록 페이징 처리를 추가하겠습니다.

multiful_image_view.dart 파일

```dart
class _MultifulImageViewState extends State<MultifulImageView> {
  var scrollController = ScrollController(); // ----- 1
  var albums = <AssetPathEntity>[];
  int currentPage = 0;
  var imageList = <AssetEntity>[];
  var selectedImages = <AssetEntity>[];

  //....중간 소스 생략

  @override
  Widget build(BuildContext context) {
    return Scaffold(
      appBar: AppBar(
        title: const AppFont(
          '최근 항목',
          fontWeight: FontWeight.bold,
          size: 18,
        ),
        actions: [
          GestureDetector(
            onTap: () {},
            child: const Padding(
              padding: EdgeInsets.only(top: 20.0, right: 25),
              child: AppFont(
                '완료',
                color: Color(0xffED7738),
                size: 16,
                fontWeight: FontWeight.bold,
              ),
            ),
          )
        ],
      ),
      body: Column(
        children: [
          Expanded(
            child: GridView.builder(
```

```
          controller: scrollController, // ----- 1
          itemCount: imageList.length,
          padding: EdgeInsets.zero,
          gridDelegate: const SliverGridDelegateWithFixedCrossAxisCount(
            crossAxisCount: 3,
            crossAxisSpacing: 1,
            mainAxisSpacing: 1,
          ),
          itemBuilder: (BuildContext context, int index) {
            return _photoWidget(imageList[index]);
          },
        ),
      )
    ],
  ),
 );
 }
}
```

1 : scrollController를 생성하고 등록하여 화면 하단부에 도달했을 때 다음 페이지를 불러오도록 설정했습니다.

initState 함수 내에서 scrollController의 이벤트를 구독하여 정보를 확인할 수 있게 합니다.

```
int lastPage = -1;

@override
void initState() {
  super.initState();
  loadMyPhotos();
  scrollController.addListener(() {
    var maxScroll = scrollController.position.maxScrollExtent;
    var currentScroll = scrollController.offset;
    if (currentScroll > maxScroll - 150 && currentPage != lastPage) {
      lastPage = currentPage;
      _pagingPhotos();
    }
  });
}
```

스크롤의 위치와 전체 높이를 비교해서, 두 값이 같으면 다음 페이지를 불러오도록 설정합니다. 이때 전체 높이에서 150 정도를 빼주면, 화면의 맨 아래(전체 높이)에 도달하기 전에 미리 데이터를 로드할 수 있어 사용자가 더 빠른 로딩을 경험할 수 있습니다. 또한, currentPage와 lastPage를 비교해서 중복 요청을 방지합니다. 만약 이를 비교하지 않으면, 스크롤의 위치가 maxScroll−150 보다 커지는 순간부터 계속해서 _pagingPhotos 함수를 호출하게 됩니다

```dart
Future<void> _pagingPhotos() async {
  if (albums.isNotEmpty) {
    var photos =
        await albums.first.getAssetListPaged(page: currentPage, size: 60);
    if (currentPage == 0) {
      imageList.clear();
    }

    setState(() {
      imageList.addAll(photos); // ----- 1
      currentPage++; // ----- 추가
    });
  }
}
```

이미지를 정상적으로 불러왔다면, currentPage를 미리 증가시킵니다.

1: 그리고 이미지를 불러온 목록을 addAll로 기존 목록에 추가합니다. 이렇게 하면 스크롤을 아래로 내릴 때 새로운 이미지가 추가됩니다.

앱을 실행한 후 페이지를 내려보면 페이징 처리가 잘 이루어지는 것을 확인할 수 있습니다. 추가로 수정해야 할 부분은 페이지가 끝까지 도달했을 때의 처리입니다. 현재 상태에서는 마지막 페이지에 도달해도 지속적으로 페이지 요청을 하게 되어 화면이 끝없이 그려지는 상황이 발생합니다.

이 문제를 해결하기 위해 마지막 페이지에 도달했을 때 추가 요청을 멈추도록 처리해야 합니다.

```dart
Future<void> _pagingPhotos() async {
  if (albums.isNotEmpty) {
    var photos =
        await albums.first.getAssetListPaged(page: currentPage, size: 60);
```

```
    if (currentPage == 0) {
      imageList.clear();
    }
    if (photos.isEmpty) { // ---- 1
      return;
    }

    setState(() {
      imageList.addAll(photos);
      currentPage++;
    });
  }
}
```

이미지를 로드한 결과가 빈 상태라면 마지막 페이지에 도달한 것으로 간주하고, setState를 진행하지 못하게 반환해주면 됩니다. 이렇게 하면 currentPage와 lastPage 값이 같아지면서 _pagingPhotos 함수가 더 이상 호출되지 않습니다.

이렇게 페이징 처리도 완료되었고 이미지 선택 기능도 구현되었습니다. 선택된 이미지를 '완료' 버튼을 통해 상품 등록 페이지에 표시하는 작업만 남았습니다.

multiful_image_view 파일의 appBar 영역

```
GestureDetector(
  onTap: () {
    if (selectedImages.isNotEmpty) {
      Get.back(result: selectedImages);
    }
  },
  child: const Padding(
    padding: EdgeInsets.only(top: 20.0, right: 25),
    child: AppFont(
      '완료',
      color: Color(0xffED7738),
      size: 16,
      fontWeight: FontWeight.bold,
    ),
  ),
)
```

'완료' 버튼을 클릭하면 이미지 선택 여부에 따라 Get.back으로 선택된 이미지를 반환합니다.

이제 product_write_page.dart 파일에서 넘겨준 파일을 받아 상태 관리 처리만 해주면 됩니다.

📷 product_write_page.dart 파일의 _PhotoSelectedView 클래스 중

```
Widget _photoSelectIcon() {
  return GestureDetector(
    onTap: () async {
      var selectedImages = await Get.to<List<AssetEntity>?>(
        const MultifulImageView(),
      );
    },
    //... 이하 생략
```

페이지 이동 시 반환 타입을 제네릭으로 미리 선언합니다. 여기서 이미지를 선택하여 반환했다고 가정하면 selectedImages 변수로 값을 넘겨받게 됩니다. 이를 상태 관리하기 위해 _PhotoSelected View 클래스를 GetView로 변경하겠습니다.

📷 product_write_page.dart 파일의 _PhotoSelectedView 클래스 중

```
class _PhotoSelectedView extends GetView<ProductWriteController> {
  const _PhotoSelectedView({super.key});

  Widget _photoSelectIcon() {
    return GestureDetector(
      onTap: () async {
        var selectedImages = await Get.to<List<AssetEntity>?>(
          const MultifulImageView(),
        );
        controller.changeSelectedImages(selectedImages);
      },
      // ... 이하 생략
```

GetView〈ProductWriteController〉를 통해 내부 클래스에서 controller에 접근할 수 있게 되었습니다. 넘겨받은 이미지를 changeSelectedImages 메서드를 통해 controller로 전달하여, ProductWriteController 내에서 상태를 관리하겠습니다.

product_write_controller.dart 파일

```
class ProductWriteController extends GetxController {
  final UserModel owner;
  final ProductRepository _productRepository;
  RxList<AssetEntity> selectedImages = <AssetEntity>[].obs; // ---- 1
  ProductWriteController(this.owner, this._productRepository);

  changeSelectedImages(List<AssetEntity>? images) { // ----- 2
    selectedImages(images);
  }
}
```

1: 선택된 이미지를 Rx 방식으로 관리하기 위해 selectedImages 변수를 RxList로 선언했습니다.

2: 이미지를 상태 관리 변수에 저장하는 함수를 만들어줍니다.

이제 상태 관리된 selectedImages 변수를 화면에서 가져와 사용할 수 있습니다.

product_write_page.dart 파일의 _PhotoSelectedView 클래스 중

```
Widget _photoSelectIcon() {
  return GestureDetector(
    onTap: () async {
      var selectedImages = await Get.to<List<AssetEntity>?>(
        const MultifulImageView(),
      );
      controller.changeSelectedImages(selectedImages);
    },
    child: Container(
      width: 77,
      height: 77,
      decoration: BoxDecoration(
        borderRadius: BorderRadius.circular(4),
        border: Border.all(color: const Color(0xff42464E)),
      ),
      child: Column(
        mainAxisAlignment: MainAxisAlignment.center,
        children: [
          SvgPicture.asset('assets/svg/icons/camera.svg'),
          const SizedBox(height: 5),
          Row(
```

```
            mainAxisAlignment: MainAxisAlignment.center,
            children: [
              Obx( // ---- 1
                () => AppFont(
                  '${controller.selectedImages.length}',
                  size: 13,
                  color: const Color(0xff868B95),
                ),
              ),
              const AppFont(
                '/10',
                size: 13,
                color: Color(0xff868B95),
              ),
            ],
          )
        ],
      ),
    ),
  );
}
```

1 : 선택된 이미지의 개수를 표시하기 위해 Obx를 사용하여 상태를 구독합니다.

product_write_page.dart 파일의 _PhotoSelectedView 클래스 중

```
Widget _selectedImageList() {
  return Container(
    margin: const EdgeInsets.only(left: 15),
    height: 77,
    child: Obx( // ---- 1
      () => ListView.builder(
        scrollDirection: Axis.horizontal,
        itemBuilder: (context, index) {
          return Stack(
            children: [
              Padding(
                padding: const EdgeInsets.only(top: 10, right: 20),
                child: ClipRRect(
                  borderRadius: BorderRadius.circular(4),
                  child: SizedBox(
```

```
                width: 67,
                height: 67,
                child: FutureBuilder( // ---- 3
                  future: controller.selectedImages[index].file,
                  builder: (context, snapshot) {
                    if (snapshot.hasData) {
                      return Image.file(
                        snapshot.data!,
                        fit: BoxFit.cover,
                      );
                    } else {
                      return Container();
                    }
                  },
                ),
              ),
            ),
          ),
          Positioned(
            right: 10,
            child: GestureDetector(
              onTap: () {},
              child: SvgPicture.asset('assets/svg/icons/remove.svg'),
            ),
          )
        ],
      );
    },
    itemCount: controller.selectedImages.length, // ---- 2
  ),
 ),
);
}
```

1: 선택된 이미지를 보여주기 위해 Obx를 사용하여 상태를 구독합니다.

2: 선택된 이미지 개수만큼 ListView를 그리기 위해, controller에서 선택된 이미지의 개수를 가져와 사용합니다.

3: AssetEntity에서는 이미지 파일을 얻기 위한 file 속성이 있습니다. 이 속성을 이용해서 FutureBuilder로 이미지 파일을 가져와 Image.file을 표시할 수 있습니다.

이제 원하는 결과를 얻을 수 있습니다. 그러나 아직 이미지를 삭제하는 아이콘을 클릭할 때의 이벤트 처리, 사진을 추가할 때 기존에 선택된 사진 상태를 유지한 채 사진첩에 다시 접근할 수 있게 하는 작업 등이 남았습니다.

먼저 사진 삭제 기능 이벤트를 만들겠습니다.

15.4.2 이미지 삭제 기능

이미지가 선택된 상태라면, 선택된 이미지가 사진 아이콘 옆에 보일 것입니다.

또한 우측 상단에는 이미지를 삭제할 수 있는 아이콘이 존재합니다. 이 아이콘을 클릭했을 때의 이벤트를 만들겠습니다.

product_write_page.dart 파일

```
Positioned(
  right: 10,
  child: GestureDetector(
    onTap: () {
      controller.deleteImage(index);
    },
    child: SvgPicture.asset('assets/svg/icons/remove.svg'),
  ),
)
```

ProductWriteController에서 인덱스 번호를 통해 선택 이미지를 삭제하는 로직을 만들겠습니다.

product_write_controller.dart 파일

```
deleteImage(int index) {
  selectedImages.removeAt(index);
}
```

앱을 실행하면 '삭제' 버튼을 통해 선택된 이미지가 삭제되는 것을 볼 수 있습니다.

15.4.3 이미지 선택 수정 기능

이전에 선택한 이미지를 유지하면서 사진첩에 접근할 수 있는 기능을 추가하겠습니다. 현재는 사진첩에 다시 들어가면 이전에 선택한 이미지가 사라지는 것처럼 보입니다. 이를 해결하기 위해 사진첩 위젯으로 이동할 때 이전에 선택한 이미지도 함께 넘겨주도록 하겠습니다.

product_write_page.dart 파일의 _PhotoSelectedView 클래스 중 소스코드

```
Widget _photoSelectIcon() {
  return GestureDetector(
    onTap: () async {
      var selectedImages = await Get.to<List<AssetEntity>?>(
        MultifulImageView(
          initImages: controller.selectedImages, // ---- 1
        ),
      );
      controller.changeSelectedImages(selectedImages);
    },
    child: Container(
    // ... 이하 생략
```

1 : ProductWriteController에서 관리하는 selectedImages(선택된 이미지)를 MultifulImageView 클래스에 전 달합니다.

아직 MultifulImageView 클래스가 initImages라는 멤버 변수를 받아들이지 않아서 오류가 발생 하고 있습니다. 이를 해결하기 위해 MultifulImageView 클래스에 초기 이미지를 받아주는 멤버 변 수를 추가하겠습니다.

multiful_image_view.dart 파일

```
class MultifulImageView extends StatefulWidget {
  final List<AssetEntity>? initImages; // ---- 추가
  const MultifulImageView({
    super.key,
    this.initImages, // ----- 추가
  });

  @override
  State<MultifulImageView> createState() => _MultifulImageViewState();
}
```

이제 넘겨받은 이미지를 선택된 이미지 변수인 selectedImage에 저장하면 됩니다.

multiful_image_view.dart 파일

```dart
@override
void initState() {
  super.initState();
  loadMyPhotos();
  scrollController.addListener(() {
    var maxScroll = scrollController.position.maxScrollExtent;
    var currentScroll = scrollController.offset;
    if (currentScroll > maxScroll - 150 && currentPage != lastPage) {
      lastPage = currentPage;
      _pagingPhotos();
    }
  });
  if (widget.initImages != null) { // ----- 1
    selectedImages.addAll([...widget.initImages!]);
  }
}
```

1: 넘겨받은 initImages가 null이 아니면 초기 이미지를 selectedImages에 모두 추가해줍니다. 이렇게 하면 사진 부분에 대한 작업은 모두 완료됩니다.

15.5 글 제목 상태 관리

입력 필드의 모든 값을 상태 관리할 수 있도록 하나씩 변경해보겠습니다. 먼저 글 제목의 상태 관리를 구현하겠습니다.

product_write_page.dart 파일 중

```dart
class _ProductTitleView extends GetView<ProductWriteController> { // ---- 1
  const _ProductTitleView({super.key});

  @override
  Widget build(BuildContext context) {
    return Padding(
      padding: const EdgeInsets.symmetric(horizontal: 25),
      child: CommonTextField(
        hintText: '글 제목',
```

```
      onChange: controller.changeTitle, // ----- 2
      hintColor: const Color(0xff6D7179),
    ),
  );
 }
}
```

1: _ProductTitleView 위젯 내에서도 ProductWriteController에 쉽게 접근하기 위해 GetView를 사용했습니다.

2: 사용자의 입력에 따라 onChange 함수가 호출되도록 설정했습니다. 이때 controller의 changeTitle 함수를 호출하여 상태 관리를 하도록 하겠습니다.

이어서 ProductWriteController에 제목을 받아주는 이벤트를 만들겠습니다.

product_write_controller.dart

```
changeTitle(String value) {

}
```

글 제목을 별도의 변수로 상태 관리하는 대신, Product라는 클래스를 통해 관리하겠습니다. 상품 정보는 여러 곳에서 사용될 가능성이 높기 때문에 common 폴더 내의 model 디렉터리에 product.dart 파일을 만들어서 관리하겠습니다.

product.dart 파일

```
import 'package:equatable/equatable.dart';

class Product extends Equatable {
  final String? title;

  const Product({
    this.title,
  });

  Map<String, dynamic> toMap() {
    return {
      'title': title,
    };
  }
```

```
    factory Product.fromJson(String docId, Map<String, dynamic> json) {
      return Product(
        title: json['title'],
      );
    }

    Product copyWith({
      String? title,
    }) {
      return Product(
        title: title ?? this.title,
      );
    }

    @override
    List<Object?> get props => [
          title,
        ];
}
```

우선 title만 관리되는 모델입니다. 필요할 때마다 필드를 추가하면서 진행하겠습니다.

💡 실제 프로젝트에서는 먼저 데이터 설계를 한 후 모델 작업을 진행하므로, 필요한 모든 필드를 미리 설계하고 시작합니다. 그러나 이 책에서는 이해를 돕기 위해 필요할 때마다 하나씩 필드를 추가하는 방식으로 설명하겠습니다.

다시 product_write_controller.dart 파일로 이동하여 Product 모델을 상태 관리할 수 있도록 설정하겠습니다.

product_write_controller.dart

```
class ProductWriteController extends GetxController {
  final UserModel owner;
  final Rx<Product> product = const Product().obs;// ---- 추가
  final ProductRepository _productRepository;
  RxList<AssetEntity> selectedImages = <AssetEntity>[].obs;
```

```
  ProductWriteController(this.owner, this._productRepository);

  changeTitle(String value) {
    product(product.value.copyWith(title: value));// ----- 1
  }
}
```

1: Rx 방식으로 등록한 Product 모델의 제목이 입력될 때마다 copyWith를 사용하여 변경된 값을 product에 업데이트하고 있습니다.

15.6 카테고리 선택 기능 및 상태 관리

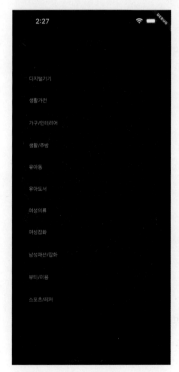

◀ 카테고리 선택 팝업 화면

카테고리 선택 메뉴를 누르면 위와 같은 팝업이 뜹니다. 이 팝업에서 상품의 대략적인 카테고리를 선택할 수 있으며, 이를 통해 상품들을 그룹화할 수 있습니다. 이 기능은 레이어 팝업 형태로 작동하며,

이전 페이지의 배경이 유지된 채로 카테고리 메뉴 위젯이 상단에 표시됩니다.

가장 먼저 카테고리 선택 메뉴의 클릭부터 시작해보겠습니다.

product_write_page.dart 파일

```dart
class _CategorySelectView extends StatelessWidget {
  const _CategorySelectView({super.key});

  @override
  Widget build(BuildContext context) {
    return Padding(
      padding: const EdgeInsets.symmetric(horizontal: 25.0, vertical: 10),
      child: GestureDetector(
        onTap: () async {
          await Get.dialog(ProductCategorySelector()); // ---- 1
        },
        behavior: HitTestBehavior.translucent,
        child: Row(
          mainAxisAlignment: MainAxisAlignment.spaceBetween,
          children: [
            const AppFont(
              '카테고리 선택',
              size: 16,
              color: Colors.white,
            ),
            SvgPicture.asset('assets/svg/icons/right.svg'),
          ],
        ),
      ),
    );
  }
}
```

1: Get.dialog를 사용하여 팝업 형태로 표시될 ProductCategorySelector 위젯을 만들어줍니다.

common 〉 components 폴더에 product_category_selector.dart 파일을 만들어줍니다.

product_category_selector.dart

```dart
import 'package:bamtol_market_app/src/common/components/app_font.dart';
import 'package:flutter/material.dart';
```

```dart
import 'package:get/get.dart';

class ProductCategorySelector extends StatelessWidget {
  const ProductCategorySelector({super.key});

  @override
  Widget build(BuildContext context) {
    var types = ProductCategoryType.values
        .where((element) => element.code != '')
        .toList();
    return Material(
      color: Colors.black.withOpacity(0.5),
      child: Stack(
        children: [
          Positioned(
              left: 0,
              right: 0,
              bottom: 0,
              top: 0,
              child: GestureDetector(
                onTap: () {
                  Get.back();
                },
                behavior: HitTestBehavior.translucent,
              )),
          Center(
            child: Padding(
              padding: const EdgeInsets.all(25),
              child: Container(
                height: Get.height * 0.7,
                color: const Color(0xff212123),
                child: SingleChildScrollView(
                  child: Column(
                    crossAxisAlignment: CrossAxisAlignment.stretch,
                    children: List.generate(
                      types.length,
                      (index) => GestureDetector(
                        onTap: () {
                          Get.back(result: types[index]); // ---- 1
                        },
                        behavior: HitTestBehavior.translucent,
                        child: Padding(
```

```
                    padding: const EdgeInsets.all(20),
                    child:
                        AppFont(types[index].name, color: Colors.white),
                  ),
                ),
              ),
            ),
          ),
        ),
      ),
    ),
  ],
),
);
}
}
```

1: 카테고리 선택 시 해당 카테고리를 반환하는 부분을 미리 구현했습니다. 그러나 ProductCategoryType이 아직 정의되지 않았기 때문에 오류가 발생할 것입니다. 이를 해결하기 위해 common 폴더 내에 enum 폴더를 만들고, market_enum.dart 파일을 생성하여 상품 마켓에 관한 enum을 정의하겠습니다.

market_enum.dart 파일

```
enum ProductCategoryType {
  none('카테고리 선택', ''),
  digital('디지털 기기', 'PT1'),
  householdAppliances('생활 가전', 'PT2'),
  furniture('가구/인테리어', 'PT3'),
  life('생활/주방', 'PT4'),
  children('유아동', 'PT5'),
  childrenBooks('유아 도서', 'PT6'),
  womenClothing('여성 의류', 'PT7'),
  womenAccessories('여성 잡화', 'PT8'),
  menFashion('남성 패션/잡화', 'PT9'),
  beauty('뷰티/미용', 'PT10'),
  sports('스포츠/레저', 'PT11'),
  hobby('취미/게임/음반', 'PT12'),
  books('도서', 'PT13'),
  ticket('티켓/교환권', 'PT14'),
  processedFood('가공 식품', 'PT15'),
  petSupplies('반려동물 용품', 'PT16'),
```

```
    plant('식물', 'PT17'),
    etc('기타 중고 물품', 'PT18');

    const ProductCategoryType(this.name, this.code);
    final String name;
    final String code;

    static ProductCategoryType? findByCode(String code) {
      var result =
          ProductCategoryType.values.where((element) => element.code == code);
      if (result.isEmpty) return null;
      return result.first;
    }
}
```

다트가 업데이트되면서 enum에서 값을 가질 수 있게 되었습니다. ProductCategoryType enum 에서는 타입 이름과 코드명을 관리하고 있습니다. 이제 오류가 발생했던 부분에 필요한 소스코드를 임포트하여 문제를 해결했습니다. 앱을 실행하면 시안처럼 팝업 레이어 형태로 표시되는 것을 확인 할 수 있습니다.

이어서 선택 기능을 만들겠습니다.

product_write_page.dart 파일

```
class _CategorySelectView extends GetView<ProductWriteController> { // ---- 1
  const _CategorySelectView({super.key});

  @override
  Widget build(BuildContext context) {
    return Padding(
      padding: const EdgeInsets.symmetric(horizontal: 25.0, vertical: 10),
      child: GestureDetector(
        onTap: () async {
          var selectedCategoryType = await Get.dialog<ProductCategoryType?>( // ---- 2
            const ProductCategorySelector(),
          );
          controller.changeCategoryType(selectedCategoryType); // ---- 3
        },
        behavior: HitTestBehavior.translucent,
        child: Row(
```

```
            mainAxisAlignment: MainAxisAlignment.spaceBetween,
            children: [
              const AppFont(
                '카테고리 선택',
                size: 16,
                color: Colors.white,
              ),
              SvgPicture.asset('assets/svg/icons/right.svg'),
            ],
          ),
        ),
      );
    }
  }
```

1: _CategorySelectView 클래스 내에서 ProductWriteController에 쉽게 접근할 수 있도록 GetView를 사용했습니다.

2: ProductCategorySelector로부터 값을 제네릭으로 처리하여 넘겨받았습니다.

3: 이렇게 받은 카테고리 정보를 controller에 넘겨주어, controller에서 관리할 수 있도록 처리했습니다.

product_write_controller.dart 파일

```
changeCategoryType(ProductCategoryType? type) {
  product(product.value.copyWith(categoryType: type));
}
```

product 모델에도 categoryType을 입력받을 수 있도록 추가하겠습니다.

```
import 'package:bamtol_market_app/src/common/enum/market_enum.dart';
import 'package:equatable/equatable.dart';

class Product extends Equatable {
  final String? title;
  final ProductCategoryType? categoryType; // ---- 추가

  const Product({
    this.title,
    this.categoryType = ProductCategoryType.none,// ---- 추가
```

```dart
      });

      Map<String, dynamic> toMap() {
        return {
          'title': title,
          'categoryType': categoryType?.code,// ---- 추가
        };
      }

      factory Product.fromJson(String docId, Map<String, dynamic> json) {
        return Product(
          title: json['title'],
          categoryType: json['categoryType'] == null// ---- 추가
              ? ProductCategoryType.none
              : ProductCategoryType.findByCode(json['categoryType']),
        );
      }

      Product copyWith({
        String? title,
        ProductCategoryType? categoryType,// ---- 추가
      }) {
        return Product(
          title: title ?? this.title,
          categoryType: categoryType ?? this.categoryType,// ---- 추가
        );
      }

      @override
      List<Object?> get props => [
            title,
            categoryType,// ---- 추가
          ];
    }
```

이제 모델과 상태 관리가 준비되었으니, 화면에서 선택된 카테고리가 보이도록 처리하겠습니다.

product_write_page.dart 파일 중

```dart
class _CategorySelectView extends GetView<ProductWriteController> {
  const _CategorySelectView({super.key});
```

```
@override
Widget build(BuildContext context) {
  return Padding(
    padding: const EdgeInsets.symmetric(horizontal: 25.0, vertical: 10),
    child: GestureDetector(
      onTap: () async {
        var selectedCategoryType = await Get.dialog<ProductCategoryType?>(
          const ProductCategorySelector(),
        );
        controller.changeCategoryType(selectedCategoryType);
      },
      behavior: HitTestBehavior.translucent,
      child: Row(
        mainAxisAlignment: MainAxisAlignment.spaceBetween,
        children: [
          Obx( // ---- 1
            () => AppFont(
              controller.product.value.categoryType!.name,
              size: 16,
              color: Colors.white,
            ),
          ),
          SvgPicture.asset('assets/svg/icons/right.svg'),
        ],
      ),
    ),
  );
}
}
```

1: categoryType의 변경에 따라 화면이 업데이트되도록 Obx로 구독하고, 선택된 카테고리의 이름을 화면에 표시했습니다.

이어서 사용자가 카테고리를 다시 선택할 때 기존에 선택된 내용이 표시되도록 하겠습니다.

produt_write_page.dart 파일 중

```
@override
Widget build(BuildContext context) {
  return Padding(
```

```
       padding: const EdgeInsets.symmetric(horizontal: 25.0, vertical: 10),
       child: GestureDetector(
         onTap: () async {
           var selectedCategoryType = await Get.dialog<ProductCategoryType?>(
             ProductCategorySelector(
               initType: controller.product.value.categoryType,
             ),
           );
           controller.changeCategoryType(selectedCategoryType);
         },
   //... 이하 생략
```

ProductCategorySelector 다이얼로그를 띄울 때 현재 선택된 카테고리를 전달합니다. 이를 위해
ProductCategorySelector 클래스 내에서 initType 값을 받을 수 있도록 수정하겠습니다.

생성자 부분

```
class ProductCategorySelector extends StatelessWidget {
  final ProductCategoryType? initType;
  const ProductCategorySelector({super.key, this.initType});
```

리스트 타입 부분

```
AppFont(
  types[index].name,
  color: initType == null // --- 1
      ? Colors.white
      : initType?.code == types[index].code
          ? const Color(0xffFD6F1F)
          : Colors.white,
),
```

1: 전달받은 initType 값에 따라 카테고리 색상을 변경합니다.

이것으로 카테고리 선택 부분까지 상태 관리로 처리되었습니다.

15.7 가격 상태 관리

가격 표기 위젯에서도 ProductWriteController에 쉽게 접근할 수 있도록 GetView로 변경해주겠습니다.

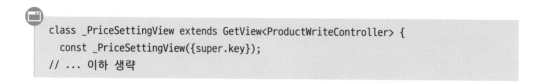

```
class _PriceSettingView extends GetView<ProductWriteController> {
  const _PriceSettingView({super.key});
// ... 이하 생략
```

가격 입력에 따라 상태 관리를 하기 위해 controller에 연결해주겠습니다.

product_write_page.dart 파일 중
```
Expanded(
  child: CommonTextField(
    hintColor: const Color(0xff6D7179),
    hintText: '₩ 가격 (선택 사항)',
    textInputType: TextInputType.number,
    onChange: controller.changePrice,
  ),
),
```

changePrice라는 이름의 입력 필드를 통해 가격 데이터를 상태 관리하기 위해 controller에서 함수를 만들겠습니다.

product_write_controller.dart 파일 중
```
changePrice(String price) {
  if (!RegExp(r'^[0-9]+$').hasMatch(price)) return;
  product(product.value.copyWith(productPrice: int.parse(price)));
}
```

입력 필드에서 넘어오는 값이 String이기 때문에 이를 int로 형변환해줘야 합니다. 만약 숫자가 아닌 문자가 포함된 경우 형변환 시 오류가 발생할 수 있으므로, 숫자가 아닌 값은 return으로 처리했습니다.

이어서 product 모델에서 가격 값(productPrice)을 관리할 수 있도록 모델을 수정하겠습니다.

product_write_page.dart 파일 중

```dart
class Product extends Equatable {
  final String? title;
  final int? productPrice; // --- 추가
  final ProductCategoryType? categoryType;

  const Product({
    this.title,
    this.productPrice = 0,// --- 추가
    this.categoryType = ProductCategoryType.none,
  });

  Map<String, dynamic> toMap() {
    return {
      'title': title,
      'productPrice': productPrice,// --- 추가
      'categoryType': categoryType?.code,
    };
  }

  factory Product.fromJson(String docId, Map<String, dynamic> json) {
    return Product(
      title: json['title'],
      productPrice: json['productPrice'],// --- 추가
      categoryType: json['categoryType'] == null
          ? ProductCategoryType.none
          : ProductCategoryType.findByCode(json['categoryType']),
    );
  }

  Product copyWith({
    String? title,
    int? productPrice,// --- 추가
    ProductCategoryType? categoryType,
  }) {
    return Product(
      title: title ?? this.title,
      productPrice: productPrice ?? this.productPrice,// --- 추가
      categoryType: categoryType ?? this.categoryType,
    );
  }
```

```
    @override
    List<Object?> get props => [
      title,
      productPrice,// --- 추가
      categoryType,
    ];
  }
```

이것으로 가격 상태 관리 처리가 완료되었습니다. 더 개선할 부분은 입력 필드에 문자가 입력되지 않도록 정규 표현식을 추가하는 것입니다. 이렇게 하면 더욱 완벽하게 대응할 수 있습니다.

```
Expanded(
  child: CommonTextField(
    hintColor: const Color(0xff6D7179),
    hintText: '₩ 가격 (선택 사항)',
    textInputType: TextInputType.number,
    onChange: controller.changePrice,
    inputFormatters: [
      FilteringTextInputFormatter.allow(RegExp(r'^[0-9]+$')), // ---- 1
    ]),
),
```

가격 입력 필드에 정규식을 적용하려면, CommonTextField 위젯이 inputFormatters 값을 받을 수 있게 수정해야 합니다.

textfield.dart 파일

```
class CommonTextField extends StatefulWidget {
  final String? hintText;
  final Color? hintColor;
  final int? maxLines;
  final TextInputType textInputType;
  final List<FilteringTextInputFormatter>? inputFormatters; // ---- 추가
  final Function(String)? onChange;
  const CommonTextField({
    super.key,
    this.hintText,
```

```
      this.hintColor,
      this.textInputType = TextInputType.text,
      this.onChange,
      this.inputFormatters, // ---- 추가
      this.maxLines = 1,
  });

  @override
  State<CommonTextField> createState() => CommonTextFieldState();
}

class CommonTextFieldState extends State<CommonTextField> {
  @override
  Widget build(BuildContext context) {
    return TextField(
      style: const TextStyle(color: Colors.white),
      keyboardType: widget.textInputType,
      maxLines: widget.maxLines,
      inputFormatters: widget.inputFormatters, // ---- 추가
      decoration: InputDecoration(
        hintText: widget.hintText,
        hintStyle: TextStyle(color: widget.hintColor),
        focusedBorder: const UnderlineInputBorder(
          borderSide: BorderSide.none,
        ),
        enabledBorder: const UnderlineInputBorder(
          borderSide: BorderSide.none,
        ),
      ),
      onChanged: widget.onChange,
    );
  }
}
```

이제 입력 필드에서 숫자 외의 문자는 입력되지 않도록 설정되었습니다. 이어서 상품을 무료 나눔할지를 결정하는 체크박스의 상태를 관리할 수 있게 처리하겠습니다.

먼저 toggleCallBack 이벤트를 controller와 연결하겠습니다.

product_write_page.dart 파일

```
CheckBox(
  label: '나눔',
  isChecked: true,
  toggleCallBack: controller.changeIsFreeProduct,
),
```

ProductWriteController에서 changeIsFreeProduct 이벤트를 만들어줍니다.

```
changeIsFreeProduct() {
  product(product.value.copyWith(isFree: !(product.value.isFree ?? false)));
}
```

product 모델에 isFree라는 필드를 추가합니다.

```
import 'package:bamtol_market_app/src/common/enum/market_enum.dart';
import 'package:equatable/equatable.dart';

class Product extends Equatable {
  final String? title;
  final int? productPrice;
  final bool? isFree; // ---- 추가
  final ProductCategoryType? categoryType;

  const Product({
    this.title,
    this.productPrice = 0,
    this.isFree,// ---- 추가
    this.categoryType = ProductCategoryType.none,
  });

  Map<String, dynamic> toMap() {
    return {
      'title': title,
      'productPrice': productPrice,
      'isFree': isFree,// ---- 추가
      'categoryType': categoryType?.code,
```

```dart
    };
  }

  factory Product.fromJson(String docId, Map<String, dynamic> json) {
    return Product(
      title: json['title'],
      productPrice: json['productPrice'],
      isFree: json['isFree'],// ---- 추가
      categoryType: json['categoryType'] == null
          ? ProductCategoryType.none
          : ProductCategoryType.findByCode(json['categoryType']),
    );
  }

  Product copyWith({
    String? title,
    int? productPrice,
    bool? isFree,// ---- 추가
    ProductCategoryType? categoryType,
  }) {
    return Product(
      title: title ?? this.title,
      productPrice: productPrice ?? this.productPrice,
      isFree: isFree ?? this.isFree,// ---- 추가
      categoryType: categoryType ?? this.categoryType,
    );
  }

  @override
  List<Object?> get props => [
    title,
    productPrice,
    isFree,// ---- 추가
    categoryType,
  ];
}
```

화면에서 상태에 따라 토글이 되도록 하기 위해, Obx로 상태를 구독하겠습니다.

> 💡 토글^{toggle}은 버튼을 눌렀을 때 2가지 상태(예: 활성화/비활성화) 중 하나로 전환되는 것을 의미합니다. 예를 들어 체크박스를 클릭하면 선택되거나 선택이 해제되는 동작을 '토글한다'고 말할 수 있습니다.

```
Obx(
  () => CheckBox(
    label: '나눔',
    isChecked: controller.product.value.isFree ?? false,
    toggleCallBack: controller.changeIsFreeProduct,
  ),
),
```

이제 isFree 상태에 따라 체크박스 상태가 변경되는 것을 확인할 수 있습니다. 이어서 사용자가 가격을 입력하다가 '나눔' 버튼을 눌렀을 때(무료 나눔으로 변경)와, '나눔' 버튼을 눌렀는데 사용자가 다시 가격을 입력하는 상황을 처리하겠습니다.

나눔 체크박스가 활성화되면 가격 값을 0으로 초기화하고, 체크박스가 활성화되어 있어도 사용자가 가격을 입력하면 나눔 체크박스를 비활성화하는 방식으로 작업을 진행하면 됩니다.

product_write_controller.dart

```
changeIsFreeProduct() {
  product(product.value.copyWith(isFree: !(product.value.isFree ?? false)));
  if (product.value.isFree!) { // ---- 1
    changePrice('0');
  }
}

changePrice(String price) {
  if (!RegExp(r'^[0-9]+$').hasMatch(price)) return;
  product(product.value.copyWith(
    productPrice: int.parse(price), isFree: int.parse(price) == 0)); // ---- 2
}
```

1 : isFree 값이 true일때 가격을 0으로 초기화합니다.

2 : 입력값이 0일 때 isFree 값이 true로 설정됩니다.

하지만 테스트해보면 알 수 있듯이, 이 코드만으로는 정상적으로 처리되지 않습니다. 가격에 0원을 입력하면 나눔 체크가 되고, 0보다 큰 값을 입력하면 나눔 상태가 해제되는 것은 잘 작동합니다. 그러나 입력된 값이 있을 때 '나눔' 버튼을 활성화하면 가격이 0으로 초기화되지 않는 문제가 발생합니다. 이는 TextField의 초깃값을 처리하지 않았기 때문입니다.

```
Expanded(
  child: Obx(
    () => CommonTextField(
        hintColor: const Color(0xff6D7179),
        hintText: 'W 가격 (선택 사항)',
        textInputType: TextInputType.number,
        initText: controller.product.value.productPrice.toString(), // --- 1
        onChange: controller.changePrice,
        inputFormatters: [
          FilteringTextInputFormatter.allow(RegExp(r'^[0-9]+$'))
        ]),
  ),
),
```

나눔 체크박스와 마찬가지로 입력 필드도 Obx로 상태를 구독해야 합니다.

1: 이를 통해 productPrice에서 초깃값인 initText를 불러와 설정하면 원하는 대로 작동하게 됩니다.

아직 CommonTextField 위젯에서 initText를 받아주지 않기 때문에 오류가 발생하고 있습니다. 이를 해결하기 위해 위젯을 수정하겠습니다.

```
import 'package:flutter/material.dart';
import 'package:flutter/services.dart';

class CommonTextField extends StatefulWidget {
  final String? hintText;
  final Color? hintColor;
  final String? initText; // ---- 추가
  final int? maxLines;
  final TextInputType textInputType;
  final List<FilteringTextInputFormatter>? inputFormatters;
  final Function(String)? onChange;
  const CommonTextField({
```

```dart
      super.key,
      this.hintText,
      this.hintColor,
      this.initText,// ---- 추가
      this.textInputType = TextInputType.text,
      this.onChange,
      this.inputFormatters,
      this.maxLines = 1,
    });

  @override
  State<CommonTextField> createState() => CommonTextFieldState();
}

class CommonTextFieldState extends State<CommonTextField> {
  late TextEditingController controller = TextEditingController();// ---- 추가

  @override
  void initState() {
    super.initState();
  }

  @override
  void didUpdateWidget(CommonTextField oldWidget) { // ---- 1
    super.didUpdateWidget(oldWidget);
    if (widget.initText == null) return;
    controller = TextEditingController(text: widget.initText);
    controller.selection = TextSelection.fromPosition(
        TextPosition(offset: controller.text.length));
  }

  @override
  Widget build(BuildContext context) {
    return TextField(
      controller: controller,// ---- 추가
      style: const TextStyle(color: Colors.white),
      keyboardType: widget.textInputType,
      maxLines: widget.maxLines,
      inputFormatters: widget.inputFormatters,
      decoration: InputDecoration(
        hintText: widget.hintText,
```

```
      hintStyle: TextStyle(color: widget.hintColor),
      focusedBorder: const UnderlineInputBorder(
        borderSide: BorderSide.none,
      ),
      enabledBorder: const UnderlineInputBorder(
        borderSide: BorderSide.none,
      ),
    ),
    onChanged: widget.onChange,
  );
}
}
```

1: TextField에 초깃값을 설정하려면 TextEditingController를 사용하면 됩니다. 이를 위해 didUpdateWidget의 TextEditingController에 initText 값을 설정했습니다.

다음은 controller의 selection을 조정하는 부분을 살펴봅니다. TextEditingController를 초기화하면 포커스가 텍스트의 맨 앞에 위치하는 문제가 있습니다. 이 문제를 해결하기 위해 포커스를 텍스트의 끝으로 이동시켰습니다.

물론 이 방법이 최선은 아닙니다. 사용자가 텍스트 중간에 숫자를 추가할 때마다 포커스가 끝으로 이동하기 때문에 원하는 결과를 얻기 어렵습니다. 이 문제를 해결하려면 추가적인 장치가 필요합니다. 자세한 내용은 나중에 유튜브에서 다루겠습니다. 이제 가격 부분은 원하는 대로 작동합니다.

15.8 설명 상태 관리

설명 위젯에서도 ProductWriteController에 쉽게 접근할 수 있도록 하기 위해 GetView로 변경해주겠습니다.

```
class _ProductDescription extends GetView<ProductWriteController> {
  const _ProductDescription({super.key});

  @override
  Widget build(BuildContext context) {
```

```
    return Padding(
      padding: const EdgeInsets.symmetric(horizontal: 25.0),
      child: CommonTextField(
        hintColor: Color(0xff6D7179),
        hintText: '아라동에 올릴 게시글 내용을 작성해주세요.\n(판매 금지 물품은 게시
가 제한될 수 있어요.)',
        textInputType: TextInputType.multiline,
        maxLines: 10,
        onChange: controller.changeDescription,// ---- 1
      ),
    );
  }
}
```

1: changeDescription이라는 이름의 입력 필드를 설명 데이터로 상태 관리하기 위해, controller에서 함수를 만들
겠습니다.

```
changeDescription(String value) {
  product(product.value.copyWith(description: value));
}
```

product 모델에서 description을 관리할 수 있도록 수정하겠습니다.

```
import 'package:bamtol_market_app/src/common/enum/market_enum.dart';
import 'package:equatable/equatable.dart';

class Product extends Equatable {
  final String? title;
  final String? description; // --- 추가
  final int? productPrice;
  final bool? isFree;
  final ProductCategoryType? categoryType;

  const Product({
    this.title,
    this.description, // --- 추가
    this.productPrice = 0,
```

```dart
      this.isFree,
      this.categoryType = ProductCategoryType.none,
  });

  Map<String, dynamic> toMap() {
    return {
      'title': title,
      'description': description, // --- 추가
      'productPrice': productPrice,
      'isFree': isFree,
      'categoryType': categoryType?.code,
    };
  }

  factory Product.fromJson(String docId, Map<String, dynamic> json) {
    return Product(
      title: json['title'],
      description: json['description'], // --- 추가
      productPrice: json['productPrice'],
      isFree: json['isFree'],
      categoryType: json['categoryType'] == null
          ? ProductCategoryType.none
          : ProductCategoryType.findByCode(json['categoryType']),
    );
  }

  Product copyWith({
    String? title,
    String? description, // --- 추가
    int? productPrice,
    bool? isFree,
    ProductCategoryType? categoryType,
  }) {
    return Product(
      title: title ?? this.title,
      description: description ?? this.description, // --- 추가
      productPrice: productPrice ?? this.productPrice,
      isFree: isFree ?? this.isFree,
      categoryType: categoryType ?? this.categoryType,
    );
  }
```

```
  @override
  List<Object?> get props => [
    title,
    description, // --- 추가
    productPrice,
    isFree,
    categoryType,
  ];
}
```

이것으로 상품 설명 입력 필드에 대한 상태 관리는 마무리되었습니다.

15.9 거래 희망 장소 상태 관리

거래 희망 장소를 관리하기 위해서는 지도 위젯이 필요합니다. 여러 가지 지도 위젯이 있는데 그중 가장 사용하기 편리한 flutter_map을 이용하겠습니다.

먼저 flutter_map 라이브러리를 프로젝트에 추가합니다. 터미널에 다음 명령어를 입력하세요.

```
$flutter pub add flutter_map geolocator latlong2
```

💡 flutter_map은 업데이트가 빠르기 때문에 호환성 문제가 발생할 수 있습니다. flutter_map 버전을 5.0.0으로 사용해야 문제없이 이 책의 내용을 따라 할 수 있습니다.

지도 기능을 사용하려면 위치 권한이 필요합니다. 이를 위해 안드로이드와 iOS에서 권한을 설정합니다.

안드로이드 설정

[프로젝트 폴더] > android > app > src > main > AndroidManifest.xml 파일에 권한 추가

```
<uses-permission android:name="android.permission.ACCESS_FINE_LOCATION" />
<uses-permission android:name="android.permission.ACCESS_COARSE_LOCATION" />
```

iOS 설정

info.plist 파일 권한 설명 추가

```
<key>NSLocationWhenInUseUsageDescription</key>
<string>지역 기반의 서비스로 위치 액세스 권한이 필요합니다.</string>
```

거래 희망 장소 메뉴를 선택했을 때 Get.to 방식을 사용하여 페이지를 연결하겠습니다.

product_write_page.dart 파일 중

```dart
class _HopeTradeLocationMap extends StatelessWidget {
  const _HopeTradeLocationMap({super.key});

  @override
  Widget build(BuildContext context) {
    return Padding(
      padding: const EdgeInsets.symmetric(horizontal: 25.0, vertical: 10),
      child: GestureDetector(
        onTap: () async {
          await Get.to<Map<String, dynamic>>(TradeLocationMap()); // --- 1
        },
        behavior: HitTestBehavior.translucent,
        child: Row(
          mainAxisAlignment: MainAxisAlignment.spaceBetween,
          children: [
            const AppFont(
              '거래 희망 장소',
              size: 16,
              color: Colors.white,
            ),
            Row(
              children: [
                const AppFont(
                  '장소 선택',
                  size: 13,
                  color: Color(0xff6D7179),
                ),
                SvgPicture.asset('assets/svg/icons/right.svg'),
              ],
            )
          ],
```

```
        ),
      ),
    );
  }
}
```

❶: Get.to를 사용해 TradeLocationMap 위젯으로 화면 전환을 구현했습니다.

15.9.1 거래 희망 장소 선택 페이지 만들기

거래 희망 장소를 선택할 수 있는 페이지를 만들기 위해 TradeLocationMap 위젯을 작성하겠습니다. common 〉 components 폴더에 trade_location_map.dart 파일을 생성합니다.

◀ 거래 희망 장소 선택 페이지 시안

앞 그림과 같은 시안을 만들기 위해 지도를 제외한 위젯을 구성하겠습니다.

```dart
import 'package:bamtol_market_app/src/common/components/app_font.dart';
import 'package:flutter/material.dart';
import 'package:flutter_svg/flutter_svg.dart';
import 'package:get/get.dart';

class TradeLocationMap extends StatefulWidget {
  const TradeLocationMap({super.key});

  @override
  State<TradeLocationMap> createState() => _TradeLocationMapState();
}

class _TradeLocationMapState extends State<TradeLocationMap> {
  @override
  Widget build(BuildContext context) {
    return Scaffold(
      backgroundColor: const Color(0xff212123),
      appBar: AppBar(
        elevation: 0,
        leading: GestureDetector(
          behavior: HitTestBehavior.translucent,
          onTap: Get.back,
          child: Padding(
            padding: const EdgeInsets.all(10.0),
            child: SvgPicture.asset('assets/svg/icons/back.svg'),
          ),
        ),
      ),
      body: Column(
        crossAxisAlignment: CrossAxisAlignment.stretch,
        children: [
          const Padding(
            padding: EdgeInsets.all(20.0),
            child: Column(
              crossAxisAlignment: CrossAxisAlignment.stretch,
              children: [
                AppFont(
                  '이웃과 만나서\n거래하고 싶은 장소를 선택해주세요.',
                  fontWeight: FontWeight.bold,
                  size: 16,
                ),
```

```
                SizedBox(height: 15),
                AppFont(
                  '만나서 거래할 때는 누구나 찾기 쉬운 공공장소가 좋아요.',
                  size: 13,
                ),
              ],
            ),
          ),
          Expanded(
              child: Container(
            color: Colors.grey,
          )),
        ],
      ),
    ),
    floatingActionButton: Padding(
      padding: EdgeInsets.only(bottom: Get.mediaQuery.padding.bottom + 30),
      child: FloatingActionButton(
        onPressed: () {},
        backgroundColor: const Color(0xff212123),
        child: Icon(Icons.location_searching),
      ),
    ),
  );
  }
}
```

화면 구성은 간단하게 Scaffold를 사용하여 틀을 잡았고, appBar에는 뒤로가기 버튼만 배치했습니다. 지도 영역을 제외한 나머지 부분에는 AppFont를 사용하여 문구를 배치했습니다. 또한 내 위치로 이동할 수 있는 기능을 추가하려고 floatingActionButton을 만들었지만, 아직은 버튼만 넣어둔 상태입니다.

이제 본격적으로 지도 위젯을 불러오겠습니다. 지도를 불러오기 위해 먼저 위치 권한을 요청해야 합니다.

📑 trade_location_map.dart

```
Expanded(
  child: FutureBuilder<Position>( // ---- 1
    future: _determinePosition(),
```

```
    builder: (context, snapshot) {
      return Container();
    },
  ),
)
```

1 : 임의로 Colors.grey로 넣어줬던 Container를 대신하여 FutureBuilder를 사용했습니다. 이는 사용자로부터 위치 권한을 요청하고, 권한을 허용받을 때까지 기다려야 하기 때문입니다.

_determinePosition이라는 이벤트를 만들겠습니다.

```
Future<Position> _determinePosition() async {
  bool serviceEnabled;
  LocationPermission permission;

  serviceEnabled = await Geolocator.isLocationServiceEnabled();
  if (!serviceEnabled) {
    return Future.error('위치 서비스가 비활성화되었습니다.');
  }

  permission = await Geolocator.checkPermission();
  if (permission == LocationPermission.denied) {
    permission = await Geolocator.requestPermission();
    if (permission == LocationPermission.denied) {
      return Future.error('위치 권한이 거부되었습니다.');
    }
  }

  if (permission == LocationPermission.deniedForever) {
    return Future.error('위치 권한이 영구적으로 거부되어 권한을 요청할 수 없습니다.');
  }

  return await Geolocator.getCurrentPosition();
}
```

_determinePosition 이벤트에서는 몇 가지 권한 체크를 통해 사용자의 현재 위치를 불러오도록 하고 있습니다.

1 위치 서비스 비활성화 여부 체크 : 아무리 권한이 허용되었어도, 위치 서비스가 디바이스에서 꺼져 있다면 이용할 수 없기 때문에 체크합니다.

2 위치 권한 체크 : 사용자 위치 정보에 접근하기 위해 위치 권한이 필요합니다. 만약 권한이 거부되면 이용할 수 없기 때문에 체크합니다.

```
Expanded(
  child: FutureBuilder<Position>(
    future: _determinePosition(),
    builder: (context, snapshot) {
      if (snapshot.hasData) { // ---- 1
        return Container(color: Colors.grey);
      }
      return const Center(
        child: CircularProgressIndicator(
          strokeWidth: 1,
        ),
      );
    },
  ),
)
```

1 : 위치 권한이 정상적으로 처리되면 Position 정보가 snapshot에 담겨 넘어옵니다. 값이 있다면 회색 화면을, 그렇지 않다면 로딩 화면을 보여주도록 처리했습니다.

회색 화면이 표시되었다면 정상적으로 위치 정보를 불러온 것입니다. 다음 단계로 지도 위젯을 추가하겠습니다.

```
final _mapController = MapController(); // trade_locaiton_map.dart 멤버 변수



if (snapshot.hasData) {
  var myLocation =
      LatLng(snapshot.data!.latitude, snapshot.data!.longitude); // ---- 1
  return FlutterMap(
    mapController: _mapController,
    options: MapOptions(
```

```
        center: myLocation,  // ---- 2
        interactiveFlags:
            InteractiveFlag.pinchZoom ¦ InteractiveFlag.drag, // ---- 3
        onPositionChanged: (position, hasGesture) {},
      ),
      children: [
        TileLayer(
          urlTemplate:
              "https://tile.openstreetmap.org/{z}/{x}/{y}.png", // ---- 4
        ),
      ],
      nonRotatedChildren: [ // ---- 5
        Center(
          child: SvgPicture.asset(
            'assets/svg/icons/want_location_marker.svg',
            width: 45,
          ),
        ),
        Align(
          alignment: Alignment.bottomCenter,
          child: Padding(
            padding: EdgeInsets.only(
                bottom: Get.mediaQuery.padding.bottom),
            child: SizedBox(
              width: double.infinity,
              child: Padding(
                padding: const EdgeInsets.all(15.0),
                child: Btn(
                  onTap: () async {},
                  child: const AppFont(
                    '선택 완료',
                    align: TextAlign.center,
                  ),
                ),
              ),
            ),
          ),
        )
      ],
    );
}
```

1: 위치 권한이 허용되면 snapshot에서 위치 정보를 가져와 myLocation 변수에 저장합니다.

2: myLocation 변수에 담긴 위치 정보를 FlutterMap 위젯의 중심(center)에 넣어줍니다. 이렇게 하면 지도가 내 위치를 중심으로 로드됩니다.

3: 지도를 조작할 수 있는 기능인 드래그(drag)와 핀치 줌(pinchZoom)을 설정합니다.

4: TileLayer(타일 레이어)는 OpenStreetMap을 사용했습니다. flutter_map의 장점은 다른 타일 레이어 서비스도 사용할 수 있다는 것입니다.

5: 지도 위에 고정적인 위젯을 배치할 수 있는 옵션입니다. 이를 통해 지도 위에 버튼이나 필요한 디자인 요소를 쉽게 추가할 수 있습니다.

이제 사용자는 지도에서 원하는 위치를 선택하고, '선택 완료' 버튼을 눌러 거래 희망 장소를 저장할 수 있습니다. 이 기능을 구현해보겠습니다. '선택 완료' 버튼을 누르면 다음 그림처럼 입력 필드가 팝업 레이어로 나타납니다.

◀ '선택 완료' 버튼 클릭 시 나타나는 팝업

Get.dialog를 사용하여 팝업을 띄우는 방법에 대해 설명하겠습니다.

```dart
Btn(
  onTap: () async {
    var result = await Get.dialog<String>( // ---- 1
      useSafeArea: false,
      PlaceNamePopup(),
    );
  },
  child: const AppFont(
    '선택 완료',
    align: TextAlign.center,
  ),
),
```

1 : 우선 PlaceNamePopup이라는 위젯을 띄워주도록 하겠습니다.

common 〉 components 폴더에 place_name_popup.dart 파일을 생성합니다.

place_name_popup.dart 파일

```dart
import 'package:bamtol_market_app/src/common/components/app_font.dart';
import 'package:bamtol_market_app/src/common/components/btn.dart';
import 'package:flutter/material.dart';
import 'package:get/get.dart';

class PlaceNamePopup extends StatefulWidget {
  const PlaceNamePopup({super.key});

  @override
  State<PlaceNamePopup> createState() => _PlaceNamePopupState();
}

class _PlaceNamePopupState extends State<PlaceNamePopup> {
  bool possible = false;
  TextEditingController controller = TextEditingController();

  @override
  Widget build(BuildContext context) {
    return Scaffold(
      backgroundColor: Colors.black.withOpacity(0.5),
      body: Align(
```

```
child: Stack(
  fit: StackFit.expand,
  children: [
    Positioned( // --- 1
      child: GestureDetector(
        onTap: Get.back,
        child: Container(
          color: Colors.black.withOpacity(0.1),
        ),
      ),
    ),
    Positioned(
      left: 0,
      right: 0,
      bottom: 0,
      child: ClipRRect(
        borderRadius: BorderRadius.circular(20),
        child: Container(
          color: const Color(0xff212123),
          height: 230,
          padding:
              const EdgeInsets.symmetric(horizontal: 20, vertical: 30),
          child: Column(
            crossAxisAlignment: CrossAxisAlignment.stretch,
            children: [
              const AppFont(
                '선택한 곳의 장소명을 입력해주세요',
                fontWeight: FontWeight.bold,
                size: 16,
              ),
              const SizedBox(height: 20),
              TextField(
                autofocus: true,
                controller: controller,
                style: const TextStyle(color: Colors.white),
                decoration: const InputDecoration(
                  hintText: '예) 강남역 1번 출구, 당근빌딩 앞',
                  hintStyle:
                      TextStyle(color: Color.fromARGB(255, 95, 95, 95)),
                  focusedBorder: OutlineInputBorder(
                    borderRadius:
```

```
                    BorderRadius.all(Radius.circular(8.0)),
                  borderSide:
                    BorderSide(color: Colors.white, width: 1.0),
                ),
                enabledBorder: OutlineInputBorder(
                  borderRadius:
                    BorderRadius.all(Radius.circular(8.0)),
                  borderSide:
                    BorderSide(color: Colors.white, width: 1.0),
                ),
              ),
              onChanged: (value) {
                setState(() {
                  possible = value != ''; // ---- 2
                });
              },
            ),
            const SizedBox(height: 15),
            Btn(
              child: const AppFont(
                '거래 장소 등록',
                align: TextAlign.center,
              ),
              disabled: !possible, // ---- 3
              onTap: () {
                Get.back(result: controller.text); // ---- 4
              },
            )
          ],
        ),
      ),
    ),
  ),
],
        ),
      ),
    );
  }
}
```

1: 뒷배경을 터치했을 때 팝업을 닫게 해주기 위한 위젯입니다.

2: 입력 필드에 따라 버튼을 활성화 또는 비활성화하는 기능을 처리하기 위해, possible이라는 값을 추가했습니다. 또한 value 값에 따라 저장 가능 여부를 나타내는 상태를 possible 변수에 저장하고 있습니다.

3: Btn 위젯에 disabled 옵션을 추가하여 이 옵션 값에 따라 onTap 이벤트를 호출할지 말지를 결정하고, 동시에 사용자에게 버튼이 비활성화된 것처럼 보이도록 구현합니다. 이렇게 함으로써 저장 가능 여부를 시각적으로 사용자에게 보여줍니다.

4: 입력이 완료되어 '저장' 버튼을 누르면, controller.text에 저장된 값이 반환됩니다.

여기서 Btn 위젯에 disabled 옵션을 아직 추가하지 않아 오류가 발생합니다. 입력이 완료되지 않은 상태에서 '저장' 버튼을 비활성화하기 위해 Btn 위젯에 disabled 옵션을 추가해야 합니다.

btn.dart 파일

```dart
import 'package:flutter/material.dart';

class Btn extends StatelessWidget {
  final Widget child;
  final Function() onTap;
  final EdgeInsets padding;
  final Color color;
  final bool disabled; // --- 추가
  const Btn({
    super.key,
    required this.child,
    required this.onTap,
    this.disabled = false,// --- 추가
    this.color = const Color(0xffED7738),
    this.padding = const EdgeInsets.symmetric(vertical: 10, horizontal: 20),
  });

  @override
  Widget build(BuildContext context) {
    return GestureDetector(
      onTap: () {
        if (!disabled) { // ---- 1
          onTap();
        }
      },
      child: ClipRRect(
        borderRadius: BorderRadius.circular(7),
        child: Container(
```

```
          padding: padding,
          color: disabled ? Colors.grey : color, // ---- 2
          child: child,
        ),
      ),
    );
  }
}
```

1 : disabled가 true일 때는 버튼을 눌러도 작동되지 않도록 하기 위해, disabled 값에 따라 onTap 이벤트를 호출하는 분기를 사용하고 있습니다.

2 : 시각적으로 사용자에게 disabled 상태를 보여주기 위해 색상을 다르게 지정했습니다.

이제 지도에서 '선택 완료' 버튼을 클릭하면 시안대로 팝업 레이어가 나타나며 원하는 이름을 입력할수 있습니다. 입력이 완료되면 Btn이 활성화되어 버튼을 클릭할 수 있게 됩니다. 다음은 이 버튼을 클릭했을 때 입력한 데이터를 상품 관리의 지역 값으로 상태 관리해주면 됩니다.

이를 위해 먼저 PlaceNamePopup을 호출하는 부분을 처리해주겠습니다.

```
Btn(
  onTap: () async {
    var result = await Get.dialog<String>(
      useSafeArea: false,
      PlaceNamePopup(),
    );
    Get.back(result: { // ---- 1
      'label': result,
      'location': _mapController.center
    });
  },
  child: const AppFont(
    '선택 완료',
    align: TextAlign.center,
  ),
),
```

1 : 선택 완료 후 희망하는 지역의 이름까지 지정했다는 것은 이곳에서 더 이상 처리할 부분이 없다는 뜻입니다. 이제 원래 상품 등록 페이지로 돌아가 희망 거래 장소 정보를 담아서 전달해주면 됩니다.

product_write_page.dart 파일 중

```dart
class _HopeTradeLocationMap extends GetView<ProductWriteController> { // --- 1
  const _HopeTradeLocationMap({super.key});

  @override
  Widget build(BuildContext context) {
    return Padding(
      padding: const EdgeInsets.symmetric(horizontal: 25.0, vertical: 10),
      child: GestureDetector(
        onTap: () async {
          var result = await Get.to<Map<String, dynamic>?>(TradeLocationMap());
          if (result != null) {
            controller.changeTradeLocationMap(result);// --- 2
          }
        },
        behavior: HitTestBehavior.translucent,
        child: Row(
          mainAxisAlignment: MainAxisAlignment.spaceBetween,
          children: [
            const AppFont(
              '거래 희망 장소',
              size: 16,
              color: Colors.white,
            ),
            Row(
              children: [
                const AppFont(
                  '장소 선택',
                  size: 13,
                  color: Color(0xff6D7179),
                ),
                SvgPicture.asset('assets/svg/icons/right.svg'),
              ],
            )
          ],
        ),
      ),
    );
  }
}
```

1 : _HopeTradeLocationMap 위젯도 ProductWriteController에 쉽게 접근할 수 있도록 GetView를 사용했습니다.

2 : TradeLocationMap에서 받아온 정보를 관리하기 위해 changeTradeLocationMap을 업데이트하겠습니다. 단, result 값이 존재할 경우에만 이 함수가 호출되도록 했습니다.

이어서 ProductWriteController에서도 상태를 관리하기 위해 함수를 만들겠습니다.

product_write_controller.dart 파일 중

```dart
changeTradeLocationMap(Map<String, dynamic> mapInfo) {
  product(product.value.copyWith(
      wantTradeLocationLabel: mapInfo['label'],
      wantTradeLocation: mapInfo['location']));
}
```

product에 wantTradeLocationLabel과 wantTradeLocation을 추가하여 값을 관리할 수 있도록 수정하겠습니다.

```dart
import 'package:bamtol_market_app/src/common/enum/market_enum.dart';
import 'package:equatable/equatable.dart';
import 'package:latlong2/latlong.dart';

class Product extends Equatable {
  final String? title;
  final String? description;
  final int? productPrice;
  final bool? isFree;
  final ProductCategoryType? categoryType;
  final LatLng? wantTradeLocation; // ---- 추가
  final String? wantTradeLocationLabel; // ---- 추가

  const Product({
    this.title,
    this.description,
    this.productPrice = 0,
    this.isFree,
    this.categoryType = ProductCategoryType.none,
    this.wantTradeLocation, // ---- 추가
    this.wantTradeLocationLabel, // ---- 추가
```

```dart
});

Map<String, dynamic> toMap() {
  return {
    'title': title,
    'description': description,
    'productPrice': productPrice,
    'isFree': isFree,
    'categoryType': categoryType?.code,
    'wantTradeLocation': [ // ---- 추가
      wantTradeLocation?.latitude,
      wantTradeLocation?.longitude
    ],
    'wantTradeLocationLabel': wantTradeLocationLabel, // ---- 추가
  };
}

factory Product.fromJson(String docId, Map<String, dynamic> json) {
  return Product(
    title: json['title'],
    description: json['description'],
    productPrice: json['productPrice'],
    isFree: json['isFree'],
    categoryType: json['categoryType'] == null
        ? ProductCategoryType.none
        : ProductCategoryType.findByCode(json['categoryType']),
    wantTradeLocationLabel: json['wantTradeLocationLabel'], // ---- 추가
    wantTradeLocation: json['wantTradeLocation'] != null && // ---- 추가
            json['wantTradeLocation'][0] != null &&
            json['wantTradeLocation'][1] != null
        ? LatLng(json['wantTradeLocation'][0], json['wantTradeLocation'][1])
        : null,
  );
}

Product copyWith({
  String? title,
  String? description,
  int? productPrice,
  bool? isFree,
  ProductCategoryType? categoryType,
```

```
    LatLng? wantTradeLocation, // ---- 추가
    String? wantTradeLocationLabel, // ---- 추가
}) {
  return Product(
    title: title ?? this.title,
    description: description ?? this.description,
    productPrice: productPrice ?? this.productPrice,
    isFree: isFree ?? this.isFree,
    categoryType: categoryType ?? this.categoryType,
    wantTradeLocation: wantTradeLocation ?? this.wantTradeLocation, // ---- 추가
    wantTradeLocationLabel: // ---- 추가
        wantTradeLocationLabel ?? this.wantTradeLocationLabel,
  );
}


@override
List<Object?> get props => [
      title,
      description,
      productPrice,
      isFree,
      categoryType,
      wantTradeLocation, // ---- 추가
      wantTradeLocationLabel, // ---- 추가
    ];
}
```

상태 관리가 마무리되었습니다. 다음은 장소 설정이 완료되었을 때 이 정보를 화면에 어떻게 보이게
처리해야 하는지에 대해 알아보겠습니다.

```
Row(
  mainAxisAlignment: MainAxisAlignment.spaceBetween,
  children: [
    const AppFont(
      '거래 희망 장소',
      size: 16,
      color: Colors.white,
    ),
    Obx( // --- 1
```

```
        () => controller.product.value.wantTradeLocationLabel == null ||
           controller.product.value.wantTradeLocationLabel == ''
        ? Row(
            children: [
              const AppFont(
                '장소 선택',
                size: 13,
                color: Color(0xff6D7179),
              ),
              SvgPicture.asset('assets/svg/icons/right.svg'),
            ],
          )
        : Row(
            children: [
              AppFont(
                controller.product.value.wantTradeLocationLabel ?? '',
                size: 13,
                color: Colors.white,
              ),
              GestureDetector(
                onTap: () => controller.clearWantTradeLocation(), // ---- 2
                child: Padding(
                  padding: const EdgeInsets.all(8.0),
                  child: SvgPicture.asset('assets/svg/icons/delete.svg'),
                ),
              ),
            ],
          ),
      ),
    ],
  )
```

1: 희망 장소 정보의 유무에 다르게 표시되도록 구현했습니다. 정보가 없으면 '장소 선택' 문구와 아이콘이 나타나고, 정보가 있으면 저장된 이름과 삭제 아이콘이 함께 표시됩니다.

2: 삭제 아이콘을 누르면 기존 데이터를 제거하는 로직을 추가해야 합니다. ProductWriteController에 clearWantTradeLocation 함수를 넣겠습니다.

product_write_controller.dart 파일 중

```
clearWantTradeLocation() {
  product(product.value
      .copyWith(wantTradeLocationLabel: '', wantTradeLocation: null));
}
```

희망 장소를 삭제하는 기능까지 만들었습니다. 사용자가 거래 희망 장소를 지정한 후에도 다른 장소로 변경하거나 이름을 바꾸고 싶을 수 있습니다. 이를 가능하게 하기 위해서는 TradeLocationMap 페이지를 열 때 기존에 저장된 데이터를 전달해야 합니다.

product_write_page.dart 파일 중

```
GestureDetector(
  onTap: () async {
    var result = await Get.to<Map<String, dynamic>?>(
      TradeLocationMap(
        label: controller.product.value.wantTradeLocationLabel, // ---- 추가
        location: controller.product.value.wantTradeLocation, // ---- 추가
      ),
    );
    if (result != null) {
      controller.changeTradeLocationMap(result);
    }
  },
  behavior: HitTestBehavior.translucent,
  child: Row(
    mainAxisAlignment: MainAxisAlignment.spaceBetween,
    children: [
      const AppFont(
        '거래 희망 장소',
        size: 16,
        color: Colors.white,
      ),
// ... 이하 생략
```

TradeLocationMap 페이지에서 label과 location 값을 받을 수 있도록 수정하겠습니다.

```
class TradeLocationMap extends StatefulWidget {
  final String? label;
  final LatLng? location;
  const TradeLocationMap({
    super.key,
    this.label,
    this.location,
  });

  @override
  State<TradeLocationMap> createState() => _TradeLocationMapState();
}

class _TradeLocationMapState extends State<TradeLocationMap> {
  final _mapController = MapController();
  String lable = ''; // --- 1
  LatLng? location;

  @override
  void initState() {
    super.initState();
    lable = widget.label ?? '';  // ---- 2
    location = widget.location;
  }
  //... 이하 생략
```

1 : label과 location을 저장할 변수를 선언했습니다.

2 : initState 메서드에서 부모 위젯에서 전달받은 label과 location을 가져와 초기화했습니다.

이제 처리해야 할 부분은 이 label과 location을 화면에 보여주는 것입니다.

먼저 위치를 이동시키겠습니다.

```
if (snapshot.hasData) {
  var myLocation =
      LatLng(snapshot.data!.latitude, snapshot.data!.longitude);
  if (location != null) { // --- 1
    myLocation = location!;
  }
```

```
    return FlutterMap(
      mapController: _mapController,
      options: MapOptions(
        center: myLocation,
        interactiveFlags:
            InteractiveFlag.pinchZoom | InteractiveFlag.drag,
        onPositionChanged: (position, hasGesture) {},
      ),
      children: [
        TileLayer(
          urlTemplate:
              "https://tile.openstreetmap.org/{z}/{x}/{y}.png",
        ),
      ],
      // ... 이하 생략
```

1: 원래는 내 위치를 기준으로 지도의 중심(center)을 설정하는데, 만약 지정된 위치 정보(location)가 있다면 그 위치로 중심을 변경합니다. 이렇게 하면 이전에 설정한 장소로 지도가 이동됩니다.

이어서 저장된 label 값을 화면에 보여줘야 합니다.

```
nonRotatedChildren: [
  if (lable != '') // ---- 1
    Center(
      child: Column(
        mainAxisAlignment: MainAxisAlignment.center,
        children: [
          Container(
            padding: const EdgeInsets.symmetric(
                vertical: 7, horizontal: 15),
            decoration: BoxDecoration(
              borderRadius: BorderRadius.circular(7),
              color: Color.fromARGB(255, 208, 208, 208),
            ),
            child: AppFont(
              lable,
              color: Colors.black,
              size: 12,
            ),
          ),
```

```
                const SizedBox(height: 100)
            ],
          ),
        ),
      Center(
        child: SvgPicture.asset(
          'assets/svg/icons/want_location_marker.svg',
          width: 45,
        ),
      ),
    ]
```

1: label 값이 존재한다면 마커 위에 label을 표시하도록 처리했습니다.

마지막으로 위치를 변경할 때 기존의 label 값을 초기화하는 작업을 하겠습니다. 위치만 변경하고 이름은 그대로 두고 싶을 수도 있지만, 여기서는 위치를 바꾸면 label도 초기화하는 방식으로 진행합니다.

trade_location_map.dart

```
return FlutterMap(
  mapController: _mapController,
  options: MapOptions(
    center: myLocation,
    interactiveFlags:
        InteractiveFlag.pinchZoom | InteractiveFlag.drag,
    onPositionChanged: (position, hasGesture) {
      if (hasGesture) { // --- 1
        setState(() {
          lable = '';
        });
      }
    },
  ),
)
```

hasGesture라는 변수는 사용자가 지도를 직접 움직일 때만 true로 설정됩니다.

1: hasGesture가 true라면 label 변수를 빈 문자열로 설정하여 초기화하는 작업을 수행하고 있습니다.

이제 지도를 움직이면 label이 사라지는 것을 볼 수 있습니다.

상품 등록 페이지 개발 2

이 장에서는 상품 등록 페이지의 기능을 확장해봅니다. 먼저 입력 필드가 올바르게 입력되었는지 검사하여 '완료' 버튼을 활성화하거나 비활성화하는 기능을 추가합니다. 그다음 이미지를 Firebase에 업로드하고, 업로드된 이미지의 URL을 사용해 상품 정보를 데이터베이스에 저장하는 방법을 다룹니다. 또한 업로드 중일 때 로딩 화면을 표시하여 사용자에게 진행 상황을 보여줄 수 있도록 구현해봅니다. 마지막으로 상품 소유자 정보와 등록 및 수정 시간 그리고 상품 상태를 데이터베이스에 저장하는 방법을 다룹니다.

CHAPTER

16

16.1 입력 필드 유효성 검사

지금까지 입력 필드에 대한 기본적인 기능을 구현했습니다. 이제 저장 기능을 구현하기 위해 입력 필드가 올바르게 입력되었는지 확인하고, 결과에 따라 '완료' 버튼을 활성화하거나 비활성화하는 유효성 검사(validate) 기능을 추가해보겠습니다.

먼저 '완료' 버튼의 활성화 여부를 확인하기 위한 상태 값을 만들어보겠습니다.

product_write_controller.dart

```
class ProductWriteController extends GetxController {
  final UserModel owner;
  final Rx<Product> product = const Product().obs;
  final ProductRepository _productRepository;
  RxBool isPossibleSubmit = false.obs; // ---- 추가
  RxList<AssetEntity> selectedImages = <AssetEntity>[].obs;
  ProductWriteController(this.owner, this._productRepository);

  // ... 이하 생략
```

상품 등록 입력 필드 중 반드시 입력해야 하는 필드를 결정해야 합니다. 필수 항목은 이미지, 제목, 가격 정도로 가정하고 나머지 정보는 선택 사항으로 간주하고 진행하겠습니다. 그러면 모든 입력 필드가 수정될 때마다 저장할 수 있는지 아닌지를 확인해줘야 합니다.

이를 위해 GetxController의 라이프사이클에서 onInit 함수를 사용하여 product 상태 변수를 구독하고, 필드가 수정될 때마다 유효성 검사(validate 처리)를 수행하겠습니다.

```
@override
void onInit() {
  super.onInit();
  product.stream.listen((event) {
    _isValidSubmitPossible();
  });
}

_isValidSubmitPossible() {
  if (selectedImages.isNotEmpty &&
      (product.value.productPrice ?? 0) >= 0 &&
```

```
                    product.value.title != '') {
             isPossibleSubmit(true);
           } else {
             isPossibleSubmit(false);
           }
         }
```

화면에서 isPossibleSubmit 상태에 따라 '완료' 버튼의 이벤트 처리를 해주겠습니다.

product_write_page.dart 파일 내 scaffold actions 소스코드 중

```
actions: [
  Obx(
    () => GestureDetector(
      onTap: () {
        if (controller.isPossibleSubmit.value) { // ---- 1
          controller.submit();
        }
      },
      child: Padding(
        padding: EdgeInsets.only(top: 20.0, right: 25),
        child: AppFont(
          '완료',
          color: controller.isPossibleSubmit.value  // ---- 2
              ? const Color(0xffED7738)
              : Colors.grey,
          fontWeight: FontWeight.bold,
          size: 16,
        ),
      ),
    ),
  )
],
```

1: sPossibleSubmit 값이 true일 때만 submit 함수가 호출되도록 분기 처리했습니다.

2: '완료' 버튼의 색상을 isPossibleSubmit 값에 따라 변경하여 등록 여부를 사용자에게 시각적으로 보여주도록 했습니다.

이제 이미지 선택 및 제목을 입력하면 '완료' 버튼이 활성화되는 것을 볼 수 있습니다.

16.2 상품 등록 데이터 저장

ProductWriteController에 submit 함수를 구현하겠습니다.

```
submit() async {
  // 이미지 업로드
  // meta 정보 업데이트
}
```

submit 함수는 2가지 작업을 수행합니다.

1 등록된 이미지를 Firebase에 업로드합니다.

2 Firebase에 업로드한 이미지의 URL을 사용하여 상품 정보(메타 정보)를 데이터베이스에 저장합니다.

16.2.1 이미지 업로드

먼저 이미지를 Firebase 스토리지에 업로드하는 작업을 개발해보겠습니다. 이를 위해 리포지토리를 만들어야 합니다.

src/common/repository 폴더를 만들고 이 안에 cloud_firebase_storage_repository.dart 파일을 생성합니다.

cloud_firebase_storage_repository.dart

```dart
import 'dart:io';

import 'package:firebase_storage/firebase_storage.dart';
import 'package:get/get.dart';
import 'package:uuid/uuid.dart';

class CloudFirebaseRepository extends GetxService {
  final Reference storageRef;
  CloudFirebaseRepository(FirebaseStorage storage) : storageRef = storage.ref(); //
---- 1

  Future<String> uploadFile(String mainPath, File file) async {
    var uuid = Uuid(); // ---- 2
```

```
    final uploadTask =
        storageRef.child("products/$mainPath/${uuid.v4()}.jpg").putFile(file); //
---- 3
    final TaskSnapshot taskSnapshot = await uploadTask;
    final String downloadUrl = await taskSnapshot.ref.getDownloadURL(); // ---- 4
    return downloadUrl;
  }
}
```

CloudFirebaseRepository 클래스는 GetxService를 상속받아 만들어졌습니다.

1 : CloudFirebaseRepository 클래스는 FirebaseStorage 라이브러리를 사용하여 파일을 업로드할 수 있습니다. 이 클래스의 인스턴스가 생성될 때 FirebaseStorage.ref()를 통해 스토리지에 접근할 수 있어 파일 업로드가 가능합니다.

2 : uuid 라이브러리가 필요합니다. 다음 명령어를 실행하여 uuid를 설치합니다.

```
$ flutter pub add uuid
```

3 : 파일을 업로드하기 위해 경로를 지정합니다. 이때 uuid를 사용하여 파일명을 랜덤하게 만듭니다. mainPath는 업로드할 때 넘겨받아 사용하는 방식으로 설계했습니다. putFile 함수를 통해 파일 업로드가 수행됩니다.

4 : getDownloadURL 함수로 업로드한 파일의 다운로드 URL을 받아옵니다.

이제 CloudFirebaseRepository 클래스를 GetX에 등록해야 합니다. main.dart 파일로 이동합니다.

main.dart 파일의 initalBinding 옵션 중

```
initialBinding: BindingsBuilder(() {
  var authenticationRepository =
      AuthenticationRepository(FirebaseAuth.instance);
  var user_repository = UserRepository(db);
  Get.put(authenticationRepository);
  Get.put(user_repository);
  Get.put(ProductRepository(db));
  Get.put(BottomNavController());
  Get.put(SplashController());
  Get.put(DataLoadController());
```

```
    Get.put(AuthenticationController(
      authenticationRepository,
      user_repository,
    ));
    Get.put(CloudFirebaseRepository(FirebaseStorage.instance)); // ---- 추가
  }),
```

등록된 CloudFirebaseRepository를 ProductWriteController에 전달합니다.

```
GetPage(
  name: '/product/write',
  page: () => ProductWritePage(),
  binding: BindingsBuilder(
    () {
      Get.put(ProductWriteController(
        Get.find<AuthenticationController>().userModel.value,
        Get.find<ProductRepository>(),
        Get.find<CloudFirebaseRepository>(), // --- 추가
      ));
    },
  ),
),
```

ProductWriteController 클래스에서도 CloudFirebaseRepository를 받을 수 있도록 인스턴스 생성 시 파라미터로 추가합니다.

product_write_controller.dart 파일 중

```
class ProductWriteController extends GetxController {
  final UserModel owner;
  final Rx<Product> product = const Product().obs;
  final ProductRepository _productRepository;
  final CloudFirebaseRepository _cloudFirebaseRepository; // ---- 추가
  RxBool isPossibleSubmit = false.obs;
  RxList<AssetEntity> selectedImages = <AssetEntity>[].obs;
  ProductWriteController(
    this.owner,
    this._productRepository,
```

```
      this._cloudFirebaseRepository, // ---- 추가
    );
    // … 이하 생략
```

CloudFirebaseRepository를 통해 파일을 업로드할 준비가 되었습니다. 다시 submit 함수로 돌아
가서 작업을 진행하겠습니다.

```
submit() async {
  var downloadUrls = await uploadImages(selectedImages);  // ---- 3
  print(downloadUrls)
}

Future<List<String>> uploadImages(List<AssetEntity> images) async {
  List<String> imageUrls = []; // ---- 2
  for (var image in images) {
    var file = await image.file;
    if (file == null) return [];
    var downloadUrl =
        await _cloudFirebaseRepository.uploadFile(owner.uid!, file); // ---- 1
    imageUrls.add(downloadUrl); // ----- 2
  }
  return imageUrls;
}
```

1: 이전에 만들어 놓은 _cloudFirebaseRepository.uploadFile 메서드를 사용하여 파일 업로드를 수행합니
다. 이때 mainPath로 owner.uid 값을 전달하여 고객별로 상품을 모아둘 수 있게 합니다. 업로드가 완료되면
downloadUrl을 반환받습니다. 이 downloadUrl을 데이터베이스에 저장하기 위해 imageUrls 리스트에 추가합
니다.

2: downloadUrl을 imageUrls 리스트에 저장하고, 모든 업로드가 완료된 후에 이 리스트를 반환합니다.

3: 최종적으로 업로드가 완료되면 downloadUrls 리스트에 업로드된 파일 개수만큼의 downloadUrl 정보가 저장될
것입니다.

업로드 기능의 1차 개발이 완료되었습니다. 실제로 업로드를 진행하기 전에 Firebase 콘솔에서 미
리 설정을 해줘야 합니다. Firebase 개발자 콘솔에 접속하여 밤톨마켓 프로젝트를 열어주세요.

∞ https://console.firebase.google.com/u/0/

◀ Firebase 콘솔에서 스토리지 설정 시작하기

빌드 탭 하위에 있는 'Storage'를 선택하면 위와 같은 화면이 나타납니다. [시작하기]를 클릭합니다.

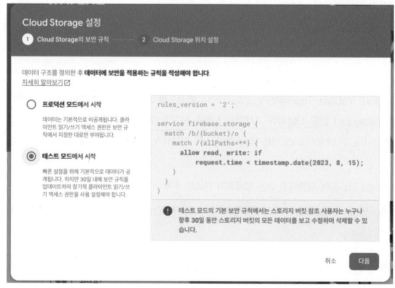

◀ '테스트 모드에서 시작' 선택

'테스트 모드에서 시작'을 선택하고 [다음]을 누릅니다.

Cloud Storage 설정

✓ Cloud Storage의 보안 규칙 —— ② Cloud Storage 위치 설정

위치 설정은 기본 Cloud Storage 버킷 및 버킷 데이터가 저장되는 위치를 결정합니다.

Cloud Storage 위치

asia-northeast3 ▾

Blaze 요금제를 사용하는 고객은 추가 버킷에 다른 위치를 선택할 수 있습니다. <u>여기를 클릭하여 업그레이드</u>   취소   완료

◤ 스토리지 설정 완료

[완료]를 누르고 스토리지를 생성합니다.

약 1분 후 프로젝트에 스토리지가 생성되면 다음과 같은 화면이 표시됩니다.

Storage

Files   Rules   Usage   ◆ 확장 프로그램 BETA

🛡 결제 사기나 피싱과 같은 악용으로부터 Storage 리소스를 보호하세요.   앱 체크 구성   ✕

gs://bamtol-market-app.appspot.com   ⬆ 파일 업로드 ▣ ⋮

☐ 이름   크기   유형   최종 수정 날짜

아직 파일이 없습니다.

◤ Firebase 스토리지 생성 완료 화면

테스트를 위해 글을 작성하고, 사진을 몇 가지 선택한 후에 완료 버튼을 눌러 업로드가 잘 되는지 확인해보겠습니다.

> 💡 로딩 처리가 아직 구현되지 않았기 때문에 완료 버튼을 눌렀을 때 아무런 반응이 없는 것이 정상입니다. 완료 버튼을 한 번만 누른 후 로그가 잘 찍히는지 기다리거나, Firebase 콘솔에서 스토리지에 파일이 등록되는지 확인하면서 개발해야 합니다. 반응이 없다고 해서 완료 버튼을 계속 누르는 것은 추천하지 않습니다.

print문에 찍힌 로그를 통해 업로드가 완료되었다는 것을 확인할 수 있습니다.

```
[https://firebasestorage.googleapis.com/v0/b/bamtol-market-app.appspot.com/o/pr
oducts%2FjJGxLz816eRrCimroI1tP5Ls88g1%2F571efbf7-c5c3-45cd-9662-cd460f6a3f55.
jpg?alt=media&token=4132933f-f9a0-4745-84d7-6883df4b2b74, https://firebasestorage.
googleapis.com/v0/b/bamtol-market-app.appspot.com/o/products%2FjJGxLz816eRrCimroI1t
P5Ls88g1%2Fd95a8d67-6dd9-4ee4-b6ee-a4939387ff6f.jpg?alt=media&token=01a5eb99-b687-
4dae-9765-9afdfbd5ca2c]
```

위와 같이 이미지 경로 2개가 로그에 찍혔습니다. 이는 이미지 2장이 정상적으로 등록되었음을 의미합니다. 위 경로 중 하나를 복사해서 브라우저에 입력하면 정상적으로 이미지를 확인할 수 있습니다. 또한 Firebase 콘솔에서 스토리지 상태를 확인하면 products 폴더가 자동으로 생성된 것을 볼 수 있습니다.

◀ Firebase 스토리지에 업로드된 파일 확인

최종적으로 파일까지 확인할 수 있게 됩니다.

16.2.2 메타 정보 업데이트

downloadUrls를 product 모델의 imageUrls 필드에 넣어 데이터베이스에 저장하는 작업이 남았습니다.

product_write_controller.dart 파일 중

```
submit() async {
  var downloadUrls = await uploadImages(selectedImages);
  product(product.value.copyWith(imageUrls: downloadUrls)); // ---- 1
}
```

1 : product 모델의 copyWith 메서드를 사용하여 imageUrls 필드에 downloadUrls를 담았습니다.

아직 product 모델에 imageUrls라는 필드가 존재하지 않습니다. product 모델을 수정하겠습니다.

```dart
import 'package:bamtol_market_app/src/common/enum/market_enum.dart';
import 'package:equatable/equatable.dart';
import 'package:latlong2/latlong.dart';

class Product extends Equatable {
  final String? title;
  final String? description;
  final int? productPrice;
  final bool? isFree;
  final ProductCategoryType? categoryType;
  final LatLng? wantTradeLocation;
  final String? wantTradeLocationLabel;
  final List<String>? imageUrls; // ---- 추가

  const Product({
    this.title,
    this.description,
    this.productPrice = 0,
    this.isFree,
    this.categoryType = ProductCategoryType.none,
    this.wantTradeLocation,
    this.wantTradeLocationLabel,
    this.imageUrls,// ---- 추가
  });

  Map<String, dynamic> toMap() {
    return {
      'title': title,
      'description': description,
      'productPrice': productPrice,
      'isFree': isFree,
      'categoryType': categoryType?.code,
      'wantTradeLocation': [
        wantTradeLocation?.latitude,
        wantTradeLocation?.longitude
      ],
      'wantTradeLocationLabel': wantTradeLocationLabel,
```

```dart
      'imageUrls': imageUrls,// ---- 추가
    };
  }

  factory Product.fromJson(String docId, Map<String, dynamic> json) {
    return Product(
      title: json['title'],
      description: json['description'],
      productPrice: json['productPrice'],
      isFree: json['isFree'],
      categoryType: json['categoryType'] == null
          ? ProductCategoryType.none
          : ProductCategoryType.findByCode(json['categoryType']),
      wantTradeLocationLabel: json['wantTradeLocationLabel'],
      wantTradeLocation: json['wantTradeLocation'] != null &&
              json['wantTradeLocation'][0] != null &&
              json['wantTradeLocation'][1] != null
          ? LatLng(json['wantTradeLocation'][0], json['wantTradeLocation'][1])
          : null,
      imageUrls: json['imageUrls'].map<String>((e) => e as String).toList(),// ----
추가
    );
  }

  Product copyWith({
    String? title,
    String? description,
    int? productPrice,
    bool? isFree,
    ProductCategoryType? categoryType,
    LatLng? wantTradeLocation,
    String? wantTradeLocationLabel,
    List<String>? imageUrls,// ---- 추가
  }) {
    return Product(
      title: title ?? this.title,
      description: description ?? this.description,
      productPrice: productPrice ?? this.productPrice,
      isFree: isFree ?? this.isFree,
      categoryType: categoryType ?? this.categoryType,
      wantTradeLocation: wantTradeLocation ?? this.wantTradeLocation,
```

```
    wantTradeLocationLabel:
        wantTradeLocationLabel ?? this.wantTradeLocationLabel,
    imageUrls: imageUrls ?? this.imageUrls,// ---- 추가
  );
}

@override
List<Object?> get props => [
    title,
    description,
    productPrice,
    isFree,
    categoryType,
    wantTradeLocation,
    wantTradeLocationLabel,
    imageUrls,// ---- 추가
  ];
}
```

이제 copyWith 메서드를 사용하여 imageUrls가 정상적으로 설정되는 것을 확인할 수 있을 것입니다.

📇 **product_write_controller.dart 파일 중**

```
submit() async {
  var downloadUrls = await uploadImages(selectedImages);
  product(product.value.copyWith(imageUrls: downloadUrls));
  _productRepository.saveProduct(product.value.toMap()); // ---- 1
}
```

_productRepository를 통해 데이터를 저장합니다. 그리고 saveProduct 함수에 Map 타입으로 데이터를 넘겨줍니다. 하지만 아직 ProductRepository에 saveProduct 함수가 존재하지 않아서 오류가 발생하고 있습니다. ProductRepository 클래스로 가서 데이터베이스에 저장하는 로직을 추가하겠습니다.

📇 **product_repository.dart 파일 중**

```
Future<String?> saveProduct(Map<String, dynamic> data) async {
  try {
```

```
    var docs = await products.add(data);
    return docs.id;
  } catch (e) {
    return null;
  }
}
```

데이터베이스에 저장하는 방법은 매우 간단합니다. 마치 리스트 배열에 값을 넣는 것처럼 데이터를 저장합니다. 저장 후에 반환되는 문서(document)를 통해 저장이 성공했는지, 오류가 발생했는지 판단할 수 있습니다.

product_write_controller.dart 파일의 submit 함수

```
submit() async {
  var downloadUrls = await uploadImages(selectedImages);
  product(product.value.copyWith(imageUrls: downloadUrls));
  var savedId = await _productRepository.saveProduct(product.value.toMap());
  if (savedId != null) {
    await showDialog(
      context: Get.context!,
      builder: (context) {
        return CupertinoAlertDialog(
          content: const AppFont(
            '물건이 등록되었습니다.',
            color: Colors.black,
            size: 16,
          ),
          actions: [
            TextButton(
              onPressed: () {
                Get.back();
              },
              child: const AppFont(
                '확인',
                size: 16,
                fontWeight: FontWeight.bold,
                color: Colors.blue,
              ),
            ),
          ],
```

```
      );
    },
  );
  Get.back(result: true);
 }
}
```

_productRepository.saveProduct 함수를 통해 데이터를 데이터베이스에 저장합니다. 그리고 반환된 saveId가 있을 때만 사용자에게 메시지를 띄워서 안내합니다. 그런 다음 등록 페이지를 닫기 위해 Get.back(result: true)를 사용했습니다. 여기서 result에 true를 넣은 이유는 새로 등록된 상품이 화면에 반영되도록 새로고침하기 위함입니다.

이제 테스트용 데이터를 등록해보겠습니다.

◀ 상품 등록 완료 메시지

정상적으로 물품이 등록되었다는 메시지가 나타나고, Firebase 데이터베이스에도 데이터가 정상적으로 저장된 것을 확인할 수 있습니다.

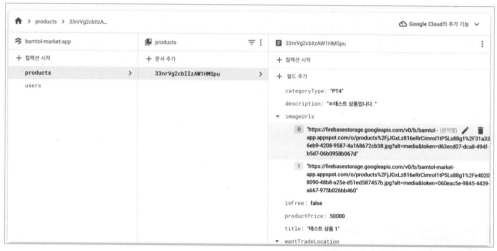

◀ Firebase 데이터베이스에 저장된 상품 정보 확인

16.3 개선 사항

이것으로 파일 등록 작업이 완료된 것일까요? 아직 아닙니다. 몇 가지 개선해야 할 내용이 있습니다.

1 로딩 처리: 상품 등록 후 '완료' 버튼을 누르면, 로딩 처리를 통해 사용자에게 업로드 및 데이터 저장이 진행 중임을 알릴 필요가 있습니다.

2 미비한 데이터 개선: 저장된 데이터를 확인해보면 해당 상품이 누구의 게시물인지 알 수 없습니다. 이를 해결하기 위해 owner에 대한 정보가 필요합니다. 또한 상품이 등록된 시간과 업데이트된 시간을 추가해야 합니다. 이렇게 하면 관리 측면에서 유용할 뿐 아니라, 고객이 상품을 최신순으로 정렬할 수 있습니다. 그 외에도 상품이 몇 번 확인되었는지, 판매 중인지, 예약 중인지, 완료되었는지 등을 나타내는 상태 값도 필요합니다.

이제 2가지 사항을 개선하는 작업을 진행하겠습니다.

16.3.1 로딩 처리

로딩Loading 처리는 여러 페이지에서 필요할 때가 많습니다. 매번 페이지별로 로딩 상태를 구성하는 것은 번거로울 수 있습니다. 이를 개선하기 위해 하나의 공통 레이아웃(CommonLayout)을 만들어서 필요할 때마다 로딩 처리를 사용할 수 있도록 하면 매우 편리할 것입니다. 공통 레이아웃과 controller를 만들어 모든 페이지에서 사용할 수 있게 하겠습니다.

이를 위해 common 폴더 아래에 layout 폴더를 만들고, 그 하위에 common_layout.dart 파일을 생성합니다.

```dart
import 'package:bamtol_market_app/src/common/components/app_font.dart';
import 'package:flutter/material.dart';

class CommonLayout extends StatelessWidget {
  const CommonLayout({super.key});

  @override
  Widget build(BuildContext context) {
    return Container(
      color: Colors.black.withOpacity(0.8),
      child: const Center(
        child: Column(
          mainAxisAlignment: MainAxisAlignment.center,
          children: [
            CircularProgressIndicator(strokeWidth: 1),
            SizedBox(height: 20),
            AppFont(
              '로딩 중...',
              color: Colors.white,
              size: 18,
            ),
          ],
        ),
      ),
    );
  }
}
```

위젯 구성을 보면 알 수 있겠지만 단순히 Scaffold 위젯을 래핑한 것입니다. 다시 말해 단지 Scaffold 위젯을 Stack으로 감싸준 것뿐입니다. Stack으로 감싼 이유는 로딩 위젯을 기존 위젯 위에 띄워주기 위해서입니다. 그럼 로딩 위젯을 만들겠습니다.

common/components 폴더 하위에 loading.dart 파일을 만들고, 다음과 같이 로딩 위젯을 구성하겠습니다.

```dart
import 'package:bamtol_market_app/src/common/components/app_font.dart';
import 'package:flutter/material.dart';

class Loading extends StatelessWidget {
  const Loading({super.key});

  @override
  Widget build(BuildContext context) {
    return Container(
      color: Colors.black.withOpacity(0.8),
      child: const Center(
        child: Column(
          mainAxisAlignment: MainAxisAlignment.center,
          children: [
            CircularProgressIndicator(strokeWidth: 1),
            SizedBox(height: 20),
            AppFont(
              '로딩 중...',
              color: Colors.white,
              size: 18,
            ),
          ],
        ),
      ),
    );
  }
}
```

이 로딩 위젯을 common_layout.dart에서 사용할 수 있도록 처리하겠습니다.

```dart
class CommonLayout extends StatelessWidget {
  final Widget body;
  final PreferredSizeWidget? appBar;
  final Widget? bottomNavBar;
  final Widget? floatingActionButton;
```

```dart
    final bool useSafeArea;
    const CommonLayout({
      super.key,
      required this.body,
      this.appBar,
      this.floatingActionButton,
      this.useSafeArea = false,
      this.bottomNavBar,
    });

    @override
    Widget build(BuildContext context) {
      return Material(
        child: Stack(
          fit: StackFit.expand,
          children: [
            Scaffold(
              resizeToAvoidBottomInset: false,
              appBar: appBar,
              backgroundColor: const Color(0xff212123),
              body: useSafeArea ? SafeArea(child: body) : body,
              bottomNavigationBar: bottomNavBar ?? const SizedBox(height: 1),
              floatingActionButton: floatingActionButton,
            ),
            const Loading(), // ---- 추가
          ],
        ),
      );
    }
  }
```

CommonLayout을 홈 화면에서 사용하면 어떻게 보이는지 확인해보겠습니다.

home_page.dart 파일 중

```dart
class HomePage extends StatelessWidget {
  const HomePage({super.key});

  @override
  Widget build(BuildContext context) {
    return CommonLayout( // ---- 수정
```

```
appBar: AppBar(
  leadingWidth: Get.width * 0.6,
  leading: Padding(
    padding: const EdgeInsets.only(left: 25),
    child: Row(children: [
```

기존에 사용하던 Scaffold 위젯을 CommonLayout으로 바꿔주기만 하면 됩니다. 저장 후 앱을 실행하면 자동으로 로딩 화면이 표시되는 것을 확인할 수 있습니다.

🐦 로딩 화면 표시 상태 확인

이제 로딩 화면을 표시할지 여부를 설정할 수 있는 controller가 필요합니다. common/controller 폴더에 common_layout_controller.dart 파일을 생성합니다.

```
import 'package:get/get.dart';

class CommonLayoutController extends GetxController {
  static CommonLayoutController get to => Get.find();
  RxBool isLoading = false.obs;

  void loading(bool state) {
    isLoading(state);
  }
}
```

CommonLayoutController의 역할은 현재 로딩 상태를 관리하는 것뿐입니다. 하지만 앞으로 앱을 개발하면서 공통으로 처리해야 하는 부분이 생길 수 있습니다. 그럴 때는 이 controller에서 관리하면 됩니다.

common_layout.dart 파일

```
import 'package:bamtol_market_app/src/common/components/loading.dart';
import 'package:bamtol_market_app/src/common/controller/common_layout_controller.
dart';
import 'package:flutter/material.dart';
import 'package:get/get.dart';

class CommonLayout extends GetView<CommonLayoutController> { // --- 1
  final Widget body;
  final PreferredSizeWidget? appBar;
  final Widget? bottomNavBar;
  final Widget? floatingActionButton;
  final bool useSafeArea;
  const CommonLayout({
    super.key,
    required this.body,
    this.appBar,
    this.floatingActionButton,
    this.useSafeArea = false,
    this.bottomNavBar,
  });

  @override
  Widget build(BuildContext context) {
```

```
      return Material(
        child: Obx( // --- 2
          () => Stack(
            fit: StackFit.expand,
            children: [
              Scaffold(
                resizeToAvoidBottomInset: false,
                appBar: appBar,
                backgroundColor: const Color(0xff212123),
                body: useSafeArea ? SafeArea(child: body) : body,
                bottomNavigationBar: bottomNavBar ?? const SizedBox(height: 1),
                floatingActionButton: floatingActionButton,
              ),
              controller.isLoading.value ? const Loading() : Container(), // --- 3
            ],
          ),
        ),
      );
    }
  }
```

1: CommonLayoutController에 쉽게 접근하기 위해 GetView를 사용했습니다.

2: CommonLayoutController에서 변경되는 상태를 구독하기 위해 Obx를 사용했습니다.

3: isLoading 상태 값에 따라 로딩 위젯을 보여줄지, 빈 Container를 보여줄지를 처리했습니다.

마지막으로 CommonLayoutController를 GetX에 등록하겠습니다. main.dart 파일로 이동합니다.

```
initialBinding: BindingsBuilder(() {
  var authenticationRepository =
      AuthenticationRepository(FirebaseAuth.instance);
  var user_repository = UserRepository(db);
  Get.put(authenticationRepository);
  Get.put(user_repository);
  Get.put(CommonLayoutController()); // ---- 추가
  Get.put(ProductRepository(db));
  Get.put(BottomNavController());
  Get.put(SplashController());
  Get.put(DataLoadController());
  Get.put(AuthenticationController(
```

```
    authenticationRepository,
    user_repository,
  ));
  Get.put(CloudFirebaseRepository(FirebaseStorage.instance));
}),
```

앱을 실행하면 기본적으로 로딩 화면은 보이지 않습니다. 글쓰기 페이지로 이동해보겠습니다.

product_write_page.dart
```
class ProductWritePage extends GetView<ProductWriteController> {
  const ProductWritePage({super.key});
  Widget get _divder => const Divider(
        color: Color(0xff3C3C3E),
        indent: 25,
        endIndent: 25,
      );


  @override
  Widget build(BuildContext context) {
    return CommonLayout( // ---- 수정
      appBar: AppBar(
        leading: GestureDetector(
          onTap: Get.back,
          child: Padding(
            padding: const EdgeInsets.all(10.0),
            child: SvgPicture.asset('assets/svg/icons/close.svg'),
          ),
        ),
        centerTitle: true,
        title: const AppFont(
          '내 물건 팔기',
          fontWeight: FontWeight.bold,
          size: 18,
        ),
    //... 이하 생략
```

이어서 물품을 등록할 때 로딩 처리를 해주기 위해 product_write_controller의 submit 함수로
이동하겠습니다.

product_write_controller.dart

```
submit() async {
  CommonLayoutController.to.loading(true); // --- 1
  var downloadUrls = await uploadImages(selectedImages);
  product(product.value.copyWith(imageUrls: downloadUrls));
  var savedId = await _productRepository.saveProduct(product.value.toMap());
  CommonLayoutController.to.loading(false); // ---- 2
  if (savedId != null) {
    await showDialog(
      context: Get.context!,
      builder: (context) {
        return CupertinoAlertDialog(
          content: const AppFont(
            '물건이 등록되었습니다.',
            color: Colors.black,
            size: 16,
          ),
          actions: [
            TextButton(
              onPressed: () {
                Get.back();
              },
              child: const AppFont(
                '확인',
                size: 16,
                fontWeight: FontWeight.bold,
                color: Colors.blue,
              ),
            ),
          ],
        );
      },
    );
    Get.back(result: true);
  }
}
```

별다른 작업 없이 CommonLayoutController.to.loading 이벤트를 통해 로딩 시작(1)과 로딩 종료(2)를 해줌으로써 화면에서 로딩 처리가 되는 것을 확인할 수 있습니다.

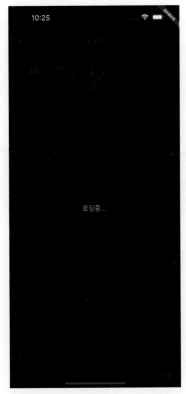

◀ 로딩 처리 기능 구현 완료

이렇게 로딩 처리는 해결되었습니다.

16.3.2 미비한 데이터 개선

지금까지 설계된 Product 모델은 사용자가 입력하는 정보를 바탕으로 설계되었습니다. 하지만 서비스 제공을 위해서는 눈에 보이지 않는 데이터도 고려하고 설계해야 합니다. 이제 Product 모델에 부족한 데이터를 추가해보겠습니다.

1 docId: 상품 데이터의 고유 키로, 데이터 삭제와 업데이트에 사용됩니다.

2 owner: 작성자의 정보를 담습니다.

3 createdAt: 최초로 상품 데이터를 저장할 때 입력되며, 이후 업데이트되지 않습니다.

4 updatedAt: 상품 정보가 수정될 때마다 갱신됩니다.

5 viewCount: 사용자가 해당 상품을 몇 번 확인했는지를 측정합니다.

6 status: 상품의 상태로 판매 중/예약 중/판매 완료 등으로 구분됩니다.

7 likers: 내 상품을 관심 상품으로 저장한 사용자 정보를 담습니다.

이 데이터를 Product 모델에 추가하겠습니다.

 product.dart 파일 중

```dart
class Product extends Equatable {
  final String? docId;
  final String? title;
  final String? description;
  final int? productPrice;
  final bool? isFree;
  final List<String>? imageUrls;
  final UserModel? owner;
  final DateTime? createdAt;
  final DateTime? updatedAt;
  final int? viewCount;
  final ProductStatusType? status; // ---- 1
  final LatLng? wantTradeLocation;
  final String? wantTradeLocationLabel;
  final ProductCategoryType? categoryType;
  final List<String>? likers;
  const Product({
    this.docId,
    this.title,
    this.description,
    this.productPrice = 0,
    this.isFree,
    this.imageUrls,
    this.createdAt,
    this.updatedAt,
    this.viewCount = 0,
    this.wantTradeLocation,
    this.wantTradeLocationLabel,
    this.categoryType = ProductCategoryType.none,
    this.status = ProductStatusType.sale,
    this.owner,
    this.likers,
  });

  const Product.empty() : this();
```

```dart
Map<String, dynamic> toMap() {
  return {
    'owner': owner!.toJson(),
    'title': title,
    'description': description,
    'productPrice': productPrice,
    'isFree': isFree,
    'imageUrls': imageUrls,
    'createdAt': createdAt,
    'viewCount': viewCount,
    'updatedAt': DateTime.now(),
    'status': status!.value,
    'wantTradeLocation': [
      wantTradeLocation?.latitude,
      wantTradeLocation?.longitude
    ],
    'wantTradeLocationLabel': wantTradeLocationLabel,
    'categoryType': categoryType?.code,
    'likers': likers,
  };
}


factory Product.fromJson(String docId, Map<String, dynamic> json) {
  return Product(
    docId: docId,
    title: json['title'],
    description: json['description'],
    productPrice: json['productPrice'],
    isFree: json['isFree'],
    imageUrls: json['imageUrls'].map<String>((e) => e as String).toList(),
    createdAt: json['createdAt'] == null
        ? DateTime.now()
        : json['createdAt'].toDate(),
    updatedAt: json['updatedAt'] == null
        ? DateTime.now()
        : json['updatedAt'].toDate(),
    viewCount: json['viewCount'].toInt(),
    owner: UserModel.fromJson(json['owner']),
    status: json['status'] == null
        ? ProductStatusType.sale
```

```dart
          : ProductStatusType.values.byName(json['status']),
      categoryType: json['categoryType'] == null
          ? ProductCategoryType.none
          : ProductCategoryType.findByCode(json['categoryType']),
      wantTradeLocationLabel: json['wantTradeLocationLabel'],
      wantTradeLocation: json['wantTradeLocation'] != null &&
              json['wantTradeLocation'][0] != null &&
              json['wantTradeLocation'][1] != null
          ? LatLng(json['wantTradeLocation'][0], json['wantTradeLocation'][1])
          : null,
      likers: json['likers']?.map<String>((e) => e as String).toList(),
    );
}


Product copyWith({
  String? title,
  String? description,
  UserModel? owner,
  int? productPrice,
  int? viewCount,
  bool? isFree,
  List<String>? imageUrls,
  List<String>? likers,
  ProductStatusType? status,
  LatLng? wantTradeLocation,
  String? wantTradeLocationLabel,
  ProductCategoryType? categoryType,
  DateTime? createdAt,
  DateTime? updatedAt,
}) {
  return Product(
    docId: docId,
    title: title ?? this.title,
    owner: owner ?? this.owner,
    description: description ?? this.description,
    productPrice: productPrice ?? this.productPrice,
    isFree: isFree ?? this.isFree,        viewCount: viewCount ?? this.viewCount,
    imageUrls: imageUrls ?? this.imageUrls,
    likers: likers ?? this.likers,
    status: status ?? this.status,
    wantTradeLocation: wantTradeLocation ?? this.wantTradeLocation,
```

```
    wantTradeLocationLabel:
        wantTradeLocationLabel ?? this.wantTradeLocationLabel,
    categoryType: categoryType ?? this.categoryType,
    createdAt: createdAt ?? this.createdAt,
    updatedAt: updatedAt ?? this.updatedAt,
  );
}


@override
List<Object?> get props => [
      title,
      owner,
      description,
      productPrice,
      isFree,
      imageUrls,
      createdAt,
      viewCount,
      status,
      likers,
      wantTradeLocation,
      wantTradeLocationLabel,
      categoryType,
      updatedAt,
    ];
}
```

1을 제외하고 정상적으로 작동합니다. 1에서 오류가 발생하는 이유는 ProductStatusType이 아직 존재하지 않기 때문입니다. 이를 해결하기 위해 common/enum 폴더 내의 market_enum.dart 파일에 ProductStatusType 타입을 추가하겠습니다.

market_enum.dart 파일 중 일부

```
enum ProductStatusType {
  sale('sale', '판매 중'),
  reservation('reservation', '예약 중'),
  soldOut('soldOut', '판매 완료'),
  cancel('cancel', '취소');

  const ProductStatusType(this.value, this.name);
```

```
      final String value;
      final String name;
}
```

이제 모델을 설계했으므로, 상품 정보를 등록할 때 필요한 데이터를 추가로 채우겠습니다.

product_write_controller.dart

```
submit() async {
    CommonLayoutController.to.loading(true);
    var downloadUrls = await uploadImages(selectedImages);
    product(product.value.copyWith( // --- 1
      owner: owner,
      imageUrls: downloadUrls,
      createdAt: DateTime.now(),
      updatedAt: DateTime.now(),
    ));
    var savedId = await _productRepository.saveProduct(product.value.toMap());
    CommonLayoutController.to.loading(false);
    if (savedId != null) {
      await showDialog(
        context: Get.context!,
        builder: (context) {
          return CupertinoAlertDialog(
            content: const AppFont(
              '물건이 등록되었습니다.',
              color: Colors.black,
              size: 16,
            ),
            actions: [
              TextButton(
                onPressed: () {
                  Get.back();
                },
                child: const AppFont(
                  '확인',
                  size: 16,
                  fontWeight: FontWeight.bold,
                  color: Colors.blue,
                ),
              ),
```

```
          ],
        );
      },
    );
    Get.back(result: true);
  }
}
```

1 : 기존에는 downloadUrls만 copyWith로 업데이트했지만 이제 owner, createdAt, updatedAt 정보를 추가했습니다. 다시 새로운 상품을 등록해보겠습니다.

이제 부족한 정보 없이 잘 채워진 데이터를 Firebase 콘솔에서 정상적으로 확인할 수 있습니다. 그러면 상품 등록 페이지는 완료된 것일까요? 아쉽지만 아직 아닙니다. 추가로 상품 수정 기능을 만들어야 합니다. 상품 수정 페이지에서는 기존에 저장된 데이터를 기반으로 수정 작업이 이루어지기 때문에, 기존 소스코드에서 수정 기능을 추가해야 합니다.

하지만 수정 작업은 실제 데이터를 통해 진행해야 합니다. 그래서 먼저 홈 화면의 상품 목록 기능과 상품 상세 페이지를 만들고, 해당 상품 페이지에서 수정할 수 있는 메뉴를 추가하여 수정 기능을 구현하겠습니다.

홈 화면 상품 리스트

🌿 깃 브랜치명: chapter17

이 장에서는 플러터 애플리케이션의 홈 화면에서 상품 리스트를 구성해봅니다. 먼저 HomeController를 생성하여 상품 데이터를 로드하고 관리합니다. 그리고 ProductRepository를 통해 상품 리스트를 가져오고 RxList로 상태를 관리하며 화면에 데이터를 표시해봅니다. 또한 ListView와 Obx를 사용해 실시간 데이터 반영과 페이징 처리를 구현합니다. 마지막으로 로딩 상태를 표시하고 상품 등록 후 화면을 갱신하는 방법을 배웁니다.

CHAPTER

17

홈 화면을 개발해보겠습니다. 이미 테스트로 등록한 상품이 몇 개 있습니다. 아직 페이징 처리를 할 만큼 테스트 데이터를 넣지는 않았지만, 우선 상세 페이지 개발까지 진행하기 위한 중간 단계라고 생각하면 됩니다.

> 💡 상품 데이터 중에서 product 모델이 완전하지 않은 상태로 등록된 데이터가 있다면 Firebase에서 그 데이터를 삭제한 후에 진행해야 합니다.

17.1 HomeController 생성 및 의존성 설정

home 폴더 아래에 controller 폴더를 만들고, 그 하위에 home_controller.dart 파일을 생성하겠습니다.

home_controller.dart 파일

```dart
import 'package:bamtol_market_app/src/product/repository/product_repository.dart';
import 'package:get/get.dart';


class HomeController extends GetxController {
  ProductRepository _productRepository;
  HomeController(this._productRepository);
}
```

홈 화면에는 지역을 선택하는 좌상단 메뉴가 있지만, 여기서는 그 부분을 다루지 않겠습니다.

HomeController는 상품 리스트의 상태를 관리하는 역할을 하기 때문에, ProductRepository를 생성할 때 함께 넣어줍니다. 이어서 HomeController.dart 파일을 GetX에 주입하겠습니다.

main.dart 파일 중

```dart
getPages: [
  GetPage(
    name: '/home',
    page: () => const Root(),
    binding: BindingsBuilder(() {
      Get.put(HomeController(Get.find<ProductRepository>()));
```

```
    })),
  // ... 이하 생략
```

HomeController를 홈 화면으로 이동할 때 주입했습니다.

17.2 데이터 로드

HomeController의 라이프사이클 기준으로 onInit 메서드가 호출될 때 데이터를 로드하도록 하겠습니다.

home_controller.dart

```
class HomeController extends GetxController {
  ProductRepository _productRepository;
  HomeController(this._productRepository);

  @override
  void onInit() {
    super.onInit();
    _loadProductList(); // ---- 1
  }

  Future<void> _loadProductList() async {
    await _productRepository.getProducts(); // ---- 2
  }
}
```

1: onInit가 호출될 때 페이지에 상품을 보여주기 위해 _loadProductList()를 호출합니다.

2: _productRepository를 통해 getProducts 함수를 호출합니다. 이 함수는 모든 상품 데이터를 조회하는 역할을 합니다. 지금은 검색 조건이 없어서 모든 상품 리스트를 조회하지만 나중에 검색 조건을 추가하여 기능을 개선할 것입니다.

아직 _productRepository에 getProducts 함수가 없기 때문에 오류가 발생합니다. 이를 해결하기 위해 getProducts 함수를 만들겠습니다.

```
Future<({List<Product> list, QueryDocumentSnapshot<Object?>? lastItem})>
    getProducts() async {
  try {
    QuerySnapshot<Object?> snapshot = await products.get(); // ---- 1
    if (snapshot.docs.isNotEmpty) {
      return ( // --- 2
        list: snapshot.docs.map<Product>((product) {
          return Product.fromJson(
              product.id, product.data() as Map<String, dynamic>);
        }).toList(),
        lastItem: snapshot.docs.last
      );
    }
    return (list: <Product>[], lastItem: null); // --- 2
  } catch (e) {
    print(e);
    return (list: <Product>[], lastItem: null); // --- 2
  }
}
```

1: 검색 조건이 없기 때문에 products의 모든 데이터를 불러오게 됩니다.

2: 결과가 있든 없든 반환 타입은 새로운 형태일 것입니다. 이는 다트 3.x 버전에서 도입된 패턴 매칭 방식입니다. 이 방식으로 데이터를 반환합니다. 페이징을 고려하여 상품 리스트와 마지막 아이템을 함께 전달하는 방식으로 구현하겠습니다.

home_controller.dart 파일 중 _loadProductList 함수

```
Future<void> _loadProductList() async {
  var result = await _productRepository.getProducts();
  print(result.list.length);
}
```

현재 상태로 앱을 다시 실행하면, print문으로 숫자 1이 출력됩니다. 이는 조회된 상품 데이터의 개수를 나타냅니다. 테스트 데이터의 개수에 따라 출력되는 숫자는 다를 수 있습니다. 일단 몇 개든 상관없이 조회된 데이터를 화면에 보여주는 작업을 진행하겠습니다.

17.3 상품 리스트 상태 관리 및 화면 처리

home_controller.dart 파일 중

```dart
class HomeController extends GetxController {
  ProductRepository _productRepository;
  HomeController(this._productRepository);
  RxList<Product> productList = <Product>[].obs; // --- 1

  @override
  void onInit() {
    super.onInit();
    _loadProductList();
  }

  Future<void> _loadProductList() async {
    var result = await _productRepository.getProducts();
    productList.addAll(result.list); // --- 2
  }
}
```

1: 상품을 상태 관리할 수 있도록 Rx 방식으로 선언했습니다.

2: result 데이터를 productList에 addAll로 추가했습니다. 이제 화면에서 이 데이터를 처리하겠습니다.

home_page.dart 파일 중

```dart
class _ProductList extends GetView<HomeController> { // --- 1
  const _ProductList({super.key});

  // 중간 생략

  Widget build(BuildContext context) {
    return Obx( // --- 2
      () => ListView.separated(
        padding: const EdgeInsets.only(left: 25.0, top: 20, right: 25),
        itemBuilder: (context, index) {
          return _productOne(index);
        },
        separatorBuilder: (context, index) => const Padding(
          padding: EdgeInsets.symmetric(vertical: 10.0),
          child: Divider(
```

```
        color: Color(0xff3C3C3E),
      ),
    ),
    itemCount: controller.productList.length, // --- 3
  ),
 );
 }
}
```

1: HomeController를 사용하기 위해 위젯을 GetView로 변경했습니다

2: 상태 관리를 모니터링하기 위해 Obx로 구독했습니다.

3: HomeController에 등록된 productList의 개수만큼 아이템을 표시하도록 설정했습니다.

앱을 다시 실행한 후 로그에 찍힌 데이터 개수만큼 화면에 상품이 표시되면 됩니다.

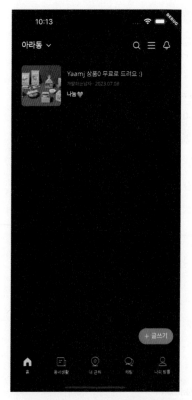

◀ 로그에 찍힌 데이터 개수만큼 화면에 상품 표시

이어서 임의로 하드코딩 되어 있는 소스코드를 실제 데이터로 변경하겠습니다.

```
Widget subInfo(Product product) {
  return Row(
    children: [
      AppFont(
        product.owner?.nickname ?? '', // ---- 5
        color: const Color(0xff878B93),
        size: 12,
      ),
      const AppFont(
        ' . ',
        color: const Color(0xff878B93),
        size: 12,
      ),
      AppFont(
        DateFormat('yyyy.MM.dd').format(product.createdAt!), // ---- 6
        color: const Color(0xff878B93),
        size: 12,
      ),
    ],
  );
}

Widget _productOne(Product product) { // ----- 1
  return Row(
    crossAxisAlignment: CrossAxisAlignment.start,
    children: [
      ClipRRect(
        borderRadius: BorderRadius.circular(7),
        child: SizedBox(
          width: 100,
          height: 100,
          child: Image.network(
            product.imageUrls?.first ?? '', // ---- 2
            fit: BoxFit.cover,
          ),
        ),
      ),
      const SizedBox(width: 15),
      Expanded(
```

```
        child: Column(
          crossAxisAlignment: CrossAxisAlignment.stretch,
          children: [
            const SizedBox(height: 10),
            AppFont(
              product.title ?? '', // ---- 3
              color: Colors.white,
              size: 16,
            ),
            const SizedBox(height: 5),
            subInfo(product), // ---- 4
            const SizedBox(height: 5),
            const Row(
              children: [
                AppFont(
                  '나눔',
                  size: 14,
                  fontWeight: FontWeight.bold,
                ),
                AppFont(
                  '￼',
                  size: 16,
                ),
              ],
            )
          ],
        ),
      )
    ],
  );
}


Widget build(BuildContext context) {
  return Obx(
    () => ListView.separated(
      padding: const EdgeInsets.only(left: 25.0, top: 20, right: 25),
      itemBuilder: (context, index) {
        return _productOne(controller.productList[index]); // ---- 1
      },
      separatorBuilder: (context, index) => const Padding(
        padding: EdgeInsets.symmetric(vertical: 10.0),
```

```
      child: Divider(
        color: Color(0xff3C3C3E),
      ),
    ),
    itemCount: controller.productList.length,
  ),
);
}
```

1: 기존에 인덱스만 넘겨주던 부분을 이제는 Product 모델로 넘겨줍니다.

2: product의 이미지 중 첫 번째 이미지를 보여줍니다.

3: product의 title을 제목 부분에 넣어줍니다.

4: 판매자 정보와 날짜를 표시하기 위해 subInfo 함수를 따로 만들었습니다. 이렇게 하는 이유는 Row로 묶어서 보기 좋게 그룹화하기 위해서이기도 하고, 들여쓰기를 줄여 코드의 가독성을 높이기 위해서이기도 합니다.

5: 이름 영역에 판매자의 nickname을 적용합니다.

6: 상품 등록 시간을 포매팅^{Formatting}하여 표시합니다.

17.4 가격 표기 위젯 생성

마지막으로 가격이 표기된 일반 상품인지 또는 0원으로 표기된 나눔 상품인지를 보여줘야 합니다. 또한 판매 상품의 상태도 보여줘야 합니다. 이를 별도의 위젯으로 관리하겠습니다.

home.dart 파일의 가격 표기 영역 부분 중

```
Expanded(
  child: Column(
    crossAxisAlignment: CrossAxisAlignment.stretch,
    children: [
      AppFont(
        product.title ?? '',
        color: Colors.white,
        size: 16,
        maxLine: 2,
      ),
      const SizedBox(height: 5),
```

```
        subInfo(product),
        const SizedBox(height: 5),
        PriceView( // --- 1
          price: product.productPrice ?? 0,
          status: product.status ?? ProductStatusType.sale,
        )
      ],
    ),
  )
```

1 : PriceView 위젯을 만들겠습니다. 이 위젯에 가격과 상품 상태 값을 넘겨줍니다. 이를 위해 common/components 폴더 아래에 price_view.dart 파일을 생성하겠습니다.

price_view.dart 파일 중

```
import 'package:bamtol_market_app/src/common/components/app_font.dart';
import 'package:bamtol_market_app/src/common/enum/market_enum.dart';
import 'package:flutter/material.dart';
import 'package:intl/intl.dart';

class PriceView extends StatelessWidget {
  final int price;
  final ProductStatusType status;
  const PriceView({super.key, required this.price, required this.status});

  Widget stateView() { // --- 3
    Color backColor = Colors.green;
    Color textColor = Colors.white;
    switch (status) {
      case ProductStatusType.sale:
        return Container();
      case ProductStatusType.reservation:
        backColor = Colors.green;
        textColor = Colors.white;
        break;
      case ProductStatusType.soldOut:
      case ProductStatusType.cancel:
        backColor = Colors.grey;
        textColor = Colors.black;
        break;
    }
```

```dart
    return Container(
      margin: const EdgeInsets.only(right: 10),
      padding: const EdgeInsets.symmetric(vertical: 3, horizontal: 7),
      decoration: BoxDecoration(
        borderRadius: BorderRadius.circular(3),
        color: backColor,
      ),
      child: AppFont(
        status.name,
        size: 12,
        color: textColor,
      ),
    );
  }

  @override
  Widget build(BuildContext context) {
    return price == 0
        ? Row( // --- 1
            children: [
              stateView(),// --- 3
              const AppFont(
                '나눔',
                size: 14,
                fontWeight: FontWeight.bold,
              ),
              const AppFont(
                '☒',
                size: 16,
              ),
            ],
          )
        : Row( // --- 2
            children: [
              stateView(),// --- 3
              AppFont(
                '${NumberFormat('###,###,###,###').format(price)}원',
                color: Colors.white,
                size: 14,
                fontWeight: FontWeight.bold,
              ),
```

```
      ],
    );
  }
}
```

1: price가 0원이라면 나눔 상품으로 표시합니다.

2: 가격을 표시할 때는 NumberFormat을 사용하여 보기 좋게 표기될 수 있도록 합니다.

3: 가격 표기 앞에 판매 상태를 보여주기 위해 Row의 맨 앞에 상태 표시를 추가했습니다. 또한 상태 값에 따라 각기 다른 색상과 상태 표기를 넣었습니다.

지금 등록된 데이터는 나눔 상품이기 때문에, 나눔이 아닌 상품도 등록해보겠습니다.

17.5 상품 등록 후 화면 갱신 처리

글을 작성한 뒤 홈으로 돌아오면 새롭게 갱신된 데이터를 확인할 수 없습니다. 이는 새로고침 이벤트가 발생하지 않았기 때문입니다. 이를 해결하기 위해 FloatingActionButton 부분을 수정하겠습니다.

🎬 **home_page.dart 파일의 floatingActionButton 옵션 중**

```
floatingActionButton: GestureDetector(
  onTap: () async {
    var isNeedRefresh = await Get.toNamed('/product/write');// --- 1
    if (isNeedRefresh is bool && isNeedRefresh) {
      Get.find<HomeController>().refresh(); // --- 2
    }
  },
  behavior: HitTestBehavior.translucent,
  child: Row(
    mainAxisAlignment: MainAxisAlignment.end,
    children: [
      Container(
        padding: const EdgeInsets.symmetric(vertical: 10, horizontal: 15),
        decoration: BoxDecoration(
          borderRadius: BorderRadius.circular(50),
          color: const Color(0xffED7738),
```

```
        ),
      child: Row(children: [
        SvgPicture.asset('assets/svg/icons/plus.svg'),
        const SizedBox(width: 6),
        const AppFont(
          '글쓰기',
          size: 16,
          color: Colors.white,
        )
      ]),
    ),
  ],
  ),
),
```

1 : 글쓰기 페이지에서 글쓰기가 완료되면 반환 값으로 true를 전달합니다.

2 : HomeController의 refresh 함수를 호출하여 화면을 새로고침합니다.

home_controller.dart 파일

```
class HomeController extends GetxController {
  ProductRepository _productRepository;
  HomeController(this._productRepository);
  RxList<Product> productList = <Product>[].obs;

  @override
  void onInit() {
    super.onInit();
    _loadProductList();
  }

  void _initData() { // --- 2
    productList.clear();
  }

  void refresh() async { // --- 1
    _initData();
    await _loadProductList(); // --- 3
  }
```

```
  Future<void> _loadProductList() async {
    var result = await _productRepository.getProducts();
    productList.addAll(result.list);
  }
}
```

1: refresh 함수를 생성합니다.

2: 기존의 productList 값을 초기화합니다.

3: 새로운 데이터를 조회하기 위해 _loadProductList 함수를 호출합니다.

다시 글쓰기를 통해 자동으로 데이터가 갱신되는지 확인해보겠습니다.

◀ 글쓰기 완료 후 데이터 자동 갱신 확인

이제 글쓰기를 완료한 후, 데이터가 자동으로 갱신되는 것을 확인할 수 있습니다.

17.6 페이징 처리

현재 상품 개수는 적지만 사용자가 앱을 사용할 때 페이징 처리는 꼭 필요합니다. 이제 홈 화면의 리스트에 페이징 처리를 추가해보겠습니다. 우선 테스트 데이터로 10개의 상품을 등록해보겠습니다.

상품을 등록하다 보면 생성일자로 정렬되지 않고 랜덤하게 정렬되는 것을 알 수 있을 것입니다. 이 부분도 페이징 기능을 만들면서 함께 구현하겠습니다. 먼저 검색 옵션을 설정하겠습니다. common/model 폴더 하위에 product_search_option.dart 파일을 생성합니다.

product_search_option.dart 파일

```
class ProductSearchOption extends Equatable {
  QueryDocumentSnapshot? lastItem;
  List<ProductStatusType>? status;
  String? ownerId;

  ProductSearchOption({
    this.lastItem,
    this.status,
    this.ownerId,
  });

  @override
  List<Object?> get props => [
        lastItem,
        status,
        ownerId,
      ];
}
```

lastItem은 Firebase에서 페이징을 하기 위해 사용합니다. 일반적으로 사용하는 페이지 번호 (pagenumber)를 서버에 전달하여 페이징 처리하는 방식이 아닙니다. 대신 마지막으로 불러온 항목을 기준으로 다음 페이지를 호출하기 때문에 lastItem 데이터가 필요합니다.

status 값은 배열입니다. 이는 검색 조건으로 '판매 중' 또는 '예약 중'인 상품을 보여주기 위해서입니다. 또한 사용자가 원하는 상태를 조합하여 볼 수 있도록 배열로 관리합니다.

ownerId는 상품 상세 페이지에서 판매자의 다른 상품을 보기 위해 사용됩니다. 이를 위해 미리 설계해둔 것입니다.

이어서 copyWith와 toQuery 함수를 추가하여 로직에서 사용할 수 있게 하겠습니다.

```dart
class ProductSearchOption extends Equatable {
  QueryDocumentSnapshot? lastItem;
  List<ProductStatusType>? status;
  String? ownerId;

  ProductSearchOption({
    this.lastItem,
    this.status,
    this.ownerId,
  });

  ProductSearchOption copyWith({ // --- 추가
    QueryDocumentSnapshot? lastItem,
    String? ownerId,
    List<ProductStatusType>? status,
  }) {
    return ProductSearchOption(
      lastItem: lastItem,
      status: status ?? this.status,
      ownerId: ownerId ?? this.ownerId,
    );
  }

  Query<Object?> toQuery(CollectionReference<Object?> collection) { // --- 추가
    Query<Object?> query = collection;
    if (status != null && status!.isNotEmpty) {
      query =
          query.where('status', whereIn: status!.map((e) => e.value).toList());
    }
    if (ownerId != null) {
      query = query.where('owner.uid', isEqualTo: ownerId);
    }
    query = query.orderBy('createdAt', descending: true);
    return query;
  }

  @override
  List<Object?> get props => [
        lastItem,
```

```
      status,
      ownerId,
    ];
  }
```

toQuery 함수는 현재 모델의 필드(lastItem, status, ownerId)에 데이터가 존재할 경우, 해당 조건에 맞는 쿼리를 생성하는 함수입니다.

이 검색 모델을 HomeController에서 사용하도록 하겠습니다.

home_controller.dart

```
class HomeController extends GetxController {
  ProductRepository _productRepository;
  HomeController(this._productRepository);
  RxList<Product> productList = <Product>[].obs;
  ProductSearchOption searchOption = ProductSearchOption( // --- 1
    status: const [
      ProductStatusType.sale,
      ProductStatusType.reservation,
    ],
  );

  @override
  void onInit() {
    super.onInit();
    _loadProductList();
  }

  void _initData() {
    searchOption = searchOption.copyWith(lastItem: null); // --- 2
    productList.clear();
  }

  void refresh() async {
    _initData();
    await _loadProductList();
  }

  Future<void> _loadProductList() async {
    var result = await _productRepository.getProducts(searchOption); // --- 3
```

```
      productList.addAll(result.list);
    }
  }
```

1: 검색 조건을 생성했습니다. 홈 화면에서는 특정 계정의 상품을 볼 이유가 없고 상품 상태는 판매 중, 예약 중인 것만 볼 수 있게 설정했습니다. 그리고 lastItem이 null이면 첫 페이지를 의미합니다.

2: 상품을 등록한 후 화면을 새로고침할 때 데이터를 다시 불러오는데 이때 lastItem을 비워줘야 합니다.

3: getProducts 함수에 searchOption을 넘겨줘서 검색 조건에 맞는 데이터를 불러올 수 있도록 처리합니다.

ProductRepository로 넘어가서 수정하겠습니다.

```
Future<({List<Product> list, QueryDocumentSnapshot<Object?>? lastItem})>
    getProducts(ProductSearchOption searchOption) async { // --- 1
  try {
    Query<Object?> query = searchOption.toQuery(products); // --- 2
    QuerySnapshot<Object?> snapshot;
    if (searchOption.lastItem == null) { // --- 3
      snapshot = await query.limit(7).get();
    } else {
      snapshot = await query // --- 4
          .startAfterDocument(searchOption.lastItem!)
          .limit(7)
          .get();
    }

    if (snapshot.docs.isNotEmpty) {
      return (
        list: snapshot.docs.map<Product>((product) {
          return Product.fromJson(
              product.id, product.data() as Map<String, dynamic>);
        }).toList(),
        lastItem: snapshot.docs.last
      );
    }
    return (list: <Product>[], lastItem: null);
  } catch (e) {
    print(e);
    return (list: <Product>[], lastItem: null);
```

```
    }
  }
```

1 : getProducts 함수에 searchOption을 넘겨받기 위해 ProductSearchOption을 파라미터로 선언했습니다.

2 : ProductSearchOption 모델에서 만든 toQuery 메서드를 이곳에서 사용하게 됩니다.

3 : lastItem이 null이면(lastItem == null) 첫 페이지이므로 7개의 데이터를 조회하면 됩니다.

4 : lastItem이 있는 경우, 페이징을 위해 이전 데이터를 startAfterDocument로 설정하고 7개의 데이터를 조회합니다.

이로써 검색 필터가 처리되었습니다. 이어서 페이징 처리를 위해 scrollController를 등록하겠습니다. 다시 home_controller.dart 파일로 이동합니다.

```
class HomeController extends GetxController {
  ProductRepository _productRepository;
  HomeController(this._productRepository);
  RxList<Product> productList = <Product>[].obs;
  ScrollController scrollController = ScrollController(); // --- 1
  ProductSearchOption searchOption = ProductSearchOption(
    status: const [
      ProductStatusType.sale,
      ProductStatusType.reservation,
    ],
  );
  RxBool isLoading = false.obs; // --- 2

  @override
  void onInit() {
    super.onInit();
    _loadProductList();
    _event(); // --- 3
  }

  void _event() { / --- 4
    scrollController.addListener(() {
      if (scrollController.offset >
            scrollController.position.maxScrollExtent - 100 &&
          searchOption.lastItem != null &&
```

```
         !isLoading.value) {
           _loadProductList();
         }
       });
     }

     void _initData() {
       searchOption = searchOption.copyWith(lastItem: null);
       productList.clear();
     }

     void refresh() async {
       _initData();
       await _loadProductList();
     }

     Future<void> _loadProductList() async {
       isLoading(true); // --- 5
       var result = await _productRepository.getProducts(searchOption);
       if (result.lastItem != null) { // --- 6
         searchOption = searchOption.copyWith(lastItem: result.lastItem);
       } else {
         searchOption = searchOption.copyWith(lastItem: null);
       }
       productList.addAll(result.list);
       isLoading(false); // --- 7
     }
   }
```

1 : 화면에서 ListView에 사용할 scrollController를 생성합니다.

2 : 페이징 시 반복 호출을 방지하기 위해 로딩(isLoading) 상태를 추가했습니다.

3 : onInit 함수에서 scrollController의 스크롤 이벤트를 추적하기 위해 _event 함수를 호출합니다.

4 : _event 함수에서 스크롤 위치를 확인하여 페이지의 마지막 위치 −100에 도달했을 때, lastItem이 있고 로딩 중이 아니라면 _loadProductList를 호출하여 다음 페이지를 불러옵니다.

5 : _loadProductList를 호출할 때 동시에 isLoading 상태를 true로 변경합니다. 이렇게 하면 스크롤 중에도 중복 호출이 되지 않습니다.

6 : lastItem 조건에 따라 검색 필터 모델에 추가합니다.

7 : 데이터 처리가 끝난 후 로딩 상태를 false로 변경하여, 다시 다음 페이지를 호출할 수 있는 상태로 만들어줍니다.

마지막으로 화면에서 scollController를 등록하겠습니다.

```dart
Widget build(BuildContext context) {
  return Obx(
    () => ListView.separated(
      controller: controller.scrollController, // --- 추가
      padding: const EdgeInsets.only(left: 25.0, top: 20, right: 25),
      itemBuilder: (context, index) {
        return _productOne(controller.productList[index]);
      },
      separatorBuilder: (context, index) => const Padding(
        padding: EdgeInsets.symmetric(vertical: 10.0),
        child: Divider(
          color: Color(0xff3C3C3E),
        ),
      ),
      itemCount: controller.productList.length,
    ),
  );
}
```

앱을 다시 실행하면 데이터가 정상적으로 불러와지는 것을 확인할 수 있습니다.

💡 처음 실행 시 'The query requires an index'라는 cloud_firestore failed-precondition 오류가 발생하여 화면에 데이터가 조회되지 않을 수 있습니다. 이는 Firebase에 인덱스 설정이 필요하다는 것을 의미합니다. 메시지 중 'You can create it here: https://console.firebase.google.com/'은 Firestore 콘솔에서 인덱스를 설정할 수 있는 링크입니다. 이 링크를 클릭하면 Firebase 콘솔로 이동하여 필요한 인덱스를 추가하거나 업데이트할 수 있습니다.

그런데 속도가 너무 빠르다 보니 다음 페이지를 잘 불러온 것인지 모를 수 있습니다. 이를 확인하기 위해 다음과 같은 조치를 하겠습니다.

home_page.dart 파일

```dart
Widget build(BuildContext context) {
  return Obx(
    () => ListView.separated(
```

```
            controller: controller.scrollController,
            padding: const EdgeInsets.only(left: 25.0, top: 20, right: 25),
            itemBuilder: (context, index) {
              if (index == controller.productList.length) { // --- 2
                return controller.searchOption.lastItem != null
                    ? const Center(
                        child: CircularProgressIndicator(strokeWidth: 1),
                      )
                    : Container();
              }
              return _productOne(controller.productList[index]);
            },
            separatorBuilder: (context, index) => const Padding(
              padding: EdgeInsets.symmetric(vertical: 10.0),
              child: Divider(
                color: Color(0xff3C3C3E),
              ),
            ),
            itemCount: controller.productList.length + 1, // --- 1
        ),
    );
}
```

1 : itemCount는 productList의 길이에 +1을 해줍니다. 이는 마지막 로딩 표시나 추가적인 아이템을 위한 공간을 마련하기 위함입니다.

2 : 인덱스 값은 1에서 +1을 해줬기 때문에 productList의 길이와 동일한 값이 됩니다. 보통 프로그래밍에서 반복문 (for문)의 인덱스는 0부터 시작하기 때문에 productList.length − 1이 실제 마지막 인덱스를 나타내지만, 여기서는 1에서 +1을 해줘서 itemCount를 설정했기 때문에 if (index == controller.productList.length) 조건이 성립합니다. 따라서 마지막 인덱스가 productList.length이 됩니다. 이 조건이 성립하면 마지막 아이템 다음에 로딩 표시를 하여 사용자에게 데이터가 로딩 중임을 알립니다.

이어서 controller에 약간의 시간 지연을 추가해서 데이터가 제대로 페이징되는지 확인해보겠습니다.

```
Future<void> _loadProductList() async {
  isLoading(true);
  var result = await _productRepository.getProducts(searchOption);
```

```
  await Future.delayed(Duration(milliseconds: 1000));// --- 1
  if (result.lastItem != null) {
    searchOption = searchOption.copyWith(lastItem: result.lastItem);
  } else {
    searchOption = searchOption.copyWith(lastItem: null);
  }
  productList.addAll(result.list);
  isLoading(false);
}
```

1: 단순히 페이징 처리가 올바르게 작동하는지 확인하기 위한 코드입니다. 테스트가 끝나면 이 코드를 제거해도 됩니다.

이렇게 홈 화면까지 개발했습니다.

상품 상세 페이지

◆ 깃 브랜치명: chapter18

이 장에서는 상품 상세 페이지를 개발합니다. 먼저 홈 화면에서 상품을 선택하면 상세 페이지로 이동하도록 라우트를 설정합니다. 그다음 ProductDetailController를 사용해 상품 데이터를 관리하고 이미지를 슬라이드로 보여줍니다. 또한 판매자 정보, 상품 정보, 거래 희망 장소를 표시하고 판매자의 다른 상품도 함께 나열해줍니다. 마지막으로 좋아요, 상품 삭제, 수정 등 상세 페이지에서 필요한 모든 기능을 구현해봅니다.

CHAPTER

18

홈 화면에는 여러 상품이 나열되어 있습니다. 사용자는 이 중에서 원하는 상품을 선택할 수 있고, 선택한 상품의 상세 정보를 확인하고 거래를 진행할 수 있습니다.

◀ 상품 설명 영역

◀ 상품 상세 페이지 구성 요소

상품 상세 페이지는 다음과 같이 구성할 수 있습니다.

1 Appbar: 상단에 위치하며, 페이지의 제목이나 뒤로가기 버튼 등을 포함할 수 있습니다.

2 사진 영역: 상품의 사진이나 이미지를 보여주는 부분입니다.

3 판매자 정보: 판매자의 프로필 사진, 이름, 평가 등 판매자에 관한 정보를 표시합니다.

4 상품 정보: 상품의 이름, 설명, 가격 등의 상세 정보를 나열합니다.

5 거래 희망 장소: 상품의 거래 가능 장소에 대한 정보를 제공합니다.

6 신고 메뉴: 사용자가 신고할 수 있는 옵션을 제공하는 메뉴입니다.

7 판매자 상품 목록: 해당 판매자가 판매하는 다른 상품들을 나열하는 부분입니다.

8 bottomNavigator: 페이지 하단에 위치하며, 주로 가격 정보나 채팅하기와 같은 옵션을 제공합니다.

이렇게 상세 페이지를 구성하면 사용자가 원하는 상품에 대한 모든 정보를 편리하게 확인할 수 있습니다. 이제 상품 상세 페이지를 만들어보겠습니다.

18.1 상품 페이지 라우트 연결

main.dart 파일의 경로(라우트) 설정을 먼저 해보겠습니다.

📁 **main.dart 파일의 getPages 옵션 중**

```
GetPage(
  name: '/product/detail/:docId',
  page: () => ProductDetailView(),
),
```

docId를 경로(path) 파라미터로 전달하면 상세 페이지에서 상품을 조회할 수 있습니다. 이를 위한 productDetailView 위젯을 만들어보겠습니다. 기존에 만들어둔 product 폴더 안에 detail 폴더를 만들고, 하위에 page 폴더를 추가하여 그 안에 product_detail_view.dart 파일을 생성합니다.

📁 **product_detail_view.dart 파일**

```
import 'package:bamtol_market_app/src/common/components/app_font.dart';
import 'package:bamtol_market_app/src/common/layout/common_layout.dart';
import 'package:flutter/material.dart';

class ProductDetailView extends StatelessWidget {
  const ProductDetailView({super.key});

  @override
  Widget build(BuildContext context) {
    return const CommonLayout(
      body: Center(
        child: AppFont('상세 페이지'),
      ),
    );
  }
}
```

product_detail_view.dart 파일을 임시로 구성하여 상세 페이지 문구를 표시하도록 만들었습니다. 이 페이지를 실제 상품과 연결해보겠습니다. main.dart 파일에서 product_detail_view.dart 를 임포트하고 home_page.dart 파일로 이동합니다.

home_page.dart 파일 중 _productOne 함수

```
Widget _productOne(Product product) {
  return GestureDetector( // ---- 1
    onTap: () {
      Get.toNamed('/product/detail/${product.docId}'); // ---- 2
    },
    behavior: HitTestBehavior.translucent // ---- 3
    child: Row(
      crossAxisAlignment: CrossAxisAlignment.start,
      children: [
        ClipRRect(
          borderRadius: BorderRadius.circular(7),
          child: SizedBox(
            width: 100,
            height: 100,
            child: Image.network(
              product.imageUrls?.first ?? '',
              fit: BoxFit.cover,
            ),
          ),
        ),
        const SizedBox(width: 15),
        Expanded(
          child: Column(
            crossAxisAlignment: CrossAxisAlignment.stretch,
            children: [
              const SizedBox(height: 10),
              AppFont(
                product.title ?? '',
                color: Colors.white,
                size: 16,
              ),
              const SizedBox(height: 5),
              subInfo(product),
              const SizedBox(height: 5),
              PriceView(
```

```
                    price: product.productPrice ?? 0,
                    status: product.status ?? ProductStatusType.sale,
                  )
              ],
            ),
          )
        ],
      ),
    );
  }
```

1: 전체 위젯을 GestureDetector로 감싸줍니다.

2: 상품을 탭할 때 발생하는 onTap 이벤트에 main.dart에서 미리 선언해 놓은 경로(/product/detail/${product. docId})를 연결해줍니다.

GestureDetector는 하위 위젯이 그려진 영역에만 탭 이벤트가 발생합니다. 따라서 빈 영역을 누르면 이벤트가 발생하지 않습니다.

◀ 탭 이벤트가 발생하지 않는 영역

붉은색 영역을 터치해도 선택되지 않습니다. 이를 해결하기 위해 behavior 옵션을 사용하여 3처럼 설정하면, 빈 영역에서도 탭 이벤트가 발생합니다. 이 설정을 적용한 후 앱을 다시 실행하고 상품을 선택하면 상세 페이지로 이동하는 것을 확인할 수 있습니다.

18.2 상세 페이지 상태 관리 설정

이번에는 상세 페이지에서 보여줘야 할 데이터를 관리하기 위해 상태 관리와 화면 작업을 진행할 것입니다. 먼저 detail 폴더 하위에 controller 폴더를 생성합니다. 그리고 controller 폴더 안에

product_detail_controller.dart 파일을 생성하고 다음처럼 GetxController를 간단히 만들어줍니다.

product_detail_controller.dart 파일

```dart
import 'package:bamtol_market_app/src/product/repository/product_repository.dart';
import 'package:get/get.dart';

class ProductDetailController extends GetxController {
  final ProductRepository _productRepository; // ---- 1
  ProductDetailController(this._productRepository);
}
```

1 : ProductDetailController는 기본적으로 상품과 관련된 데이터를 관리합니다. 이를 위해 생성자에서 기본적으로 필요한 ProductRepository를 주입받도록 설정하겠습니다.

이어서 상세 페이지 진입 시 ProductDetailController를 GetX에 주입하는 작업을 하겠습니다. main.dart 파일의 상세 페이지 경로 설정 부분을 다음과 같이 수정하겠습니다.

```dart
GetPage(
  name: '/product/detail/:docId',
  page: () => ProductDetailView(),
  binding: BindingsBuilder(
    () {
      Get.put(ProductDetailController(
        Get.find<ProductRepository>(),
      ));
    },
  ),
),
```

상세 페이지 진입 시 onInit 함수가 호출되며, 경로 파라미터로 전달한 docId를 사용하여 상품을 조회하는 이벤트를 구현하겠습니다.

product_detail_controller.dart 파일

```dart
import 'package:bamtol_market_app/src/common/model/product.dart';
import 'package:bamtol_market_app/src/product/repository/product_repository.dart';
import 'package:get/get.dart';

class ProductDetailController extends GetxController {
  final ProductRepository _productRepository;
  ProductDetailController(this._productRepository);

  late String docId; // --- 1
  Rx<Product> product = const Product.empty().obs; // --- 2
  @override
  void onInit() async {
    super.onInit();
    docId = Get.parameters['docId'] ?? ''; // --- 1
    await _loadProductDetailData();
  }

  Future<void> _loadProductDetailData() async {
    var result = await _productRepository.getProduct(docId); // --- 3
    if (result == null) return;
    product(result); // --- 2
  }
}
```

1 : 경로에 있는 변수(docId)를 GetX의 Get.parameters를 통해 받아올 수 있습니다. 이 값을 ProductDetail
Controller 클래스의 docId 변수에 저장합니다.

2 : 데이터베이스에서 조회한 상품 데이터를 Rx 방식으로 상태 관리합니다.

3 : _productRepository의 getProduct 함수를 사용하여 상품을 조회합니다.

ProductRepository에는 아직 getProduct 함수가 없으므로, docId를 사용하여 데이터를 조회하
는 부분을 구현하겠습니다.

product_repository.dart 파일 중

```dart
Future<Product?> getProduct(String docId) async {
  try {
    DocumentReference docRef = products.doc(docId);
    var product = await docRef.get();
    return Product.fromJson(docId, product.data() as Map<String, dynamic>);
  } catch (e) {
    return null;
  }
}
```

docId를 사용하여 데이터를 조회하는 것은 간단합니다. 컬렉션에서 doc 함수를 통해 해당 문서를 조회할 수 있습니다. 이제 ProductDetailController에서는 이 데이터를 product 상태 값에 저장하게 됩니다. 화면으로 돌아가서 이 데이터를 사용해보겠습니다.

18.3 상품 이미지 영역

```dart
import 'package:bamtol_market_app/src/common/components/app_font.dart';
import 'package:bamtol_market_app/src/common/layout/common_layout.dart';
import 'package:bamtol_market_app/src/common/model/product.dart';
import 'package:bamtol_market_app/src/product/detail/controller/product_detail_
controller.dart';
import 'package:cached_network_image/cached_network_image.dart';
import 'package:carousel_slider/carousel_slider.dart';
import 'package:flutter/material.dart';
import 'package:get/get.dart';

class ProductDetailView extends GetView<ProductDetailController> {
  const ProductDetailView({super.key});

  @override
  Widget build(BuildContext context) {
    return CommonLayout(
        body: Obx( // --- 1
      () => Column(
```

```
        children: [
          SizedBox(
            width: Get.width,
            height: Get.width,
            child: _ProductThumbnail( // --- 2
              product: controller.product.value,
            ),
          ),
        ],
      ),
    ));
  }
}
```

1 : GetView를 사용하여 ProductDetailController에 쉽게 접근할 수 있도록 설정했습니다.

2 : _ProductThumbnail 위젯을 사용하여 상품의 섬네일 이미지를 표시하는 부분입니다.

여기서 carousel_slider와 cached_network_image 라이브러리를 설치하여 네트워크 이미지를 좌우 슬라이드로 표시할 수 있습니다.

이어서 화면을 구성해보겠습니다. 먼저 필요한 라이브러리를 아래 명령어를 통해 설치합니다.

```
$ flutter pub add carousel_slider cached_network_image
```

carousel_slider 라이브러리는 화면에서 여러 이미지를 좌우로 슬라이드할 수 있게 해줍니다. 또한 네트워크 이미지를 로드할 때 캐시 처리를 가능하게 하는 cached_network_image 라이브러리도 추가합니다

💡 새로운 라이브러리를 설치했으니 앱을 재실행해야 합니다.

이제 화면에 이미지 슬라이드를 구현하여 사용자가 상품의 여러 이미지를 볼 수 있도록 퍼블리싱하겠습니다.

product_detail_view.dart 파일

```dart
import 'package:bamtol_market_app/src/common/components/app_font.dart';
import 'package:bamtol_market_app/src/common/layout/common_layout.dart';
import 'package:bamtol_market_app/src/common/model/product.dart';
import 'package:bamtol_market_app/src/product/detail/controller/product_detail_
controller.dart';
import 'package:cached_network_image/cached_network_image.dart';
import 'package:carousel_slider/carousel_slider.dart';
import 'package:flutter/material.dart';
import 'package:get/get.dart';

class ProductDetailView extends GetView<ProductDetailController> {
  const ProductDetailView({super.key});

  @override
  Widget build(BuildContext context) {
    return CommonLayout(
        body: Obx( // --- 1
      () => Column(
        children: [
          SizedBox(
            width: Get.width,
            height: Get.width,
            child: _ProductThumbnail( // --- 2
              product: controller.product.value,
            ),
          ),
        ],
      ),
    ));
  }
}
```

1: ProductDetailController에서 상태 관리 중인 product를 Obx로 구독하고 있습니다.

2: 상세 페이지의 이미지 슬라이드를 구현하기 위해 _ProductThumbnail이라는 내부 클래스를 사용합니다.

아직 _ProductThumbnail 위젯이 없으므로 동일한 파일인 product_detail_view.dart에 생성
합니다.

product_detail_view.dart 파일 중

```dart
class _ProductThumbnail extends StatelessWidget {
  final Product product; // ---- 1
  const _ProductThumbnail({
    super.key,
    required this.product,
  });

  @override
  Widget build(BuildContext context) {
    return Stack(
      fit: StackFit.expand,
      children: [
        CarouselSlider( // ---- 2
          options: CarouselOptions(
            height: Get.size.width - 40,
            viewportFraction: 1,
            aspectRatio: 0,
            enlargeCenterPage: false,
            scrollDirection: Axis.horizontal,
            autoPlay: false,
            autoPlayInterval: const Duration(seconds: 3),
            enableInfiniteScroll: true,
            disableCenter: true,
            onScrolled: (value) {},
            onPageChanged: (int index, _) {},
          ),
          items: List.generate(
            product.imageUrls?.length ?? 0, // ---- 3
            (index) => CachedNetworkImage(
              imageUrl: product.imageUrls![index],
              progressIndicatorBuilder: (context, url, downloadProgress) =>
                  Center(
                      child: CircularProgressIndicator(
                    value: downloadProgress.progress,
                    strokeWidth: 1,
                  )),
              errorWidget: (context, url, error) => Icon(Icons.error),
              fit: BoxFit.cover,
            ),
          ),
```

```
        ),
        Positioned(
          bottom: 20,
          left: 0,
          right: 0,
          child: Row(
            mainAxisAlignment: MainAxisAlignment.center,
            children: List.generate( // ---- 4
              product.imageUrls?.length ?? 0,
              (index) => Container(
                margin: const EdgeInsets.symmetric(horizontal: 4),
                width: 8,
                height: 8,
                decoration: BoxDecoration(
                    shape: BoxShape.circle, color: const Color(0xff212123)),
              ),
            ),
          ),
        )
      ],
    );
  }
}
```

1: 부모 위젯으로부터 전달받은 product 정보를 사용하여 화면을 표시합니다.

2: CarouselSlider를 사용하여 이미지 개수에 맞게 간편하게 슬라이드 기능을 구현할 수 있습니다.

💡 클론 코딩 프로젝트에서는 위젯 사용법보다는 개발 방법론 및 상태 관리 방식에 집중하여 설명합니다. 따라서 CarouselSlider의 옵션 설명이나 다른 라이브러리 사용법 등은 다루지 않습니다.

3: product 모델의 imageUrls 목록에 따라 이미지를 보여주기 위해 List.generate를 사용했습니다. 또한 CachedNetworkImage를 사용하여 이미지를 캐싱하도록 했습니다. Image.network를 사용하면 이미지는 볼 수 있지만, 캐싱되지 않아 매번 이미지를 받아오는 트래픽이 발생합니다.

4: 이미지 슬라이드에 몇 장의 이미지가 있는지 확인하고, 현재 보고 있는 이미지가 몇 번째인지 표시해주는 인디케이터 역할의 위젯을 구현합니다.

18.4 프로필 영역

프로필 영역은 판매자의 정보를 간략하게 보여주는 부분입니다.

◀ 프로필 영역

프로필 영역은 크게 두 부분으로 나눌 수 있습니다. 좌측에는 프로필 이름과 프로필 이미지, 지역 정보를 보여주고 우측에는 판매자의 온도를 표시합니다. 그러나 현재 클론 코딩 프로젝트에서는 회원 가입 시 지역 선택이나 프로필 이미지 등록 절차를 생략했기 때문에 여기서는 하드코딩한 화면만 구성하겠습니다.

화면 구성을 위해 ProductDetailView 위젯의 build 함수로 이동합니다.

```
@override
Widget build(BuildContext context) {
  return CommonLayout(
      body: Obx(
    () => Column(
      children: [
        SizedBox(
          width: Get.width,
          height: Get.width,
          child: _ProductThumbnail(
            product: controller.product.value,
          ),
        ),
        _ProfileSection(product: controller.product.value), // --- 1
      ],
    ),
  ));
}
```

1: _ProfileSection 위젯을 생성하고, 상품의 이미지를 처리했던 것과 동일하게 controller에서 product를 전달합니다.

이어서 _ProfileSection 위젯 클래스를 생성하겠습니다.

```dart
class _ProfileSection extends StatelessWidget {
  final Product product;
  const _ProfileSection({super.key, required this.product});

  @override
  Widget build(BuildContext context) {
    return product.owner == null // --- 1
        ? Container()
        : Padding(
            padding: const EdgeInsets.all(20.0),
            child: Row(
              children: [
                CircleAvatar(
                  backgroundImage:
                      Image.asset('assets/images/default_profile.png').image,
                  backgroundColor: Colors.black,
                  radius: 23,
                ),
                const SizedBox(width: 15),
                Expanded(
                  child: Column(
                    crossAxisAlignment: CrossAxisAlignment.stretch,
                    children: [
                      AppFont(
                        product.owner?.nickname ?? '', // --- 2
                        size: 16,
                        color: Colors.white,
                      ),
                      const SizedBox(height: 4),
                      const AppFont(
                        '제주 어딘가',
                        size: 13,
                        color: Color(0xffABAEB6),
                      ),
                    ],
                  ),
                ),
                Column(
```

```
                        crossAxisAlignment: CrossAxisAlignment.end,
                        children: [
                          UserTemperatureWidget( // --- 3
                              temperature: product.owner?.temperature ?? 36.7),
                          const SizedBox(height: 5),
                          const AppFont(
                            '매너온도',
                            decoration: TextDecoration.underline, // --- 4
                            color: Color(0xff878B93),
                            size: 12,
                          )
                        ],
                      ),
                    ],
                  ),
                );
    }
}
```

1: 상품의 판매자 정보가 없을 때 빈 Container를 보여줌으로써 오류를 방지합니다.

2: 판매자(owner) 정보 중 nickname 값을 화면에 보여주기 위해 AppFont를 사용했습니다. 프로필 이미지와 지역 정보는 하드코딩으로 처리했습니다.

3: 앞서 본 그림과 같이 온도에 따른 이모지와 게이지가 존재하고 색상 값이 있기 때문에, 이를 공통 위젯으로 분리하여 다른 곳에서도 사용할 수 있도록 만들겠습니다. UserTemperatureWidget 이름으로 만들고 owner 데이터에 temperature 값을 전달하여 빈값일 경우 36.7을 기본값으로 설정합니다.

4: 앞의 그림처럼 '매너온도'라는 문구에 밑줄 효과를 주려면 Text 위젯의 decoration 옵션을 사용하면 됩니다. 하지만 현재 AppFont 위젯에는 decoration을 받아줄 멤버 변수가 없기 때문에 이 부분을 추가하겠습니다.

```
class AppFont extends StatelessWidget {
  final String text;
  final Color? color;
  final double? size;
  final TextAlign? align;
  final FontWeight? fontWeight;
  final TextDecoration? decoration; // 추가

  const AppFont(
```

```
      this.text, {
      super.key,
      this.color = Colors.white,
      this.align,
      this.size,
      this.fontWeight,
      this.decoration,// 추가
    });

    @override
    Widget build(BuildContext context) {
      return Text(
        text,
        textAlign: align,
        style: GoogleFonts.notoSans(
          color: color,
          fontSize: size,
          fontWeight: fontWeight,
          decoration: decoration,// 추가
        ),
      );
    }
}
```

마지막으로 UserTemperatureWidget을 만들겠습니다. common/components 폴더에 user_temperature_widget.dart 파일을 생성합니다.

```
import 'package:bamtol_market_app/src/common/components/app_font.dart';
import 'package:flutter/material.dart';

class UserTemperatureWidget extends StatelessWidget {
  final double temperature;
  final bool isSimpled;
  const UserTemperatureWidget(
      {super.key, this.isSimpled = false, required this.temperature});
  final List<Color> colorTemp = const [
    Color(0xff7A8088),
    Color(0xff006CA5),
    Color(0xff0093E4),
```

```
      Color(0xff00C08D),
      Color(0xffFBB565),
      Color(0xffFF6229),
      Color.fromARGB(255, 254, 68, 0),
  ];
  final List<String> emojiTemp = const [
      '😡',
      '😟',
      '😐',
      '🙂',
      '😄',
      '😎',
      '😏',
  ];

  @override
  Widget build(BuildContext context) {
    return isSimpled // --- 1
        ? Container(
            padding: const EdgeInsets.symmetric(horizontal: 7, vertical: 2),
            decoration: BoxDecoration(
              borderRadius: BorderRadius.circular(50),
              color: colorTemp[(temperature / 15).toInt()].withOpacity(0.3),
            ),
            child: AppFont(
              '$temperature°C',
              fontWeight: FontWeight.bold,
              color: colorTemp[(temperature / 15).toInt()],
              size: 10,
            ))
        : Row(
            children: [
              Column(
                crossAxisAlignment: CrossAxisAlignment.end,
                children: [
                  AppFont(
                    '$temperature°C',
                    fontWeight: FontWeight.bold,
                    size: 18,
                    color: colorTemp[(temperature / 15).toInt()],
                  ),
```

```
        ClipRRect(
          borderRadius: BorderRadius.circular(10),
          child: Container(
            width: 50,
            height: 5,
            color: Color(0xff34373C),
            child: Align(
              alignment: Alignment.centerLeft,
              child: Container(
                width: temperature / 100 * 50,
                height: 5,
                color: colorTemp[(temperature / 15).toInt()],
              ),
            ),
          ),
        )
      ],
    ),
    const SizedBox(width: 6),
    AppFont(
      emojiTemp[(temperature / 15).toInt()],
      fontWeight: FontWeight.bold,
      size: 30,
    )
  ],
);
}
}
```

온도가 100도까지 있다고 가정하고, 15로 나눠 구간별 색상 값과 이모지를 준비했습니다. 전달받은 temperature 값에 따라 적절한 색상 값과 이모지를 보여줍니다.

1: isSimpled 옵션에 따라 온도만 표시하는 버전과 게이지와 이모지까지 보여주는 버전으로 나눠 설계했습니다.

다시 product_detail_view.dart 파일로 돌아가서 위젯을 임포트하면 프로필 영역이 완성되는데 사용자의 닉네임과 온도가 잘 표시되는 것을 확인할 수 있습니다.

18.5 판매 상품 정보 영역

이 영역은 판매 상품에 대한 정보를 확인 할 수 있는 곳입니다.

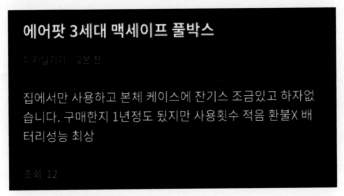

◢ 판매 상품 정보 영역 예시

단순 데이터 나열이라 간단하게 화면 표출이 가능한 영역이지만, 이 부분이 상품을 구매하는 사용자에게는 가장 핵심이 되는 부분입니다. 그만큼 간격이나 가독성이 좋아야 합니다. 여기서 등록 시간 표시 부분을 보시면 '2분 전'이라고 쓰여 있습니다. 등록 날짜와 시간을 보여주는 것이 아니라 등록된지 얼마나 지났는지를 나타내는 것입니다. 이 부분을 개발하기 위해 timeago 라이브러리를 사용하도록 하겠습니다. 아래와 같이 timeago 라이브러리를 추가합니다.

```
$ flutter pub add timeago
```

다시 ProductDetailView 위젯의 build 함수 영역으로 이동합니다.

```
@override
Widget build(BuildContext context) {
  return CommonLayout(
      body: Obx(
    () => Column(
      children: [
        SizedBox(
          width: Get.width,
          height: Get.width,
```

```
            child: _ProductThumbnail(
              product: controller.product.value,
            ),
          ),
          _ProfileSection(product: controller.product.value),
          _ProductDetail(product: controller.product.value), // ---- 1
        ],
      ),
    ));
}
```

1: _ProductDetail이라는 새로운 위젯을 생성하고, 상품의 이미지를 처리했던 것과 동일하게 controller에서 product를 전달합니다. _ProductDetail을 만들겠습니다.

```
class _ProductDetail extends StatelessWidget {
  final Product product;
  const _ProductDetail({super.key, required this.product});

  Widget _statistic() {
    return Row(
      children: [
        AppFont(
          '관심  ${product.likers?.length ?? 0}', // --- 6
          size: 12,
          color: const Color(0xff878B93),
        ),
        const AppFont(
          ' · ',
          size: 12,
          color: Color(0xff878B93),
        ),
        AppFont(
          '조회  ${product.viewCount}', // --- 7
          size: 12,
          color: const Color(0xff878B93),
        ),
      ],
    );
  }
```

```dart
@override
Widget build(BuildContext context) {
  return Padding(
    padding: const EdgeInsets.all(20.0),
    child: Column(
      crossAxisAlignment: CrossAxisAlignment.stretch,
      children: [
        AppFont(
          product.title ?? '', // --- 1
          size: 20,
          fontWeight: FontWeight.bold,
          color: Colors.white,
        ),
        const SizedBox(height: 10),
        Row(
          children: [
            if (product.categoryType != null) // --- 2
              Padding(
                padding: const EdgeInsets.only(right: 8.0),
                child: AppFont(
                  product.categoryType?.name ?? '',
                  size: 12,
                  color: const Color(0xff878B93),
                  decoration: TextDecoration.underline,
                ),
              ),
            AppFont(
              MarketDataUtils.timeagoValue( // --- 3
                  product.createdAt ?? DateTime.now()),
              size: 12,
              color: const Color(0xff878B93),
            ),
          ],
        ),
        const SizedBox(height: 30),
        AppFont(
          product.description ?? '', // --- 4
          size: 16,
          color: Colors.white,
        ),
```

```
          const SizedBox(height: 30),
          _statistic(), // --- 5
        ],
      ),
    );
  }
}
```

1: 제목을 표시합니다.

2: 상품에 카테고리가 있을 때만 카테고리를 화면에 표시합니다. 카테고리는 필수 입력값이 아니기 때문에 조건문을 통해 카테고리가 있을 때만 보이도록 처리했습니다.

3: 생성 시간을 MarketDataUtils라는 유틸 클래스를 사용하여 얼마나 지났는지 형태로 표시합니다. 이 유틸 클래스는 아직 존재하지 않지만, 앞으로 데이터 관련 기능을 손쉽게 사용할 수 있도록 공통 유틸 파일을 만들어 구현할 예정입니다.

common 폴더 아래에 utils 폴더를 만들고, 그 안에 data_util.dart 파일을 생성합니다.

```
import 'package:timeago/timeago.dart' as timeago;

class MarketDataUtils {
  static String timeagoValue(DateTime timeAt) {
    var value = timeago.format(
        DateTime.now().subtract(DateTime.now().difference(timeAt)),
        locale: 'ko');
    return value;
  }
}
```

MarketDataUtils라는 유틸 클래스를 만들고, timeago 라이브러리를 사용하여 시간 경과를 한국어로 표시하는 함수를 추가했습니다. 이 함수는 static으로 선언되어 클래스 함수로 등록되었습니다.

product_detail_view.dart 파일로 돌아가서 이 유틸 클래스를 임포트하겠습니다.

4: 상품 상세 설명을 표시합니다.

5: 상품의 관심(좋아요)과 조회 수(count)를 보여주기 위해 _statistic 위젯 함수를 호출합니다.

6: 상품에 '좋아요'를 누른 회원 수를 표시합니다.

7: 상품을 확인한 횟수를 표시합니다.

18.6 거래 희망 장소 영역

판매자가 거래를 희망하는 장소를 입력했다면 이 정보를 UI에 표시합니다. 이 데이터는 선택 사항이기 때문에, 데이터가 없으면 화면에 표시되지 않도록 설계해야 합니다.

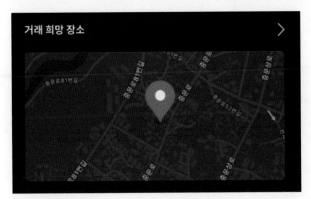

◀ 거래 희망 장소 표시

화면 개발을 위해 ProductDetailView 위젯의 build 함수로 이동하겠습니다.

```
@override
Widget build(BuildContext context) {
  return CommonLayout(
      body: Obx(
    () => Column(
      children: [
        SizedBox(
          width: Get.width,
          height: Get.width,
          child: _ProductThumbnail(
            product: controller.product.value,
          ),
        ),
        _ProfileSection(product: controller.product.value),
        _ProductDetail(product: controller.product.value),
        _HopeTradeLocation(product: controller.product.value), // --- 1
      ],
    ),
  ));
}
```

1 : _HopeTradeLocation이라는 이름의 새로운 위젯을 생성하고, 상품 이미지 처리와 동일하게 controller에서
product를 전달합니다.

```dart
class _HopeTradeLocation extends StatelessWidget {
  final Product product;
  const _HopeTradeLocation({super.key, required this.product});

  @override
  Widget build(BuildContext context) {
    return product.wantTradeLocation != null
        ? Column(
            crossAxisAlignment: CrossAxisAlignment.stretch,
            children: [
              Padding(
                padding: const EdgeInsets.all(20),
                child: Row(
                  mainAxisAlignment: MainAxisAlignment.spaceBetween,
                  children: [
                    const AppFont(
                      '거래 희망 장소',
                      fontWeight: FontWeight.bold,
                      color: Colors.white,
                      size: 15,
                    ),
                    GestureDetector(
                      onTap: () {},
                      behavior: HitTestBehavior.translucent,
                      child: SvgPicture.asset('assets/svg/icons/right.svg'),
                    )
                  ],
                ),
              ),
              Padding(
                padding: const EdgeInsets.symmetric(horizontal: 20.0),
                child: ClipRRect(
                  borderRadius: BorderRadius.circular(10),
                  child: SizedBox(
                    height: 200,
                    child: SimpleTradeLocationMap( // --- 1
                      myLocation: product.wantTradeLocation!,
```

```
                  lable: product.wantTradeLocationLabel,
                  interactiveFlags: InteractiveFlag.pinchZoom,
                ),
              ),
            ),
          ),
          const SizedBox(height: 20),
          const Divider(indent: 20, endIndent: 20, color: Color(0xff2C2C2E))
        ],
      )
    : Container();
  }
}
```

1: 기존에 상품을 등록할 때 사용했던 맵 UI를 활용하고 싶지만, 표현 방식에 차이가 있기 때문에 경량화된 지도를 표현할 수 있는 SimpleTradeLocationMap 위젯을 만들어야 합니다.

trade_location_map.dart 파일로 이동하여 SimpleTradeLocationMap 위젯을 구현하도록 하겠습니다.

trade_location_map.dart 파일 중

```
class SimpleTradeLocationMap extends StatelessWidget {
  final String? lable;
  final LatLng myLocation;
  final int interactiveFlags;

  const SimpleTradeLocationMap({ // --- 1
    super.key,
    required this.myLocation,
    this.lable,
    this.interactiveFlags = InteractiveFlag.pinchZoom | InteractiveFlag.drag,
  });

  @override
  Widget build(BuildContext context) {
    return FlutterMap(
      options: MapOptions(
        center: myLocation, // --- 2
        interactiveFlags: interactiveFlags,
```

```
        ),
      children: [
        TileLayer(
          urlTemplate: "https://tile.openstreetmap.org/{z}/{x}/{y}.png",
        ),
      ],
      nonRotatedChildren: [
        if (lable != '')
          Center( // --- 3
            child: Column(
              mainAxisAlignment: MainAxisAlignment.center,
              children: [
                Container(
                  padding:
                      const EdgeInsets.symmetric(vertical: 7, horizontal: 15),
                  decoration: BoxDecoration(
                    borderRadius: BorderRadius.circular(7),
                    color: const Color.fromARGB(255, 208, 208, 208),
                  ),
                  child: AppFont(
                    lable!,
                    color: Colors.black,
                    size: 12,
                  ),
                ),
                const SizedBox(height: 100)
              ],
            ),
          ),
        Center( // --- 4
          child: SvgPicture.asset(
            'assets/svg/icons/want_location_marker.svg',
            width: 45,
          ),
        ),
      ],
    );
  }
}
```

1 : SimpleTradeLocationMap 위젯을 만들 때 전달받아야 하는 데이터는 대략 2가지입니다. 바로 희망 장소 이름과 위치 좌표 정보입니다. 또한 지도를 움직이는 동작에 대한 이벤트를 받을 수 있도록 처리합니다.

2 : 전달받은 거래 희망 장소 좌표를 지도 중심(center)으로 설정합니다.

3 : 지도의 마커 위에 라벨을 띄울 수 있도록 퍼블리싱합니다. 라벨값이 있을 때만 표시하고 없으면 보이지 않도록 처리했습니다.

4 : 마커가 거래 희망 지역을 표시하기 때문에, 마커를 지도 한가운데에 배치합니다.

다시 product_detail_view.dart 파일로 이동해서 라이브러리를 임포트하고 앱을 실행힙니다.

그런데 한 화면에 모든 내용이 들어오지 않아[1] overflow 오류가 발생할 수 있습니다. 이를 해결하기 위해 Column 위젯의 상위에 SingleChildScrollView를 추가하겠습니다.

18.7 판매자의 다른 상품 영역

마지막으로 판매자의 다른 상품 목록을 볼 수 있는 영역을 만들겠습니다.

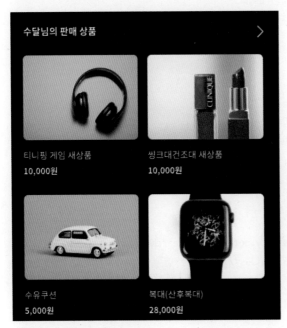

◀ 판매자의 다른 상품 영역 표시

----

1 디바이스에 따라 다를 수 있습니다.

판매자의 다른 상품은 아직 controller로 상태 관리되고 있지 않습니다. 따라서 판매자의 다른 상품을 불러올 수 있는 기능을 먼저 개발하겠습니다. product_detail_controller.dart 파일로 이동합니다.

product_detail_controller.dart 파일 중

```dart
class ProductDetailController extends GetxController {
  final ProductRepository _productRepository;
  ProductDetailController(this._productRepository);
  late String docId;
  Rx<Product> product = const Product.empty().obs;
  RxList<Product> ownerOtherProducts = <Product>[].obs; //  ---- 1
  @override
  void onInit() async {
    super.onInit();
    docId = Get.parameters['docId'] ?? '';
    await _loadProductDetailData();
    await _loadOtherProducts(); // ---- 2
  }

  Future<void> _loadProductDetailData() async {
    var result = await _productRepository.getProduct(docId);
    if (result == null) return;
    product(result);
  }

  Future<void> _loadOtherProducts() async { // ---- 3
    var searchOption = ProductSearchOption(
      ownerId: product.value.owner?.uid ?? '',
      status: const [
        ProductStatusType.sale,
        ProductStatusType.reservation,
      ],
    );
    var results = await _productRepository.getProducts(searchOption);
    ownerOtherProducts.addAll(results.list); // ---- 4
  }
}
```

1: 판매자의 다른 상품 목록을 저장하기 위해 RxList로 ownerOtherProducts 변수를 정의합니다.

2: onInit 시 다른 상품 목록을 조회하도록 _loadOtherProducts 함수를 호출합니다.

3: _loadOtherProducts 함수는 현재 조회된 상품의 판매자(owner) 정보를 사용하여 다른 상품을 검색합니다.

4: 검색된 상품 목록을 ownerOtherProducts 변수에 저장하여 상태를 관리합니다.

> 💡 검색 조건이 부족할 수 있습니다. 예를 들어, 페이징 처리를 할지, 몇 개만 보여줄지 등의 세부적인 기획 정의가 필요합니다. 이번 클론 코딩 프로젝트에서는 가장 간단하게 모든 데이터를 불러와서 사용히는 방식을 채택하겠습니다.

이제 다시 화면으로 넘어와서 GridView를 사용해 진행겠습니다.

```
@override
Widget build(BuildContext context) {
  return CommonLayout(
      body: SingleChildScrollView(  // ---- 추가
    child: Obx(
      () => Column(
        children: [
          SizedBox(
            width: Get.width,
            height: Get.width,
            child: _ProductThumbnail(
              product: controller.product.value,
            ),
          ),
          _ProfileSection(product: controller.product.value),
          _ProductDetail(product: controller.product.value),
          _HopeTradeLocation(product: controller.product.value),
          _UserProducts( // ---- 1
            product: controller.product.value,
            ownerOtherProducts: controller.ownerOtherProducts.value,
          ),
        ],
      ),
    ),
  ));
}
```

_UserProducts라는 이름으로 위젯을 만들겠습니다. 이 위젯은 기존 상세 페이지의 상품 정보 (product)와 방금 추가한 ownerOtherProducts 데이터를 함께 넘겨받도록 처리하겠습니다.

```dart
class _UserProducts extends StatelessWidget {
  final Product product;
  final List<Product> ownerOtherProducts;
  const _UserProducts({
    super.key,
    required this.product,
    required this.ownerOtherProducts,
  });

  @override
  Widget build(BuildContext context) {
    return Column(
      crossAxisAlignment: CrossAxisAlignment.stretch,
      children: [
        Padding( // ---- 1
          padding: const EdgeInsets.all(20),
          child: Row(
            mainAxisAlignment: MainAxisAlignment.spaceBetween,
            children: [
              AppFont(
                '${product.owner?.nickname}님의 판매 상품',
                fontWeight: FontWeight.bold,
                color: Colors.white,
                size: 15,
              ),
              GestureDetector(
                onTap: () {},
                behavior: HitTestBehavior.translucent,
                child: SvgPicture.asset('assets/svg/icons/right.svg'),
              )
            ],
          ),
        ),
        SizedBox( // ---- 2
          height: (ownerOtherProducts.length.clamp(0, 6) * 0.5).ceil() * 220,
          child: GridView.count(
            physics: const NeverScrollableScrollPhysics(),
```

```
padding: const EdgeInsets.symmetric(horizontal: 20),
crossAxisCount: 2,
mainAxisSpacing: 20,
crossAxisSpacing: 20,
childAspectRatio: 0.85,
children: List.generate(
  ownerOtherProducts.length.clamp(0, 6),
  (index) => GestureDetector(
    onTap: () {
    },
    child: Column(
      crossAxisAlignment: CrossAxisAlignment.stretch,
      children: [
        ClipRRect(
          borderRadius: BorderRadius.circular(7),
          child: ownerOtherProducts[index].imageUrls!.isEmpty
              ? const SizedBox(
                  height: 120,
                  child: Center(child: Icon(Icons.error)))
              : SizedBox(
                  height: 120,
                  child: CachedNetworkImage( // --- 3
                    imageUrl:
                        ownerOtherProducts[index].imageUrls!.first,
                    progressIndicatorBuilder:
                        (context, url, downloadProgress) => Center(
                            child: CircularProgressIndicator(
                      value: downloadProgress.progress,
                      strokeWidth: 1,
                    )),
                    errorWidget: (context, url, error) =>
                        const Icon(Icons.error),
                    fit: BoxFit.cover,
                  ),
                ),
        ),
        const SizedBox(height: 15),
        AppFont(
          ownerOtherProducts[index].title ?? '', // --- 4
          maxLine: 1,
          size: 14,
```

```
            ),
            const SizedBox(height: 5),
            PriceView( // --- 5
              price: ownerOtherProducts[index].productPrice ?? 0,
              status: ownerOtherProducts[index].status ??
                  ProductStatusType.sale,
            )
          ],
        ),
      ),
    ),
  ),
    )
    ],
  );
  }
}
```

1: 상단 영역은 타이틀 영역으로 'XXX님의 판매 상품'이라는 제목 형태의 위젯을 표시합니다.

2: GridView를 통해 판매자의 상품을 볼 수 있도록 구성했습니다. 또한 clamp 함수를 사용하여 최대 6개까지만 상품이 표시되도록 했습니다. clamp(min, max) 함수를 사용하면 주어진 범위 내(min부터 max까지)에서만 처리됩니다. 예를 들어 상품이 4개면 모두 표시되고 8개면 6개만 표시됩니다.

3: 상품의 이미지를 표시하는 영역입니다.

4: 판매 상품의 제목을 표시합니다. 화면을 반으로 나누어 보여주기 때문에 제목이 2줄이 될 가능성이 있어 maxLine 옵션이 필요합니다. 아직 AppFont 위젯에 maxLine 옵션이 없기 때문에 추가하겠습니다.

app_font.dart 파일 중

```
class AppFont extends StatelessWidget {
  final String text;
  final Color? color;
  final double? size;
  final TextAlign? align;
  final FontWeight? fontWeight;
  final TextDecoration? decoration;
  final int? maxLine; // --- 추가
```

```
    const AppFont(
      this.text, {
      super.key,
      this.color = Colors.white,
      this.align,
      this.size,
      this.fontWeight,
      this.decoration,
      this.maxLine,// --- 추가
    });

    @override
    Widget build(BuildContext context) {
      return Text(
        text,
        textAlign: align,
        maxLines: maxLine,// --- 추가
        style: GoogleFonts.notoSans(
          color: color,
          fontSize: size,
          fontWeight: fontWeight,
          decoration: decoration,
        ),
      );
    }
  }
```

AppFont 클래스에 maxLine 옵션을 추가했습니다. 이를 통해 텍스트가 최대 몇 줄까지 표시될지 설정할 수 있습니다.

5: 가격 표기는 기존에 만들어 놓은 PriceView를 사용합니다.

앱을 실행하고 상품 상세 페이지에 다시 들어가 보면 하단에 판매 상품이 보이지 않습니다. Debug 콘솔 창을 확인해 보면, 지난번 상품 조회 시(orderBy)와 마찬가지로 Firebase 데이터베이스에 인덱싱이 필요하다는 메시지와 링크가 표시됩니다. 그러면 해당 링크를 클릭하여 인덱싱을 설정합니다. 설정 후 앱을 다시 실행하면 정상적으로 데이터를 확인할 수 있습니다.

18.8 판매 가격과 채팅 영역

상품 판매 가격과 상호작용을 할 수 있는 영역을 만들겠습니다. 이 영역은 스크롤과 상관없이 항상 하단에 위치해야 하므로 bottomNavigationBar를 사용하겠습니다.

◀ 상품 가격과 채팅 영역 예시

product_detail_view.dart 파일 중

```dart
@override
Widget build(BuildContext context) {
  return CommonLayout(
    body: SingleChildScrollView(
      child: Obx(
        () => Column(
          children: [
            SizedBox(
              width: Get.width,
              height: Get.width,
              child: _ProductThumbnail(
                product: controller.product.value,
              ),
            ),
            _ProfileSection(product: controller.product.value),
            _ProductDetail(product: controller.product.value),
            _HopeTradeLocation(product: controller.product.value),
            _UserProducts(
              product: controller.product.value,
              ownerOtherProducts: controller.ownerOtherProducts.value,
            ),
          ],
        ),
      ),
    ),
    bottomNavBar: Container( // --- 1
      padding: EdgeInsets.only(
        left: 5,
        right: 20,
```

```
            top: 10,
            bottom: 15 + MediaQuery.of(context).padding.bottom),
        decoration: const BoxDecoration(
          border: Border(
            top: BorderSide(color: Color(0xff4D4D4F)),
          ),
        ),
        child: Obx(
          () => _BottomNavWidget(
            product: controller.product.value,
          ),
        ),
      ),
    );
}
```

1 : CommonLayout의 bottomNavBar로 전달하면 이는 Scaffold의 bottomNavigationBar로 설정됩니다. 적
절한 간격을 설정한 후 controller의 product를 _BottomNavWidget 위젯에 전달합니다.

이어서 _BottomNavWidget을 만들어보겠습니다.

```
class _BottomNavWidget extends StatelessWidget {
  final Product product;
  const _BottomNavWidget({
    super.key,
    required this.product,
  });

  Widget _price() {
    return Column(
      crossAxisAlignment: CrossAxisAlignment.stretch,
      mainAxisAlignment: MainAxisAlignment.center,
      children: [
        AppFont(
          product.productPrice == 0 // --- 1
              ? '무료 나눔'
              : '${NumberFormat('###,###,###,###').format(product.productPrice)}원',
          size: 16,
          fontWeight: FontWeight.bold,
```

```
              color: product.productPrice == 0
                ? const Color(0xffED7738)
                : Colors.white,
          ),
          const SizedBox(height: 3),
          const AppFont(
            '가격 제안 불가',
            size: 13,
            fontWeight: FontWeight.bold,
            color: Color(0xff878B93),
          )
        ],
      );
    }

    @override
    Widget build(BuildContext context) {
      return SizedBox(
        height: 50,
        child: Row(
          children: [
            GestureDetector(
              onTap: () {},
              behavior: HitTestBehavior.translucent,
              child: Container(
                padding: const EdgeInsets.all(15.0),
                child: SvgPicture.asset('assets/svg/icons/like_off.svg'),
              ),
            ),
            const SizedBox(
              height: 30,
              child: VerticalDivider(
                color: Color(0xff34373C),
              ),
            ),
            const SizedBox(width: 15),
            Expanded(child: _price()),
            Btn(
              onTap: () {},
              child: const AppFont(
                '채팅하기',
```

```
        fontWeight: FontWeight.bold,
      ),
    ),
   ],
  ),
 );
}
}
```

1: 상품의 가격이 0원인 경우 '무료 나눔'으로 표시하고, 0원 이상인 경우 실제 가격을 표시합니다.

18.9 상세 페이지 레이아웃

이제 전체적인 화면 구성을 마쳤습니다. 그런데 상세 페이지 상단에 AppBar가 없다는 게 이상하게 느껴질 수 있을 것 같습니다. 그래서 이 부분을 구현해보겠습니다. 특이하게도 당근마켓의 AppBar 는 다른 앱과 다르게 스크롤할 때 투명한 배경이 불투명하게 변합니다.

이 효과를 구현하려면 어떻게 해야 할까요? 현재 ProductDetailView에서 CommonLayout을 사용하고 있지만, 이 레이아웃으로는 구현할 수 없습니다. 따라서 스크롤에 따라 AppBar가 변하는 효과를 처리할 새로운 레이아웃이 필요합니다. 이 새로운 레이아웃을 ScrollAppbarWidget이라고 부르고, 이를 만들어보겠습니다.

먼저 common/components 폴더에 scroll_appbar.dart 파일을 생성합니다.

scroll_appbar.dart 파일의 StatefulWidget 부분

```
class ScrollAppbarWidget extends StatefulWidget {
  final Widget body;
  final List<Widget>? actions;
  final Widget? bottomNavBar;
  const ScrollAppbarWidget(
      {super.key, required this.body, this.bottomNavBar, this.actions});

  @override
  State<ScrollAppbarWidget> createState() => _ScrollAppbarWidgetState();
}
```

ScrollAppbarWidget은 기본적으로 Scaffold를 사용하여 body 위젯을 감싸는(래핑) 역할을 합니다. 그리고 스크롤에 따라 AppBar의 투명도를 조절합니다. 이 위젯을 사용할 때 필요한 파라미터는 다음과 같습니다.

1 Widget body: 이 위젯은 래핑된 위젯이기 때문에, 본체가 될 위젯을 넘겨받습니다.

2 List<Widget> actions: AppBar의 actions 부분에 들어갈 위젯을 넘겨받습니다.

3 Widget bottomNavBar: 하단부 영역의 위젯을 넘겨받아 가격 표시와 채팅하기 영역을 처리합니다.

```
class _ScrollAppbarWidgetState extends State<ScrollAppbarWidget> {
  ScrollController controller = ScrollController(); // --- 1
  int alpha = 0;
  @override
  void initState() {
    super.initState();
    controller.addListener(() { // --- 2
      setState(() {
        alpha = (controller.offset).clamp(0, 255).toInt();
      });
    });
  }

  @override
  Widget build(BuildContext context) {
    return Scaffold(
      extendBody: false,
      extendBodyBehindAppBar: true,
      appBar: AppBar(
        leading: GestureDetector(
          behavior: HitTestBehavior.translucent,
          onTap: Get.back,
          child: Padding(
            padding: const EdgeInsets.all(10.0),
            child: SvgPicture.asset('assets/svg/icons/back.svg'),
          ),
        ),
        backgroundColor: const Color(0xff212123).withAlpha(alpha), // --- 3
        elevation: 0,
        actions: widget.actions,
      ),
```

```
        backgroundColor: const Color(0xff212123),
        body: Stack(
          children: [
            SingleChildScrollView(
              controller: controller,
              child: widget.body,
            ),
            Container( // --- 4
              height: 110,
              decoration: BoxDecoration(
                gradient: LinearGradient(
                  begin: Alignment.topCenter,
                  end: Alignment.bottomCenter,
                  colors: [
                    Color(0xff212123),
                    Color(0xff212123).withOpacity(0),
                  ],
                ),
              ),
            )
          ],
        ),
        bottomNavigationBar: widget.bottomNavBar,
    );
  }
}
```

1 : 스크롤에 따라 투명도를 조절하기 위해 ScrollController를 생성합니다.

2 : 생성된 ScrollController에 이벤트를 구독하여, 스크롤에 따라 0~255 범위의 값을 alpha 값으로 저장합니다. 이 때 clamp를 설정하여 스크롤 위치가 255 이상을 넘어도 alpha 값은 255로 유지됩니다.

3 : 변경된 alpha 값에 따라 AppBar의 backgroundColor에 alpha 값을 지정합니다.

4 : 스크롤하기 전에는 AppBar가 투명하기 때문에 상단에 그라데이션을 추가하여 아이콘이 잘 보이도록 처리합니다.

이어서 ScrollAppbarWidget를 사용해보겠습니다.

product_detail_view.dart 파일

```dart
@override
Widget build(BuildContext context) {
  return ScrollAppbarWidget( // --- 1
    actions: [
      GestureDetector( // --- 2
        onTap: () {},
        behavior: HitTestBehavior.translucent,
        child: Padding(
          padding: const EdgeInsets.all(15),
          child: SvgPicture.asset('assets/svg/icons/share.svg'),
        ),
      ),
      GestureDetector( // --- 3
        onTap: () {},
        behavior: HitTestBehavior.translucent,
        child: Padding(
          padding: const EdgeInsets.all(15),
          child: SvgPicture.asset('assets/svg/icons/more_vertical.svg'),
        ),
      ),
      const SizedBox(width: 10),
    ],
    body: Obx( // ---- 4
      () => Column(
        children: [
          SizedBox(
            width: Get.width,
            height: Get.width,
            child: _ProductThumbnail(
              product: controller.product.value,
            ),
          ),
          _ProfileSection(product: controller.product.value),
          _ProductDetail(product: controller.product.value),
          _HopeTradeLocation(product: controller.product.value),
          _UserProducts(
            product: controller.product.value,
            ownerOtherProducts: controller.ownerOtherProducts.value,
          ),
        ],
```

```
        ),
      ),
    bottomNavBar: Container(
      padding: EdgeInsets.only(
          left: 5,
          right: 20,
          top: 10,
          bottom: 15 + MediaQuery.of(context).padding.bottom),
      decoration: const BoxDecoration(
        border: Border(
          top: BorderSide(color: Color(0xff4D4D4F)),
        ),
      ),
      child: Obx(
        () => _BottomNavWidget(
          product: controller.product.value,
        ),
      ),
    ),
  );
}
```

1: CommonLayout을 ScrollAppbarWidget으로 변경합니다.

2, 3: AppBar에 배치될 actions 버튼을 추가합니다.

3, 4: 기존에 사용하던 SingleChildScrollView는 ScrollAppbarWidget 위젯에 기본적으로 스크롤 기능이 있기 때문에 제거합니다.

이제 상세 페이지에서 스크롤을 진행하면 상단의 Appbar영역이 스크롤의 위치에 따라 점차 불투명해지는 것을 확인 할 수 있습니다.

18.10 더 보기 메뉴 설정

상세 페이지 구성이 거의 완료되었습니다. 이제 수정하거나 삭제하는 기능도 필요합니다. 이를 위해 상단에 더 보기 아이콘을 배치했습니다. actionSheet를 이용해 상단의 더 보기 메뉴를 선택하면 수정이나 삭제 기능을 사용할 수 있도록 만들어보겠습니다.

product_detail_view.dart 파일 중

```dart
@override
Widget build(BuildContext context) {
  return ScrollAppbarWidget(
    actions: [
      GestureDetector(
        onTap: () {},
        behavior: HitTestBehavior.translucent,
        child: Padding(
          padding: const EdgeInsets.all(15),
          child: SvgPicture.asset('assets/svg/icons/share.svg'),
        ),
      ),
      GestureDetector(
        onTap: () {
          _showActionSheet(context); // --- 1
        },
        behavior: HitTestBehavior.translucent,
        child: Padding(
          padding: const EdgeInsets.all(15),
          child: SvgPicture.asset('assets/svg/icons/more_vertical.svg'),
        ),
      ),
      const SizedBox(width: 10),
    ],
    //... 이하 생략
```

1: 사용자가 더 보기 메뉴를 누르면 _showActionSheet 이벤트 함수를 호출합니다.

이어서 _showActionSheet 함수를 만들겠습니다.

```dart
void _showActionSheet(BuildContext context) {
  var actions = controller.isMine // --- 1
    ? [
        CupertinoActionSheetAction(
          onPressed: () async {},
          child: const Text('게시물 수정'),
        ),
        CupertinoActionSheetAction(
```

```
                    isDestructiveAction: true,
                    onPressed: () async {},
                    child: const Text('삭제'),
                  ),
                ]
              : [
                  CupertinoActionSheetAction(
                    onPressed: () async {
                      Navigator.pop(context);
                    },
                    child: const Text('게시물 신고'),
                  ),
                ];
    showCupertinoModalPopup<void>(
      context: context,
      builder: (BuildContext context) => CupertinoActionSheet(
        actions: actions,
        cancelButton: CupertinoActionSheetAction(
          onPressed: () {
            Navigator.pop(context);
          },
          child: const Text('취소'),
        ),
      ),
    );
}
```

CupertinoActionSheet를 사용하겠습니다. 하지만 게시물 수정과 삭제는 내가 등록한 콘텐츠일 때만 허용되어야 합니다. 이를 위해 내 콘텐츠인지를 판별하는 로직이 필요합니다. 이 부분이 코드 주석 번호 1에 해당합니다. 하지만 아직 ProductDetailController에는 내 콘텐츠인지를 확인할 변수가 없으므로, isMine이라는 변수를 추가하겠습니다.

이제 ProductDetailController로 이동합니다. ProductDetailController에는 product 상태 값이 있으며, product에는 소유주 정보가 있습니다. 현재 로그인된 사용자와 product의 소유주를 비교하면 내 콘텐츠인지를 확인할 수 있습니다. 이를 위해 ProductDetailController가 생성될 때 myUser 정보를 받아오도록 하겠습니다.

```
class ProductDetailController extends GetxController {
  final ProductRepository _productRepository;
  final UserModel myUser; // --- 1
  ProductDetailController(
    this._productRepository,
    this.myUser, // --- 1
  );
  late String docId;
  Rx<Product> product = const Product.empty().obs;
  RxList<Product> ownerOtherProducts = <Product>[].obs;

  bool get isMine => myUser.uid == product.value.owner?.uid; // ----2

// ... 이하 생략
```

1: ProductDetailController는 생성될 때 로그인된 사용자의 UserModel을 받아옵니다.

2: product의 소유주와 UserModel을 비교하여 isMine 변수를 만듭니다.

이어서 main.dart 파일의 라우트 부분에서 발생하는 오류를 해결하겠습니다.

main.dart

```
GetPage(
  name: '/product/detail/:docId',
  page: () => ProductDetailView(),
  binding: BindingsBuilder(
    () {
      Get.put(ProductDetailController(
        Get.find<ProductRepository>(),
        Get.find<AuthenticationController>().userModel.value, // --- 추가
      ));
    },
  ),
),
```

앱을 다시 실행하고 더 보기 메뉴를 눌러보겠습니다. 내 상품인지 아닌지에 따라 다음과 같이 메뉴가
다르게 표시됩니다.

◀ 내 상품과 내 상품이 아닐 때의 기능 비교

18.11 즐겨찾기·관심 기능 개발

이번에는 관심 상품으로 등록하여 판매자의 가격 인하 정보를 받을 수 있게 해주는 즐겨찾기·관심 기능을 개발하겠습니다.

> 💡 이 책에서는 관심 상품으로 등록하는 것만 다루며 판매자의 가격 변경에 대한 푸시 메시지 기능은 다루지 않습니다.

상세 페이지 하단에 위치한 _BottomNavWidget 위젯으로 이동합니다. 퍼블리싱 단계에서 GestureDetector를 미리 만들었기 때문에 onTap 이벤트를 _BottomNavWidget에서 처리하지 않고 부모 위젯인 ProductDetailView에서 처리하겠습니다. 여기서는 단지 이벤트만 걸어주겠습니다.

📺 **product_detail_view.dart 파일 중 _BottomNavWidget 위젯 소스코드**

```dart
class _BottomNavWidget extends StatelessWidget {
  final Function() onLikedEvent; // ---- 1
  final Product product;
  const _BottomNavWidget({
    super.key,
    required this.onLikedEvent,// ---- 1
    required this.product,
  });
  //.... 생략

  @override
  Widget build(BuildContext context) {
    return SizedBox(
      height: 50,
      child: Row(
        children: [
          GestureDetector(
            onTap: onLikedEvent, // ---- 1
            behavior: HitTestBehavior.translucent,
            child: Container(
              padding: const EdgeInsets.all(15.0),
              child: SvgPicture.asset('assets/svg/icons/like_off.svg'),
            ),
          ),
          //.... 생략
        ],
      ),
    );
  }
}
```

1 : onLikedEvent라는 함수를 전달받을 수 있도록 설정하고, 이를 GestureDetector와 연결했습니다.

이어서 부모 위젯인 ProductDetailView의 소스코드를 수정하겠습니다.

```
bottomNavBar: Container(
  padding: EdgeInsets.only(
      left: 5,
      right: 20,
      top: 10,
      bottom: 15 + MediaQuery.of(context).padding.bottom),
  decoration: const BoxDecoration(
    border: Border(
      top: BorderSide(color: Color(0xff4D4D4F)),
    ),
  ),
  child: Obx(
    () => _BottomNavWidget(
      product: controller.product.value,
      onLikedEvent: controller.onLikedEvent, // --- 1
    ),
  ),
),
```

onLikedEvent를 ProductDetailController의 onLikedEvent로 전달합니다.

```
void onLikedEvent() {
  var likers = product.value.likers ?? [];
  if (likers.contains(myUser.uid)) {
    likers = likers.toList()..remove(myUser.uid);
  } else {
    likers = likers.toList()..add(myUser.uid!);
  }
  product(product.value.copyWith(likers: List.unmodifiable([...likers])));

}
```

onLikedEvent 함수에서는 product의 likers 데이터를 기준으로 로그인 회원의 uid가 존재하는지 확인하여, likers 배열에서 추가 또는 삭제합니다. 그런 다음 변경된 liker 정보를 기존 product에 업데이트합니다. 이제 화면에서 '좋아요' 버튼을 눌렀을 때 변경 사항이 반영되도록 처리하겠습니다.

product_detail_view.dart 파일에서 '좋아요' 아이콘이 배치되어 있는 _BottomNavWidget 소스코드로 이동합니다.

product_detail_view.dart 파일 중 _BottomNavWidget 소스코드 중

```dart
@override
Widget build(BuildContext context) {
  var likers = product.likers ?? []; // --- 1
  var uid = Get.find<AuthenticationController>().userModel.value.uid;
  return SizedBox(
    height: 50,
    child: Row(
      children: [
        GestureDetector(
          onTap: onLikedEvent,
          behavior: HitTestBehavior.translucent,
          child: Container(
            padding: const EdgeInsets.all(15.0),
            child: likers.contains(uid) // --- 2
                ? SvgPicture.asset('assets/svg/icons/like_on.svg')
                : SvgPicture.asset('assets/svg/icons/like_off.svg'),
          ),
        ),
        const SizedBox(
          height: 30,
          child: VerticalDivider(
            color: Color(0xff34373C),
          ),
        ),
        const SizedBox(width: 15),
        Expanded(child: _price()),
        Btn(
          onTap: () {},
          child: const AppFont(
            '채팅하기',
            fontWeight: FontWeight.bold,
          ),
        ),
      ],
    ),
```

```
    );
  }
```

1: product의 likers와 로그인된 회원의 uid를 비교하기 위해 각각의 변수를 설정합니다.

2: likers에 uid 존재 여부에 따라 SVG 아이콘을 변경합니다.

앱을 실행하고 상세 페이지에서 '좋아요'를 누르면 관심 개수와 '좋아요' 아이콘이 변경되는 것을 확인할 수 있습니다. 하지만 여기서 끝내면 안 됩니다. 지금 단계에서는 상태 관리만 변경한 것이기에 실제로 데이터베이스에 업데이트해야 합니다. 현재 상태에서 종료하면 해당 데이터는 휘발됩니다.

이제 데이터베이스에 업데이트하는 기능을 만들겠습니다. 다시 product_detail_controller.dart 파일로 이동한 뒤 onLikedEvent 함수의 가장 마지막 부분에서 업데이트를 처리하겠습니다.

```
void _updateProductInfo() async {
  await _productRepository.editProduct(product.value);// --- 2
}

void onLikedEvent() {
  var likers = product.value.likers ?? [];
  if (likers.contains(myUser.uid)) {
    likers = likers.toList()..remove(myUser.uid);
  } else {
    likers = likers.toList()..add(myUser.uid!);
  }
  product(product.value.copyWith(likers: List.unmodifiable([...likers])));
  _updateProductInfo(); // --- 1
}
```

1: updateProductInfo 함수를 별도로 분리한 이유는 '좋아요' 업데이트뿐만 아니라 다음 절에서 살펴볼 조회수 업데이트 같은 다른 데이터 업데이트도 공통으로 처리하기 위해서입니다.

2: _productRepository에 editProduct라는 이벤트로 product 데이터를 전달합니다.

아직 존재하지 않는 함수이기 때문에 product_repository.dart 파일로 이동합니다.

product_repository.dart 파일 중

```dart
Future<void> editProduct(Product product) async {
  try {
    await products.doc(product.docId).update(product.toMap());
  } catch (e) {
    return;
  }
}
```

Firebase 데이터베이스에서 기존 데이터를 업데이트하는 방법은 간단합니다. 특정 문서를 업데이트하려면 해당 문서의 ID(docId)를 사용하여 새로운 데이터를 업데이트할 수 있습니다. 따라서 docId를 기준으로 product 모델 전체를 넣어주면 됩니다. 이렇게 하면 '좋아요'와 같은 기능을 수행한 후에도 데이터가 사라지지 않고 앱을 재실행해도 데이터가 유지됨을 확인할 수 있습니다.

18.12 조회수 업데이트 기능

조회수 업데이트 기능을 개발하기 전에 알아두어야 할 점이 있습니다. 일반적으로 조회수를 올리는 작업은 앱에서 직접 처리하지 않고 서버에서 관리[2](서버에서 조회수를 카운팅하는 조건에 따라 업데이트)합니다. 하지만 현재 상황에서는 Firebase 데이터베이스를 사용하므로 조회수를 업데이트하려면 별도의 작업이 필요합니다. Firebase의 functions라는 서버리스 서비스를 사용할 수도 있지만 이 책에서 다루기에는 다소 어렵기 때문에 여기서는 앱에서 직접 처리하는 방식으로 진행하겠습니다.

조회수를 올리려면 상세 페이지에 접근했을 때 카운팅 수를 증가시키고 데이터베이스에 업데이트해야 합니다. 이를 위해 product_detail_controller.dart 파일의 _loadProductDetailData 함수에서 조회수 업데이트 작업을 처리하면 됩니다.

---

2 조회수를 카운팅하는 조건은 기획에 따라 달라집니다.

```
Future<void> _loadProductDetailData() async {
  var result = await _productRepository.getProduct(docId);
  if (result == null) return;
  product(result.copyWith(viewCount: (result.viewCount ?? 0) + 1)); // --- 1
  _updateProductInfo(); // --- 2
}
```

1: 서버로부터 받은 product 데이터를 사용하기 전에 먼저 viewCount를 1 증가시켜야 합니다. 그런 다음 변경된 product 데이터를 다시 데이터베이스에 업데이트해야 하므로 기존에 만들어둔 _updateProductInfo 함수를 호출하면 됩니다.

이렇게 하면 사용자가 상세 페이지에 접근할 때마다 조회수가 증가하는 것을 확인할 수 있습니다.

18.13 상품 삭제 기능

상품 삭제 기능을 추가해보겠습니다. 기본적으로 상품의 수정과 삭제는 자신이 등록한 상품에만 가능하도록 설정됩니다. 화면 퍼블리싱 단계에서 이미 자신의 콘텐츠에만 상품 삭제 및 수정 기능을 수행하도록 구현해두었습니다.

_showActionSheet 함수의 삭제 ActionSheet 부분을 통해 이 기능을 개발하겠습니다.

product_detail_view.dart 파일의 _showActionSheet 함수 중

```
CupertinoActionSheetAction(
  isDestructiveAction: true,
  onPressed: () async {
    Get.back(); // --- 1
    var isDeleted = await showDialog<bool?>( // --- 2
      context: Get.context!,
      builder: (context) {
        return CupertinoAlertDialog(
          content: const AppFont(
            '정말 삭제하시겠습니까?',
            color: Colors.black,
            size: 16,
```

```
            ),
          actions: [
            TextButton(
              onPressed: () {},
              child: const AppFont(
                '삭제',
                size: 16,
                fontWeight: FontWeight.bold,
                color: Colors.red,
              ),
            ),
            TextButton(
              onPressed: Get.back,
              child: const AppFont(
                '취소',
                size: 16,
                fontWeight: FontWeight.bold,
                color: Colors.blue,
              ),
            ),
          ],
        );
      },
    );
    if (isDeleted != null && isDeleted) { // --- 3
      Get.back(result: isDeleted);
    }
  },
  child: const Text('삭제'),
),
```

1: ActionSheet가 활성화된 상태에서 삭제 버튼을 누르면 ActionSheet는 닫혀야 합니다. 이를 위해 첫 번째 이벤트로 Get.back을 호출하여 ActionSheet 메뉴가 닫히도록 처리했습니다.

2: 삭제 기능처럼 민감한 부분을 다룰 때는 고객에게 한 번 더 확인을 받는 단계가 필요합니다. 사용자가 실수로 삭제 버튼을 눌렀을 수 있기 때문에, 이를 방지하기 위해 showDialog를 사용하여 삭제 여부를 재확인합니다. 만약 사용자가 실수로 삭제 버튼을 눌렀다면 showDialog 창에서 취소 버튼을 누를 것입니다. 이 경우 반환되는 데이터는 null이 됩니다. 따라서 showDialog 함수의 반환값(return value) 제네릭 타입을 bool?로 지정했습니다.

3: 만약 사용자가 삭제 버튼을 눌렀다면 데이터 처리가 완료된 후 true가 반환됩니다. 이 경우 isDeleted 값이 true이면 Get.back을 호출하여 상세 페이지에서 뒤로 돌아갑니다.

그리고 홈 화면으로 돌아가면 상품 리스트를 다시 불러와야 합니다. 왜냐하면 삭제된 데이터를 반영하기 때문입니다. 그렇지 않으면 사용자는 삭제한 상품이 목록에 그대로 남아 있어 삭제되지 않은 것으로 착각할 수 있습니다. 따라서 사용자가 혼동하지 않도록 하기 위해 홈 화면에서 상품 목록을 재호출해야 합니다.

이어서 사용자가 '삭제하기' 버튼을 눌렀을 때의 처리를 다루겠습니다.

```
CupertinoActionSheetAction(
  isDestructiveAction: true,
  onPressed: () async {
    Get.back();
    var isDeleted = await showDialog<bool?>(
      context: Get.context!,
      builder: (context) {
        return CupertinoAlertDialog(
          content: const AppFont(
            '정말 삭제하시겠습니까?',
            color: Colors.black,
            size: 16,
          ),
          actions: [
            TextButton(
              onPressed: () async {
                var result = await controller.deleteProduct(); // --- 1
                Get.back(result : result);
              },
              child: const AppFont(
                '삭제',
                size: 16,
                fontWeight: FontWeight.bold,
                color: Colors.red,
              ),
            ),
            TextButton(
              onPressed: Get.back,
              child: const AppFont(
                '취소',
                size: 16,
                fontWeight: FontWeight.bold,
```

```
              color: Colors.blue,
            ),
          ),
        ],
      );
    },
  );
  if (isDeleted != null && isDeleted) {
    Get.back(result: isDeleted);
  }
},
child: const Text('삭제'),
),
```

1 : ProductDetailController로 deleteProduct 이벤트를 전달합니다. 삭제가 정상적으로 이루어지면 true 값 (bool)을 반환합니다. 이 값을 Get.back을 통해 전달하여 삭제 확인 창을 닫고, 상세 페이지에서 홈 화면으로 돌아갑니다.

ProductDetailController로 이동하여 데이터 삭제 프로세스를 개발하겠습니다.

```
Future<bool> deleteProduct() async {
  return await _productRepository.deleteProduct(product.value.docId!);
}
```

_productRepository의 deleteProduct 함수를 호출합니다. 하지만 아직 deleteProduct 함수를 만들지 않았습니다. _productRepository로 이동하여 이 함수를 만들어주겠습니다.

```
Future<bool> deleteProduct(String docId) async {
  try {
    DocumentReference docRef = products.doc(docId);
    await docRef.delete();
    return true;
  } catch (e) {
    return false;
  }
}
```

Firebase 데이터베이스에서 데이터를 삭제하는 것도 간단합니다. docId를 사용하여 해당 데이터를 삭제할 수 있습니다.

> 💡 보통의 서비스에서는 사용자의 데이터를 물리적으로 삭제하지 않고 논리적으로 삭제합니다. 물리적 삭제는 데이터베이스에서 사용자의 데이터를 완전히 제거하는 것으로, 데이터베이스에서 해당 데이터를 찾을 수 없게 됩니다. 반면 논리적 삭제는 데이터에 상태 필드를 추가하여 해당 데이터를 삭제 상태로 변경하는 것입니다. 이 경우 사용자 화면에서는 삭제된 데이터가 보이지 않지만 데이터베이스에는 여전히 존재합니다.

여기서는 논리 삭제가 아닌 물리 삭제로 진행하겠습니다. 앱을 실행하고 콘텐츠를 삭제해보겠습니다. 정상적으로 삭제되고 화면도 홈 화면으로 돌아갑니다. 그러나 삭제된 콘텐츠가 여전히 보이는 문제가 발생합니다.

이제 홈 화면으로 돌아왔을 때 데이터가 다시 로드되어야 하는지 확인하고, 필요에 따라 데이터를 리로드reload하도록 개발하겠습니다.

home_page.dart 파일로 이동하여 사용자가 상품을 클릭했을 때 상세 페이지로 이동하는 이벤트를 찾아줍니다.

home_page.dart 파일의 _productOne 함수 소스코드 중

```
Widget _productOne(Product product) {
  return GestureDetector(
    onTap: () async {
      var isNeedReload =
          await Get.toNamed('/product/detail/${product.docId}'); // --- 1
      if (isNeedReload != null && isNeedReload) {
        controller.refresh(); // --- 2
      }
    },
    behavior: HitTestBehavior.translucent,
    child: Row(
    //.... 이하 생략
```

1: 상세 페이지에서 홈으로 돌아올 때, 삭제가 이루어지면 true 값이 반환됩니다.

2: 이미 homeController에 새로고침하는 함수가 있으므로 refesh 함수를 호출하여 데이터를 갱신해줍니다.

앱을 실행하여 데이터를 삭제해보겠습니다. 삭제가 정상적으로 처리되고 홈으로 돌아왔을 때 자동으로 갱신되어 더 이상 삭제된 콘텐츠가 보이지 않게 됩니다.

18.14 상품 정보 수정 기능

이번에는 상품 상세 페이지에서 상품 정보를 수정할 수 있는 기능을 만들어보겠습니다. 우상단의 더 보기 아이콘을 통해 게시물 수정 버튼을 누르면 수정할 수 있도록 작업할 것입니다. 새로운 수정 페이지를 만들 필요는 없습니다. 기존의 상품 판매 등록 페이지에서 수정이 가능하도록 업그레이드하면 됩니다.

product_detail_view.dart 파일의 _showActionSheet 함수 중

```
void _showActionSheet(BuildContext context) {
  var actions = controller.isMine
      ? [
          CupertinoActionSheetAction(
            onPressed: () async {
              await Get.toNamed('/product/write'); // ---- 1
            },
            child: const Text('게시물 수정'),
          ),
          CupertinoActionSheetAction(
          // ... 이하 생략
```

1: 기존의 product/write로 라우트할 것입니다. 하지만 이렇게만 연결하면 게시물 생성 페이지로 이동하게 됩니다. 게시물 수정을 위해서는 생성과 다른 상태로 만들어야 합니다. 이를 위해 GetX에서 라우트를 처리할 때 parameters로 수정할 게시물의 정보를 전달하겠습니다.

product_detail_view.dart 파일의 _showActionSheet 함수 중

```
CupertinoActionSheetAction(
  onPressed: () async {
    await Get.toNamed('/product/write', parameters: {
      'product_doc_id': controller.product.value.docId ?? ''
    });
  },
```

```dart
    child: const Text('게시물 수정'),
),
```

페이지 라우트 시 수정하고자 하는 product의 documentId를 전달하면, ProductWriteController
에서 생성인지 수정인지를 구분하여 처리할 수 있게 됩니다.

ProductWriteController로 이동하여 해당 로직을 구현하겠습니다.

product_write_controller.dart 파일 중

```dart
bool isEditMode = false;

@override
void onInit() {
  super.onInit();
  var productDocId = Get.parameters['product_doc_id'];
  if (productDocId != null) {
    isEditMode = true;
    _loadProductDetail(productDocId);
  }
  product.stream.listen((event) {
    _isValidSubmitPossible();
  });
}
```

onInit 시 product_doc_id가 존재하는지 확인하여 isEditMode 변수를 true로 설정하고, docId
를 통해 상품 정보를 불러오기 위해 _loadProductDetail 함수를 호출하겠습니다.

```dart
_loadProductDetail(String docId) async {
  var productValue = await _productRepository.getProduct(docId);
  if (productValue != null) {
    product(productValue);
    if (productValue.imageUrls != null) {
      // 이미지 세팅
    }
  }
}
```

_loadProductDetail 함수에서는 docId를 기준으로 데이터베이스에서 상품 상세 정보를 조회합니다. 그리고 조회된 상품 데이터를 product 모델에 넣습니다. 추가로 선택된 이미지를 화면에 보여줘야 합니다. 이를 위해 productValue.imageUrls가 존재하면 업로드한 상품이 있는 것이기 때문에 selectedImages에 데이터를 담아줍니다.

```
_loadProductDetail(String docId) async {
  var productValue = await _productRepository.getProduct(docId);
  if (productValue != null) {
    product(productValue);
    if (productValue.imageUrls != null) {
      selectedImages.addAll(productValue.imageUrls!
          .map<AssetValueEntity>((e) => AssetValueEntity(thumbnail: e))
          .toList());
    }
  }
}
```

selectedImages 데이터는 List⟨AssetEntity⟩로 파일 데이터를 갖고 있는 객체입니다. 하지만 데이터 조회를 통해 얻은 imageUrls는 파일이 아닌 String 타입인 URL 주소입니다. AssetEntity로 형변환할 수 없기 때문에 AssetEntity를 확장하여 thumbnail을 갖는 객체를 새롭게 만들어줘야 합니다. 이어서 AssetValueEntity라는 객체를 추가로 생성하겠습니다.

common/model 폴더에 asset_value_entity.dart 파일을 만듭니다.

```
import 'package:photo_manager/photo_manager.dart';

class AssetValueEntity extends AssetEntity {
  final String? thumbnail;
  AssetValueEntity({
    asset,
    this.thumbnail,
  }) : super(
          id: asset != null ? asset.id : '',
          typeInt: asset != null ? asset.typeInt : 0,
          width: asset != null ? asset.width : 0,
          height: asset != null ? asset.height : 0,
```

```
        );
    }
```

AssetValueEntity 모델은 thumbnail을 추가로 갖는 AssetEntity와 같습니다. 다시 product_
write_controller.dart 파일로 넘어가서 AssetEntity 부분을 AssetValueEntity로 수정하겠습
니다.

```
class ProductWriteController extends GetxController {
    final UserModel owner;
    final Rx<Product> product = const Product().obs;
    final ProductRepository _productRepository;
    final CloudFirebaseRepository _cloudFirebaseRepository;
    RxBool isPossibleSubmit = false.obs;
    bool isEditMode = false;
    RxList<AssetValueEntity> selectedImages = <AssetValueEntity>[].obs; // 수정
```

이렇게 selectedImages의 모델을 변경했습니다. 이때 _loadProductDetail 함수는 문제없이 작
동하지만, 기존 소스코드의 AssetEntity를 사용하는 부분에서 문제가 발생할 수 있습니다. 이를 해
결하기 위해 VSCode에서 AssetEntity를 검색하여 AssetValueEntity로 변경해줍니다.

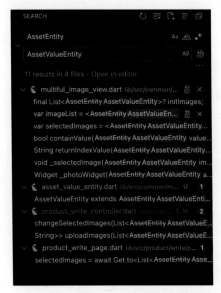

🛷 AssetEntity를 AssetValueEntity로 변경

이때 변경하지 말아야 하는데 변경되어 문제가 생기는 부분이 있습니다. 하나하나 수정해보겠습니다.

먼저 asset_value_entity.dart 파일에서 문제가 생겼습니다. 원래는 AssetEntity를 상속받아야 하는데, 소스코드가 바뀌면서 오류가 발생하고 있습니다. 이 부분을 수정하겠습니다.

```dart
import 'package:photo_manager/photo_manager.dart';

class AssetValueEntity extends AssetEntity { // < 수정
  final String? thumbnail;
  AssetValueEntity({
    asset,
    this.thumbnail,
  }) : super(
          id: asset != null ? asset.id : '',
          typeInt: asset != null ? asset.typeInt : 0,
          width: asset != null ? asset.width : 0,
          height: asset != null ? asset.height : 0,
        );
}
```

multiful_image_view.dart 파일의 _pageingPhotos 함수 부분에서도 소스코드를 수정해야 합니다.

```dart
Future<void> _pagingPhotos() async {
  if (albums.isNotEmpty) {
    var photos =
        await albums.first.getAssetListPaged(page: currentPage, size: 60);
    if (currentPage == 0) {
      imageList.clear();
    }
    if (photos.isEmpty) {
      return;
    }

    setState(() {
      photos.forEach((element) { // ---- 수정
        imageList.add(AssetValueEntity(asset: element));
      });
```

```
          currentPage++;
      });
  }
}
```

이제 오류는 모두 수정되었고 수정 모드일 때의 화면 처리를 작업하겠습니다. 먼저 선택된 이미지가 보이도록 하겠습니다. product_write_page.dart 파일로 이동합니다.

```
Widget _selectedImageList() {
  return Container(
    margin: const EdgeInsets.only(left: 15),
    height: 77,
    child: Obx(
      () => ListView.builder(
        scrollDirection: Axis.horizontal,
        itemBuilder: (context, index) {
          return Stack(
            children: [
              Padding(
                padding: const EdgeInsets.only(top: 10, right: 20),
                child: ClipRRect(
                  borderRadius: BorderRadius.circular(4),
                  child: SizedBox(
                    width: 67,
                    height: 67,
                    child: controller.selectedImages[index].thumbnail != null // --- 1
                        ? CachedNetworkImage( // --- 2
                            imageUrl:
                                controller.selectedImages[index].thumbnail!,
                            progressIndicatorBuilder:
                                (context, url, downloadProgress) => Center(
                                    child: CircularProgressIndicator(
                              value: downloadProgress.progress,
                              strokeWidth: 1,
                            )),
                            errorWidget: (context, url, error) =>
                                const Icon(Icons.error),
                            fit: BoxFit.cover,
                          )
```

```
                           : FutureBuilder(
                               future: controller.selectedImages[index].file,
                               builder: (context, snapshot) {
                                 if (snapshot.hasData) {
                                   return Image.file(
                                     snapshot.data!,
                                     fit: BoxFit.cover,
                                   );
                                 } else {
                                   return Container();
                                 }
                               },
                             ),
                         ),
                       ),
                     ),
                 Positioned(
                   right: 10,
                   child: GestureDetector(
                     onTap: () {
                       controller.deleteImage(index);
                     },
                     child: SvgPicture.asset('assets/svg/icons/remove.svg'),
                   ),
                 )
               ],
             );
           },
           itemCount: controller.selectedImages.length,
         ),
       ),
     );
}
```

1: selectedImage에 thumbnail 데이터가 있다면 CachedNetworkImage를 사용하여 이미지를 표시합니다. 사용자가 이미지를 추가할 때 thumbnail 데이터는 없고 파일만 있을 수 있는데, 이때는 2가지 모두 표시할 수 있도록 합니다.

글 제목 초기 데이터 적용

product_write_page.dart 파일의 _ProductTitleView

```dart
class _ProductTitleView extends GetView<ProductWriteController> {
  const _ProductTitleView({super.key});

  @override
  Widget build(BuildContext context) {
    return Padding(
      padding: const EdgeInsets.symmetric(horizontal: 25),
      child: Obx( // --- 1
        () => CommonTextField(
          hintText: '글 제목',
          initText: controller.product.value.title, // --- 2
          onChange: controller.changeTitle,
          hintColor: const Color(0xff6D7179),
        ),
      ),
    );
  }
}
```

1 : ProductWriteController에서 product의 상태를 실시간으로 구독하여 변경 사항을 받아올 수 있도록 처리했습니다.

2 : initText 값으로 title을 넣어주면 초깃값이 설정됩니다.

설명 초기 데이터 적용

product_write_page.dart 파일의 _ProductDescription

```dart
class _ProductDescription extends GetView<ProductWriteController> {
  const _ProductDescription({super.key});

  @override
  Widget build(BuildContext context) {
    return Padding(
      padding: const EdgeInsets.symmetric(horizontal: 25.0),
      child: Obx( // --- 1
        () => CommonTextField(
          hintColor: Color(0xff6D7179),
```

```
              hintText: '아라동에 올릴 게시글 내용을 작성해주세요.\n(판매 금지 물품은
게시가 제한될 수 있어요.)',
              textInputType: TextInputType.multiline,
              initText: controller.product.value.description, // --- 2
              maxLines: 10,
              onChange: controller.changeDescription,
          ),
        ));
    }
}
```

1 : ProductWriteController에서 product의 상태를 실시간으로 구독하여 변경 사항을 받아올 수 있도록 처리했습니다.

2 : initText 값으로 description을 넣어주면 초깃값이 설정됩니다.

마지막으로 데이터를 업데이트할 수 있도록 저장할 때의 처리를 작업하겠습니다. 먼저 product_write_controller.dart 파일의 submit 함수를 수정해야 합니다. 기존에는 무조건 이미지를 업로드했지만, 수정할 때는 이미지가 별도로 추가되지 않는다면 업로드할 필요가 없습니다. 따라서 이미지가 추가로 선택되었는지에 따라 업로드해주는 로직을 추가하겠습니다.

product_wrrite_controller.dart 파일의 submit 함수

```
product(product.value.copyWith(
  owner: owner,
  imageUrls: selectedImages.map((e) => e.thumbnail ?? '').toList(), // --- 1
  createdAt: DateTime.now(),
  updatedAt: DateTime.now(),
));
if (selectedImages
    .where((selectedImage) => selectedImage.id != '')
    .toList()
    .isNotEmpty) { // --- 2
  var downloadUrls = await uploadImages(selectedImages);
  product(product.value.copyWith(imageUrls: downloadUrls));
}
// ...이하 생략
```

1 : imageUrls가 존재할 수 있으므로 selectedImages에 thumbnail이 있는 경우 해당 URL을 넣고, 없는 경우에는 빈 문자열('')을 넣어줍니다.

2: 업로드 처리를 위한 조건을 추가합니다. selectedImage.id 값이 빈 상태('')가 아닌 게 하나라도 있으면 업로드를 진행합니다. 여기서 AssetValueEntity에 id가 있다는 것은 파일이 선택되었음을 의미합니다.

업로드 프로세스도 약간 수정해야 합니다. 다음과 같이 수정하겠습니다.

product_wrrite_controller.dart 파일의 uploadImages 함수

```dart
Future<List<String>> uploadImages(List<AssetValueEntity> images) async {
  List<String> imageUrls = [];
  for (var image in images) {
    var downloadUrl = image.thumbnail ?? '';
    if (image.id != '') {
      var file = await image.file;
      if (file == null) return [];
      downloadUrl =
          await _cloudFirebaseRepository.uploadFile(owner.uid!, file);
    }

    imageUrls.add(downloadUrl);
  }
  return imageUrls;
}
```

넘어온 images에는 이미 업로드된 이미지의 thumbnailUrl이 있을 수 있습니다. 이를 체크하여 업로드 프로세스를 진행합니다.

이어서 업로드 완료 후 데이터를 저장하는 로직을 추가하겠습니다.

product_write_controller.dart 파일에서 submit 함수를 저장하는 프로세스 소스코드 중

```dart
String resultMessage = '';
if (isEditMode) { // --- 1
  await _productRepository.editProduct(product.value); // --- 2
  resultMessage = '물건이 수정되었습니다.'; // --- 3
} else {
  await _productRepository.saveProduct(product.value.toMap());
  resultMessage = '물건이 등록되었습니다.';
}
CommonLayoutController.to.loading(false);
await showDialog(
  context: Get.context!,
  builder: (context) {
```

```
            return CupertinoAlertDialog(
              content: AppFont(
                resultMessage,
                color: Colors.black,
                size: 16,
              ),
              actions: [
                TextButton(
                  onPressed: () {
                    Get.back();
                  },
                  child: const AppFont(
                    '확인',
                    size: 16,
                    fontWeight: FontWeight.bold,
                    color: Colors.blue,
                  ),
                ),
              ],
            );
          },
        );
    Get.back(result: true);
```

1 : 처음 product_write_controller 생성 시 editMode를 체크하여 데이터를 업데이트할지 삽입(insert)할지를 결정합니다.

2 : _productRepository.editProduct 함수를 통해 데이터를 업데이트합니다.

3 : 삽입하든 업데이트하든 이후 프로세스는 동일합니다. 따라서 문구만 다르게 설정하여 resultMessage로 사용자에게 메시지를 보여줍니다.

이제 내가 올린 콘텐츠를 수정해보겠습니다. 수정이 정상적으로 되었다는 메시지를 확인할 수 있지만, 확인 메시지를 보고 돌아온 상세 페이지에는 수정된 내용이 반영되어 있지 않을 것입니다. 이는 수정이 안 된 것이 아니라, 수정은 되었지만 상세 페이지에서 변경된 내용을 갱신하지 않아서 발생하는 문제입니다. 이 문제를 해결해봅시다.

product_write_controller에서 submit 함수가 호출된 후 Get.back(result: true)를 이미 반환하고 있습니다. 따라서 상세 페이지에서 수정 페이지로 전환했을 때 반환된 값이 true라면 새로고침하는 로직을 추가하면 됩니다.

product_detail_view.dart 파일에서 /product/write로 페이지 전환을 하는 부분으로 이동합니다.

product_detail_view.dart 파일의 _showActionSheet 중

```dart
void _showActionSheet(BuildContext context) {
  var actions = controller.isMine
      ? [
          CupertinoActionSheetAction(
            onPressed: () async {
              Get.back();
              var isNeedRefresh = await Get.toNamed('/product/write',
                  parameters: {
                    'product_doc_id': controller.product.value.docId ?? ''
                  });
              if (isNeedRefresh != null &&
                  isNeedRefresh is bool &&
                  isNeedRefresh) {
                controller.refresh();
              }
            },
            child: const Text('게시물 수정'),
          ),
          //... 이하 생략
```

수정 페이지에서 돌아왔을 때 전달받은 데이터가 null이 아니고 bool 타입이며, 그 값이 true이면 controller의 refresh 함수를 호출합니다. 아직 product_detail_controller에 refresh 함수를 만들어놓지 않았으므로 해당 파일로 이동하여 refresh 함수를 만들겠습니다.

product_detail_controller.dart 파일 중

```dart
bool isEdited = false;

// ... 중간 생략

void refresh() async {
  isEdited = true;
  await _loadProductDetailData();
}
```

product_detail_controller.dart 파일에는 2가지 데이터가 로드됩니다. 첫째는 상품의 상세 정보이고 둘째는 판매자의 다른 상품 목록 조회입니다. 여기서 refresh의 경우 상품 상세 정보만 새로고침하면 되기 때문에 _loadProductDetailData 함수를 호출합니다.

isEdited 데이터를 true로 바꾸는 이유는 상세 페이지에서 뒤로가기 버튼을 눌렀을 때도 새로고침을 해줘야 하기 때문입니다. 이어서 상세 페이지에서 뒤로 이동하는 AppBar의 뒤로가기 버튼 이벤트를 수정하겠습니다.

현재는 ScrollAppbarWidget에서 Get.back으로 처리되어 있습니다.

scroll_appbar.dart 파일 중

```
class ScrollAppbarWidget extends StatefulWidget {
  final Widget body;
  final List<Widget>? actions;
  final Widget? bottomNavBar;
  const ScrollAppbarWidget(
      {super.key, required this.body, this.bottomNavBar, this.actions});

  @override
  State<ScrollAppbarWidget> createState() => _ScrollAppbarWidgetState();
}

class _ScrollAppbarWidgetState extends State<ScrollAppbarWidget> {
  ScrollController controller = ScrollController();
  int alpha = 0;
  @override
  void initState() {
    super.initState();
    controller.addListener(() {
      setState(() {
        alpha = (controller.offset).clamp(0, 255).toInt();
      });
    });
  }

  @override
  Widget build(BuildContext context) {
    return Scaffold(
      extendBody: false,
      extendBodyBehindAppBar: true,
```

```
appBar: AppBar(
  leading: GestureDetector(
    behavior: HitTestBehavior.translucent,
    onTap: Get.back, // ---- 이 부분
    child: Padding(
      padding: const EdgeInsets.all(10.0),
      child: SvgPicture.asset('assets/svg/icons/back.svg'),
    ),
  ),
  backgroundColor: const Color(0xff212123).withAlpha(alpha),
  elevation: 0,
  actions: widget.actions,
),
// ... 이하 생략
```

가장 손쉽게 개발하려면 Get.back 부분을 다음과 같이 수정하면 됩니다.

```
AppBar(
  leading: GestureDetector(
    behavior: HitTestBehavior.translucent,
    onTap: () {
      Get.back(result: Get.find<ProductDetailController>().isEdited); // --- 수정
    },
    child: Padding(
      padding: const EdgeInsets.all(10.0),
      child: SvgPicture.asset('assets/svg/icons/back.svg'),
    ),
  ),
),
```

이제 물품의 제목이나 이미지를 바꾸거나 가격을 수정한 뒤에 홈으로 돌아오면 자동으로 갱신될 것입니다. 하지만 위와 같이 scroll_appbar에서 ProductDetailController로 접근해서 처리하는 것은 매우 좋지 않은 방법입니다. 이유는 scroll_appbar가 공통 위젯이기 때문입니다. 공통이라는 의미는 현재는 상세 페이지에서만 사용되지만 다른 곳에서도 사용하게 될 수도 있다는 것을 의미합니다. 이때 다른 곳에서는 가져다 사용할 수 없습니다.

그 이유는 scroll_appbar가 ProductDetailController와 의존성을 맺고 있기 때문입니다. 그러면 의존성을 맺지 않고도 자동으로 갱신되도록 처리하는 방법은 무엇일까요? 대표적으로 Get.back 부

분을 부모 위젯으로 돌려주는 방법을 들 수 있습니다. 다음과 같이 수정해보겠습니다.

scroll_appbar.dart

```dart
class ScrollAppbarWidget extends StatefulWidget {
  final Widget body;
  final List<Widget>? actions;
  final Widget? bottomNavBar;
  final Function() onBack; // ---- 1
  const ScrollAppbarWidget({
    super.key,
    required this.body,
    required this.onBack, // ---- 1
    this.bottomNavBar,
    this.actions,
  });

  @override
  State<ScrollAppbarWidget> createState() => _ScrollAppbarWidgetState();
}

class _ScrollAppbarWidgetState extends State<ScrollAppbarWidget> {
  ScrollController controller = ScrollController();
  int alpha = 0;
  @override
  void initState() {
    super.initState();
    controller.addListener(() {
      setState(() {
        alpha = (controller.offset).clamp(0, 255).toInt();
      });
    });
  }

  @override
  Widget build(BuildContext context) {
    return Scaffold(
      extendBody: false,
      extendBodyBehindAppBar: true,
      appBar: AppBar(
        leading: GestureDetector(
          behavior: HitTestBehavior.translucent,
          onTap: widget.onBack, // ---- 2
```

1: onBack을 부모로부터 이벤트를 전달받도록 처리했습니다.

2: 사용자가 뒤로가기를 누를 때 ScrollAppbarWidget을 사용하는 부모에서 이벤트를 처리하면 됩니다.

사용하고 있는 위젯인 product_detail_view.dart 파일로 이동하겠습니다.

product_detail_view.dart 파일 중

```
@override
  Widget build(BuildContext context) {
    return ScrollAppbarWidget(
      onBack: () {
        Get.back(result: controller.isEdited);
      },
      // .. 이하 생략
```

ScrollAppbarWidget 위젯에 onBack을 전달하고 그 이벤트로 Get.back 처리를 부모 쪽에서 합니다. 이때 controller.isEdited를 전달하면 같은 효과를 낼 수 있으며 의존성 없이 처리가 가능합니다.

새로고침하고 원하는 콘텐츠를 수정한 후 홈으로 돌아오면 정상적으로 갱신된 내용을 확인할 수 있습니다.

채팅 페이지

—

🔀 깃 브랜치명: chapter19

이 장에서는 채팅 기능을 구현합니다. 먼저 상세 페이지에서 '채팅하기' 버튼을 통해 채팅 페이지로 이동하고 Firebase의 실시간 데이터베이스를 사용하여 채팅 데이터를 동기화합니다. 그다음 채팅 메시지를 입력하고 전송하는 기능을 구현하고 판매자와 구매자의 채팅 목록을 관리해봅니다. 또한 프로필 이미지와 채팅 날짜 표시 기능을 추가하여 채팅 UI를 개선합니다.

CHAPTER

19

당근마켓 클론 코딩(밤톨마켓) 프로젝트의 마지막 기능인 채팅 페이지를 만들어보겠습니다. 채팅 기능은 상품 상세 페이지에서 해당 상품과 연결되어 이루어집니다.

채팅 페이지 구현 예시

채팅 기능을 개발할 때는 소켓 통신을 사용합니다. 물론 다른 방법도 있을 수 있습니다. 저는 소켓 통신을 사용하여 채팅 시스템을 만들어본 경험이 있습니다. 소켓 통신을 사용하려면 서버 쪽에 대해 어느 정도 알고 있어야 하고 채널을 어떻게 관리해야 할지도 고려해야 합니다. 그러나 우리는 Firebase 데이터베이스를 사용하고 있습니다. Firebase의 데이터베이스는 실시간 리스너를 통해 사용자 간 데이터를 실시간으로 동기화할 수 있습니다. 따라서 별도의 채팅 서버를 구축하지 않아도 채팅 기능을 개발할 수 있습니다.

지금부터 채팅 기능을 하나하나 개발해보겠습니다.

19.1 라우트 설정

상세 페이지에서 '채팅하기' 버튼을 눌러 채팅 페이지를 생성할 수 있습니다. 상품의 상세 페이지에서
'채팅하기' 버튼에 이벤트를 추가하는 작업을 시작해보겠습니다.

product_detail_view.dart 파일의 **_BottomNavWidget** 소스코드 중

```dart
@override
Widget build(BuildContext context) {
  var likers = product.likers ?? [];
  var uid = Get.find<AuthenticationController>().userModel.value.uid;
  return SizedBox(
    height: 50,
    child: Row(
      children: [
        GestureDetector(
          onTap: onLikedEvent,
          behavior: HitTestBehavior.translucent,
          child: Container(
            padding: const EdgeInsets.all(15.0),
            child: likers.contains(uid)
                ? SvgPicture.asset('assets/svg/icons/like_on.svg')
                : SvgPicture.asset('assets/svg/icons/like_off.svg'),
          ),
        ),
        const SizedBox(
          height: 30,
          child: VerticalDivider(
            color: Color(0xff34373C),
          ),
        ),
        const SizedBox(width: 15),
        Expanded(child: _price()),
        Btn(
          onTap: () { // --- 1
            Get.toNamed('/chat/${product.docId}/${product.owner!.uid}/$uid');
          },
          child: const AppFont(
            '채팅하기',
            fontWeight: FontWeight.bold,
          ),
```

```
        ),
      ],
    ),
  );
}
```

1: '채팅하기' 버튼 이벤트로 채팅 페이지로 이동하도록 경로를 지정했습니다. 경로 규칙을 살펴봅시다. 채팅은 기본적으로 상품 기준으로 이루어지기 때문에 /chat이라는 경로로 시작합니다. 또한 어떤 상품에서 채팅이 이루어지는지를 확인할 수 있도록 product의 docId를 사용했으며, 판매자의 owner uid와 채팅을 신청한 사용자의 uid로 경로를 구성했습니다.

라우트가 작동되도록 main.dart 파일에 라우트 설정을 등록하겠습니다. main.dart 파일로 이동합니다.

main.dart 파일의 getPages 설정 데이터 중

```
GetPage(
  name: '/chat/:docId/:ownerUid/:customerUid',
  page: () => ChatPage(),
),
```

우선 GetX controller를 통한 상태 관리 작업을 시작하기 전에 화면 연결을 먼저 합니다. src 폴더 하위에 chat 폴더를 만들고, 그 아래에 page 폴더와 controller 폴더를 미리 만들겠습니다. 이어서 page 폴더에 chat_page.dart 파일을 생성합니다.

chat_page.dart 파일

```
import 'package:bamtol_market_app/src/common/components/app_font.dart';
import 'package:bamtol_market_app/src/common/layout/common_layout.dart';
import 'package:flutter/material.dart';

class ChatPage extends StatelessWidget {
  const ChatPage({super.key});

  @override
  Widget build(BuildContext context) {
    return const CommonLayout(
      body: Center(child: AppFont('채팅 페이지')),
    );
```

```
    }
  }
```

main.dart 파일에서 라이브러리를 연결하고 앱을 실행해보면 채팅 페이지로 이동되는 것을 확인할 수 있을 것입니다.

19.2 ChatController 관리

상태 관리 개발과 화면 처리를 동시에 하겠습니다. GetX controller를 등록하기 위해 main.dart 파일의 라우트 설정 부분을 추가로 수정합니다.

📋 main.dart 파일 내 ChatPage의 GetPage 설정 중

```
GetPage(
  name: '/chat/:docId/:ownerUid/:customerUid',
  page: () => const ChatPage(),
  binding: BindingsBuilder( // --- 1
    () {
      Get.put(ChatController(
        Get.find<ChatRepository>(),
        Get.find<UserRepository>(),
        Get.find<ProductRepository>(),
      ));
    },
  ),
),
```

1: ChatController를 생성하면서 ChatController에서 사용될 리포지토리도 함께 불러오겠습니다. ChatController 와 ChatRepository가 아직 없으므로 만들어야 합니다. 미리 만들어 놓은 chat 폴더 하위에 controller 폴더를 만들고 그 안에 chat_controller.dart 파일을 생성합니다.

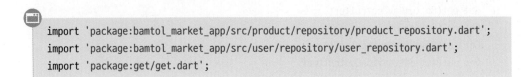

```
import 'package:bamtol_market_app/src/product/repository/product_repository.dart';
import 'package:bamtol_market_app/src/user/repository/user_repository.dart';
import 'package:get/get.dart';
```

```dart
class ChatController extends GetxController {
  final ChatRepository _chatRepository;
  final UserRepository _userRepository;
  final ProductRepository _productRepository;
  ChatController(
      this._chatRepository, this._userRepository, this._productRepository);
}
```

이어서 리포지토리를 만들겠습니다. chat 폴더 하위에 repository 폴더를 만들고 그 안에 chat_repository.dart 파일을 생성합니다.

```dart
import 'package:cloud_firestore/cloud_firestore.dart';
import 'package:get/get.dart';

class ChatRepository extends GetxService {
  late FirebaseFirestore db;
  ChatRepository(this.db);
}
```

ChatRepository는 main.dart 파일의 GetMaterialApp 옵션 중 initalBinding에 추가하겠습니다.

```dart
initialBinding: BindingsBuilder(() {
  var authenticationRepository =
      AuthenticationRepository(FirebaseAuth.instance);
  var user_repository = UserRepository(db);
  Get.put(authenticationRepository);
  Get.put(user_repository);
  Get.put(CommonLayoutController());
  Get.put(ProductRepository(db));
  Get.put(ChatRepository(db)); // --- 추가
  Get.put(BottomNavController());
  Get.put(SplashController());
  Get.put(DataLoadController());
  Get.put(AuthenticationController(
```

```
      authenticationRepository,
      user_repository,
    ));
    Get.put(CloudFirebaseRepository(FirebaseStorage.instance));
  }),
```

이제 GetX로 관리되는 ChatRepository를 사용할 수 있게 되었습니다. main.dart 파일과 chat_controller.dart 파일에서 필요한 파일을 임포트하여 오류[1]를 해결해줍니다.

19.3 채팅에 연결된 상품 정보 표시

이번에는 ChatController.dart 파일에서 onInit 함수를 사용하여 초기 데이터를 설정하는 과정을 처리하겠습니다.

chat_controller.dart 파일 중

```
class ChatController extends GetxController {
  final ChatRepository _chatRepository;
  final UserRepository _userRepository;
  final ProductRepository _productRepository;

  ChatController(
      this._chatRepository, this._userRepository, this._productRepository);

  late String ownerUid;
  late String customerUid;
  late String productId;

  Rx<Product> product = const Product.empty().obs;

  @override
  void onInit() {
    super.onInit();
    ownerUid = Get.parameters['ownerUid'] as String; // --- 1
    customerUid = Get.parameters['customerUid'] as String; // --- 1
```

----

1 파일을 찾지 못하는 오류

```
      productId = Get.parameters['docId'] as String; // --- 1
      _loadProductInfo(); // --- 2
  }

  Future<void> _loadProductInfo() async {
    var result = await _productRepository.getProduct(productId); // --- 2
    if (result != null) {
      product(result);
    }
  }
}
```

1: 라우트될 때 경로 파라미터로 데이터를 조회해야 하기 때문에 각 변수를 저장해줍니다.

2: 최상단에 상품 정보가 있어야 하기 때문에 경로 파라미터로 넘어온 docId를 통해 Product 데이터를 조회합니다.
   그리고 조회된 상품 정보를 Rx 방식으로 저장합니다.

이어서 조회된 상품 정보를 화면에서 보여주도록 하겠습니다.

chat_page.dart 파일

```
class ChatPage extends GetView<ChatController> {
  const ChatPage({super.key});

  @override
  Widget build(BuildContext context) {
    return CommonLayout(
      appBar: AppBar(),  // ---- 1
      body: const Column(
        children: [
          _HeaderItemInfo(),  // ---- 2
        ],
      ),
    );
  }
}
```

1: AppBar 부분에는 채팅 대상의 닉네임과 온도가 표시되어야 하지만 우선 비워두겠습니다.

2: 채팅 페이지 시안을 보면 상품 정보가 상단에 고정되어 있습니다. _HeaderItemInfo라는 내부 클래스 위젯을 만들
   어서 이 부분을 처리하겠습니다.

chat_page.dart 파일의 _HeaderItemInfo 위젯 소스코드

```
class _HeaderItemInfo extends GetView<ChatController> {
  const _HeaderItemInfo({super.key});

  @override
  Widget build(BuildContext context) {
    return Padding(
      padding: const EdgeInsets.all(15),
      child: Obx(
        () => Row(
          children: [
            ClipRRect(
              borderRadius: BorderRadius.circular(7),
              child: controller.product.value.imageUrls?.first == null
                  ? Container()
                  : CachedNetworkImage(
                      imageUrl: controller.product.value.imageUrls?.first ?? '',
                      height: 50,
                      width: 50,
                      fit: BoxFit.cover,
                    ),
            ),
            const SizedBox(width: 15),
            Expanded(
              child: Column(
                crossAxisAlignment: CrossAxisAlignment.stretch,
                children: [
                  Row(
                    crossAxisAlignment: CrossAxisAlignment.end,
                    children: [
                      AppFont(
                        controller.product.value.status!.name,
                        size: 13,
                        fontWeight: FontWeight.bold,
                      ),
                      const SizedBox(width: 5),
                      AppFont(
                        controller.product.value.title ?? '',
                        size: 13,
                      ),
                    ],
```

```
          ),
          const SizedBox(height: 5),
          AppFont(
            controller.product.value.productPrice == 0
                ? '무료 나눔'
                : '${NumberFormat('###,###,###,###').format(controller.
product.value.productPrice ?? 0)}원',
            size: 16,
            fontWeight: FontWeight.bold,
          )
        ],
      ),
    )
    ],
    ),
    ),
    );
  }
}
```

_HeaderItemInfo 위젯은 ChatController에서 조회한 product 정보를 기반으로 이미지, 판매 금액, 판매 상태 그리고 상품 제목 정도를 확인할 수 있도록 구성했습니다.

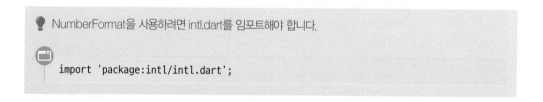

NumberFormat을 사용하려면 intl.dart를 임포트해야 합니다.

```
import 'package:intl/intl.dart';
```

19.4 채팅 AppBar 정보 표시

채팅 화면의 최상단 AppBar 부분에 누구와 채팅 중인지를 표시하는 부분을 개발하겠습니다. chat_controller.dart 파일로 이동합니다.

chat_controller.dart 파일 중

```dart
class ChatController extends GetxController {
  final ChatRepository _chatRepository;
  final UserRepository _userRepository;
  final ProductRepository _productRepository;

  ChatController(
      this._chatRepository, this._userRepository, this._productRepository);

  late String ownerUid;
  late String customerUid;
  late String productId;
  late String myUid; // --- 추가

  Rx<Product> product = const Product.empty().obs;
  Rx<UserModel> opponentUser = const UserModel().obs; // --- 추가

  @override
  void onInit() {
    super.onInit();
    ownerUid = Get.parameters['ownerUid'] as String;
    customerUid = Get.parameters['customerUid'] as String;
    productId = Get.parameters['docId'] as String;
    myUid = Get.find<AuthenticationController>().userModel.value.uid ?? ''; // --- 1
    _loadProductInfo();
    _loadOpponentUser(ownerUid == myUid ? customerUid : ownerUid); // --- 2
  }

  _loadOpponentUser(String oppenentUid) async {
    var userMode = await _userRepository.findUserOne(oppenentUid); // --- 2
    if (userMode != null) {
      opponentUser(userMode);
    }
  }

  Future<void> _loadProductInfo() async {
    var result = await _productRepository.getProduct(productId);
    if (result != null) {
      product(result);
    }
  }
}
```

1: ownerUid와 채팅을 시도한 uid를 모두 가지고 있는데 왜 AuthenticationController로부터 로그인한 사람의 uid를 불러올까요? 그 이유를 간단히 설명하겠습니다. ownerUid와 customerUid는 채팅 페이지 생성의 기준이 되는 정보입니다. 이때 현재 접속한 사람이 상품을 판매하는 owner인지 아니면 상품을 사려고 하는 customer인지를 확인하기 위해 AuthenticationController에서 로그인한 사람의 uid를 불러오는 것입니다.

2: 채팅하는 상대의 정보를 화면 상단에 보여주기 위해 _loadOpponentUser라는 함수를 만들었습니다. 이 함수는 조회할 uid 값을 myUid에 따라 다르게 처리합니다. myUid가 판매자라면 customerUid를 전달하고, 구매자라면 ownerUid를 전달하여 데이터를 조회합니다. 조회된 회원 정보는 opponentUser라는 변수에 저장되어 관리됩니다.

이어서 화면의 AppBar 부분을 수정하겠습니다.

chat_page.dart 파일

```dart
class ChatPage extends GetView<ChatController> {
  const ChatPage({super.key});

  @override
  Widget build(BuildContext context) {
    return CommonLayout(
      appBar: AppBar(
        elevation: 1,
        centerTitle: true,
        title: Obx(
          () => Row( // --- 1
            mainAxisAlignment: MainAxisAlignment.center,
            children: [
              AppFont(
                controller.opponentUser.value.nickname ?? '',
                fontWeight: FontWeight.bold,
              ),
              const SizedBox(width: 6),
              UserTemperatureWidget(
                temperature: controller.opponentUser.value.temperature ?? 0,
                isSimpled: true,
              )
            ],
          ),
        ),
        actions: const [
          SizedBox(width: 50),
```

```
          ],
        ),
        body: const Column(
          children: [
            _HeaderItemInfo(),
          ],
        ),
      );
    }
  }
```

1 : AppBar 부분에서 Obx를 사용하여 opponentUser의 상태 변화를 구독하고 데이터를 표시합니다. 온도는 이전에
만들어 놓은 온도 표시 위젯의 isSimpled 옵션을 사용하여 간략하게 표시되도록 처리했습니다.

19.5 채팅 TextField 영역

채팅 데이터를 입력할 수 있게 우선 폼 영역을 처리하겠습니다.

chat_page.dart 파일 중

```
class ChatPage extends GetView<ChatController> {
  const ChatPage({super.key});

  @override
  Widget build(BuildContext context) {
    return CommonLayout(
      appBar: AppBar(
        elevation: 1,
        centerTitle: true,
        title: Obx(
          () => Row(
            mainAxisAlignment: MainAxisAlignment.center,
            children: [
              AppFont(
                controller.opponentUser.value.nickname ?? '',
                fontWeight: FontWeight.bold,
              ),
```

```
                  const SizedBox(width: 6),
                  UserTemperatureWidget(
                    temperature: controller.opponentUser.value.temperature ?? 0,
                    isSimpled: true,
                  )
                ],
              ),
            ),
          ),
          actions: const [
            SizedBox(width: 50),
          ],
        ),
        body: Column(
          children: [
            _HeaderItemInfo(),
            Spacer(), // --- 1
            _TextFieldWidget(), // --- 2
            KeyboardVisibilityBuilder(builder: (context, visible) {
              return SizedBox(
                  height: visible
                      ? MediaQuery.of(context).viewInsets.bottom
                      : Get.mediaQuery.padding.bottom);
            }), // --- 3
          ],
        ),
      );
    }
  }
```

1 : 최하단에는 TextField, 상단에는 상품 정보를 배치하고 중간은 채팅 내용이 쌓이는 영역이 될 것입니다. 하지만 지금은 데이터가 없고 개발 전 단계이므로 Spacer 위젯을 사용하여 중간 영역을 채워놓겠습니다.

2 : _TextFieldWidget이라는 이름의 채팅 메시지 입력 폼 위젯을 만들겠습니다

3 : 키보드가 활성화되면 TextField가 가려지게 됩니다. TextField가 가려지지 않게 하려면 키보드가 활성화될 때 그만큼 간격을 띄워줘야 합니다. 이 문제를 해결하기 위해 라이브러리를 추가하겠습니다.

```
$ flutter pub add flutter_keyboard_visibility
```

위와 같은 라이브러리를 임포트한 뒤 앱을 종료하고 다시 실행해야 합니다. 그다음 키보드가 어떻게 보이는지에 따라 간격을 설정해줍니다.

chat_page.dart 파일 중 _TextFieldWidget 위젯

```dart
class _TextFieldWidget extends GetView<ChatController> {
  const _TextFieldWidget({super.key});

  @override
  Widget build(BuildContext context) {
    return Container(
      padding: const EdgeInsets.symmetric(horizontal: 20.0, vertical: 8),
      child: Row(
        children: [
          Expanded(
            child: TextField(
              style: const TextStyle(color: Colors.white),
              decoration: const InputDecoration(
                filled: true,
                focusedBorder: OutlineInputBorder(
                    borderSide: BorderSide.none,
                    borderRadius: BorderRadius.all(Radius.circular(30.0))),
                enabledBorder: OutlineInputBorder(
                    borderSide: BorderSide.none,
                    borderRadius: BorderRadius.all(Radius.circular(30.0))),
                border: InputBorder.none,
                hintStyle: TextStyle(color: Color(0xff696D75)),
                hintText: '메시지 보내기',
                contentPadding:
                    EdgeInsets.symmetric(horizontal: 20, vertical: 10),
                fillColor: Color(0xff2B2E32),
              ),
              maxLines: null,
              onSubmitted: (value) {},
            ),
          ),
          GestureDetector(
            onTap: () async {}, //아직 보내기 아이콘을 눌러 메시지를 보내는 기능을
            //넣지 않았기 때문에 메시지 전송이 되지 않습니다.
            behavior: HitTestBehavior.translucent,
            child: Container(
              padding: const EdgeInsets.all(7),
```

```
            child: SvgPicture.asset('assets/svg/icons/icon_sender.svg')),
        )
      ],
    ),
  );
}
}
```

현재 단계에서는 단순히 TextField와 send 아이콘만 배치되었습니다. 이제 하나하나 채팅 메시지를 전달하는 기능을 만들겠습니다. 먼저 TextField의 onSubmitted 함수를 controller에 연결하겠습니다.

chat_page.dart 파일의 _TextFieldWidget 위젯 소스코드 일부

```
TextField(
    style: const TextStyle(color: Colors.white),
    decoration: const InputDecoration(
      filled: true,
      focusedBorder: OutlineInputBorder(
          borderSide: BorderSide.none,
          borderRadius: BorderRadius.all(Radius.circular(30.0))),
      enabledBorder: OutlineInputBorder(
          borderSide: BorderSide.none,
          borderRadius: BorderRadius.all(Radius.circular(30.0))),
      border: InputBorder.none,
      hintStyle: TextStyle(color: Color(0xff696D75)),
      hintText: '메시지 보내기',
      contentPadding:
          EdgeInsets.symmetric(horizontal: 20, vertical: 10),
      fillColor: Color(0xff2B2E32),
    ),
    onSubmitted: controller.submitMessage, // --- 추가
),
```

ChatController에 submitMessage 함수를 만들겠습니다.

chat_controller.dart 파일 중

```
submitMessage(String message) async {

}
```

19.6 채팅 모델 설계

이제 메시지를 저장해야 합니다. 하지만 단순히 메시지만 저장해서는 원하는 결과를 얻을 수 없습니다. 이번에는 채팅 모델을 설계하고 그 모델을 저장하도록 하겠습니다. 모델을 설계하기 위해 채팅 조건을 다시 한번 살펴보겠습니다.

1 판매자와 채팅하는 사람은 1:N 관계입니다. 구매를 희망하는 사람이 여러 명일 수 있기 때문입니다.

2 채팅은 판매 상품과 관련이 있기 때문에 상품 기준으로 설계하겠습니다.

이 내용을 글이 아닌 그림으로 표현해보겠습니다.

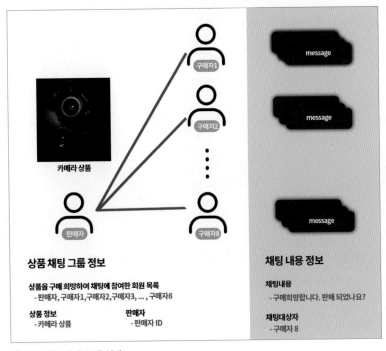

◀ 상품 기반 채팅 모델 설계

일단 상품별로 채팅방 정보를 담고 있는 데이터가 필요합니다. 채팅방 정보에는 해당 상품에 대해 채팅하고 있는 사람의 정보가 포함되어야 합니다. 또한 각 채팅방의 채팅 내용도 저장되어야 합니다.

위 그림처럼 2가지 모델을 설계하면 다음과 같은 모델을 만들 수 있습니다.

1 ChatModel

2 ChatGroupModel

chat 폴더 하위에 model 폴더를 만들고 그 안에 위 파일을 생성하겠습니다.

19.6.1 ChatModel

 **chat_model.dart 파일**

```dart
class ChatModel extends Equatable {
  final String? text;
  final DateTime? createdAt;
  final String? uid;

  const ChatModel({
    this.text,
    this.uid,
    this.createdAt,
  });

  @override
  List<Object?> get props => [
        text,
        createdAt,
        uid,
      ];
}
```

ChatModel은 채팅 메시지 하나를 표현하는 모델입니다. 텍스트 메시지는 수정할 일이 없기 때문에 updatedAt을 빼고 createdAt만 추가했습니다.

19.6.2 ChatGroupModel

chat_group_model.dart

```
class ChatGroupModel extends Equatable {
  final List<String>? chatters;
  final String? owner;
  final String? productId;
  final DateTime? createdAt;
  final DateTime? updatedAt;

  const ChatGroupModel({
    this.updatedAt,
    this.createdAt,
    this.productId,
    this.owner,
    this.chatters,
  });

  @override
  List<Object?> get props => [
        chatters,
        owner,
        productId,
        createdAt,
        updatedAt,
      ];
}
```

ChatGroupModel은 상품의 채팅 그룹 정보를 나타내는 모델입니다. chatters에는 사용자 정보 중 uid만 포함합니다. 채팅 그룹이 생성될 때 createdAt이 설정되고, 새로운 채팅이 발생할 때마다 updatedAt이 갱신됩니다.

chat 폴더 하위의 model 폴더를 생성하여 위 2가지 모델을 넣겠습니다. 그리고 JsonSerializable을 사용하여 fromJson과 toMap 메서드가 자동으로 생성되도록 작업하겠습니다.

chat_group_model.dart

```dart
import 'package:equatable/equatable.dart';
import 'package:json_annotation/json_annotation.dart';

part 'chat_model.g.dart';

@JsonSerializable()
class ChatModel extends Equatable {
  final String? text;
  final DateTime? createdAt;
  final String? uid;

  const ChatModel({
    this.text,
    this.uid,
    this.createdAt,
  });

  factory ChatModel.fromJson(Map<String, dynamic> json) =>
      _$ChatModelFromJson(json);

  Map<String, dynamic> toMap() => _$ChatModelToJson(this);

  @override
  List<Object?> get props => [
      text,
      createdAt,
      uid,
    ];
}
```

chatGroupModel의 경우 업데이트가 필요하므로 copyWith 함수도 추가하도록 하겠습니다.

chat_group_model.dart

```dart
import 'package:equatable/equatable.dart';
import 'package:json_annotation/json_annotation.dart';

part 'chat_group_model.g.dart';

@JsonSerializable()
```

```dart
class ChatGroupModel extends Equatable {
  final List<String>? chatters;
  final String? owner;
  final String? productId;
  final DateTime? createdAt;
  final DateTime? updatedAt;

  const ChatGroupModel({
    this.updatedAt,
    this.createdAt,
    this.productId,
    this.owner,
    this.chatters,
  });

  factory ChatGroupModel.fromJson(Map<String, dynamic> json) =>
      _$ChatGroupModelFromJson(json);

  Map<String, dynamic> toMap() => _$ChatGroupModelToJson(this);

  ChatGroupModel copyWith({
    DateTime? updatedAt,
    DateTime? createdAt,
    String? productId,
    String? owner,
    List<String>? chatters,
  }) {
    return ChatGroupModel(
      chatters: chatters ?? this.chatters,
      owner: owner ?? this.owner,
      productId: productId ?? this.productId,
      createdAt: createdAt ?? this.createdAt,
      updatedAt: updatedAt ?? this.updatedAt,
    );
  }

  @override
  List<Object?> get props => [
        chatters,
        owner,
        productId,
```

```
      createdAt,
      updatedAt,
    ];
  }
```

이제 2가지 모델을 통해 개발을 시작하겠습니다. 우선 onInit 함수에서 채팅 정보를 불러오는 부분을 추가하겠습니다.

chat_controller.dart 파일 중 일부

```
Rx<Product> product = const Product.empty().obs;
Rx<UserModel> opponentUser = const UserModel().obs;
Rx<ChatGroupModel> chatGroupModel = const ChatGroupModel().obs; // --- 추가

@override
void onInit() {
  super.onInit();
  ownerUid = Get.parameters['ownerUid'] as String;
  customerUid = Get.parameters['customerUid'] as String;
  productId = Get.parameters['docId'] as String;
  myUid = Get.find<AuthenticationController>().userModel.value.uid ?? '';
  _loadProductInfo();
  _loadChatInfo(); // --- 추가
  _loadOpponentUser(ownerUid == myUid ? customerUid : ownerUid);
}

_loadChatInfo() async {
  var result = await _chatRepository.loadChatInfo(productId); // --- 1
  if (result != null) {
    chatGroupModel( // --- 2
        result.copyWith(chatters: [...result.chatters ?? [], myUid]));
  } else {
    chatGroupModel( // --- 3
      ChatGroupModel(
        chatters: [ownerUid, customerUid],
        owner: ownerUid,
        productId: productId,
        createdAt: DateTime.now(),
        updatedAt: DateTime.now(),
      ),
```

```
        );
    }
}
```

1: productId를 통해 채팅이 이루어진 이력이 있는지를 확인하기 위해 loadChatInfo 함수를 사용하여 조회합니다.

2: 내가 아닌 다른 사람도 채팅할 수 있기 때문에, 데이터가 있다면 기존 chatters에 내 uid를 추가하여 업데이트할 데이터를 채워줍니다.

3: 아무도 채팅을 시작하지 않은 경우 chatGroupModel 데이터가 없을 수 있습니다. 이 말은 내가 그 첫 번째 채팅을 시작할 수 있다는 의미입니다. 이때 ChatGroupModel을 새로 만들어줍니다.

_chatRepository.loadChatInfo 함수를 아직 만들지 않았습니다. chat_repository.dart 파일로 이동합니다.

📃 chat_repository.dart 파일

```
Future<ChatGroupModel?> loadChatInfo(String productId) async {
  var doc = await db
      .collection('chats')
      .where('productId', isEqualTo: productId)
      .get();
  if (doc.docs.isNotEmpty) {
    return ChatGroupModel.fromJson(doc.docs.first.data());
  }
  return null;
}
```

현재는 데이터를 업데이트할 준비만 된 상태이며, 메시지를 보내는 순간 chatGroupModel 데이터를 데이터베이스에 저장하게 됩니다. 이어서 submitMessage 함수의 기능을 만들겠습니다.

```
submitMessage(String message) async {
  chatGroupModel(chatGroupModel.value.copyWith(updatedAt: DateTime.now())); // --- 1
  var newMessage =
      ChatModel(uid: myUid, text: message, createdAt: DateTime.now());// --- 2
  await _chatRepository.submitMessage( // --- 3
    customerUid,
    chatGroupModel.value,
    newMessage,
```

```
    );
  }
```

1: 서버에 저장하기 전에 chatGroupModel의 updatedAt을 현재 시간으로 설정합니다.

2: 사용자가 입력한 메시지를 담은 ChatModel을 생성합니다.

3: 고객 uid, chatGroupModel, 메시지 모델을 _chatRepository에 전달하여 저장하는 로직을 진행합니다.

아직 _chatRepository에 submitMessage 함수가 존재하지 않기 때문에, 이를 만들기 위해 chat_repository.dart 파일로 이동합니다.

 chat_repository.dart 파일

```
Future<void> submitMessage(String hostUid, ChatGroupModel chatGroupModel,
  ChatModel chatModel) async {


}
```

submitMessage 함수 내에서 2가지를 업데이트해야 합니다. 각각 다른 컬렉션에 저장하는 것이 아니라 chats 컬렉션에 2가지 데이터를 저장할 것입니다. 보통 Firebase에서는 컬렉션 하위에 문서로 데이터를 저장합니다. 하지만 채팅 데이터의 경우 collection 〉 document 〉 collection 〉 document 형식(이중 컬렉션 구조)으로 진행할 예정입니다.

즉, 첫 번째 문서(도큐먼트)에는 데이터와 컬렉션이 함께 존재하게 됩니다. 첫 번째 문서의 ID는 상품 ID로 저장하고, 두 번째 문서의 ID는 채팅 상대의 uid로 설정하여 쿼리 질의를 쉽게 할 수 있도록 설계했습니다.

이해하는 데 조금 복잡할 수 있습니다. 우선 데이터 저장까지 해보고 데이터 형태를 보면서 다시 한 번 설명하겠습니다.

chatGroupModel 저장 프로세스

 chat_repository.dart 파일의 submitMessage 함수

```
Future<void> submitMessage(String hostUid, ChatGroupModel chatGroupModel,
  ChatModel chatModel) async {
  var doc = await db
```

```
      .collection('chats')
      .where('chatters', arrayContains: chatModel.uid)
      .get(); // --- 1
  var results = doc.docs.where((data) {
    return data.id == chatGroupModel.productId; // --- 2
  });
  if (results.isEmpty) { // --- 3
    await db
        .collection('chats')
        .doc(chatGroupModel.productId)
        .set(chatGroupModel.toMap()); // --- 4
  } else {
    var chatters = results.first.data()['chatters'] as List<dynamic>; // --- 5
    chatters.add(chatModel.uid!);
    await db.collection('chats').doc(chatGroupModel.productId).update({
      'chatters': chatters.toSet().toList(),
    });
  }
}
```

1: 데이터를 저장하기 전에 chatGroupModel이 존재하는지 확인하기 위해, 채팅 대상의 uid로 chatGroupModel 리스트를 조회합니다. 예를 들어 A라는 사람이 aaa 상품과 bbb 상품 페이지에서 모두 채팅했다고 가정합시다. 이때 A의 uid로 조회하면 aaa 상품과 bbb 상품이 모두 조회될 것입니다.

2: 조회된 문서 리스트 중에서 현재 채팅하는 상품의 productId와 같은 것을 찾습니다.

3: 이때 productId로 채팅한 데이터가 있으면 업데이트를 수행하고, 찾을 수 없다면 새로 등록할 것입니다.

4: productId로 채팅한 이력이 없습니다. 새롭게 데이터를 넣어줍니다.

5: productId로 등록된 채팅 내용이 없습니다. 따라서 내 uid를 chatters에 추가하고 업데이트 함수를 통해 정보를 갱신합니다. chatters에서 toList를 호출하기 전에 toSet을 호출하는 이유는 chatters에 중복된 값이 있으면 안 되기 때문입니다.

지금까지 chatGroupModel을 업데이트했습니다. 이어서 chat 메시지를 저장하겠습니다.

chat_repository.dart 파일의 submitMessage 함수

```
db
  .collection('chats')
  .doc(chatGroupModel.productId)
  .collection(hostUid)
  .add(chatModel.toMap());
```

채팅 메시지는 무조건 데이터를 삽입만 해주면 되기 때문에 add 함수로 처리합니다. 여기서 주의 깊게 살펴볼 점은 컬렉션을 2번 사용했다는 것입니다. 첫 번째 컬렉션인 chats는 데이터 테이블 형태의 컬렉션입니다. 이 컬렉션에는 문서가 productId로 지정되어 있습니다. 다시 말해 각각의 productId에 대응하는 문서 안에서 채팅 대상자의 uid를 사용하여 데이터를 추가하는 구조입니다.

다음은 submitMessage 함수의 전체 소스코드입니다.

chat_repository.dart 파일의 sumitMessage 함수

```dart
Future<void> submitMessage(String hostUid, ChatGroupModel chatGroupModel,
  ChatModel chatModel) async {
var doc = await db
    .collection('chats')
    .where('chatters', arrayContains: chatModel.uid)
    .get();
var results = doc.docs.where((data) {
  return data.id == chatGroupModel.productId;
});
if (results.isEmpty) {
  await db
      .collection('chats')
      .doc(chatGroupModel.productId)
      .set(chatGroupModel.toMap());
} else {
  var chatters = results.first.data()['chatters'] as List<dynamic>;
  chatters.add(chatModel.uid!);
  await db.collection('chats').doc(chatGroupModel.productId).update({
    'chatters': chatters.toSet().toList(),
  });
}
db
    .collection('chats')
    .doc(chatGroupModel.productId)
    .collection(hostUid)
    .add(chatModel.toMap());
}
```

이어서 채팅 메시지를 입력해보면 데이터가 정상적으로 저장됩니다. 데이터 형태를 살펴보겠습니다.

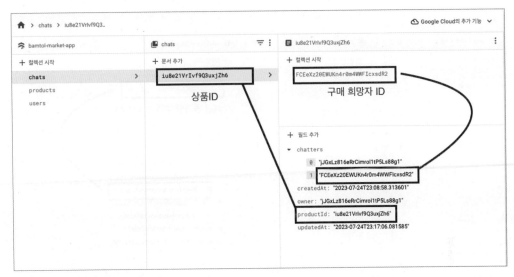

채팅 기반 상품 거래 데이터 구조 1

chats 컬렉션에서 첫 번째 상품 기준의 ID로 문서가 생성되었습니다. 이 문서에는 판매자와 구매 희망자의 uid가 chatters에 추가되어 있습니다. 구매 희망자 ID는 또 다른 새로운 컬렉션으로 등록되어 있습니다. 해당 구매 희망자의 ID 컬렉션을 열어 데이터를 확인해보겠습니다

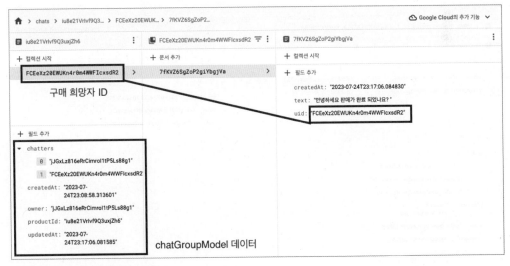

채팅 기반 상품 거래 데이터 구조 2

현 상태에서 또 다른 사용자가 상품을 구매하고 싶다는 메시지를 추가하면 어떻게 되는지 확인해보겠습니다.

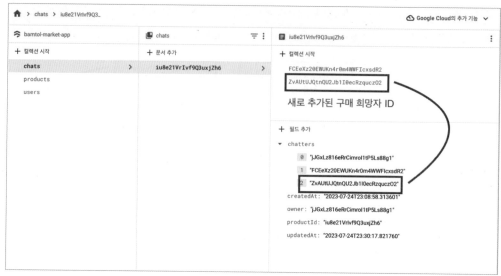

◀ 채팅 기반 상품 거래 데이터 구조 3

기존 chatGroupModel의 데이터는 업데이트되었지만 새로운 추가는 없었습니다. 일단 chatters에 새로운 구매 희망자의 ID가 추가되었습니다. 또한 새로운 컬렉션도 추가되었습니다. 새로 추가된 구매 희망자의 ID 컬렉션을 확인하면 메시지가 쌓여 있는 것을 확인할 수 있습니다.

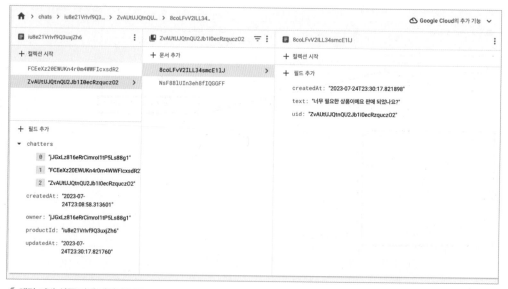

◀ 채팅 기반 상품 거래 데이터 구조 4

일부러 2개의 채팅 메시지를 입력했습니다. 이제 각각의 데이터 컬렉션에서 채팅이 이루어질 것입니다. 단 판매자를 새로운 채팅 페이지로 이동시켜줘야 합니다. 이 부분은 다음 절에서 살펴보겠습니다. 현재는 채팅 메시지를 입력하면 갱신 처리가 되지 않아 화면에 채팅 내용이 표시되지 않고 있습니다. 이 문제를 먼저 해결해봅시다.

19.7 채팅 메시지 스트림 처리

이제 입력한 데이터를 실시간으로 갱신해주는 작업이 필요합니다. 이를 위해 스트림을 사용하면 이러한 기능을 구현할 수 있습니다. chat_controller.dart 파일로 이동하여 ChatController에서 스트림을 만들겠습니다.

chat_controller.dart 파일 중

```dart
class ChatController extends GetxController {
  // 중간 생략
  late Stream<List<ChatModel>> chatStream;// --- 추가

  @override
  void onInit() {
    super.onInit();
    ownerUid = Get.parameters['ownerUid'] as String;
    customerUid = Get.parameters['customerUid'] as String;
    productId = Get.parameters['docId'] as String;
    myUid = Get.find<AuthenticationController>().userModel.value.uid ?? '';
    _loadProductInfo();
    _loadChatInfoStream(productId, customerUid); // --- 추가
    _loadChatInfo();
    _loadOpponentUser(ownerUid == myUid ? customerUid : ownerUid);
  }
```

List〈ChatModel〉 형태의 채팅 리스트를 관리할 수 있는 스트림을 선언하고, _loadChatInfoStream 함수에서 chatStream 변수에 데이터를 등록하겠습니다.

chat_controller.dart 파일 중

```
_loadChatInfoStream(String productId, String customUid) async {
  chatStream = _chatRepository.loadChatInfoOneStream(productId, customUid);
}
```

ChatRepository에서 Firebase 데이터베이스로부터 데이터를 스트림으로 받을 수 있도록 구현하겠습니다. 이때 채팅방과 관련된 상품 ID와 채팅 참여자의 uid를 기준으로 데이터를 받도록 설정할 것입니다.

chat_repository.dart 파일 중

```
Stream<List<ChatModel>> loadChatInfoOneStream(
  String productDocId, String targetUid) {
  return db
    .collection('chats')
    .doc(productDocId)
    .collection(targetUid)
    .orderBy('createdAt', descending: false)
    .snapshots()
    .transform<List<ChatModel>>(
        StreamTransformer.fromHandlers(handleData: (docSnap, sink) {
  if (docSnap.docs.isNotEmpty) {
    var chatModels = docSnap.docs
        .map<ChatModel>((item) => ChatModel.fromJson(item.data()))
        .toList();
    sink.add(chatModels);
  }
}));
}
```

상품 문서 ID(product Document Id)를 사용해 chatGroup을 선택하고, 관련된 하위 컬렉션에서 채팅 중인 uid를 통해 데이터를 조회합니다. snapshots() 함수를 사용하면 데이터를 스트림으로 반환해줍니다. 그러나 snapshots() 함수는 QuerySnapshot⟨Map⟨String, dynamic⟩⟩ 형태의 데이터를 반환하기 때문에, 이를 List⟨ChatModel⟩ 형태로 변환해줘야 합니다. 이를 위해 transform 함수를 사용합니다.

transform 함수를 통해 QuerySnapshot⟨Map⟨String, dynamic⟩⟩ 데이터를 ChatModel로 변환하여 스트림으로 반환합니다.

이제 스트림 데이터가 준비되었습니다. chat_page.dart 파일로 이동하여 화면에서 이 스트림을 구독하고 채팅 내용을 표시하도록 개발해보겠습니다.

```dart
class ChatPage extends GetView<ChatController> {
  const ChatPage({super.key});

  @override
  Widget build(BuildContext context) {
    return CommonLayout(
      appBar: AppBar(
        elevation: 1,
        centerTitle: true,
        title: Obx(
          () => Row(
            mainAxisAlignment: MainAxisAlignment.center,
            children: [
              AppFont(
                controller.opponentUser.value.nickname ?? '',
                fontWeight: FontWeight.bold,
              ),
              const SizedBox(width: 6),
              UserTemperatureWidget(
                temperature: controller.opponentUser.value.temperature ?? 0,
                isSimpled: true,
              )
            ],
          ),
        ),
        actions: const [
          SizedBox(width: 50),
        ],
      ),
      body: Column(
        children: [
          _HeaderItemInfo(),
          Expanded( // --- 1
            child: _ChatBody(),
          ),
          _TextFieldWidget(),
          KeyboardVisibilityBuilder(builder: (context, visible) {
```

```
                    return SizedBox(
                        height: visible
                            ? MediaQuery.of(context).viewInsets.bottom
                            : Get.mediaQuery.padding.bottom);
                  }),
                ],
              ),
            );
          }
        }
```

1: 기존 body의 Spacer를 제거하고 _ChatBody라는 이름의 위젯을 새로 추가하겠습니다.

📄 **chat_page.dart 파일의 _ChatBody 위젯 중**

```
class _ChatBody extends GetView<ChatController> {
  const _ChatBody({super.key});

  @override
  Widget build(BuildContext context) {
    return SingleChildScrollView(
      reverse: true, // ---- 1
      child: StreamBuilder<List<ChatModel>>(
        stream: controller.chatStream, // ---- 2
        builder: (context, snapshot) {
          return Column(
            crossAxisAlignment: CrossAxisAlignment.stretch,
            children: List.generate(
              snapshot.data?.length ?? 0, // ---- 3
              (index) {
                var chat = snapshot.data![index]; // ---- 4

                return AppFont(chat.text ?? '');
              },
            ),
          );
        },
      ),
    );
  }
}
```

1: 최신 내용이 채팅 창 아래에 쌓이도록 하기 위해 SingleChildScrollView 위젯의 reverse 속성을 사용했습니다.

2: ChatController의 스트림을 StreamBuilder에 등록합니다.

3: 스트림 데이터인 List<ChatModel>의 크기만큼 List.generate를 사용해 위젯을 생성합니다.

4: ChatModel을 chat 변수로 받아 간단히 입력된 내용을 화면에 표시하기 위해 AppFont 위젯을 사용합니다.

◀ 상품 거래 채팅 화면 예시

원하는 형태로 화면이 잘 보입니다. 아직 스타일을 지정하지 않아 디자인적으로 수정할 부분이 있지만 기본적인 기능은 잘 작동하고 있습니다. 이제 스트림 데이터를 통해 채팅 화면을 꾸며보겠습니다.

기본적으로 채팅 메시지는 내가 보낸 것과 상대방이 보낸 것이 다르게 보여야 합니다.

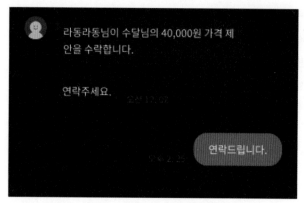

◀ 내가 보낸 채팅 메시지와 상대방이 보낸 채팅 메시지 비교

내가 보낸 메시지는 우측에 표시됩니다. 프로필 이미지는 없습니다. 반면 상대방의 메시지는 프로필 이미지와 함께 좌측에 표시됩니다. 이를 구분하기 위해서는 메시지가 내가 보낸 것인지 아닌지를 먼저 확인해야 합니다.

```dart
class _ChatBody extends GetView<ChatController> {
  const _ChatBody({super.key});

  @override
  Widget build(BuildContext context) {
    return SingleChildScrollView(
      reverse: true,
      child: StreamBuilder<List<ChatModel>>(
        stream: controller.chatStream,
        builder: (context, snapshot) {
          return Column(
            crossAxisAlignment: CrossAxisAlignment.stretch,
            children: List.generate(
              snapshot.data?.length ?? 0,
              (index) {
                var chat = snapshot.data![index];
                var isMine = chat.uid == controller.myUid; // --- 추가
                return AppFont(chat.text ?? '');
              },
            ),
          );
        },
```

```
      ),
    );
  }
}
```

이제 isMine 값을 기반으로 메시지를 좌우측에 배치하고, 디스플레이 형태를 다르게 설정해주면 됩니다.

```
return Column(
  crossAxisAlignment: CrossAxisAlignment.stretch,
  children: List.generate(
    snapshot.data?.length ?? 0,
    (index) {
      var chat = snapshot.data![index];
      var isMine = chat.uid == controller.myUid;
      return Row( // --- 1
        crossAxisAlignment: CrossAxisAlignment.start,
        mainAxisAlignment:
            isMine ? MainAxisAlignment.end : MainAxisAlignment.start,
        children: [AppFont(chat.text ?? '')],
      );
    },
  ),
);
```

1 : isMine에 따라 위젯의 alignment를 다르게 설정했습니다.

이제 단순히 AppFont로 표시하지 않고 말풍선과 시간을 함께 표시하도록 작업해보겠습니다.

chat_page.dart 파일 내 _MessageBox 위젯 클래스

```
class _MessageBox extends StatelessWidget {
  final bool isMine; // --- 1
  final String message; // --- 1
  final DateTime date; // --- 1
  const _MessageBox({
    super.key,
    this.isMine = false,
```

```
    required this.date,
    required this.message,
  });

  @override
  Widget build(BuildContext context) {
    return Padding(
      padding: const EdgeInsets.only(bottom: 6),
      child: Row(
        mainAxisAlignment:
            isMine ? MainAxisAlignment.end : MainAxisAlignment.start,
        crossAxisAlignment: CrossAxisAlignment.end,
        children: [
          if (isMine) // --- 2
            SizedBox(
              width: 50,
              child: Row(
                mainAxisAlignment: MainAxisAlignment.end,
                children: [
                  AppFont(
                    DateFormat('HH:mm').format(date),
                    color: const Color(0xff6D7179),
                    size: 12,
                  )
                ],
              ),
            ),
          const SizedBox(width: 10),
          Container(  // --- 3
            constraints:
                BoxConstraints(minWidth: 100, maxWidth: Get.width * 0.7),
            padding: const EdgeInsets.all(15),
            decoration: BoxDecoration(
              borderRadius: BorderRadius.circular(15),
              color: isMine ? const Color(0xffED7738) : const Color(0xff2B2E32),
            ),
            child: AppFont(
              message,
              maxLine: null,
            ),
          ),
```

```
        const SizedBox(width: 10),
        if (!isMine) // --- 2
          SizedBox(
            width: 50,
            child: Row(
              children: [
                AppFont(
                  DateFormat('HH:mm').format(date),
                  color: const Color(0xff6D7179),
                  size: 12,
                ),
              ],
            )),
      ],
    ),
  );
  }
}
```

1: 내가 보낸 메시지인지를 확인하는 값, 메시지, 보낸 시간을 전달합니다.

2: isMine 값에 따라 날짜를 좌측 또는 우측에 배치합니다. 내가 보낸 메시지는 Row의 앞부분에, 상대가 보낸 메시지는 Row의 뒷부분에 위치하도록 처리했습니다.

3: 메시지 말풍선의 색상도 isMine 값을 기준으로 처리했습니다.

이어서 AppFont로 메시지를 보여주던 부분을 _MessageBox로 변경하겠습니다.

```
return Column(
  crossAxisAlignment: CrossAxisAlignment.stretch,
  children: List.generate(
    snapshot.data?.length ?? 0,
    (index) {
      var chat = snapshot.data![index];
      var isMine = chat.uid == controller.myUid;
      return Row(
        crossAxisAlignment: CrossAxisAlignment.start,
        mainAxisAlignment:
            isMine ? MainAxisAlignment.end : MainAxisAlignment.start,
        children: [
```

```
        _MessageBox( // --- 추가
          date: chat.createdAt ?? DateTime.now(),
          isMine: isMine,
          message: chat.text ?? '',
        ),
      ],
    );
  },
),
);
```

◀ 상품 거래 채팅 화면 예시: 판매자와 구매자 간 대화

현재 기준에서 상대방은 상품 판매자를 의미합니다. 이제 판매자 기준의 채팅 페이지를 만들어야 합니다.

19.8 판매자 입장의 채팅 페이지 구현하기

구매자 입장에서 '채팅하기'를 클릭한다는 것은 바로 판매자와 연결되어 채팅 창이 열린다는 의미입니다. 반면, 판매자의 경우에는 자신의 상품 페이지에서 상품에 대해 별도로 문의할 필요가 없습니다. 따라서 판매자 입장에서는 '채팅하기' 버튼을 누르면 바로 채팅 화면으로 이동하는 것이 아니라, 내 상품에 관심 있는 사람들의 채팅방 목록이 보여야 합니다. 여기서 판매자는 답변하고 싶은 채팅방을 선택해 진입할 수 있어야 합니다.

이번에는 판매자의 상품 페이지에 '채팅하기' 버튼을 추가하겠습니다. product_detail_view.dart 파일로 이동합니다. 현재 '채팅하기' 버튼은 구매 희망자가 누르는 버튼입니다. 판매자의 화면에 '채팅하기' 버튼을 만들어보겠습니다.

product_detail_view.dart 파일의 bottomNavBar 위젯 소스코드

```
bottomNavBar: Container(
  padding: EdgeInsets.only(
      left: 5,
      right: 20,
      top: 10,
      bottom: 15 + MediaQuery.of(context).padding.bottom),
  decoration: const BoxDecoration(
    border: Border(
      top: BorderSide(color: Color(0xff4D4D4F)),
    ),
  ),
  child: Obx(
    () => _BottomNavWidget(
      product: controller.product.value,
      isMine: controller.isMine, // --- 1
      onLikedEvent: controller.onLikedEvent,
    ),
  ),
),
```

1: 버튼 스타일을 변경하기 위해 controller.isMine 값을 전달합니다.

product_detail_view.dart 파일 중 _BottomNavWidget 위젯

```dart
class _BottomNavWidget extends StatelessWidget {
  final Function() onLikedEvent;
  final bool isMine;
  final Product product;
  const _BottomNavWidget({
    super.key,
    required this.onLikedEvent,
    required this.isMine,
    required this.product,
  });

  Widget _price() {
    return Column(
      crossAxisAlignment: CrossAxisAlignment.stretch,
      mainAxisAlignment: MainAxisAlignment.center,
      children: [
        AppFont(
          product.productPrice == 0
              ? '무료 나눔'
              : '${NumberFormat('###,###,###,###').format(product.productPrice)}원',
          size: 16,
          fontWeight: FontWeight.bold,
          color: product.productPrice == 0
              ? const Color(0xffED7738)
              : Colors.white,
        ),
        const SizedBox(height: 3),
        const AppFont(
          '가격 제안 불가',
          size: 13,
          fontWeight: FontWeight.bold,
          color: Color(0xff878B93),
        )
      ],
    );
  }

  @override
  Widget build(BuildContext context) {
    var likers = product.likers ?? [];
```

```dart
var uid = Get.find<AuthenticationController>().userModel.value.uid;
return SizedBox(
  height: 50,
  child: Row(
    children: [
      GestureDetector(
        onTap: onLikedEvent,
        behavior: HitTestBehavior.translucent,
        child: Container(
          padding: const EdgeInsets.all(15.0),
          child: likers.contains(uid)
              ? SvgPicture.asset('assets/svg/icons/like_on.svg')
              : SvgPicture.asset('assets/svg/icons/like_off.svg'),
        ),
      ),
      const SizedBox(
        height: 30,
        child: VerticalDivider(
          color: Color(0xff34373C),
        ),
      ),
      const SizedBox(width: 15),
      Expanded(child: _price()),
      if (!isMine) // --- 1
        Btn(
          onTap: () {
            Get.toNamed(
                '/chat/${product.docId}/${product.owner!.uid}/$uid');
          },
          child: const AppFont(
            '채팅하기',
            fontWeight: FontWeight.bold,
          ),
        ),
      if (isMine) // --- 2
        Btn(
          onTap: () {},
          child: const AppFont(
            '채팅 5개',
            fontWeight: FontWeight.bold,
          ),
```

```
        )
      ],
    ),
  );
}
}
```

1 : 기존에 만들어진 버튼입니다.

2 : 채팅 개수를 표시하는 버튼으로, 버튼을 클릭하면 해당 채팅 리스트로 이동해야 합니다.

먼저 처리해야 할 부분은 채팅이 몇 건 이루어졌는지를 조회해서 표시하는 것입니다. 이를 해결하기
위해 ProductDetailController로 이동합니다.

product_detail_controller.dart 파일

```dart
class ProductDetailController extends GetxController {
  final ProductRepository _productRepository;
  final ChatRepository _chatRepository; // --- 1
  final UserModel myUser;
  ProductDetailController(
    this._productRepository,
    this._chatRepository, // --- 1
    this.myUser,
  );
  late String docId;
  Rx<Product> product = const Product.empty().obs;
  RxList<Product> ownerOtherProducts = <Product>[].obs;
  Rx<ChatGroupModel> chatInfo = const ChatGroupModel().obs; // --- 2

  bool get isMine => myUser.uid == product.value.owner?.uid;
  bool isEdited = false;

  @override
  void onInit() async {
    super.onInit();
    docId = Get.parameters['docId'] ?? '';
    await _loadProductDetailData();
    await _loadOtherProducts();
    await _loadHowManyChatThisProduct(); // --- 3
```

```
    }

    Future<void> _loadHowManyChatThisProduct() async { // --- 3
      var result = await _chatRepository.loadAllChats(product.value.docId!);
      if (result != null) {
        chatInfo(result); // --- 2
      }
    }
    // ... 이하 생략
```

1 : 채팅 관련 정보를 조회하기 위해 ChatRepository를 생성할 때 받아오도록 하겠습니다.

ProductDetailController에 ChatRepository를 주입해주기 위해 main.dart 파일로 이동합니다.

main.dart 파일 중

```
GetPage(
  name: '/product/detail/:docId',
  page: () => ProductDetailView(),
  binding: BindingsBuilder(
    () {
      Get.put(ProductDetailController(
        Get.find<ProductRepository>(),
        Get.find<ChatRepository>(),
        Get.find<AuthenticationController>().userModel.value,
      ));
    },
  ),
),
```

1 : 해당 상품의 채팅 정보는 ChatGroupModel에 담겨 있기 때문에 ChatGroupModel을 Rx 방식으로 상태 관리 하겠습니다.

2 : onInit에서 상품별 채팅 정보를 조회하는 함수를 호출합니다.

loadAllChats 함수가 ChatRepository에 아직 존재하지 않기 때문에, ChatRepository 클래스로 이동하여 이 함수를 만들겠습니다.

chat_repository.dart 파일 중

```dart
Future<ChatGroupModel?> loadAllChats(String docId) async {
  var doc = await db.collection('chats').doc(docId).get();
  if (doc.exists) {
    return ChatGroupModel.fromJson(doc.data()!);
  }
  return null;
}
```

넘겨받은 productDocumentId를 사용하여 chats 컬렉션에서 조회합니다.

이제 상품 상세 페이지에 ChatGroupModel이 저장되었을 것입니다. 이를 화면의 채팅 버튼에 적용하겠습니다.

```dart
bottomNavBar: Container(
  padding: EdgeInsets.only(
      left: 5,
      right: 20,
      top: 10,
      bottom: 15 + MediaQuery.of(context).padding.bottom),
  decoration: const BoxDecoration(
    border: Border(
      top: BorderSide(color: Color(0xff4D4D4F)),
    ),
  ),
  child: Obx(
    () => _BottomNavWidget(
      product: controller.product.value,
      isMine: controller.isMine,
      onLikedEvent: controller.onLikedEvent,
      chatInfo: controller.chatInfo.value, // --- 추가
    ),
  ),
),
```

```dart
class _BottomNavWidget extends StatelessWidget {
  final Function() onLikedEvent;
```

```dart
  final bool isMine;
  final Product product;
  final ChatGroupModel chatInfo; // --- 추가
  const _BottomNavWidget({
    super.key,
    required this.onLikedEvent,
    required this.isMine,
    required this.chatInfo, // --- 추가
    required this.product,
  });

  Widget _price() {
    return Column(
      crossAxisAlignment: CrossAxisAlignment.stretch,
      mainAxisAlignment: MainAxisAlignment.center,
      children: [
        AppFont(
          product.productPrice == 0
              ? '무료 나눔'
              : '${NumberFormat('###,###,###,###').format(product.productPrice)}원',
          size: 16,
          fontWeight: FontWeight.bold,
          color: product.productPrice == 0
              ? const Color(0xffED7738)
              : Colors.white,
        ),
        const SizedBox(height: 3),
        const AppFont(
          '가격 제안 불가',
          size: 13,
          fontWeight: FontWeight.bold,
          color: Color(0xff878B93),
        )
      ],
    );
  }

  @override
  Widget build(BuildContext context) {
    var likers = product.likers ?? [];
    var uid = Get.find<AuthenticationController>().userModel.value.uid;
```

```
return SizedBox(
  height: 50,
  child: Row(
    children: [
      GestureDetector(
        onTap: onLikedEvent,
        behavior: HitTestBehavior.translucent,
        child: Container(
          padding: const EdgeInsets.all(15.0),
          child: likers.contains(uid)
              ? SvgPicture.asset('assets/svg/icons/like_on.svg')
              : SvgPicture.asset('assets/svg/icons/like_off.svg'),
        ),
      ),
      const SizedBox(
        height: 30,
        child: VerticalDivider(
          color: Color(0xff34373C),
        ),
      ),
      const SizedBox(width: 15),
      Expanded(child: _price()),
      if (!isMine)
        Btn(
          onTap: () {
            Get.toNamed(
                '/chat/${product.docId}/${product.owner!.uid}/$uid');
          },
          child: const AppFont(
            '채팅하기',
            fontWeight: FontWeight.bold,
          ),
        ),
      if (isMine)
        Btn(
          onTap: () {},
          child: AppFont(
            '채팅 ${chatInfo.chatCount}개', // --- 1
            fontWeight: FontWeight.bold,
          ),
        )
```

```
      ],
    ),
  );
  }
}
```

1: chatInfo의 chatCount는 chatters에서 산출하여 몇 개의 채팅이 있는지 반환하는 get 변수입니다.

chatCount를 만들기 위해 chat_group_model.dart 파일로 이동합니다.

chat_group_model.dart 파일

```
@JsonSerializable()
class ChatGroupModel extends Equatable {
  final List<String>? chatters;
  final String? owner;
  final String? productId;
  final DateTime? createdAt;
  final DateTime? updatedAt;

  const ChatGroupModel({
    this.updatedAt,
    this.createdAt,
    this.productId,
    this.owner,
    this.chatters,
  });

  factory ChatGroupModel.fromJson(Map<String, dynamic> json) =>
      _$ChatGroupModelFromJson(json);

  Map<String, dynamic> toMap() => _$ChatGroupModelToJson(this);

  int get chatCount { // --- 1
    return chatters?.where((uid) => uid != owner).toList().length ?? 0;
  }

  ChatGroupModel copyWith({
    DateTime? updatedAt,
    DateTime? createdAt,
    String? productId,
```

```
    String? owner,
    List<String>? chatters,
  }) {
    return ChatGroupModel(
      chatters: chatters ?? this.chatters,
      owner: owner ?? this.owner,
      productId: productId ?? this.productId,
      createdAt: createdAt ?? this.createdAt,
      updatedAt: updatedAt ?? this.updatedAt,
    );
  }

  @override
  List<Object?> get props => [
      chatters,
      owner,
      productId,
      createdAt,
      updatedAt,
    ];
}
```

chatCount 값은 chatters의 개수이지만, 판매자는 제외해야 합니다. 이는 판매자가 모든 구매자의 채팅방에 포함되어 있기 때문입니다.

새로고침 후 상품 상세 페이지로 이동하면 몇 개의 채팅방이 있는지 확인할 수 있습니다.

◀ 채팅방 개수 표시 예시

이어서 판매자가 채팅 버튼을 통해 채팅 리스트 화면으로 이동하는 부분을 개발하겠습니다.

19.9 채팅 리스트 개발

채팅 리스트 페이지는 2가지가 있습니다. 첫 번째는 상품 페이지에서 연결된 채팅 화면이고, 두 번째 는 하단 메뉴에서 채팅 버튼을 클릭하여 내가 속한 채팅 목록을 보는 페이지입니다. 먼저 판매자 기 준으로 상세 페이지에서 연결되는 채팅 리스트 페이지를 개발하겠습니다.

▲ 판매자 채팅 리스트 페이지 예시 1

product_detail_view.dart 파일에서 판매자가 채팅 버튼을 클릭할 때, 채팅 리스트 페이지로 이동하도록 이벤트를 처리합니다.

product_detail_view.dart 파일 중 _BottomNavWidget 소스코드

```
if (isMine)
  Btn(
    onTap: () {
      if (chatInfo.chatters != null) { // --- 1
        Get.toNamed('/chat-list', arguments: { // --- 2
          'productId': product.docId,
        });
      }
    },
    child: AppFont(
      '채팅 ${chatInfo.chatCount}개',
      fontWeight: FontWeight.bold,
```

```
      ),
    )
```

1 : chatters가 없으면 채팅 리스트로 연결할 필요가 없기 때문에, chatters가 있을 때만 이벤트를 연결해줍니다.

2 : /chat-list 경로로 페이지 전환 이벤트를 만들어줍니다. 이때 현재 열려 있는 상품의 docId를 arguments로 전달합니다.

이제 페이지 전환이 되도록 하기 위해 main.dart 파일로 이동하여 라우트를 설정합니다.

📁 **main.dart 파일의 getPages 옵션 중**

```
GetPage(
  name: '/chat-list',
  page: () => const ChatListPage(),
),
```

채팅 버튼에서 연결한 경로로 GetPage를 만들고, ChatListPage라는 이름의 페이지로 연결해주겠습니다. 이제 chat 폴더 하위의 page 폴더에 chat_list_page.dart 파일을 생성합니다.

📁 **chat_list_page.dart 파일**

```
class ChatListPage extends StatelessWidget {
  const ChatListPage({super.key});

  @override
  Widget build(BuildContext context) {
    return CommonLayout(
      appBar: AppBar(
        title: const AppFont(
          '채팅',
          size: 20,
        ),
        leading: GestureDetector(
          onTap: Get.back,
          child: Padding(
            padding: const EdgeInsets.all(12.0),
            child: SvgPicture.asset('assets/svg/icons/back.svg'),
          ),
        ),
```

```
      ),
      body: const Center(
        child: AppFont('채팅 리스트 페이지'),
      ),
    );
  }
}
```

간단하게 AppBar 설정과 페이지 이름 정도만 보여주도록 위젯을 만들고, main.dart 파일에 라이브러리를 임포트한 후 앱을 새로고침하여 채팅 페이지로 이동해보겠습니다.

◀ 판매자 채팅 리스트 페이지 예시 2

위 그림과 같이 간략한 페이지가 표시될 것입니다. 이어서 채팅 정보를 불러와서 채팅방을 보여주는 작업을 진행하겠습니다. chat 폴더 하위의 controller 폴더에 chat_list_controller.dart 파일을 만들겠습니다.

chat_list_controller.dart 파일

```dart
class ChatListController extends GetxController {
  final ChatRepository _chatRepository;
  final ProductRepository _productRepository;
  final UserRepository _userRepository;
  final String myUid;
  ChatListController(
    this._chatRepository,
    this._productRepository,
    this._userRepository,
    this.myUid,
  );
}
```

채팅 리스트를 개발하기 위해 필요한 리포지토리를 주입받습니다. ChatRepository는 채팅 정보를 불러오기 위해 필요하고, ProductRepository는 채팅과 연결된 상품 정보를 가져오기 위해 사용됩니다. UserRepository는 채팅 상대가 누구인지 조회하는 데 필요합니다. 또한 myUid 값은 채팅 메시지가 내가 보낸 것인지 상대가 보낸 것인지 구별하기 위해 사용됩니다.

ChatListController를 GetX에 주입해주겠습니다. main.dart 파일로 이동하여 바인딩을 설정합니다.

```dart
GetPage(
  name: '/chat-list',
  page: () => const ChatListPage(),
  binding: BindingsBuilder(() {
    Get.put(ChatListController(
      Get.find<ChatRepository>(),
      Get.find<ProductRepository>(),
      Get.find<UserRepository>(),
      Get.find<AuthenticationController>().userModel.value.uid ?? '',
    ));
  }),
),
```

이어서 라우트를 통해 넘어온 arguments에서 productId를 사용하여 채팅 내용을 조회하는 로직을 만들겠습니다.

chat_list_controller.dart 파일 중

```dart
@override
void onInit() {
  super.onInit();
  var productId = Get.arguments['productId'] as String?;
  if (productId != null) {
    _loadAllProductChatList(productId);
  }
}

void _loadAllProductChatList(String productId) async {
  var result = await _chatRepository.loadChatInfo(productId); // --- 1
  if (result != null) {
    loadChatInfoStream(result);
  }
}

void loadChatInfoStream(ChatGroupModel info) async {
  info.chatters?.forEach((chatDoc) { // ---- 2

  });
}
```

1: productId를 통해 chat 정보를 조회하면 chatGroupModel 데이터를 받아올 수 있습니다.

2: chatGroupModel에는 chatters가 있어서 누구와 채팅을 진행하는지에 대한 정보가 포함되어 있습니다.

이제 채팅 상대에 따라 스트림을 만들겠습니다. 이미 구매자 기준으로 채팅방 내용을 처리하기 위해 스트림을 만든 적이 있으니 같은 방식으로 스트림을 만들 것입니다. 단 이번에는 채팅방 목록을 보여 줘야 하기 때문에 새로운 채팅방 모델을 담고 있는 스트림을 만들겠습니다. 이를 위해 chat 폴더 하위의 model 폴더에 chat_display_info.dart 파일을 생성합니다.

chat_play_info.dart 파일

```dart
class ChatDisplayInfo {
  final String? ownerUid;
  final String? customerUid;
  final bool? isOwner;
  final ChatModel? chatModel;
  const ChatDisplayInfo({
```

```
    this.chatModel,
    this.isOwner,
    this.customerUid,
    this.ownerUid,
  });
}
```

이 모델은 채팅 내용과 함께 판매자의 uid와 구매자의 uid를 포함하고 있습니다. 이 모델을 사용하여 스트림을 만들겠습니다.

chat_list_controller.dart 파일 중

```
final RxList<Stream<List<ChatDisplayInfo>>> chatStreams = // --- 1
    <Stream<List<ChatDisplayInfo>>>[].obs;

void loadChatInfoStream(ChatGroupModel info) async {
  info.chatters?.forEach((chatDoc) {
    var chatStreamData = _chatRepository // --- 2
        .loadChatInfoOneStream(info.productId ?? '', chatDoc)
        .transform<List<ChatDisplayInfo>>(
      StreamTransformer.fromHandlers(
        handleData: (docSnap, sink) {
          if (docSnap.isNotEmpty) {
            var chatModels = docSnap
                .map<ChatDisplayInfo>((item) => ChatDisplayInfo(
                      ownerUid: info.owner,
                      customerUid: chatDoc,
                      isOwner: info.owner == myUid,
                      chatModel: item,
                    ))
                .toList();
            sink.add(chatModels);
          }
        },
      ),
    );
    chatStreams.add(chatStreamData); // --- 3
  });
}
```

1: 매우 복잡해 보이는 모델이지만, 자세히 보면 그렇지 않습니다. RxList<Stream ... 부분을 보면 여러 명의 구매자 (여러 개의 채팅방)가 있을 수 있기 때문에 스트림이 여러 개일 수 있습니다. 그래서 RxList로 상태 관리를 합니다. 스트림 안에 List<ChatDisplayInfo>가 있는 이유는 ChatDisplayInfo가 각 채팅방의 개별 채팅 메시지를 담고 있는 데이터이기 때문입니다.

2: info.chatters에 있는 모든 채팅 상대를 하나씩 순서대로 처리(loop)하면서 채팅방별로 스트림을 만듭니다. 이때 StreamTransformer를 사용하여 ChatDisplayInfo 객체로 변환한 후 스트림에 담습니다.

3: 1에서 만든 상태 관리 변수인 chatStreams에 이 데이터를 담아줍니다.

chatStreams 변수를 사용하여 화면에 표시하겠습니다.

chat_list_page.dart 파일 중

```dart
class ChatListPage extends StatelessWidget {
  const ChatListPage({super.key});

  @override
  Widget build(BuildContext context) {
    return CommonLayout(
      appBar: AppBar(
        title: const AppFont(
          '채팅',
          size: 20,
        ),
        leading: GestureDetector(
          onTap: Get.back,
          child: Padding(
            padding: const EdgeInsets.all(12.0),
            child: SvgPicture.asset('assets/svg/icons/back.svg'),
          ),
        ),
      ),
      body: const ChatScrollWidget(), // --- 1
    );
  }
}

class ChatScrollWidget extends GetView<ChatListController> {
  const ChatScrollWidget({super.key});

  @override
```

```
    Widget build(BuildContext context) {
      return SingleChildScrollView(
        child: Obx(
          () => Column(
            children: List.generate(
              controller.chatStreams.length, // --- 2
              (index) => StreamBuilder<List<ChatDisplayInfo>>(
                stream: controller.chatStreams[index],
                builder: (context, snapshot) {
                  var chats = snapshot;
                  if (chats.hasData) {
                    return AppFont(chats.data?.last.chatModel!.text ?? ''); // --- 3
                  }
                  return Container();
                },
              ),
            ),
          ),
        ),
      );
    }
}
```

1: ChatScrollWidget 위젯을 별도로 만들어줍니다.

2: GetView로 위젯을 만들었기 때문에 controller.chatStreams의 채팅방 개수만큼 StreamBuilder를 만들어줍니다.

3: 우선 ChatDisplayInfo 모델에서 채팅 메시지를 간단하게 화면에 표시해봅니다.

 채팅 메시지 표시

2줄의 메시지가 보입니다. 이 2줄의 메시지는 각각 다른 사람의 메시지입니다. 물론 데이터가 얼마나 쌓였는지에 따라 다르게 보일 것입니다. 여기서는 2개의 계정을 추가로 만들어서 각각 채팅 메시지를 넣어 본 것입니다. 이어서 채팅방의 모습을 만들어보겠습니다.

AppFont로 메시지만 보여주던 부분을 제거하고, 채팅방 형태로 보이도록 새로운 위젯을 만들어 추가하겠습니다.

chat_list_page.dart 파일 중

```
class ChatScrollWidget extends GetView<ChatListController> {
  const ChatScrollWidget({super.key});

  @override
  Widget build(BuildContext context) {
    return SingleChildScrollView(
      child: Obx(
```

```
        () => Column(
          children: List.generate(
            controller.chatStreams.length,
            (index) => StreamBuilder<List<ChatDisplayInfo>>(
              stream: controller.chatStreams[index],
              builder: (context, snapshot) {
                var chats = snapshot;
                if (chats.hasData) {
                  return ChatSingleView( // --- 1
                      message: chats.data?.last.chatModel!.text ?? '',
                      userUid: chats.data?.last.customerUid ?? '',
                      time: chats.data?.last.chatModel!.createdAt ??
                          DateTime.now(),
                      onTap: () {});
                }
                return Container();
              },
            ),
          ),
        ),
      ),
    );
  }
}


class ChatSingleView extends GetView<ChatListController> {
  final String userUid;
  final String message;
  final DateTime time;
  final Function() onTap;
  const ChatSingleView({
    super.key,
    required this.userUid,
    required this.message,
    required this.time,
    required this.onTap,
  });

  String timeagoValue(DateTime timeAt) {
    var value = timeago.format(
      DateTime.now().subtract(DateTime.now().difference(timeAt)),
```

```
        locale: 'ko');
    return value;
}


@override
Widget build(BuildContext context) {
  return GestureDetector(
    onTap: onTap,
    behavior: HitTestBehavior.translucent,
    child: Container(
      padding: const EdgeInsets.symmetric(horizontal: 20, vertical: 20),
      child: Row(
        children: [
          CircleAvatar(
            backgroundImage:
                Image.asset('assets/images/default_profile.png').image,
            backgroundColor: Colors.black,
            radius: 23,
          ),
          const SizedBox(width: 15),
          Expanded(
            child: Column(
              crossAxisAlignment: CrossAxisAlignment.stretch,
              children: [
                FutureBuilder<UserModel?>(
                  future: controller.loadUserInfo(userUid), // --- 2
                  builder: (context, snapshot) {
                    if (snapshot.hasData) {
                      return Row(
                        children: [
                          AppFont(
                            snapshot.data?.nickname ?? '',
                            size: 15,
                            fontWeight: FontWeight.bold,
                          ),
                          const SizedBox(width: 7),
                          AppFont(
                            timeagoValue(time),
                            size: 12,
                            color: const Color(0xffABAEB6),
                          )
```

```
                    ],
                  );
                } else {
                  return Container();
                }
              },
            ),
            const SizedBox(height: 5),
            AppFont(
              message,
              size: 16,
              maxLine: 2,
            ),
          ],
        ),
      ),
    ],
  ),
),
);
}
}
```

1: ChatSingleView라는 이름의 위젯에 필요한 정보를 전달합니다.

2: 추가로 데이터 로드가 필요합니다. 왜냐하면 ChatDisplayInfo 모델에는 uid만 있고, 고객의 이름 데이터는 없기 때 문입니다. 처음부터 고객 이름을 포함해서 저장하면 되지 않느냐고 생각할 수 있습니다. 만약 닉네임을 변경할 수 없 다면 uid와 닉네임을 함께 저장해도 문제없습니다. 하지만 닉네임을 변경할 수 있다고 가정하고 닉네임을 저장하면 데이터 일관성(정합성) 문제가 생길 수 있습니다. 그래서 uid를 통해 새로 조회해야 데이터 일관성 문제가 발생하지 않습니다.

controller에 loadUserInfo를 만들어서 고객의 닉네임을 전달하겠습니다.

chat_list_controller.dart 파일 중

```
Future<UserModel?> loadUserInfo(String uid) async {
  return await _userRepository.findUserOne(uid);
}
```

uid를 사용하여 UserModel을 조회하고 반환합니다. 이제 저장하면 화면이 정상적으로 표시되는 것을 확인할 수 있습니다.

⟨ 채팅방 목록 화면 예시

하지만 최초 시안에서는 채팅방에 연결된 상품의 섬네일이 우측에 보였습니다. 시안대로 구현하기 위해 리팩터링을 진행할 것입니다.

chat_list_controller.dart 파일에서 loadChatInfoStream 함수를 수정하겠습니다.

🎞 **chat_list_controller.dart 파일 중**

```
void loadChatInfoStream(ChatGroupModel info) async {
  info.chatters?.forEach((chatDoc) {
    var chatStreamData = _chatRepository
        .loadChatInfoOneStream(info.productId ?? '', chatDoc)
        .transform<List<ChatDisplayInfo>>(
      StreamTransformer.fromHandlers(
```

```
        handleData: (docSnap, sink) {
          if (docSnap.isNotEmpty) {
            var chatModels = docSnap
                .map<ChatDisplayInfo>((item) => ChatDisplayInfo(
                      ownerUid: info.owner,
                      customerUid: chatDoc,
                      isOwner: info.owner == myUid,
                      productId: info.productId, // --- 1
                      chatModel: item,
                    ))
                .toList();
            sink.add(chatModels);
          }
        },
      ),
    );
    chatStreams.add(chatStreamData);
  });
}
```

1: ChatDisplayInfo 모델에 productId를 추가하겠습니다. ChatGroupModel에 이미 productId가 있기 때문에 데이터를 추가하는 데 문제가 없습니다.

ChatDisplayInfo 모델에 productId 필드가 없기 때문에 추가합니다.

📁 **chat_play_info.dart 파일 중**

```
class ChatDisplayInfo {
  final String? ownerUid;
  final String? customerUid;
  final bool? isOwner;
  final String? productId; // --- 추가
  final ChatModel? chatModel;
  const ChatDisplayInfo({
    this.chatModel,
    this.isOwner,
    this.productId, // --- 추가
    this.customerUid,
    this.ownerUid,
  });
}
```

화면에서 productId를 사용하여 섬네일을 만들겠습니다.

chat_list_page.dart 파일 중

```dart
class ChatScrollWidget extends GetView<ChatListController> {
  const ChatScrollWidget({super.key});

  @override
  Widget build(BuildContext context) {
    return SingleChildScrollView(
      child: Obx(
        () => Column(
          children: List.generate(
            controller.chatStreams.length,
            (index) => StreamBuilder<List<ChatDisplayInfo>>(
              stream: controller.chatStreams[index],
              builder: (context, snapshot) {
                var chats = snapshot;
                if (chats.hasData) {
                  return ChatSingleView(
                      message: chats.data?.last.chatModel!.text ?? '',
                      userUid: chats.data?.last.customerUid ?? '',
                      productId: chats.data?.last.productId ?? '', // --- 추가
                      time: chats.data?.last.chatModel!.createdAt ??
                          DateTime.now(),
                      onTap: () {});
                }
                return Container();
              },
            ),
          ),
        ),
      ),
    );
  }
}

class ChatSingleView extends GetView<ChatListController> {
  final String userUid;
  final String message;
  final String productId;// --- 추가
  final DateTime time;
```

```dart
  final Function() onTap;
  const ChatSingleView({
    super.key,
    required this.userUid,
    required this.message,
    required this.productId,// --- 추가
    required this.time,
    required this.onTap,
  });

  String timeagoValue(DateTime timeAt) {
    var value = timeago.format(
        DateTime.now().subtract(DateTime.now().difference(timeAt)),
        locale: 'ko');
    return value;
  }

  @override
  Widget build(BuildContext context) {
    return GestureDetector(
      onTap: onTap,
      behavior: HitTestBehavior.translucent,
      child: Container(
        padding: const EdgeInsets.symmetric(horizontal: 20, vertical: 20),
        child: Row(
          children: [
            CircleAvatar(
              backgroundImage:
                  Image.asset('assets/images/default_profile.png').image,
              backgroundColor: Colors.black,
              radius: 23,
            ),
            const SizedBox(width: 15),
            Expanded(
              child: Column(
                crossAxisAlignment: CrossAxisAlignment.stretch,
                children: [
                  FutureBuilder<UserModel?>(
                    future: controller.loadUserInfo(userUid),
                    builder: (context, snapshot) {
                      if (snapshot.hasData) {
```

```dart
                    return Row(
                      children: [
                        AppFont(
                          snapshot.data?.nickname ?? '',
                          size: 15,
                          fontWeight: FontWeight.bold,
                        ),
                        const SizedBox(width: 7),
                        AppFont(
                          timeagoValue(time),
                          size: 12,
                          color: const Color(0xffABAEB6),
                        )
                      ],
                    );
                  } else {
                    return Container();
                  }
                },
              ),
              const SizedBox(height: 5),
              AppFont(
                message,
                size: 16,
                maxLine: 2,
              ),
            ],
          ),
        ),
      ),
      const SizedBox(width: 15),
      FutureBuilder<Product?>(// --- 추가
        future: controller.loadProductInfo(productId), // --- 1
        builder: (context, snapshot) {
          if (snapshot.hasData) {
            return ClipRRect(
              borderRadius: BorderRadius.circular(7),
              child: Image.network(
                snapshot.data?.imageUrls?.first ?? '',
                height: 50,
                width: 50,
                fit: BoxFit.cover,
```

```
              ),
            );
          } else {
            return Container();
          }
        },
      ),
    ],
  ),
 ),
 );
 }
}
```

1 : 사용자 uid를 기반으로 FutureBuilder를 사용해 닉네임을 조회했던 것처럼, productId를 사용해 상품 이미지를 조회하겠습니다.

chat_list_controller.dart 파일로 이동합니다.

chat_list_controller.dart 파일 중

```
Future<Product?> loadProductInfo(String productId) async {
  return await _productRepository.getProduct(productId);
}
```

productId를 통해 상품을 조회하여 반환합니다. 이제 앱을 재실행하여 상품의 섬네일이 제대로 표시되는지 확인하겠습니다.

◀ 섬네일이 표시된 채팅방 리스트

마지막으로 각 채팅방을 선택해서 채팅방으로 진입할 수 있게 하겠습니다.

chat_list_page.dart 파일의 각 채팅방을 나타내는 위젯

```
return ChatSingleView(
  message: chats.data?.last.chatModel!.text ?? '',
  userUid: chats.data?.last.customerUid ?? '',
  productId: chats.data?.last.productId ?? '',
  time: chats.data?.last.chatModel!.createdAt ??
      DateTime.now(),
  onTap: () {
    Get.toNamed( // --- 추가
      '/chat/${chats.data?.last.productId}/${chats.data?.last.ownerUid}/${chats.data?.last.customerUid}');
  });
```

onTap 시 이미 구현된 채팅방 상세 페이지로 이동할 수 있도록 경로를 설정합니다. 상세 페이지로 이동하여 판매자 입장에서 채팅 메시지를 입력해보겠습니다.

◆ 판매자의 메시지 입력

어느 정도 채팅방답게 되었습니다. 하지만 아직 개선해야 할 부분이 남았습니다.

19.10 채팅방 개선 사항

19.10.1 프로필 섬네일 표시

이번 당근마켓 클론 코딩 프로젝트(밤톨마켓)에서는 섬네일 설정 기능을 넣지 않아서 프로필 이미지가 없지만, 프로필 영역 정도는 만들어주겠습니다. 나중에 기능을 확장하면 프로필 이미지를 바로 적용할 수 있습니다.

chat_page.dart 파일로 이동합니다.

chat_page.dart 파일

```dart
class _ChatBody extends GetView<ChatController> {
  const _ChatBody({super.key});

  @override
  Widget build(BuildContext context) {
    return SingleChildScrollView(
      reverse: true,
      child: StreamBuilder<List<ChatModel>>(
        stream: controller.chatStream,
        builder: (context, snapshot) {
          return Column(
            crossAxisAlignment: CrossAxisAlignment.stretch,
            children: List.generate(
              snapshot.data?.length ?? 0,
              (index) {
                var chat = snapshot.data![index];
                var isMine = chat.uid == controller.myUid;
                return Padding( // --- 1
                  padding: const EdgeInsets.symmetric(horizontal: 15),
                  child: Row(
                    crossAxisAlignment: CrossAxisAlignment.start,
                    mainAxisAlignment: isMine
                        ? MainAxisAlignment.end
                        : MainAxisAlignment.start,
                    children: [
                      if (!isMine) // --- 2
                        CircleAvatar(
                          backgroundImage:
                              Image.asset('assets/images/default_profile.png')
                                  .image,
                          backgroundColor: Colors.black,
                          radius: 18,
                        ),
                      _MessageBox(
                        date: chat.createdAt ?? DateTime.now(),
                        isMine: isMine,
                        message: chat.text ?? '',
                      ),
                    ],
```

```
                  ],
                ),
              );
            },
          ),
        );
      },
    ),
  );
  }
}
```

1: 메시지 간 간격이 너무 붙어있어서 양쪽 간격을 조정했습니다.

2: 내가 보낸 메시지가 아닌 경우에만 CircleAvatar를 넣어줍니다.

프로필 섬네일 표시 예시 1

채팅 메시지 중 첫 번째와 두 번째가 상대방의 메시지입니다. 모든 메시지 라인에 프로필 이미지를 보여줄 필요는 없어 보입니다. 첫 번째 메시지에만 프로필 이미지를 넣고 두 번째부터는 생략하겠습니다.

chat_page.dart 파일

```dart
class _ChatBody extends GetView<ChatController> {
  const _ChatBody({super.key});

  @override
  Widget build(BuildContext context) {
    return SingleChildScrollView(
      reverse: true,
      child: StreamBuilder<List<ChatModel>>(
        stream: controller.chatStream,
        builder: (context, snapshot) {
          var useProfileImage = false; // --- 1
          return Column(
            crossAxisAlignment: CrossAxisAlignment.stretch,
            children: List.generate(
              snapshot.data?.length ?? 0,
              (index) {
                var chat = snapshot.data![index];
                var isMine = chat.uid == controller.myUid;
                var messageGroupWidget = <Widget>[];
                if (!useProfileImage && !isMine) { // --- 2
                  useProfileImage = true; // --- 3
                  messageGroupWidget.add(CircleAvatar(
                    backgroundImage:
                        Image.asset('assets/images/default_profile.png').image,
                    backgroundColor: Colors.black,
                    radius: 18,
                  ));
                }
                messageGroupWidget.add(_MessageBox(
                  date: chat.createdAt ?? DateTime.now(),
                  isMine: isMine,
                  message: chat.text ?? '',
                ));
                useProfileImage = !isMine; // --- 3
                return Padding(
```

```
                    padding: const EdgeInsets.symmetric(horizontal: 15),
                    child: Row(
                        crossAxisAlignment: CrossAxisAlignment.start,
                        mainAxisAlignment: isMine
                            ? MainAxisAlignment.end
                            : MainAxisAlignment.start,
                        children: messageGroupWidget),
                );
              },
            ),
          );
        },
      ),
    );
  }
}
```

1: 프로필 이미지는 상대방의 첫 번째 메시지에만 표시되어야 합니다. 따라서 초기화 처리를 하기 위해 useProfile Image 변수를 만들었습니다.

2: 내가 보낸 메시지에서는 프로필 이미지를 표시할 필요가 없습니다. 따라서 isMine 값이 false일 때와 useProfile Image 값이 사용되지 않았을 때(false일 때) CircleAvatar를 사용합니다.

3: 프로필 이미지를 넣는 로직이 시작될 때 바로 useProfileImage 값을 true(사용한 상태)로 바꿔줍니다.

또한 내가 보낸 채팅 메시지에서는 useProfileImage 값을 다시 초기화합니다. 이렇게 하면 다음과 같이 처리됩니다.

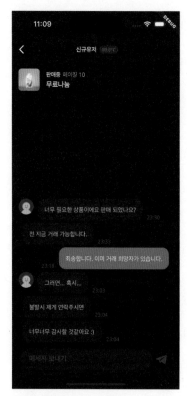

◀ 프로필 섬네일 표시 예시 2

이번에는 첫 번째 메시지가 시작되는 부분에 맞춰 다음 메시지의 위치를 조정해야 합니다. 첫 번째 메시지와 위치를 맞추기 위해 두 번째 메시지부터는 앞부분에 빈 영역을 넣겠습니다.

```dart
class _ChatBody extends GetView<ChatController> {
  const _ChatBody({super.key});

  @override
  Widget build(BuildContext context) {
    return SingleChildScrollView(
      reverse: true,
      child: StreamBuilder<List<ChatModel>>(
        stream: controller.chatStream,
        builder: (context, snapshot) {
          var useProfileImage = false;
          return Column(
            crossAxisAlignment: CrossAxisAlignment.stretch,
```

```
        children: List.generate(
          snapshot.data?.length ?? 0,
          (index) {
            var chat = snapshot.data![index];
            var isMine = chat.uid == controller.myUid;
            var messageGroupWidget = <Widget>[];
            if (!useProfileImage && !isMine) {
              useProfileImage = true;
              messageGroupWidget.add(CircleAvatar(
                backgroundImage:
                    Image.asset('assets/images/default_profile.png').image,
                backgroundColor: Colors.black,
                radius: 18,
              ));
            } else if (!isMine) { // --- 조건 추가
              messageGroupWidget.add(const SizedBox(
                width: 36,
              ));
            }
            messageGroupWidget.add(_MessageBox(
              date: chat.createdAt ?? DateTime.now(),
              isMine: isMine,
              message: chat.text ?? '',
            ));
            useProfileImage = !isMine;
            return Padding(
              padding: const EdgeInsets.symmetric(horizontal: 15),
              child: Row(
                  crossAxisAlignment: CrossAxisAlignment.start,
                  mainAxisAlignment: isMine
                      ? MainAxisAlignment.end
                      : MainAxisAlignment.start,
                  children: messageGroupWidget),
            );
          },
        ),
      );
    },
  ),
);
}
}
```

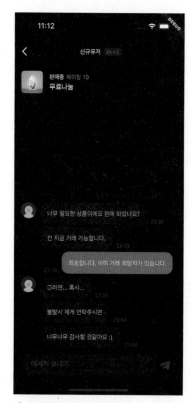

🔱 프로필 섬네일 표시 예시 3

이렇게 프로필 섬네일 이미지 기능을 구현해보았습니다.

19.10.2 날짜 표시

앞의 그림을 자세히 살펴보면 채팅 메시지를 주고받는 시간 정렬이 뒤죽박죽 섞인 것 같이 보입니다.
메시지를 보낸 시점의 날짜가 다를 수 있는데 단순히 시와 분만 표시되어 있어 생기는 문제입니다.
메시지를 보낸 날짜가 다를 때는 날짜가 표시되도록 개선해보겠습니다.

```
class _ChatBody extends GetView<ChatController> {
  const _ChatBody({super.key});

  @override
  Widget build(BuildContext context) {
```

```
    return SingleChildScrollView(
      reverse: true,
      child: StreamBuilder<List<ChatModel>>(
        stream: controller.chatStream,
        builder: (context, snapshot) {
          var useProfileImage = false;
          String lastDateYYYYMMDD = ''; // --- 1
          return Column(
            crossAxisAlignment: CrossAxisAlignment.stretch,
            children: List.generate(
              snapshot.data?.length ?? 0,
              (index) {
                var chat = snapshot.data![index];
                var isMine = chat.uid == controller.myUid;
                var messageGroupWidget = <Widget>[];
                var currentDateYYYYMMDD =
                    DateFormat('yyyyMMdd').format(chat.createdAt!); // --- 2
                if (!useProfileImage && !isMine) {
                  useProfileImage = true;
                  messageGroupWidget.add(CircleAvatar(
                    backgroundImage:
                        Image.asset('assets/images/default_profile.png').image,
                    backgroundColor: Colors.black,
                    radius: 18,
                  ));
                } else if (!isMine) {
                  messageGroupWidget.add(const SizedBox(
                    width: 36,
                  ));
                }
                messageGroupWidget.add(_MessageBox(
                  date: chat.createdAt ?? DateTime.now(),
                  isMine: isMine,
                  message: chat.text ?? '',
                ));
                useProfileImage = !isMine;
                return Column(
                  children: [
                    Builder( // --- 3
                      builder: (context) {
                        if (lastDateYYYYMMDD == '' ||
```

```
                     lastDateYYYYMMDD != currentDateYYYYMMDD) {
                   lastDateYYYYMMDD = currentDateYYYYMMDD; // --- 4
                   return _ChatDateView(dateTime: chat.createdAt!); // --- 5
                 }
                 return Container();
               },
             ),
             Padding(
               padding: const EdgeInsets.symmetric(horizontal: 15),
               child: Row(
                 crossAxisAlignment: CrossAxisAlignment.start,
                 mainAxisAlignment: isMine
                     ? MainAxisAlignment.end
                     : MainAxisAlignment.start,
                 children: messageGroupWidget),
             ),
           ],
         );
       },
     ),
   );
 }
}

class _ChatDateView extends StatelessWidget { // --- 6
  final DateTime dateTime;
  const _ChatDateView({super.key, required this.dateTime});

  @override
  Widget build(BuildContext context) {
    return Container(
      padding: const EdgeInsets.only(top: 20.0, bottom: 15),
      child: Center(
        child: AppFont(
          DateFormat('yyyy년 MM월 dd일').format(dateTime),
          size: 13,
          color: const Color(0xff6D7179),
        ),
```

```
            ),
          );
        }
      }
```

1: 날짜는 상단에 한 번만 보여줘야 하기 때문에 이전 값을 비교하기 위한 변수를 만들었습니다.

2: 채팅 메시지는 각각 다른 날짜에 업데이트될 수 있습니다. 날짜를 구분할 때는 년/월/일만 추출해서 비교하면 됩니다. 그래서 채팅이 생성된 날짜에서 년/월/일만 추출하여 변수에 담아줍니다.

3: Builder 위젯을 사용했습니다. 그 이유는 위젯을 사용할 때 초기화 작업을 함께 처리해야 하기 때문입니다.

4: 날짜를 표시할 때 현재 메시지의 날짜를 마지막 날짜 변수에 바로 넣어줘야 합니다. 이렇게 해야 다음 메시지가 들어왔을 때, 이 날짜와 비교하여 날짜가 바뀌었는지 알 수 있습니다.

5: 위젯의 구조가 복잡해지고 있으니, 별도의 클래스 위젯으로 분리하여 처리하겠습니다.

6: 단순히 채팅이 이루어진 날짜의 년/월/일만 표시합니다.

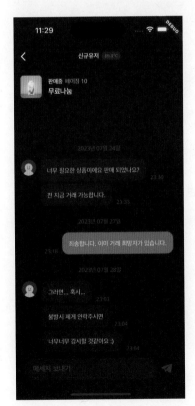

◀ 날짜가 표시된 채팅 화면 예시

이렇게 날짜가 표시됨에 따라 채팅 기능이 구체화하고 있습니다.

19.10.3 메시지 전송 버튼 클릭 시 초기화 처리

채팅 메시지를 전송하면 보통 다음 메시지를 바로 입력할 수 있도록 입력 필드를 초기화해야 합니다. 이 부분을 적용해보겠습니다.

전송 메시지를 서버에 저장하는 프로세스는 chat_controller.dart 파일의 submitMessage 함수에서 처리합니다.

chat_controller.dart 파일

```
submitMessage(String message) async {
  textController.text = ''; // --- 1
  chatGroupModel(chatGroupModel.value.copyWith(updatedAt: DateTime.now()));
  var newMessage =
      ChatModel(uid: myUid, text: message, createdAt: DateTime.now());

  await _chatRepository.submitMessage(
    customerUid,
    chatGroupModel.value,
    newMessage,
  );
}
```

1: 텍스트 필드에 연결된 TextEditingController의 텍스트값을 초기화하면 됩니다.

하단 채팅 메뉴 페이지

◆ 깃 브랜치명: chapter20

이 장에서는 채팅 메뉴를 하단에 추가해봅니다. 먼저 root.dart 파일에서 TabBarView에 채팅 메뉴를
연결하고, main.dart 파일에서 ChatListController를 lazyPut으로 설정하여 초기화합니다. 그다음
채팅 페이지로 이동할 때 productId 유무에 따라 데이터 로드를 다르게 처리하며, ChatListPage를
StatefulWidget으로 변경하여 initState에서 데이터를 로드합니다. 마지막으로 뒤로가기 버튼과 Chat
ListController의 메모리 관리 문제를 해결해봅니다.

CHAPTER

20

20.1 소스코드 리팩터링

당근마켓 클론 코딩 프로젝트의 마지막 부분인 하단의 메뉴에 채팅 메뉴를 적용해보겠습니다. 기존에 상품 상세 페이지에서 채팅 페이지를 이미 구현해뒀기 때문에, 이 페이지를 사용하여 개발하겠습니다.

먼저 root.dart 파일로 이동하여 TabBarView에 채팅 메뉴를 연결하겠습니다.

```
body: TabBarView(
  physics: const NeverScrollableScrollPhysics(),
  controller: controller.tabController,
  children: [
    const HomePage(),
    const Center(child: AppFont('동네 생활')),
    const Center(child: AppFont('내 근처')),
    const ChatListPage(), // 기존 소스 const Center(child: AppFont('채팅')),
    Center(
        child: GestureDetector(
          onTap: () {
            Get.find<AuthenticationController>().logout();
          },
          child: AppFont('나의 밤톨'))),
  ]),
```

기존에 const Center(child: AppFont('채팅'))이었던 부분을 ChatListPage로 변경합니다. 그러면 하단의 메뉴 중 '채팅'을 누르면 채팅 리스트 페이지로 이동하게 됩니다. 하지만 ChatListController가 생성되지 않아 오류가 발생하고 있습니다.

📎 채팅 리스트 페이지에서 발생한 오류 1

채팅 리스트 페이지로 이동할 때 오류가 발생하는 이유는 상품 상세 페이지에서만 ChatListController 를 생성하도록 설정했기 때문입니다. 이 문제를 해결하기 위해 상품 상세 페이지뿐만 아니라 하단 채 팅 메뉴에서도 ChatListController를 사용할 수 있도록 확장하겠습니다. 이를 위해 먼저 main.dart 파일에서 '/chat-list' 경로에 대한 설정을 수정하겠습니다.

main.dart 파일 중

```
GetPage(
  name: '/chat-list',
  page: () => const ChatListPage(),
  binding: BindingsBuilder(() { // -- 1
    Get.put(ChatListController(
      Get.find<ChatRepository>(),
      Get.find<ProductRepository>(),
      Get.find<UserRepository>(),
      Get.find<AuthenticationController>().userModel.value.uid ?? '',
```

```
      ));
    }),
  ),
```

1: 현재 /chat−list로 이동할 때만 BindingsBuilder를 통해 ChatListController를 생성하고 있습니다. 이 부분을 제거하고, ChatListController 생성 코드를 GetMaterialApp의 initialBinding으로 옮기겠습니다.

```
initialBinding: BindingsBuilder((() {
  var authenticationRepository =
      AuthenticationRepository(FirebaseAuth.instance);
  var user_repository = UserRepository(db);
  Get.put(authenticationRepository);
  Get.put(user_repository);
  Get.put(CommonLayoutController());
  Get.put(ProductRepository(db));
  Get.put(ChatRepository(db));
  Get.put(BottomNavController());
  Get.put(SplashController());
  Get.put(DataLoadController());
  Get.put(AuthenticationController(
    authenticationRepository,
    user_repository,
  ));
  Get.put(CloudFirebaseRepository(FirebaseStorage.instance));
  Get.lazyPut<ChatListController>(() => ChatListController( // --- 1
    Get.find<ChatRepository>(),
    Get.find<ProductRepository>(),
    Get.find<UserRepository>(),
    Get.find<AuthenticationController>().userModel.value.uid ?? '',
  ));
}),
```

1: 잘라낸 소스코드를 GetMaterialApp의 initialBinding에 붙여주겠습니다. 그리고 Get.put 대신 Get.lazyPut을 사용하겠습니다. Get.put은 앱이 실행될 때 바로 인스턴스를 생성하지만, ChatListController는 채팅 페이지로 이동할 때 인스턴스를 생성해야 하기 때문입니다.

다시 앱을 실행하여 채팅 메뉴를 클릭하면 다른 오류가 발생합니다.

🔥 채팅 리스트 페이지에서 발생한 오류 2

chat_list_controller가 채팅 페이지로 이동할 때 인스턴스가 생성되면서 onInit 함수가 호출되는데, 이때 productId 값이 없어서 발생하는 문제입니다.

```
@override
void onInit() {
  super.onInit();
  var productId = Get.arguments['productId'] as String?; // 문제의 요소
  if (productId != null) {
    _loadAllProductChatList(productId);
  }
}
```

상품 상세 페이지에서 채팅 리스트로 이동할 때는 상품의 productId가 있는 상태로 페이지가 전환되기 때문에 문제가 없습니다. 하지만 하단 메뉴에서 채팅 리스트로 이동할 때는 상품 기준이 아닌

고객이 포함된 채팅 리스트가 조회되어야 합니다. 즉 고객 기준으로 조회해야 합니다. 따라서 2가지 상황을 모두 처리할 수 있도록 코드를 리팩터링하겠습니다.

우선 onInit 함수를 제거하겠습니다. 이 함수를 제거하면 채팅 페이지로 이동하거나 상품 상세 페이지에서 채팅 리스트 페이지로 이동할 때 오류는 발생하지 않습니다. 그러나 이 상태에서는 채팅 내용을 확인할 수 없습니다.

◀ 채팅 내용 확인 불가

상품의 ID(productId)가 있을 때와 없을 때의 차이를 통해 데이터를 조회할 수 있도록 만들겠습니다. 상품 페이지에서 채팅 리스트 페이지로 이동하든, 하단의 채팅 메뉴를 통해 이동하든 모두 chat_list_page.dart 페이지로 이동하게 됩니다. 따라서 chat_list_page.dart 파일의 initState에서 controller의 조회를 호출하면 문제를 해결할 수 있습니다.

먼저 chat_list_page.dart 파일로 이동합니다. 현재 ChatListPage 위젯은 StatelessWidget입니다. 이를 StatefulWidget으로 바꾸겠습니다. 이는 라이프사이클 메서드를 사용하기 위해서입니다.

chat_list_page.dart 파일의 ChatListPage 위젯 소스코드

```dart
class ChatListPage extends StatefulWidget {
  const ChatListPage({super.key});

  @override
  State<ChatListPage> createState() => _ChatListPageState();
}


class _ChatListPageState extends State<ChatListPage> {
  @override
  void initState() { // --- 1
    super.initState();
    String? productId;
    if (Get.arguments != null) {
      productId = Get.arguments['productId'] as String?;
    }
    Get.find<ChatListController>().load(productId: productId);
  }

  @override
  Widget build(BuildContext context) {
    return CommonLayout(
      appBar: AppBar(
        title: const AppFont(
          '채팅',
          size: 20,
        ),
        leading: GestureDetector(
          onTap: Get.back,
          child: Padding(
            padding: const EdgeInsets.all(12.0),
            child: SvgPicture.asset('assets/svg/icons/back.svg'),
          ),
        ),
      ),
      body: const ChatScrollWidget(),
    );
  }
}
```

1: initState를 통해 상품 페이지에서 넘어온 것인지, 하단 메뉴를 통해 넘어온 것인지를 확인하기 위해 arguments의 유무를 확인합니다. 이에 따라 productId 값을 옵셔널로 생성하고 ChatListController의 load 함수로 전달하여 데이터를 로드합니다. 아직 ChatListController에 load 함수가 존재하지 않기 때문에, ChatListController 파일로 이동하여 load 함수를 만들겠습니다.

chat_list_controller.dart 파일 중

```dart
void load({String? productId}) {
  chatStreams.clear(); // --- 1
  if (productId == null) {
    _loadMyAllChatList(); // --- 2
  } else {
    _loadAllProductChatList(productId); // --- 3
  }
}
```

1: 상품 페이지에서 이동하든, 하단 메뉴를 통해 이동하든 load 함수가 호출되면 기존의 채팅 이력을 모두 제거하고 다시 로드해야 합니다.

2: productId 값이 없다는 것은 하단 메뉴를 통해 접근했음을 의미하며, 내가 포함된 모든 채팅방을 조회해야 합니다. 이를 위해 _loadMyAllChatList 함수를 호출합니다.

3: productId가 있는 경우에는 이미 만들어져 있던 _loadAllProductChatList 함수를 호출하여 조회합니다.

이어서 _loadMyAllChatList 함수를 만들겠습니다.

chat_list_controller.dart 파일 중

```dart
void _loadMyAllChatList() async {
  var results = await _chatRepository.loadAllChatGroupModelWithMyUid(myUid);
  if (results != null) {
    chatStreams.clear();
    results.forEach(
      (result) {
        loadChatInfoStream(result);
      },
    );
  }
}
```

myUid 데이터를 사용하여 내가 포함된 모든 채팅 정보를 불러오기 위해 _chatRepository에
loadAllChatGroupModelWithMyUid 함수를 만들어 조회합니다.

```
Future<List<ChatGroupModel>?> loadAllChatGroupModelWithMyUid(String uid) async {
  var doc = await db
      .collection('chats')
      .where('chatters', arrayContains: uid)
      .get();

  if (doc.docs.isNotEmpty) {
    return doc.docs
        .map<ChatGroupModel>((e) => ChatGroupModel.fromJson(e.data()))
        .toList();
  }
  return null;
}
```

이렇게 하면 chats 컬렉션의 chatters 배열에서 myUid 값이 포함된 모든 채팅 정보를 조회할 수 있
습니다.

앱을 재실행하면 하단 채팅 메뉴를 통해 채팅 페이지로 진입해도 정상적으로 데이터를 불러올 수 있
습니다. 또한 상품 상세 페이지에서 채팅 페이지로 이동해도 문제없이 채팅 정보를 확인할 수 있습
니다.

20.2 개선 사항

20.2.1 채팅 페이지의 뒤로가기 버튼

마지막으로 조금 개선해야 할 부분이 있습니다. 상세 페이지에서 채팅 페이지로 이동하면 문제가 없
지만, 하단 메뉴에서 접근하면 이상하게도 AppBar에 뒤로가기(〈) 버튼이 나타납니다. 이 부분을
수정해야 합니다.

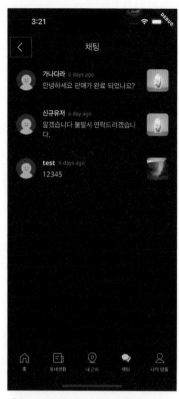

◀ 뒤로가기 버튼이 나타나는 현상

이를 해결하기 위해 기본적으로 AppBar의 leading(뒤로가기 버튼)을 사용하지 않도록 설정합니다. 대신 위젯을 생성할 때 leading 사용 여부를 옵션으로 받아서 처리하겠습니다.

chat_list_page.dart 파일 중

```dart
class ChatListPage extends StatefulWidget {
  final bool useBackBtn; // --- 1
  const ChatListPage({super.key, this.useBackBtn = false});

  @override
  State<ChatListPage> createState() => _ChatListPageState();
}

class _ChatListPageState extends State<ChatListPage> {
  @override
  void initState() {
```

```
    super.initState();
    String? productId;
    if (Get.arguments != null) {
      productId = Get.arguments['productId'] as String?;
    }
    Get.find<ChatListController>().load(productId: productId);
  }

  @override
  Widget build(BuildContext context) {
    return CommonLayout(
      appBar: AppBar(
        title: const AppFont(
          '채팅',
          size: 20,
        ),
        leading: widget.useBackBtn // --- 2
            ? GestureDetector(
                onTap: Get.back,
                child: Padding(
                  padding: const EdgeInsets.all(12.0),
                  child: SvgPicture.asset('assets/svg/icons/back.svg'),
                ),
              )
            : Container(),
      ),
      body: const ChatScrollWidget(),
    );
  }
}
```

1 : useBackBtn이라는 bool 값을 받아오도록 설정하고, 기본값을 false로 적용합니다.

2 : widget.useBackBtn 값에 따라 뒤로가기 버튼을 배치합니다.

이어서 상품 상세 페이지에서 채팅 리스트 페이지로 이동할 때는 뒤로가기 버튼을 활성화하겠습니다. main.dart 파일로 이동합니다.

```
GetPage(
  name: '/chat-list',
  page: () => const ChatListPage(useBackBtn: true),
),
```

ChatListPage로 이동할 때 useBackBtn을 활성화해줍니다. 이로써 하단의 채팅 메뉴로 접속하면 뒤로가기 버튼이 없고, 상품 상세 페이지에서 채팅 리스트 페이지로 이동할 때는 뒤로가기 버튼이 나납니다.

20.2.2 ChatListController 라이프사이클 오류 수정

추가로 수정해야 하는 부분이 있습니다. 앱을 재실행한 후에 상품 상세 페이지에서 채팅 리스트 페이지로 진입한 다음 뒤로가기를 통해 화면을 빠져나온 후 하단의 채팅 메뉴를 누르면 다음과 같은 오류가 발생합니다.

 ChatListController 오류 발생

분명히 BindingBuilder를 사용해서 ChatListController를 생성했는데 왜 이런 오류가 발생할까요? 이 문제는 GetX의 메모리 관리 방식 때문에 생깁니다. GetX에서 put과 lazyPut은 자동으로 메모리를 관리합니다. 그리고 사용하지 않으면 인스턴스를 메모리에서 제거합니다.

예를 들어, ChatListController의 경우 상품 상세 페이지를 통해 채팅 리스트 페이지로 이동하면 lazyPut을 사용하여 그 시점에 인스턴스를 생성합니다. 그러나 채팅 리스트 페이지에서 뒤로가기를 통해 화면을 빠져나오면 ChatListController가 메모리에서 제거됩니다.

이 문제는 로그를 통해 확인할 수 있습니다. 아래처럼 상품 상세 페이지에서 채팅 리스트 페이지로 진입한 후 뒤로가기를 하면 ChatListController가 반환 처리된 것을 볼 수 있습니다.

```
[GETX] GOING TO ROUTE /chat-list
[GETX] Instance "ChatListController" has been created
[GETX] Instance "ChatListController" has been initialized
2 flutter: Locale [ko] has not been added, using [en] as fallback. To add
  a locale use [setLocaleMessages]
[GETX] CLOSE TO ROUTE /chat-list
[GETX] "ChatListController" onDelete() called
[GETX] "ChatListController" deleted from memory
```

◀ ChatListController 반환 처리 로그

이 상태에서 하단의 채팅 메뉴로 접속하거나 다시 상품 상세 페이지에서 채팅 리스트 페이지로 진입하면 동일한 오류가 발생합니다. 이를 해결하려면 ChatListController가 반환되지 않도록 설정하면 됩니다.

main.dart 파일의 lazyPut 옵션 중 fenix를 true로 설정하면 됩니다.

main.dart 파일 중

```
Get.lazyPut<ChatListController>(
  () => ChatListController(
    Get.find<ChatRepository>(),
    Get.find<ProductRepository>(),
    Get.find<UserRepository>(),
    Get.find<AuthenticationController>().userModel.value.uid ?? '',
  ),
  fenix: true, // --- 추가
);
```

찾아보기

찾아보기

찾아보기